高速铁路岗位培训教材

# 高速铁路
# 控制中心信号设备维修岗位

铁道部劳动和卫生司
铁 道 部 运 输 局

中国铁道出版社有限公司
CHINA RAILWAY PUBLISHING HOUSE CO., LTD.

## 内 容 简 介


本书为铁道部规划的高速铁路岗位培训教材之一，是根据《高速铁路控制中心信号设备维修岗位培训规范》编写的。全书共九章，内容包括理论知识和实作技能两大类。理论知识主要内容为：安全知识、专业知识、相关知识；实作技能主要内容为：基本技能和专业技能，包括：高速铁路控制中心信号设备（调度集中、临时限速服务器、无线闭塞中心、网络安全等）操作、维护、故障处理及应急处置；施工配合、联锁试验及功能验证；数据下载分析等专业技能知识。

本书适用于对高速铁路控制中心信号设备维修岗前资格性培训和岗位适应性培训，可作为高速铁路职工岗位培训教材，也可供高速铁路控制中心信号设备维修人员和运用管理人员学习，对各类职业院校相关师生学习也有重要的参考价值。

本书内容如有不符最新规章标准之处，以最新规章标准为准。



**图书在版编目（CIP）数据**

高速铁路控制中心信号设备维修岗位/铁道部劳动和卫生司，铁道部运输局编．—北京：中国铁道出版社，2012.9（2023.11 重印）
高速铁路岗位培训教材
ISBN 978-7-113-15287-1

Ⅰ.①高… Ⅱ.①铁… ②铁… Ⅲ.①高速铁路-铁路信号-信号设备-维修-岗位培训-教材 Ⅳ.①U238②U284.92

中国版本图书馆 CIP 数据核字（2012）第 211564 号

**书　　名：高速铁路控制中心信号设备维修岗位**
**作　　者：**铁道部劳动和卫生司　铁道部运输局

---

**策划编辑：**武亚雯
**责任编辑：**朱敏洁　　**编辑部电话：**（010）51873147　　**电子信箱：**zhuminjie_0@163.com
**封面设计：**崔丽芳
**责任校对：**张玉华
**责任印制：**陆　宁

---

**出版发行：**中国铁道出版社有限公司（100054，北京市西城区右安门西街 8 号）
**网　　址：**http://www.tdpress.com
**印　　刷：**北京铭成印刷有限公司
**版　　次：**2012 年 10 月第 1 版　2023 年 11 月第 4 次印刷
**开　　本：**787 mm×1092 mm　1/16　**印张：**18　**字数：**447 千
**书　　号：**ISBN 978-7-113-15287-1
**定　　价：**68.00 元


---

# 前言

在科学发展观的指导下，我国高速铁路建设取得重要成果。目前，中国已成为世界上高速铁路营业里程最多、运营速度最高、在建高速铁路规模最大的国家。培养和造就一支适应高速铁路发展的高素质人才队伍，是强化安全风险管理基础、确保高速铁路运营安全的战略任务。

为严格落实高速铁路主要行车工种岗位准入制度，满足相关人员岗位培训需要，铁道部决定按照高速铁路主要行车工种岗位标准和培训规范，结合铁路现代化发展的实际，组织开发高速铁路岗位培训教材。教材建设是职业教育培训工作的重要组成部分，是提高教育培训质量的关键。加快高速铁路岗位培训教材建设，已成为加强和改进高速铁路职工教育培训工作的当务之急。

本套教材由铁道部劳动和卫生司、运输局共同组织，集中相关铁路局、部分铁路高职院校和职工培训基地的专家、工程技术人员、任课教师编写及审定，多方合作，共同完成，涵盖了高速铁路基础设施维护（工务、供电、通信、信号）13个岗位。教材充分体现了近几年来高速铁路新技术、新设备的大量运用及其发展趋势，侧重体现了与既有线相关技术的区别，填补了高速铁路基础设施维护岗位培训教材的空白。教材按照高速铁路岗位培训规范编写，涵盖了培训规范的各个能力项，适用于高速铁路主要行车工种岗前资格性培训和岗上适应性培训，便于现场模块化教学及职工自学。

# Preface

本书为《高速铁路控制中心信号设备维修岗位》培训教材。全书共分九章，内容包括理论知识和实作技能。理论知识主要内容为：安全知识、专业知识、相关知识；实作技能主要内容为：基本技能和专业技能，包括：高速铁路控制中心信号设备（调度集中、临时限速服务器、无线闭塞中心等）操作、维护、故障处理及应急处置；网络安全防护；施工配合、联锁试验及功能验证；数据下载分析等专业技能知识。为便于教学和使用，书中各章节都配有思考题和复习题，书末附有高速铁路控制中心信号设备维修岗位技能实训设备配置标准建议表。

本书由郭媛忠、李俊娥主编并统稿，参加编写人员有熊俊、陈小英、贾玉洁、曾威、董超。其中，郭媛忠、李俊娥参与编写第一至九章；熊俊、董超参与编写第二、五、六、七章；曾威参与编写第一、二、四至七章；陈小英参与编写第二、五、六、七章；贾玉洁参与编写第二至九章。

本书由铁道部劳动和卫生司、运输局统一组织审定。主要审定人员有：姜锡义、李文涛、李萍、郑升、魏民、陈曦、任天德、杨春燕、武亚雯。本书在编写、审定过程中，还得到程爱武、戴启元、刘安等许多同仁的大力支持和帮助，在此一并表示感谢。

编　者

2012 年 6 月

# 目录

## 理论知识



## 实作技能

Contents

Contents

# 理论知识

*LiLun ZhiShi*

# 第一章　安 全 知 识

铁路信号设备是指挥列车运行，保证行车安全，提高运输效率，改善行车组织方式，实现行车指挥现代化的关键设施。信号设备维护工作必须坚持“安全第一，预防为主”的方针，确保信号设备运用状态良好。

## 第一节　行 车 安 全

### 一、电务基本安全规章制度

（一）电务安全生产管理一般规定

（1）电务部门应认真贯彻执行《中华人民共和国安全生产法》、《铁路运输安全保护条例》、《铁路技术管理规程》、《铁路交通事故调查处理规则》和其他有关安全生产的法律法规，建立健全以领导负责、逐级负责、专业负责、岗位负责为主要内容的安全生产责任制度，加强安全生产管理，确保安全生产。

（2）安全是电务部门专业管理水平和工作质量的综合反映。各级领导必须将安全生产放在首位，加强思想政治工作，教育职工牢固树立“安全第一，预防为主”的思想，严格遵守作业纪律和劳动纪律，认真执行规章制度，保证行车、设备和人身安全。

（3）电务处应定期向铁路局（公司）安全生产委员会报告电务系统安全工作，及时解决安全生产中存在的问题。电务段应制定本单位安全生产委员会工作制度。

（4）电务段应健全段、车间、工区三级安全生产体系，建立安全生产信息管理制度和作业过程监控、联控、互控机制，强化现场作业控制，定期分析安全生产状况，采取有效措施，及时消除安全隐患，增强安全自控能力。

（5）违章作业是造成电务重大、大事故及险性事故的主要原因。必须提高电务职工的法律意识和安全意识，加强维修、施工、故障处理等关键环节的控制，落实安全卡控措施，杜绝违章作业。

（6）电务调度是电务安全生产的关键岗位，在安全生产中起着重要的指挥和协调作用。必须加强电务调度队伍建设，配齐配强调度人员及硬件装备。电务调度实行三班轮流值班制度，实时掌握安全生产情况和设备运用状态，做到信息畅通，反应迅速，有效地指挥设备故障处理和应急抢险。

（7）电务系统各级干部必须定期登乘机车进行安全检查，参加天窗维修和电务施工，掌握安全生产动态。

（8）电务部门各单位应对全体职工进行安全生产教育和培训，使其具备必要的安全生产知识，熟悉有关安全生产规章制度和安全操作规程，掌握本岗位安全操作技能。培训考试不合格的职工，不得上岗作业。

（9）新职工及转岗、复工、改职人员必须经过行车安全和人身安全教育和专业培训，考试合格，方可上岗。

(10)新设备开通使用前，电务段应配合设计、施工部门和产品供应商，对维修人员进行技术培训，考试合格，方准上岗作业。

(二)电务基本安全规章制度和作业纪律

(1)电务工作人员必须认真执行“三不动”、“三不离”、“三不放过”和“三级施工安全措施”四项基本安全制度。

三不动：未登记联系好不动；对设备性能、状态不清楚不动；正在使用中的设备(指已办理好的进路或闭塞的设备)不动。

三不离：工作完了，不彻底试验良好不离；影响正常使用的设备缺点未修好前不离；发现设备有异状时，未查清原因不离。

三不放过：事故原因分析不清不放过；没有防范措施不放过；事故责任者和群众没有受到教育不放过。

三级施工安全措施：电务段、车间、工区三级组织的施工均应制定施工安全措施。安全措施的基本内容应包括：施工前的准备措施，施工中的单项作业措施、安全卡控措施及安全防护措施，施工后的检查试验措施，以及发生故障时的应急措施等。

(2)故障处理必须做到“三个清”和“三及时”制度。

三个清：处理故障要做到时间清、地点清、原因清。

三及时：接到故障通知及时赶赴现场；对设备故障及时组织处理；若不能及时修复或原因不清时应按《铁路技术管理规程》有关规定登记停用设备，保证行车安全。

(3)信号工作人员在设备养护、维修时还必须执行“三预想”安全制度。

三预想：工作前要预想联系、登记、检修准备、防护措施是否妥当；工作中要预想有无漏检、漏修和只检不修及造成妨碍的可能；工作后要预想是否检和修都彻底，复查试验、加封加锁、消记手续是否完备。

(4)电务工作人员必须严格执行作业纪律(七严禁)。

① 严禁甩开联锁条件，借用电源动作设备；

② 严禁采用封连线或其他手段封连各种信号设备电气接点；

③ 严禁在轨道电路上拉临时线沟通电路造成死区间，或盲目用提高轨道电路送电端电压的方法处理故障；

④ 严禁色灯信号机灯光灭灯时，用其他光源代替；

⑤ 严禁甩开联锁条件，人为沟通道岔假表示；

⑥ 严禁未登记要点使用手摇把转换道岔；

⑦ 严禁代替行车人员按压按钮、转换道岔、检查进路、办理闭塞和开放信号。

(三)事故及故障的应急处理

(1)当发生信号故障或事故时，应按险情等级和影响程度及时启动应急预案。故障处理人员应严格按故障处理程序处理，查明原因，排除故障，尽快恢复使用。

(2)当发生与信号设备有关联的铁路交通事故时，信号维修人员应会同车站值班员记录设备状态，派人监视，保护事故现场，不得擅自动用设备，并立即报告电务段调度。

(3)对影响行车的设备故障，信号维修人员应将确认的故障现象以及故障原因、处理情况登记在《行车设备检查登记簿》内，作为原始记录备查。

## 二、《行车设备施工(检查)登记簿》登(销)记

(一)《行车设备施工(检查)登记簿》的使用管理办法

1. 运统46设置及使用

(1)高铁调度台设置运统46(故障登记)、运统46(加封登记)、运统46(施工)各一册。

① 运统46(故障登记)主要用于:行车设备故障(包括故障抢修、处理),轨道电路分路不良,CTC调度终端使用总辅助按钮,落物等报警信息登记。

② 运统46(加封登记)主要用于:带铅封意义按钮的计数器号码变化登记。

③ 运统46(施工)主要用于:计划施工(维修)作业登记。

(2)高铁车站行车监控室设置运统46(故障登记)、运统46(加封登记)、运统46(施工)各一册。

① 运统46(故障登记)主要用于:CTC控制模式转换,轨道电路分路不良(包括分路不良区段空闲的确认),非常站控模式下或分散自律车站操作方式下行车设备故障登记。

② 运统46(加封登记)主要用于:行车设备破封、加封,带铅封意义按钮的计数器号码变化,使用手摇把登记。

③ 运统46(施工)主要用于:规定在车站登记的施工(维修)作业登记。

2. 运统46的管理

(1)高铁调度台运统46由列车调度员、高铁车站行车监控室运统46由车务应急值守人员负责,存放固定位置保管,每册用完后顺序编号,保存一年备查。

(2)运统46应固定式样,封面注明高铁调度台或高铁车站名称、使用起止日期。运统46应保持页面整洁,防止污损,在每页右下角顺序编号。

(3)运统46须严格按标准登记,调度所、车站对运统46使用登记情况要加强检查,发现问题及时纠正。

3. 运统46登(销)记要求

(1)仅在车站登记的项目

车站行车设备破封、加封,使用手摇把,轨道电路分路不良区段空闲的确认,车站使用带铅封意义按钮的计数器号码变化,规定仅在车站登记的施工(维修)作业。

(2)仅在高铁调度台登记的项目

行车设备故障抢修、处理,CTC调度终端使用总辅助按钮,落物等报警信息,不影响其他高铁、既有线的施工(维修)作业,非常站控模式下不使用轨道车的施工(维修)作业,分散自律中心操作方式下行车设备故障,高铁调度台使用带铅封意义按钮的计数器号码变化。

(3)须在车站、高铁调度台分别登记的项目

①轨道电路分路不良,电务人员在车站登记后,车务应急值守人员须及时向列车调度员汇报,列车调度员根据车站报告,通知电务CTC中心人员在调度台设置的运统46内登记,内容须与车站登记内容一致。

②在非常站控模式下或分散自律车站操作方式下,车务应急值守人员发现行车设备故障时,须立即汇报列车调度员并登记运统46;设备管理单位发现行车设备故障时,车务应急值守人员根据设备管理单位的登记立即汇报列车调度员。列车调度员根据车站报告,立即在调度台运统46上做好记录,并通知设备管理部门驻调度所联络员。

③在非常站控模式下或分散自律车站操作方式下,故障抢修、处理(包括不上线的检查)完

毕，设备管理部门驻调度所联络员在高铁调度台销点时，须通知车站联络员同时在车站运统46(故障登记)上销记。

④高铁与高铁间、高铁与既有线间相互影响的施工(维修)作业，非常站控模式下使用轨道车的施工(维修)作业，按规定在车站、高铁调度台双登记，车务应急值守人员应将车站运统46登(销)记内容汇报给列车调度员。

(4)CTC控制模式转换

列车调度员在《高速铁路CTC控制模式转换登记簿》上登记，车务应急值守人员在运统46(故障登记)中登记，需注明模式转换的原因、时间等。调度所盯岗干部在《高速铁路CTC控制模式转换登记簿》、车站盯岗干部在车站运统46(故障登记)上进行上岗签认。

4. 运统46登(销)记标准

运统46的登记签认，一律使用蓝色圆珠笔或炭黑圆珠笔填写，各种印章均使用红色印油，做到字迹清楚、内容准确、格式对齐、由前往后、不留空格、依次填写，登记内容不得涂改。运统46填写错误时，在备注栏注明"作废"字样(未设备注栏的登记错误行整行划一横线抹消)，另起一行重新登记。填记错误、不标准、不清楚，列车调度员(车务应急值守人员)可拒绝签认，施工联络员未持证上岗，列车调度员(车务应急值守人员)可拒绝登记。

(二)轨道电路分路不良区段登记管理办法

(1)为保证旅客列车的绝对安全，原则上要消除旅客列车接发车进路内存在的分路不良轨道电路区段。

(2)对于经分路感度测试确定的车站正线、到发线和接发列车进路内的分路不良轨道区段，以及施工新更换道岔、钢轨后的分路不良轨道电路区段，要主动联系车务部门配合，在24 h内组织列车或车列进行碾压处理，处理后要进行分路感度测试，将合格的区段在运统46(故障登记)中及时销记。

(3)对于长期停留车辆的站线，轨面生锈测试为分路不良的，为防止控制台上失去车辆占用显示，电务人员可根据车站值班员提出的要求，拔掉轨道区段送电端保险，双方在运统46(故障登记)中登记签认。如需使用时，电务人员可根据车站值班员通知恢复保险。

(4)对于经现场电务人员检测确认为轨道电路分路不良的区段，由电务部门在车站、高铁调度台分别登记运统46(故障登记)，登记内容为"经测试，因××(原因)，(×站)×道岔(股道)区段轨道电路分路不良，分路不良处所排列列车、调车进路前，需执行确认空闲操作"。

现场电务人员在CTC车务终端进行分路不良区段标注(设有计算机联锁控显机的车站须同时在计算机联锁控显机上标注)，车务应急值守人员确认电务部门登记内容与CTC车务终端、计算机联锁控显机标注一致后方可签认；车站的设置完成后，现场电务人员将分路不良区段的名称签字并加盖车间公章后传真至调度中心电务段CTC维护人员，由调度中心电务段CTC维护人员负责在调度所登记，并与现场电务人员共同对调度所终端和现场车站显示标识一致性进行核对。列车调度员确认电务部门登记内容与CTC调度终端标注一致后方可签认。

车务应急值守人员每次接班后均须对车站轨道电路分路不良区段进行核对，确认运统46(故障登记)登记与CTC车务终端标注(设有计算机联锁控显机的车站须同时核对计算机联锁控显机标注)是否一致，发现不一致时，须立即通知电务部门进行处理，并汇报列车调度员。

(5)办理接发列车、调车作业需经由轨道电路分路不良区段时，车务应急值守人员提前组织有关人员现场检查分路不良区段空闲，并在车站运统46(故障登记)上登记签认。

车务应急值守人员在运统46(故障登记)左页注明"×(次)×道接车(发车、通过、转线)，现场检查×分路不良区段空闲"，检查人员签认后并检查确认完毕，在右页对应处登记"×(次)×道接车(发车、通过、转线)，经现场检查，×分路不良区段空闲"。车务应急值守人员确认登记无误后签认，方可汇报列车调度员或按规定办理列车、调车进路。

(6)遇CTC终端(计算机联锁控显机)的显示与列车(机车车辆)占用轨道电路区段的实际不一致、列车(机车车辆)出清后进路遗留白光带不消失等需现场检查某区段空闲时，比照分路不良区段确认空闲的办法执行。在车站登记运统46(故障登记)，登记内容为"……现场检查×区段(线路)空闲……"。

设备施工开通后第一列列车通过轨道电路分路不良地段后，应立即联系要点进行测试，并将测试结果报告车站值班员。轨道电路分路不良消除前，施工和值台监控人员不得离岗。

(三)行车设备破封、加封的规定

(1)按照"谁使用、谁登记"的原则，行车设备破封、加封及带铅封意义按钮的计数器号码变化，须及时进行登记、签认。

(2)CTC调度(车务)终端的A、B机及计算机联锁控显机的A、B机均单独采集铅封按钮破封计数信息，破封登记计数器号码变化时必须注明当前是A机或B机。

## 三、应急处置

为提高电务人员应急响应能力和故障处理能力，杜绝人为违章，防止故障升级，在保证安全的前提下，合理压缩故障延时，减少故障对运输正常秩序的影响，应该制定信号设备故障应急预案。

(一)信号设备故障应急抢修的组织机构

信号设备故障应急抢修机构由电务处、电务段、车间和工区等四级组成。同时，要根据地理位置，设置局级抢修网点、段级抢修网点。

(1)电务处成立设备故障应急抢修领导小组，由处长任组长，副处长、总工程师任副组长，各科科长任组员。同时成立电务处设备故障应急抢修指挥中心(设于电务处调度室)。

(2)电务段成立设备故障应急抢修指挥小组，由段长任组长，安全、维修主管副段长任副组长，技术、安全、材料科长任组员。同时成立电务段设备故障应急抢修指挥中心(设于本单位调度室)。

(3)成立各级设备故障应急抢修队伍。电务段应急抢修队由段长任队长，成员由安全技术科、材料科、检修基地、中修队、运输班等部门有关人员组成。现场车间应急抢修队由主任任队长，成员由车间所有工程技术人员、车间管内的主要生产技术骨干等组成。信号工区抢修队由工长任队长，成员由本工区所有职工组成。

(二)信号设备故障应急预案分类及启动

1. 应急预案的分类

信号设备应急预案按险情等级和影响程度不同，分为A、B、C三类。A类预案针对列车冲突、脱轨、挤岔、干线电缆中断、洪水、火灾险情和影响较大的事件；B类预案针对联锁、自动闭塞、电源屏等较复杂或影响Z字头列车等正线设备的故障；C类预案针对一般单项设备或侧线设备的故障。

2. 应急预案的启动

运用中的信号设备，一旦发生突发事件或故障，电务各级人员在接到信息后，必须立即逐级上报，并根据具体情况，迅速通知有关应急抢修队伍成员，准备抢修所需工具、材料等，接到命令后立即赶赴现场抢险。

3. 应急抢修管理工作

对各级应急处理网点的队伍组织和备品备件管理，一旦设备发生故障，能立即发挥作用。

(1)应急抢修备品备件配备各电务段所在地设立专用抢修器材备品库，车间所在地设立备品分库，信号工区设立备品柜。

(2)交通、通信及抢修工具配备电务段和局级网点的车间抢修队应各配备一辆专用客货两用抢修汽车，并配备通信及抢修工具；其他车间抢修队应各配备不少于1台抢修专用对讲机和必要的抢修工具。

(3)应急抢修工作的管理要求：

① 调度指挥系统的管理。各段调度室应配备有效的通信联络工具，能随时调阅管内所有设备的技术图纸，集中监测终端设备应始终保持良好状态。同时，调度人员应熟悉管内各类设备性能，发生故障时应按要求组织指挥现场进行故障抢修。

② 设备发生故障后的信息传递。电务各级人员在接到突发事件或设备故障信息后，应根据时限要求逐级上报，在处理过程中，电务段调度将处理情况及时报电务处调度。故障处理完毕后，电务段调度应及时将故障部位、原因、延时时分、影响列车情况、防范措施等有关信息上报电务处调度。

③ 备用器材的管理。各级网点的备用器材应专门堆放，不得与其他成品混合放置，调度或值班人员处应配有堆放备用器材库房的钥匙。备用器材的堆放应分门别类，定置挂牌，以便随时取用。

④ 备用器材的补充。各级网点应建立备用器材、交通及通信联络工具检查、测试、启用制度，做到责任到人、记录完整。当发生故障，使用备用器材后应在24h内补齐，严禁正常维修工作中使用应急备用器材。

⑤ 日常应急演练和培训工作。各单位应根据管内运用的主要设备情况，建立故障应急处理预案，各单位每季不少于一次组织对各级抢修队伍成员进行日常应急演练和培训，使队伍成员的业务素质和应急处理能力不断得到提高。铁路局电务处每年不少于一次组织对各单位应急演练。

⑥ 建立技术支持网络。电务处、电务段、车间、各工区均应具有各自管内计算机联锁、调度集中、列车运行控制系统、自动闭塞、智能化电源屏、TDCS、自动化驼峰、集中监测等产品的涉及单位和生产厂家的服务电话，以便一旦发生复杂故障能及时得到技术支持。

⑦ 应急抢修管理工作的检查考核。各段应加强对应急抢修队伍管理工作的检查和考核，形成逐级考核制度。电务段对车间和工区的检查考核，应作为安全管理工作的重要内容之一。

## 四、与高铁信号维修相关的安全规章、规定

### (一)“行车不施工，施工不行车”安全控制措施

高速铁路信号维护工作必须贯彻“行车不施工，施工不行车”原则，检修、施工作业必须在天窗内进行。没有命令不准上道。

(1)天窗时间以外，任何人员禁止进入防护栅栏、桥面或隧道内。

(2)驻站联络员应与室外专职防护员保持通信畅通,及时掌握施工作业情况,一旦遇到通信联络中断或联络困难、通话不清时,严禁盲目销点,必须待通信联络恢复后,得到现场施工负责人确认作业结束,并已回到安全地带后,方可销点。

(3)施工及配合施工应切实加强施工作业前、中、后的联系,加强施工现场监控;上道前,施工负责人应清点作业人员、作业机具及材料数量;施工结束开通前,施工负责人必须清点人员和机具,确定人员、机具及材料全部撤到防护栅栏外或随作业车辆返回库线,方可通知销点。

(4)各级人员下现场必须严格执行安全规定,服从现场防护人员统一指挥。

(二) 遇故障上道安全控制措施

遇设备发生故障需上道检查抢修等特殊情况,必须申请故障处理的临时天窗,在得到本线封锁调度命令和确认邻线临时限速(最高运行速度≤160 km/h)设置成功后,方可上道作业,并执行以下规定:

(1)按照《劳动安全防护制度》规定设置防护,防护员必须携带 GSM-R 手持机,所有作业人员在前往作业地点和返回途中,必须按照预先规定的行走路线行走,严禁在道心及枕木头上行走,行走不得侵入限界。

(2)作业人员首先须根据作业内容将防护用品、用具佩戴齐全;驻中心(所)联络员必须掌握列车运行动态,并及时准确告知现场防护员。未采取人身安全防护措施或措施不到位的,禁止盲目冒险处理故障。

(3)现场电务应急抢修人员需上道进行作业时,驻站联络员必须向段调度报告所在疏散口位置(作业通道口)和作业范围(包括行走路线)。调度及时与驻中心(所)联络员联系,办理上道有关手续。驻站联络员必须确认本线封锁和邻线 160 km/h 限速后,方可通知现场作业人员上道作业。

(4)现场电务人员接到上道通知后,应设好防护,作业过程中现场防护人员应随时与驻站联络员保持联系,在接到临线来车、本线下道通知时,按规定及时下道避车。

(5)动车组相距作业地点五个闭塞分区必须下道并在本线一侧安全距离(距钢轨头部外侧距离不小于 3 m)避车,禁止分散多处或跨线避车,严禁在双线线间站立避车。

(6)驻站联络员必须每 3 min 与现场防护员通话,随时掌握现场作业情况,一旦联络中断,现场防护员应立即呼叫作业人员停止作业,按上述要求下道避车,并用 GSM-R 手机等手段与驻站联络员联系。

(7)应急处理故障,遇有能见度不足 200 m 的大雾、暴风雨(雪)、雷电密集、扬沙等恶劣天气等必须作业时,应采取特殊、有效的安全防护措施,并对故障发生区间进行全线封锁。

(8)现场防护人员应站在便于瞭望和通知作业人员的安全地点,在瞭望距离不足 2 000 m 的曲线地段,应增设中间防护员,加强联络。

(9)作业人员在下道避车前,必须将箱盒盖盖好。要确保转辙机等各类防护罩、盖固定牢固,如防护罩、盖来不及固定,应将防护罩、盖放在安全地点,并加强监护。

(10)故障修复后,应在处理人员全部上到抢修作业轨道车或到达疏散口外时方能销记解除邻线临时限速和作业线路的封锁。

## 五、高铁施工安全相关知识

(1)入室作业前要进行人身自身静电释放,以免产生静电导致设备板卡、元器件击穿、损坏。

(2)在操作过程中，严格落实各项操作流程，确保设备的关、开机顺序正确。

(3)巡检作业前一定要与现场作业人员互试通信工具。点毕前 30 min 提醒巡检人员，点毕时彻底进行设备试验和按时销点。

(4)对服务器进行删除操作时，务必执行双人作业制度，一人操作，一人监督。

(5)用 U 盘下载数据前，未进行格式化易感染病毒造成设备瘫痪。

## 思考题

1. 简述电务段三级安全生产体系及安全生产管理内容。
2. 简述电务工作检修和故障处理七严禁纪律。
3. 简述“三不动”安全工作制度。
4. 简述“三不离”安全工作制度。
5. 简述“三预想”安全工作制度。

## 第二节 劳动安全

### 一、安全用电相关知识

(一) 安全电压、低压、高压和跨步电压的概念

(1)安全电压是指对人体不会引起生命危险的电压，它是根据人体电阻确定的，人体电阻一般在 800 Ω～1 MΩ 之间，流经人体不致发生生命危险的电流一般不会超过 50 mA，按照欧姆定律可推知人体安全电压应小于 40 V 。我国规定 36 V 以下为安全电压，在某些特殊场合规定 12 V 为安全电压。

(2)低压指对地电压在 250 V 及以下，如 380 /220 V 三相四线制居民生活用电线路、直流 220 V/ 110 V 电源等。

(3)高压指对地电压在 250 V 以上，如 10 kV 电力线路、25 kV 接触网线路等。

(4)跨步电压是指电气设备碰壳或电力系统一相发生接地短路时，电流从接地处四散流出，在地面上形成不同的电位分布，人走近短路点时，两脚之间的电位差。当跨步电压达到 40 V以上时，将使人有触电危险，特别是人被跨步电压击倒后加大了人体的触电电压，从而造成意外和死亡。发现有跨步电压危险时，应单足或并双足跳离危险区，亦可沿半径垂直方向小步慢慢退出。发生高压接地故障时，在切断电源前，任何人与接地点的距离，室内不得小于 4 m，室外不得小于 8 m 。接触网断线接地不得小于 10 m 。必须进入上述范围作业时，作业人员要穿绝缘靴。实践证明，穿着绝缘靴是防护跨步电压的一种有效措施。

(二)电流对人体的伤害

(1)电流对人体的伤害有三种：电击、电伤和电磁场伤害。电击是指电流通过人体，破坏人体心脏、肺及神经系统的正常功能。电伤是指电流的热效应、化学效应和机械效应对人体的伤害，主要是指电弧烧伤，溶化金属溅出烫伤等。电磁场伤害是指在高频磁场的作用下，人会出现头晕、乏力、记忆力减退、失眠、多梦等神经系统的症状。

(2)一般认为,电流通过人体的心脏、肺部和中枢神经系统的危险性比较大,特别是电流通过心脏时,危险性最大,所以从手到脚的电流途径最为危险。触电还容易造成因剧烈痉挛而摔倒,导致电流通过身体并造成摔伤、坠落等二次事故。

(三)防止触电的措施

1. 绝缘、屏蔽和间距是最为常见的安全措施

(1)绝缘:它是用绝缘物把带电体封闭起来。瓷、玻璃、云母、橡胶、木材、胶木、塑料、布、纸和矿物油等,都是常用的绝缘材料。应当注意:很多绝缘材料受潮后会丧失绝缘性能或在强电场作用下遭到破坏,丧失绝缘性能。

(2)屏蔽:即采用遮拦、护罩、护盖箱闸等把带电体与外界隔绝开来。电器开关的可动部分一般不能使用绝缘而需要屏护。高压设备不论是否有绝缘,均应采取屏护。

(3)间距:就是保证必要的安全距离。间距除用防止触及或过分接近带电体外,还能起到防止火灾、防止混线、方便操作的作用。在低压工作中,最小检修距离不应小于 0.1 m。

2. 接地和接零

(1)接地:指与大地的直接连接,电气装置和电气线路带电部分的某点与大地直接连接。电气装置或其他装置正常时不带电部分与大地的人为连接都叫接地。

(2)保护接地:为了防止电器设备外露的不带电的导体意外带电造成危险,将该电气设备经保护接地线与深埋在地下的接地体紧密连接起来的做法叫做保护接地。由于绝缘破坏或其他原因而可能呈现危险电压的金属部分,都应采取保护接地措施,如电机、变压器、开关设备、照明器具及其他设备的金属外壳都应予以接地。一般低压系统中,保护接地电阻值应小于 4 Ω。

(3)保护接零:就是把电器设备在正常情况下不带电的金属部分与电网的零线紧密的连接起来。应当注意的是,在三相四线制的电力系统中,通常是把电器设备的金属外壳同时接地、接零,这就是所谓的重复接地保护措施。但还应该注意,零线回路中不允许装设熔断器和开关。

3. 装设漏电保护装置

漏电保护器在设备和线路漏电时通过保护装置的检测机构转换取得异常信号,经中间机构转换和传递,然后促使执行机构动作,自动切断电源,起到保护作用。

4. 采用安全电压

这是用于小型电气设备或小容量电气线路的安全措施。根据欧姆定律,电压越大电流也就越大。因此,可以把可能加在人体上的电压限制在某一范围内,使得在这种电压下,通过人体的电流不超过允许范围,这一电压就叫安全电压。安全的工频电压有效值不超过 50 V,直流不超过 120 V。我国规定工频电压有效值的等级为 42 V、36 V、24 V、12 V 和 6 V。凡手提照明灯、高度不足 2.5 m 的一般照明灯,如果没有特殊安全结构和安全特殊,应采用 42 V 或 36 V 的安全电压。凡金属容器内,隧道内等工作场地狭窄、行动不便以及周围有大面积接地导体的环境,使用手提照明灯时应采用 12 V 安全电压。

5. 加强绝缘

加强绝缘就是采用双重绝缘或另加总体绝缘,即保护绝缘体以防止通常绝缘损坏后的触电。

6. 保护用具

保护用具是保证工作人员安全操作的工具。设备带电部分应有防护罩,或置于不易触电

的高处，或采用联锁装置。此外，使用手电钻等移动电器时，应使用橡胶手套，橡胶垫等保护工具，不能赤脚或穿潮湿的鞋子站在潮湿的地面上使用电器。

（四）用电注意事项

（1）禁止带电修理各类电器设备。

（2）经常接触和使用的配电箱、配电板、闸刀开关、按钮开头、插座、插销以及导线等，必须保持完好，不得破损或将带电部分裸露。

（3）不得用铜丝等代替保险丝，并保持闸刀开关、磁力开关等开面完整。

（4）经常检查电气设备的保护接地，接零装置，保证连接牢固。

（5）在移动电风扇、照明灯、电焊机等电气设备时，必须先切断电源，并保护好导线，以免磨损或拉断。

（6）在使用手电钻、电砂轮等手持电动工具时，必须安装漏电保护器。工具外壳要进行防护性接地或接零。

（7）在雷雨天，不要走进高压电杆、铁塔、避雷针的接地导线周围 20 m。当遇到高压线断落时，周围 10 m 之内禁止人员进入；若已经在 10 m 范围之内，应单足或并足跳出危险区。对设备进行维修时，一定要切断电源，并在明显处防止“禁止合闸，有人工作”的警示牌。

（五）静电、雷电、电磁伤害的防护措施

（1）静电的防护：生产工艺过程中的静电可以造成多种危害。在挤压、切割、搅拌、喷溅、流体流动、感应摩擦等作业时都会产生静电，由于静电电压很高，又易发生静电火花，所以特别容易在易燃易爆场所中引起火灾和爆炸。静电防护一般采用静电接地，增加空气的湿度，在物料内加入抗静电剂，使用静电中和器和工艺上采用导线性能较好的材料，降低摩擦、流速、惰性气体保护等方法来消除或减少静电产生。

（2）雷电的防护：雷电危害的防护一般采用避雷针、避雷器、避雷网、避雷线等装置将雷电直接导入大地。避雷针主要用来保护露天变配电设备、建筑物或构筑；避雷线主要用来保护电力线路；避雷网和避雷带主要用来保护建筑物；避雷器主要用来保护电力设备。

（3）电磁危害的防护：电磁危害的防护一般采用电磁屏蔽装置。高频电磁屏蔽装置可由铜、铝或钢制成。金属或金属网可有效地消除电磁场的能量，因此可以用屏蔽室、屏蔽服等方式来保护。屏蔽装置应有良好的接地装置，以提高屏蔽效果。

## 二、消防安全相关知识

（一）火灾及其分类

火灾是指在时间和空间上失去控制的燃烧所造成的灾害。火灾依据物质燃烧特性，可划分为 A、B、C、D、E 五类。

A 类火灾：指固体物质火灾。这种物质往往具有有机物质性质，一般在燃烧时产生灼热的余烬。如木材、煤、棉、毛、麻、纸张等火灾。

B 类火灾：指液体火灾和可熔化的固体物质火灾。如汽油、煤油、柴油、原油，甲醇、乙醇、沥青、石蜡等火灾。

C 类火灾：指气体火灾。如煤气、天然气、甲烷、乙烷、丙烷、氢气等火灾。

D 类火灾：指金属火灾。如钾、钠、镁、铝镁合金等火灾。

E 类火灾：指带电物体和精密仪器等物质的火灾。

（二）电气火灾的防止

(1)各类电器有时会引起火灾，其原因通常是电气设备选用不当或线路年久失修，绝缘老化造成短路或由于用电量增加导致线路超负荷运行，维修不善导致接头松动，电器积尘、受潮，热源接近电器，电器接近易燃物和通风散热失效等。

(2)其防护措施主要有：合理选用电气装置。例如：在干燥少尘的环境中，可采用开启式和封闭式；在潮湿和多尘的环境中，应采用封闭式；在易燃易爆的环境中，必须采用防爆式。防止电气火灾，还要注意线路电气负荷不能过高，注意电器设备安装位置距易燃可燃物不能太近，注意电气设备运行是否异常，注意防潮等。

（三）消防设备的使用

(1)带电设备着火时，在切断电源前不得使用水或泡沫灭火器灭火。

(2)二氧化碳(干粉)灭火器适用于扑灭 600 V 以下的各种电器火灾。

(3)四氯化碳灭火器适用于扑灭高压电器火灾。由于四氯化碳灭火器是将一定数量的药液以 800 kPa 的压力储于灭火器筒内，而且四氯化碳的绝缘性能高达 12 kV，故特别适用于扑灭高压电器发生的火灾，但其药液蒸气有毒，灭火时注意严防射入消防人员眼睛。喷射时，应先由火焰边缘开始，再推向中心位置，并应避免逆风使用，以防药液伤人，同时在灭火后应及时通风，防止人员窒息。

（四）防火消防措施

(1)日常设备检修、施工中，电务作业人员应当密切注意电气线路有无虚、松、短、破、碰现象，防止设备短路故障。认真检查电务设备接地装置是否良好，温度有无突变发热状况，防止雷击、爆炸、短路而引起发生火灾。严格执行重点要害场所管理制度，严禁在机房内吸烟，动用明火及存放与工作无关的物品。

(2)一旦发生火灾，启动火灾应急预案。立即就近使用消防器材采取积极灭火措施进行扑救，各级防火组织接到报告后应立即组织派员迅速赶往火灾现场，开展扑救工作。突出全员“四懂四会”(懂得本岗位的火灾危害性，懂得预防火灾的措施，懂得火灾扑救的方法，懂得疏散方法；会报警，会使用灭火器，会扑救初起火灾，会逃生)。

(3)火场指挥人员要做到沉着机智，针对火势情况，合理分配人员和灭火器具，密切注意火势、风向，集中现场扑救人员切断火灾发展趋势，以便尽快控制和扑灭火情，使损失减小到最低程度。

(4)当火势有较大蔓延之势，无法扑救时，指挥人员在落实控制火势的同时，迅速指定专人就近拨打“119”火警电话，并在路口派人接应消防车的到来。火警就是命令，干部职工都有扑救火灾的责任和义务，发现火情后，应迅速赶赴火场，服从指挥，积极参与灭火和对化学危险物品、保密物品、贵重物品的抢救，不得畏缩、逃避。任何部门、人员都应积极配合公安消防部门开展火灾事故调查，协助做好处理工作。

(5)严禁在消防安全重点部位及消防通道内堆积杂物，堵塞通道。严禁随意挪用或玩耍消防器材，遇到发生火灾时，服从火灾事故指挥部的统一指挥，及时调集灭火器材送往火场，确保灭火的需要。

(6)火灾扑救后，应保护好现场，禁止闲杂人员进入破坏火灾现场，影响调查取证。火灾事故部门应当积极配合上级、公安消防部门进行调查，了解火灾原因。并按“四不放过”的原则，认真分析原因，吸取教训，制定防范措施。对造成火灾的责任人，根据情节轻重作出扣奖、赔偿和行政处分。对情节严重，使国家财产和人民生命造成重大损失的，按《中华人民共和国消防法》和《消防管理处罚条例》的规定进行处罚，对已构成犯罪的，移交司法机关追究刑事责任。

## 三、高铁劳动安全防护控制措施等有关文件

### （一）劳动安全防护控制措施等有关规定

（1）所有高铁从业人员必须经单位、车间、班组三级专门安全教育培训，并经考试合格后，方准上岗。学徒工、实习人员参加作业前，必须签订师徒合同，严格落实人身安全互控措施，严禁师徒分离，否则不得单独顶岗作业。对身体有明显缺陷，不适合现场作业的人员不能在高速铁路岗位工作。

（2）从业人员上岗前必须充分休息好，严禁班前、班中饮酒。严禁脱岗、串岗、私自替班或换班。对视听不良、行动不便的人员，严禁单人作业和使用重点工、机具及担任防护员等工作。

（3）生产作业班组在班前，必须结合天气情况、作业处所、环境条件的变化和工作重点任务，对人身安全关键进行周密的安全预想，并制定有效的联防措施，在作业过程中抓好落实。

（4）工区应备有急救药箱，所有工作人员应掌握预防作业伤害、触电和外伤处理知识。

（5）从业人员上线作业时必须精力集中、严守两纪，认真执行安全检查确认制度和呼唤应答制度，不准打闹、玩笑、阅读书报、接打手机和做与本岗工作无关的事情。

（6）各单位必须按规定为从业人员配发符合国家标准或行业标准的劳动防护用品和工具，并教育从业人员正确佩戴、使用劳动防护用品和工具。

（7）从业人员上岗前必须按规定穿戴劳动防护服装和携带必要的人身安全防护备品。禁止穿凉鞋、高跟鞋、塑料底鞋和带钉子的鞋上岗作业，未穿戴劳动防护服装和携带人身安全防护用品的不准上岗作业。

（8）如遇高速铁路电务设备故障或其他非正常情况必须上道作业时，现场维护单位必须设专人防护，严禁电务人员单人上道作业。

（9）现场维护工区班前碰头会必须进行人身安全预想，并制定人身安全防护措施。作业人员要认真落实《铁路信号维护规则》中的有关技术作业安全要求，自觉地实施安全自控和互控，杜绝人身伤亡事故的发生。

（10）对带有 220 V 及以上电压的信号设备进行作业时，应切断电源或双人作业。需停电进行检修作业时，应指派专人负责断电，并在电源开关处悬挂警示牌。恢复供电时，应确认全体工作人员作业完毕，脱离带电部件后，方可合闸，摘除警示牌。

（11）对高于 36 V 电压的信号设备进行带电作业时，应遵守以下规定：

① 使用带绝缘的工具，穿绝缘胶鞋（室内应站在绝缘板上）；

② 不得同时接触导电和接地部分；

③ 未脱离导电部分时，不得与站在地面的人员接触或相互传递工具、材料。

（12）检修整流、变流及磁饱和等电源设备时：

① 电压高于 220 V 的设备应关闭电源，并通过人工放电，释放电容器电能后，方可开始工作；

② 不准将电流互感器二次线圈开路，以免产生高电压击穿设备和危及人身安全。

（13）信号机械室内必须保持清洁，禁止烟火，并应做好以下防火工作：

① 必须备有符合要求的报警和灭火设施，并保持其良好；

② 电缆进出口应采用防火材料封堵，电力电缆不得与信号电缆同沟敷设；

③ 必须按日常养护周期巡视信号设备，发现温升异常须及时处理；

④ 室内不得存放易燃易爆物品；

⑤ 严禁用汽油、酒精等擦拭设备的电气接点，并不得用易燃油擦洗地面和设备。

（二）高铁信号工作业防护有关规定

1. 防护人员的管理

（1）防护人员任职资格及管理：

① 防护员任职条件：应由具备本工种中级及以上技能等级，安全责任心强，身体健康，语言思维表达能力清晰，经安全培训考试合格的正式职工担任。路外单位必须由分公司以上单位和铁路局内所辖区段设备站段组织培训并考试合格的人员担任。有关培训工作由相关单位的职教部门负责。防护员按照防护职责分为一级防护员（包括驻站防护员、驻所防护员）和二级防护员（包括现场防护员、远端防护员、中间联络员）两级，有关等级在上岗证中注明。未取得一级防护员证的现场防护员不可担任驻站防护员。

② 驻站防护员必须熟知站场线路及信联闭设备知识、安全防护设置标准、常用的行车术语、信号显示意义、防护备品用途、防护方法、各种作业的程序和特殊情况下的应急处理知识等。

③ 各单位要指定专人负责，建立健全防护员管理台账和每一名防护员的资格等级，并严格按照资格等级从事相应的防护工作。每年年初，经单位职教部门培训合格后在职工个人的"任职资格培训合格证"栏目签认并加盖公章。"任职资格培训合格证"有效期为一年。复审验证不合格人员不得继续担任防护工作。

④ 取得防护员合格证的职工调到新工区，防护员资格自行取消，经过不少于一个月的熟悉阶段，由本人申请，工长和车间主任同意，段考核批准后，方可重新担任防护员工作。

（2）驻所防护员、驻站防护员、现场防护员、远端防护员、中间联络员统称防护员。驻站防护员佩戴胸牌（卡），现场防护员、中间联络员、中间联络员除按规定着装外，还需佩带袖标。胸牌（卡）、袖标按系统分颜色管理，电务系统为黄底红字。

（3）高速铁路区段施工（作业）除按规定设置驻所联络员外，必须同时设置驻站联络员和现场防护员，根据作业情况选择设置远端防护员、中间联络员，并按规定设置防护信号。

（4）现场防护员的设置原则：

① 在下列情况下，现场必须设专人防护：

a. 在站（场）内进行设备检修或施工时；

b. 在区间进行设备检修或施工时；

c. 各级组织进行设备检查时；

d. 电务段认为有必要设专人防护时。

② 在下列情况下，现场必须增设防护员：

a. 遇风、雨、雪、雾等恶劣天气，必须进行室外作业时；

b. 在作业繁忙的站场或不易瞭望的特殊地段进行作业时；

c. 作业地点超出防护员防护范围时；

d. 电务段认为有必要增设防护员时。

2. 防护员作业纪律

（1）必须持证上岗，禁止未经段培训考试合格、无防护员合格证的人员担任防护员工作。

（2）必须按标准着装，穿带有国际警告色的防护坎肩，左臂佩戴"防护员"臂章，左胸佩戴防护员上岗合格证，携带 GSM-R 专用手机或对讲机以及防护喇叭（安装人身安全预警装置的车站，还需携带预警电台）。

（3）防护时必须做到“四不准”：不准擅自离岗；不准与他人闲谈；不准以蹲、坐、卧姿进行防护；不准参与与作业或做与防护工作无关的事情。

（4）必须先于作业人员上岗，滞后于作业人员离岗。防护员需要临时离岗时，必须先停止所有被防护人员的作业，或由具有防护员资格的人员代替防护。

（5）工作时禁止戴有色眼镜，禁止班前饮酒。班前要休息好，班中集中精力，振作精神，禁止防护时坐、卧、打盹。

（6）现场防护员必须做到：选择防护位置适当，认真立岗瞭望列车，注意倾听车站广播和 GSM-R 手持机联系，及时向作业人员发出来车下道避车的正确指示。

（7）驻站（所）防护员必须做到“五勤”：勤看操作台显示；勤听值班员对话；看不懂、听不清要勤问；勤向现场防护员传达列车运行情况；勤与现场防护员复诵、核对通话内容。要坚守岗位，精神集中，随时掌握、监视列车运行及调车作业情况，按照规定时机及时通知现场防护员，并做到语言简练，呼唤应答。未接到现场防护员的复诵，不准终止接近通知。值台时严禁与车站值班员闲谈。

3. 作业防护要求

（1）要严格把控高速铁路区段作业防护人员的任职条件、上岗资质，经培训考试合格后方准上岗。防护人员应身体健康，无眼疾、耳疾、心血管疾病。要规范防护备品的配备标准和防护工作标准，并严格执行。

（2）应定期组织对高速铁路区段作业防护人员的安全教育培训，每年进行一次劳动安全专业技能培训、持证上岗考试，对考试不合格、考核不称职人员要及时进行岗位调整。

（3）驻站防护员必须按规定着装，佩带胸牌或臂章，携带性能良好的 GSM-R 手持机或对讲机，全面掌握管内作业（施工）情况，按照作业（施工）的要求，在规定登记的时间内到车站信号楼办理作业、施工登记手续。对施工、作业的地点、起止时间、作业项目、影响范围、配合要求等要登记齐全、不漏项，影响行车及信号使用的施工作业，必须取得车站值班员同意、签认后方可通知现场开始作业，作业结束后及时销记。

（4）驻站（所）防护员要坚守岗位，随时与现场防护员保持联系，掌握现场施工进度及工程机械的作业情况，正确、及时预报来车，不错报、不漏报、不臆测行车。发生驻站（所）防护员与现场防护员通信联络中断的故障，驻站（所）防护员应立即采用其他方式通知作业负责人停止作业，并立即呼叫所有作业人员下道避车。

（5）驻站（所）防护员必须遵守车站有关工作制度和纪律，不得妨碍车站行车工作。作业过程中必须严格执行作业标准，密切监视列车运行情况，与车站值班员加强联系，严禁擅自离岗，不得中途擅自换人，严禁做其他与工作无关之事。

（6）现场防护员应根据当日作业（施工）要求，佩戴防护员臂章，带齐防护用备品，并确认性能良好，按规定要求使用。

现场防护员应选择便于确认来车和人员作业情况的有利地形进行防护作业，不得站在不满足《电气化铁路有关人员电气安全规则》规定的安全距离等危险地点进行防护作业和使用金属加长天线的电台。

（7）现场防护员要掌握列车运行动态，坚持瞭望。接到来车通知或发现来车，提前正确显示信号，及时通知作业人员下道避车，并做到“三看”：一看作业人员是否下道完毕；二看使用的工具是否带到安全处所;三看机具、材料是否超限。

(8)驻站(所)防护员与现场防护员之间使用GSM-R专用手机或对讲机进行联络,每3～5 min必须联系一次,凡发生联络中断或噪声较大听不清时视为无防护,必须停止作业立即下道。作业结束后,驻站防护员在接到现场作业防护员的现场人员设备、机具、料具等全部撤出线路、清点完毕等情况的报告后,方可销点离开车站。

(9)使用委外工进行作业施工时,上工前,电务防护员必须到委外工驻地将委外工带往施工地点沿途防护;下工后,必须沿途防护将委外工送往驻地,以确保参加施工的委外工的人身安全。

## 思考题

1. 简述静电、雷电、电磁伤害的防护措施。
2. 简述电气火灾的防止防护措施。
3. 简述劳动安全防护控制措施。
4. 简述高铁信号工作业防护有关规定。
5. 简述防护人员的管理。

## 复习题

1. 分析造成电务重大、大事故及险性事故的主要原因?怎样防止事故的发生?
2. 什么是处理故障的"三及时"?
3. 简述信号设备故障应急预案分类及启动。
4. 简述防护员任职资格及管理。
5. 简述防护员的作业纪律。

# 第二章　专 业 知 识

铁路信号设备技术密集、科技含量高，具有点多线长、设置分散、布局成网、不间断运用等特点。其维护工作技术要求高，既相对独立，又相互联系，因此维护人员必须加强专业技能的学习，才能适合岗位需求。本章重点介绍高速铁路新设备的相关专业知识。

## 第一节　计算机与网络技术

计算机网络是计算机技术与通信技术紧密相结合的产物，它的诞生使计算机的体系结构发生了巨大变化，推动了信息产业的发展，对信息产业的发展产生了深远的影响。

计算机网络技术的不断更新，对中国铁路的信息化建设起到了积极的促进作用。

### 一、计算机网络的定义、分类、结构组成及功能

（一）计算机网络的定义

计算机网络是指将分布在不同地理位置上的具有独立功能的多个计算机系统，通过通信设备和通信线路相互连接起来，在网络软件的管理下实现数据传输和资源共享的系统。计算机网络是一个互联自治的计算机集合，多台计算机构成的计算机网络如图 2-1 所示。

计算机网络涉及三个方面：①至少两台计算机互联；②通信设备与通信线路；③网络软件、通信协议和网络操作系统（NOS）。

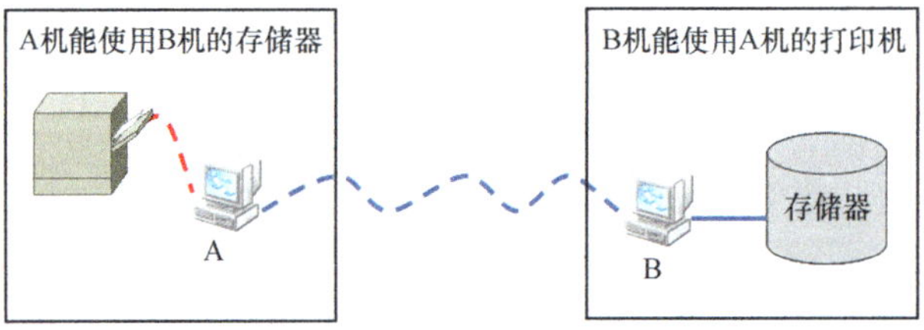


图 2-1　计算机互联网络系统基本模型

（二）计算机网络的分类

1. 按计算机网络跨度分类

计算机网络的跨度是指网络可以覆盖的范围，根据网络覆盖的范围，网络可以分类为局域网（Local Area Network，LAN）、城域网（Metroplitan Area Network，MAN）和广域网（Wide Area Network，WAN）。

（1）局域网

局域网的作用范围是几百到几千米，通常用于组建企业网和校园网，并分为局部区域网和高速区域网。

（2）城域网

城域网是局域网的延伸，用于局域网之间的连接，网络规模局限在一座城市范围内，覆盖的地理范围从几十至几百公里。

(3)广域网

广域网又称远程网，是指在一个很大地理范围（从数百公里到数千公里，甚至上万公里）由许多局域网组成的网络。广域网是将远距离的网络和资源连接起来的任何系统，主要用在一个地区、行业甚至在全国范围内组网，达到资源共享的目的。

2. 按拓扑结构分类

网络拓扑结构是指连接网络设备的物理线缆的铺设形式。按网络的拓扑结构分类，计算机网络可以分为星型、总线型、环型、树型和网状网络。

3. 按管理性质分类

根据对网络组建和管理的部门和单位不同，常将计算机网络分为公用网和专用网。

4. 按交换方式分类

每个网络设备（交换机）一般都具有多个输入/输出端口，交换是指将一个端口的输入信号转发（交换）到另一个端口，并通过附接该端口的线路传输给其他设备。根据数据在网络传输过程中经交换机处理的不同方式，可分为电路交换、报文交换和分组交换。

5. 按功能分类

计算机网络的最终目的是面向应用，应同时提供信息传输和信息处理的能力。

(1)通信子网：负责信息传输的子网。

(2)资源子网：负责信息处理的子网。

(三)计算机网络的结构组成

从物理结构来看，计算机网络是由网络硬件和网络软件两大部分组成。网络硬件是计算机网络系统的物理实现，网络软件是网络系统中的技术支持，两者共同完成网络功能。

1. 计算机网络的硬件系统

计算机网络硬件系统是由计算机（主机、客户机、终端）、通信处理机（集线器、交换机、路由器）、通信线路（同轴电缆、双绞线、光纤）、信息变换设备（Modem，编码解码器）等构成。

(1)主计算机

在一般的局域网中，主机通常被称为服务器，根据在网络中所提供的服务不同，可将其划分为文件服务器、打印服务器、通信服务器等。

(2)网络工作站（网络客户机）

除服务器外，网络上的其余计算机可称为网络工作站或网络客户机，其主要是通过执行应用程序来完成工作任务。

(3)网络终端

网络终端是用户访问网络的界面，它可以通过主机联入网内，也可以通过通信控制处理机联入网内。

(4)通信处理机

一方面作为资源子网的主机、终端连接的接口，将主机和终端连入网内；另一方面它又作为通信子网中分组存储转发结点，完成分组的接收、校验、存储和转发等功能。

(5)通信线路

通信线路（链路）为通信处理机与通信处理机、通信处理机与主机之间提供通信信道。

(6)信息变换设备

信息变换设备对信号进行变换，包括：调制解调器、无线通信接收和发送器、用于光纤通信的编码解码器等。

2. 计算机网络的软件系统

计算机网络软件系统由网络操作系统、网络协议软件、网络管理软件、网络通信软件、网络应用软件等部分组成。

(1)网络操作系统

网络操作系统是网络软件中最主要的软件，用于实现不同主机之间的用户通信，以及全网硬件和软件资源的共享，并向用户提供统一的、方便的网络接口，便于用户使用网络。

网络操作系统主要有 UNIX、NetWare 和 Windows。我国最广泛使用的是 Windows 网络操作系统。

(2)网络协议软件

网络协议是网络通信的数据传输规范，网络协议软件是用于实现网络协议功能的软件。目前，典型的网络协议软件有 TCP/IP 协议、IPX/SPX 协议、IEEE 802 标准协议系列等。其中，TCP/IP 是当前异种网络互连应用最为广泛的网络协议软件。

(3)网络管理软件

网络管理软件是用来对网络资源进行管理以及对网络进行维护的软件，如性能管理、配置管理、故障管理、计费管理、安全管理、网络运行状态监视与统计等。

(4)网络通信软件

网络通信软件是用于实现网络中各种设备之间进行通信的软件，使用户能够在不必详细了解通信控制规程的情况下，控制应用程序与多个站进行通信，并对大量的通信数据进行加工和管理。

(5)网络应用软件

网络应用软件是为网络用户提供服务，最重要的特征是它研究的重点不是网络中各个独立的计算机本身的功能，而是如何实现网络特有的功能。

(四)计算机网络的功能

计算机网络的主要功能体现在资源共享、网络通信、分布处理、集中管理和均衡负荷五个方面。

1. 资源共享

(1)硬件资源：包括各种类型的计算机、大容量存储设备、计算机外部设备，如彩色打印机、静电绘图仪等。

(2)软件资源：包括各种应用软件、工具软件、系统开发所用的支撑软件、语言处理程序、数据库管理系统等。

(3)数据资源：包括数据库文件、数据库、办公文档资料、企业生产报表等。

(4)信道资源：通信信道可以理解为电信号的传输介质。通信信道的共享是计算机网络中最重要的共享资源之一。

2. 网络通信

通信通道可以传输各种类型的信息，包括数据信息和图形、图像、声音、视频流等各种多媒体信息。

3. 分布处理

把要处理的任务分散到各个计算机上运行，而不是集中在一台大型计算机上。这样，不仅可以降低软件设计的复杂性，而且还可以大大提高工作效率和降低成本。

4.集中管理

对地理位置分散的组织和部门，可通过计算机网络来实现集中管理，如数据库情报检索系统、交通运输部门的订票系统、军事指挥系统等。

5.均衡负荷

当网络中某台计算机的任务负荷太重时，通过网络和应用程序的控制和管理，将作业分散到网络中的其他计算机中，由多台计算机共同完成。

## 二、路由器、交换机、协议转换器、集线器、光缆、网线等网络设备的性能

### （一）路 由 器

路由器(Router)是用于连接不同技术网络的网络连接设备，它为不同网络之间的用户提供最佳的通信路径，因此路由器有时俗称为“路径选择器”。路由器工作在 OSI(开放系统互联参考模型)七层网络模型中的第三层，即网络层。它的主要目的是在网络之间提供路由选择，进行分组转发。路由器可以是专用路由器，也可以由安装两块网卡运行路由软件的计算机担任。

1. 路由器的功能

(1)寻址功能

通过路由器互联的网络具有公共的网络地址，并且，网间协议对全网地址作出规定，以使路由器可以区分各个结点所在的通信子网。

(2)路由选择功能

路由器具备相对灵活的路由选择功能，以最快的速度将分组传送通过网络。目前，路由器使用的路由协议主要由 Internet(因特网)工程任务组(IETF)定义，包括开放式最短路径优先协议(OSPF:RFC 1247)、边界网关协议(BGP:RFC 1163)和内部网关路由协议(IGRP)等。

(3)分段/合段功能

路由器可对分组进行分段/合段，使得互联能力不受通信子网分组长度的影响。

(4)存储转发功能

路由器严格地执行“存储—转发”的原则，即先接收和存储分组，在完成必要的分组分析和格式转换之后，转发分组至特定的子网。

(5)分组过滤功能

路由器通常分析整个分组，因此可以过滤掉网络中的错误信息，减少出错分组的无谓传输。

2. 路由器的分类

路由器分本地路由器和远程路由器，本地路由器是用来连接网络传输介质的，如光纤、同轴电缆、双绞线；远程路由器是用来连接远程传输介质，并要求相应的设备，如电话线要配调制解调器，无线要通过无线接收机、发射机。

### （二）交 换 机

交换机(Switch)也称为交换器和交换式集线器，是专门为计算机之间能够相互通信且独享带宽而设计的一种交换设备。交换机已取代传统的集线器，成为组建和升级以太局域网的首选设备。

1. 交换机的主要功能

交换机大多工作在数据链路层，其功能是对封装数据进行转发，在端口之间建立并行的连

接,以缩小冲突域,并隔离广播风暴。交换机的最大特点是可以将一个局域网划分成多个端口,每个端口可以构成一个网段,扮演着一个网桥的角色,而且每一个连接到交换机上的设备都可以享用自己的专用带宽。交换机与各网段的连接如图 2-2 所示。

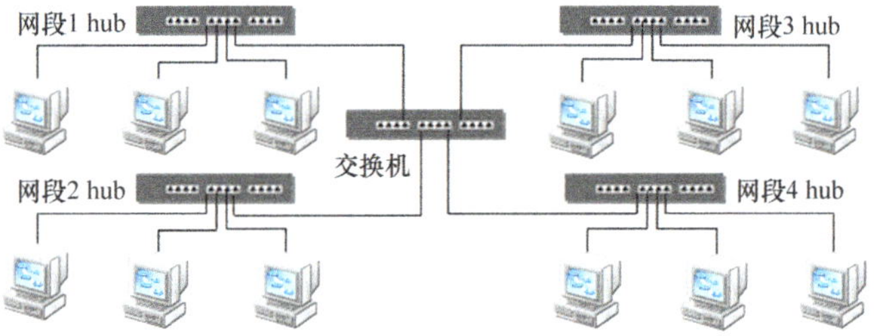


图 2-2　用交换机连接各网段示意图

2. 交换机的基本类型

(1)按应用领域划分:可分为广域网和局域网交换机。广域网交换机主要应用于电信领域,提供通信基础平台;局域网交换机则应用于局域网络,用于连接终端设备。

(2)按传输速率划分:可分为以太网交换机、100 M 交换机和 1 000 M 交换机、FDDI 交换机、ATM 交换机和令牌环交换机。

(3)按结构形式划分:可分为独立式交换机、堆叠式交换机和模块式交换机。

(三)协议转换器

协议转换器简称协转,也叫接口转换器、E1/以太网、以太网转换器、E1/V.35 转换器。协议转换器也就是网关,它能使处于通信网上采用不同高层协议的主机仍然互相合作,完成各种分布式应用。

协议转换器工作在传输层或更高层。接口协议转换器一般用一个 ASIC 芯片就可以完成,成本低、体积小。它可以将 IEEE 802.3 协议的以太网或 V.35 数据接口同标准 G.703 协议的 2M 接口之间进行相互转换。它将以太网信号或 V.35 信号转换为 E1 信号,以 E1 信号形式在同步/准同步数字网上进行长距离传输。主要目的是为了延长以太网信号和 V.35 信号的传输距离,是一种网络接入设备。现有的协议转换器主要分为 E1/以太网系列和 E1/V.35 系列。总而言之,“协议转换器用于构架网络连接,将一种协议转换为另一种协议”。

协议网关通常在使用不同协议的网络区域间作协议转换。这一转换过程可以发生在 OSI 参考模型的第 2 层、第 3 层或 2、3 层之间。但是有两种协议网关不提供转换的功能:安全网关和管道。由于两个互联的网络区域的逻辑差异,安全网关是两个技术上相似的网络区域间的必要中介,如私有广域网和公有的因特网。

协议转换器应用如图 2-3 所示。

(四)集 线 器

集线器(Hub)是局域网中重要的部件之一,其实质是一个多端口的中继器。中继器通常带有两个端口,用于连接一对同轴电缆,而随着双绞线以太网的出现,中继器被做成具有多个端口的装置,用在星型布线系统中,并称其为集线器。集线器在网络中的连接如图 2-4 所示。

集线器工作于 OSI 参考模型第 1 层,即“物理层”。其与网卡、网线等传输介质一样,属于局域网中的基础设备,采用 CSMA/CD(一种检测协议)访问方式。

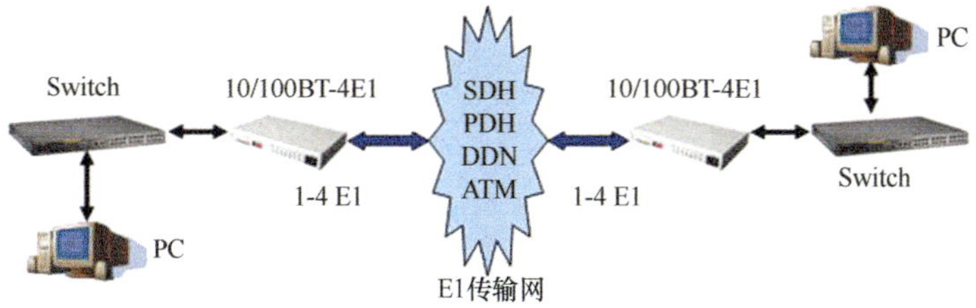


图 2-3 协议转换器应用拓扑图

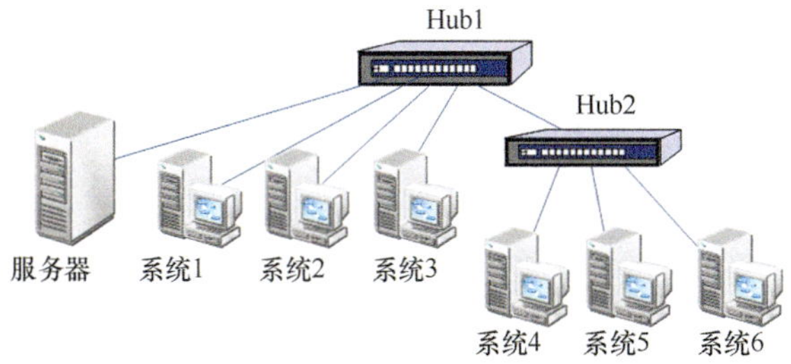


图 2-4 集线器在网络中的连接

1. 集线器的功能

在使用 10Base-T 的以太网协议组网时，集线器具有：①放大和整形功能；②检测冲突功能；③端口扩展功能；④数据转发功能；⑤介质互联功能。

2. 集线器的基本类型

(1)按网络类型分类：以太网 Hub、令牌环网 Hub、FDDI Hub 等。

(2)按集线器端口连接介质不同分类：同轴电缆、双绞线和光纤三种类型。

(3)按集线器支持的传输速率不同分类：10 Mbit/s、100 Mbit/s 和 10/100 Mbit/s。

(4)按集线器结构不同分类：独立式集线器、堆叠式集线器和模块式集线器三种。

(五)光　缆

1. 光缆

光缆主要是由光导纤维、塑料保护套管及塑料外皮构成，由一定数量的光纤按照一定方式组成缆心，外包有护套，有的还包覆外护层，用以实现光信号传输的一种通信线路，是由光纤(光传输载体)经过一定的工艺而形成的线缆，如图 2-5 所示。

2. 光纤结构

光纤裸纤一般分为三层：中心高折射率玻璃芯(芯径一般为 50 或 62.5μm)，中间为低折射率硅玻璃，光缆包层(直径一般为 125μm)，最外是加强用的树脂涂层，如图 2-6 所示。

3. 光纤的种类

(1)按光在光纤中的传输模式可分为：单模光纤和多模光纤。

(2)按最佳传输频率窗口可分为：常规型单模光纤和色散位移型单模光纤。

(3)按折射率分布情况可分为：突变型和渐变型光纤。

(六)网　线

在网络连接中，常见的网线主要有双绞线、同轴电缆、光缆三种。

1. 双绞线

双绞线(TP，Twisted Pairwire)是布线工程中最常用的一种传输介质。双绞线是由相互按一定扭矩绞合在一起的类似于电话线的传输媒体，每根线加绝缘层并有色标来标记。成对线的扭绞旨在使电磁辐射和外部电磁干扰减到最小。双绞线的结构及实物如图 2-7 所示。

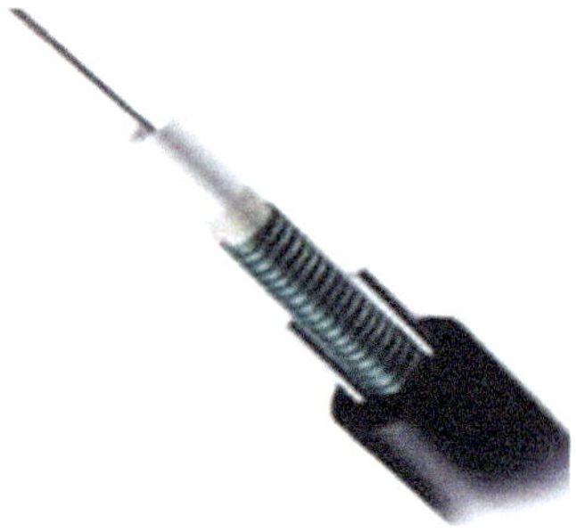

图 2-5 光缆示意图

图 2-6 光纤示意图

图 2-7 双绞线结构及实物

双绞线是由许多对线组成的数据传输线，如我们常见的电话线等。它是用来和 RJ-45 水晶头相连的。它又有 STP 和 UTP 两种，常用的是 UTP。STP 的双绞线内有一层金属隔离膜，在数据传输时可减少电磁干扰，所以它的稳定性较高。而 UTP 内网线没有这层金属膜，所以它的稳定性较差，但它的优势就是价格便宜。

2. 同轴电缆

同轴电缆是由一层层的屏蔽线包裹着中央铜导体的电缆线。它的特点是抗干扰能力好，传输数据稳定，价格也便宜，同样被广泛使用，如闭路电视线等。

3. 光缆

光缆是由许多根细如发丝的玻璃纤维外加绝缘套组成的。由于靠光波传送，它的特点就是抗电磁干扰性极好，保密性强，速度快，传输容量大等。

## 三、通过网络远程登录计算机进行访问、数据拷贝等操作

### （一）远程登录的定义

远程登录（telnet）是因特网上较早提供的服务。用户通过该命令使自己的计算机暂时成为远地计算机的终端，直接调用远地计算机的资源和服务。

通过远程登录，本地计算机便能与网络上另一远程计算机取得“联系”，并进行程序交互。进行远程登录的用户叫做本地用户，本地用户登录进入的系统叫做远地系统。

每一个远程机器都有一个文件（/etc/hosts. equiv），包括了一个信任主机名集共享用户名的列表。本地用户名和远程用户名相同的用户，可以在/etc/hosts. equiv 文件中列出的任何机器上登录到远程主机，而不需要密码口令。个人用户可以在主目录下设置相似的个人文件（通常叫 rhosts）。此文件中的每一行都包含了两个名字——主机名和用户名，两者用空格分开。. rhosts 文件中的每一行允许名为用户名的用户无需密码就可以登录到远程主机。如果在远

程机的/etc/hosts.equiv 文件中找不到本地主机名，并且在远程用户的.rhosts文件中找不到本地用户名和主机名时，远程机就会提示密码。列在/etc/hosts.equiv 和 .rhosts 文件中的主机名必须是列在主机数据库中的正式主机名，昵称均不许使用。为安全起见，.rhosts 文件必须归远程用户或根所有。

远程终端类型和本地终端类型(在 TERM 变量环境中给定)相同。如果服务器支持，终端或窗口尺寸会被拷贝到远程系统中，同时大小的变化也能反映出来。所有的回声现象都发生在远程站点，以至于远程登录都是透明的(除了延迟情况)。流控制借助＜Ctrl-S＞和＜Ctrl-Q＞实现，并且输入输出中断也得到很好的处理。

(二)远程登录的相关操作

1. 远程机上设置

(1)确保启动相应的服务项目

远程登录需要的服务项目：Server、Terminal Services、Telnet、NT LM Security Support Provider(Telnet 需要依存此服务，因此需要先启动此服务)。

若以上服务项目没开启的话，远程登录会提示以下信息：

“客户端无法连接到远程计算机。”

“连接可能没有启用，或者计算机太忙，无法接受新连接。也有可能网络问题使你无法连接。”

“请以后再试。如果问题继续出现，请跟系统管理员联系。”

(2)取消防火墙对远程控制的限制

防火墙会导致远程机登录本地机时连接超时的状况。

(3)添加远程登录桌面用户

依次单击“开始—所有程序—管理工具—计算机管理”；

在系统工具中单击“本地用户和组”，双击右边的“用户”；

在右边空白处右击后选择“新用户”，在弹出的对话框中输入“用户名、全名、密码、确认密码”，其他的自己可以做设置，然后确定退出；

右击新建的用户名—属性—隶属于，在弹出的对话框中点“添加”—高级—立刻查找—选中名称为“Remote Desktop Users”，确定退出，这样就完成了远程登录账户的设置。

(4)开启远程登录设置

右击“我的电脑—属性—远程—远程桌面”，在“允许用户远程连接到此计算机”前打钩，确定后即可在远程机上登录了。

2. 本地机设置

依次打开“开始菜单—所有程序—附件—通讯—远程桌面连接”。

在打开的对话框中单击“选项”，计算机上填入要登录的主机的 IP 地址，还有刚才设置的用户名和密码，在“高级”选项中设置网络类型来优化设置，然后单击“连接”。

(三)软件方式实现远程登录

通过软件方式实现远程登录，首先需要安装远程登录软件，多数情况需要两个甚至多个终端同时安装。

其次，正常情况下服务器可以做到 24 h 工作，但常常禁止安装此类远程控制软件，这就意味着可能在利用软件进行远程登录公司服务器的时候需要同时开启两台机器和一台服务器，所以常常在移动办公中，需要同时开启公司电脑以作为中转，通过远程操控公司电脑实现远程登录。

现在远程控制软件已经日渐专业化、品牌化，在操作性和安全性方面都有很大的进步，网络人等远程控制还采用U盾加密来保护远程控制的安全。

使用软件进行登录的优点就是简单易学，操作方便，体积小，绿色，响应速度快，画质清晰等。

## 四、计算机网络安全的基本要求及安全管理规定

（一）计算机网络安全的基本要求

网络安全从本质上讲就是网络上的信息安全，其基本目标是实现信息的保密性、完整性、可用性和可控性。

（1）信号专用计算机及专用网络直接涉及行车指挥和安全，一旦受到黑客攻击、感染病毒，将会导致系统瘫痪，打乱正常的运输秩序，危及行车安全。

（2）维护和使用部门应建立计算机与网络安全管理制度，采用网络安全技术，加强计算机及网络安全管理，制订应急处理预案，保证计算机及网络正常运行。

（3）防火墙及入侵检测、防病毒系统、动态身份认证和漏洞评估系统是基本的网络安全设施，必须保证其良好运用。网络安全设备软件必须及时进行升级。

（4）计算机及网络安全设备应安装指定的防病毒软进行病毒扫描，定期备份重要数据、资料等。

（5）各有关维护单位应有一台专用计算机，用于查杀病毒。各种数据存储介质和调试用计算机在接入网络前必须经专用计算机检查，确认无病毒后，方可使用。

（6）应及时升级计算机系统软件漏洞补丁，以保证计算机可靠运用。

（7）应加强对专用计算机外部接口的管理，必须采用物理方式断开用户终端光驱、软驱，屏蔽USB接口。

（8）严禁在系统中使用无关软件，并不得与国际互联网及其他网络相连，确需与其他系统相连时，须经铁道部运输局基础部批准。

（9）其他系统或设备必须与信号专用计算机系统相连接时，必须采用安全隔离措施，不得影响本系统的正常使用。

（10）应加强机房管理，杜绝因人为因素可能导致的网络故障。

（二）铁路计算机网络安全管理规定

（1）计算机信息系统安全保护工作实行“谁主管，谁负责，谁经营，谁负责”的原则。使用、管理计算机信息系统的单位（部门）要建立计算机信息系统安全管理组织并设立安全员，负责本单位（部门）的计算机信息系统安全保护工作。

（2）计算机信息系统安全员必须经过铁路公安机关培训，经考试取得培训合格证书后方可上岗。

（3）进行国际联网的个人、单位，必须严格执行国家、铁道部有关规定。

（4）计算机机房的建设应当符合国家和铁道部的有关规定。

（5）重要部门的计算机机房应当制定严格的出入制度，未经主管部门批准的人员，不得接触和使用信息处理设备和媒体。

(6)铁路各单位和部门在新建、改建、扩建计算机系统前应当将计算机系统安全保护方案报铁路公安机关备案。

(7)重要部门的计算机信息系统需要对外联网提供服务时，在报上级主管部门批准的同时，应当报铁路公安机关备案。

(8)各单位和部门使用的计算机信息系统安全专用产品，必须是经国家有关部门许可的产品，未经许可的产品不得使用。

(9)联网的计算机必须配置防病毒工具进行实时监控和检测。

(10)重要计算机信息系统应设置双路双机冗余，实行封闭运行，制定应急方案，确保系统在发生意外情况后能够迅速恢复正常。

(11)所有的计算机信息系统资产要严格执行登记使用制度，并建立完整的设备台账及设备档案，定期进行清查。

(12)对信息处理的各个环节和流程要有安全保护和安全控制措施，防止被人非法利用、更改、损害和泄露。

(13)计算机设备使用和信息存取权，按工作需要原则授予，任何人不得越权使用。

(14)连接重要计算机信息系统的计算机不得存储与工作无关的程序和数据。存储介质和文件资料要严格执行安全保密制度，并设专人、专柜妥善保管。未经主管领导批准，不得随意利用、修改、复制和外借。

(15)使用、管理计算机的单位要做好日常数据和软件备份，对新引用的软件和外来数据必须进行安全检测，确认无误再投入正常运行。

(16)重要计算机信息系统应当建立完善的计算机信息系统日志，根据信息的重要程度设定保存时间，最短不少于 60 天。

### 思考题

1. 简述计算机网络的定义、结构及分类。
2. 简述交换机的功能及基本类型。
3. 简述协议转换器的功能。
4. 简述集线器的功能及分类。
5. 简述光缆及光纤的构成。

## 第二节　高速铁路信号技术概论

高速铁路信号系统是保障高速列车运行安全、提高运输效率的关键技术装备。对全面实现高速铁路“安全、正点、快捷、舒适”的服务宗旨起着至关重要的作用。

### 一、高速铁路信号设备概况

高速铁路信号系统是一套完整的行车安全制式，中国高速铁路信号系统主要包括计算机联锁系统、列车运行控制系统、调度集中系统和信号集中监测系统等。

1. 计算机联锁系统

计算机联锁是确保车站行车的技术设备，是高速铁路信号最重要的系统之一。高速铁路必须采用安全、可靠的计算机联锁系统。计算机联锁系统和列车运行控制系统、调度集中系统相结合，构成完备的高速铁路信号系统。

计算机联锁是用微型计算机和其他一些电子、继电器件组成具有故障—安全性能的实时控制系统。计算机联锁采用通用的工业控制微机，由专用软件来实现车站信号、进路、道岔间的联锁关系，进行联锁关系的逻辑运算和判断。系统自动采集、处理信号机、道岔、轨道电路的信息，把行车控制命令和现场的各种信息输入计算机，再根据计算机内固化的条件，进行联锁关系的处理，然后输出动作信息至执行单元，实现对车站信号设备的控制和监督。

计算机联锁保留了继电集中的室外设备、电源屏；室内保留了室外分线盘、道岔启动电路、信号点灯电路、轨道电路，联锁网络、选岔网络均由计算机联锁取代。

2. 列车运行控制系统

列车运行控制系统简称列控系统，它以有效的技术手段对列车运行速度、运行间隔实时监控和超速防护，是确保列车行车安全、提高列车运行效率的设备，是高速铁路的重要技术装备。为保证行车安全，高速铁路必须采用列车运行控制系统。

列车运行控制系统包括车载设备和地面设备。列控车载设备根据列车的运行速度和前方列车位置及线路状态对采取制动操作的时机作出逻辑判断，对列车运行速度进行实时监控。

列控系统地面设备分为轨旁设备和室内设备两部分。

3. 调度集中系统

调度集中系统是高速铁路信号系统的主要组成部分，是实现行车调度指挥现代化的重要手段。新建高速铁路几乎全部采用调度集中，而在既有线提速区段，则有的采用调度集中，有的采用列车调度指挥系统(TDCS)。

分散自律调度集中是新一代调度集中(CTC)。高速铁路的行车指挥采用 CTC 系统，并纳入综合调度系统中统一规划、统一设计、统一接口，可独立组网。

调度集中包括沿线各车站、线路所、动车所的调度集中系统和调度所调度集中系统和相关网络设备。CTC 系统与相邻线路的 CTC/TDCS 之间应能交换信息、分界明确、控制范围不重叠。CTC 系统与铁道部调度中心交换信息，分界明确。

4. 信号集中监测系统

信号集中监测系统是高速铁路信号系统的组成部分。信号集中监测系统为高速铁路信号系统的运用和维护提供现代化的手段，也极大地方便各级电务部门的管理。

信号集中监测系统主要是对车站信号机械室内的电源屏、外电网、转辙机、道岔、信号机、轨道电路以及信号电缆回线进行监测和采集，其对外接口主要包括与智能电源屏、计算机联锁系统、列控系统、CTC 系统等的接口。

信号主要系统、设备(含车载设备)应具有自诊断、检测、报警、信息储存、状态再现等功能。采用实现全程联网、可远程监测的信号集中监测系统，对地面信号设备进行集中监测。

## 二、CTCS-2 级列车运行控制系统的总体结构

(一)CTCS-2 级列控系统功能

CTCS-2 级列控系统是基于轨道电路和应答器传输列车运行信息的点连式系统。系统通过轨道电路完成列车占用和完整性检查，连续向列车传送控制信息，并采用点式应答器向高速列车传送定位信息、进路参数、线路参数、限速和停车信息等。

1. CTCS-2 系统基本功能

(1)在不干扰机车乘务员正常驾驶的前提下有效地保证列车运行安全。

(2)在任何情况下防止列车无行车许可运行。

(3)防止列车超速运行,包括:

① 防止列车超过进路允许速度;

② 防止列车超过线路结构规定的速度;

③ 防止列车超过机车车辆构造速度;

④ 防止列车超过临时限速及紧急限速;

⑤ 防止列车超过铁路有关运行设备的限速;

⑥ 防止机车超过规定速度进行调车作业;

⑦ 防止列车超过规定速度引导进站;

⑧ 防止列车溜逸。

2. CTCS-2 系统其他功能

(1)具有车尾限速保持功能。

(2)规定范围内的车轮打滑和空转不得影响车载设备正常工作。

(3)测速环节应保证,一定范围内的车轮滑行和空转不影响 ATP 的功能,并具有轮径修正能力。

(4)人机界面的基本功能是为机车乘务员提供的必需的显示、数据输入及操作,并能够以字符、数字及图形等方式显示列车运行速度、允许速度、目标速度和目标距离。

(5)能够实时给出列车超速、制动、允许缓解等表示以及设备故障状态的报警。机车乘务员输入装置应配置必要的开关、按钮和有关数据输入装置,具有标准的列车数据输入界面,可根据运营和安全控制要求对输入数据进行有效性检查。

(6)检测和记录功能,包括:

① 具有开机自检和动态检查功能;

② 具有关键数据和关键动作的记录功能及监测接口。

(二)CTCS-2 级列控系统结构

CTCS-2 级列控系统是基于轨道电路加点式应答器传输列车行车许可信息,并采用目标距离模式监控列车安全运行的列车运行控制系统。

CTCS-2 级列控系统由地面设备及车载设备两大部分组成,共同完成列车运行控制的功能,系统总体结构如图 2-8 所示。

1. 列控车载设备

列控车载设备主要包括:车载安全计算机、人机界面(DMI)、速度传感器、连续信息接收模块(STM)以及应答器信息接收模块(BTM)等。通过实时比较列车实际运行速度和允许速度,控制列车安全运行。列控车载设备的主要功能是超速防护,即对列车速度进行安全防护。

(1)车载安全计算机

车载主机接收各种外部信息,进行综合判断,形成列车控制条件,向列车接口单元(TIU)和 DMI 分别发送控制信息和显示信息。

(2)DMI

DMI 提供设置行车参数和查看控车状态的界面,实现司机号、车次号的输入功能并显示列车运行控制曲线以及设备状态文本信息等。

(3)速度传感器

车载主机通过速度传感器获得列车运行速度。

(4)连续信息接收模块

连续信息接收模块用于接收地面轨道电路信息，经过安全译码，向车载设备主机提供机车信号。

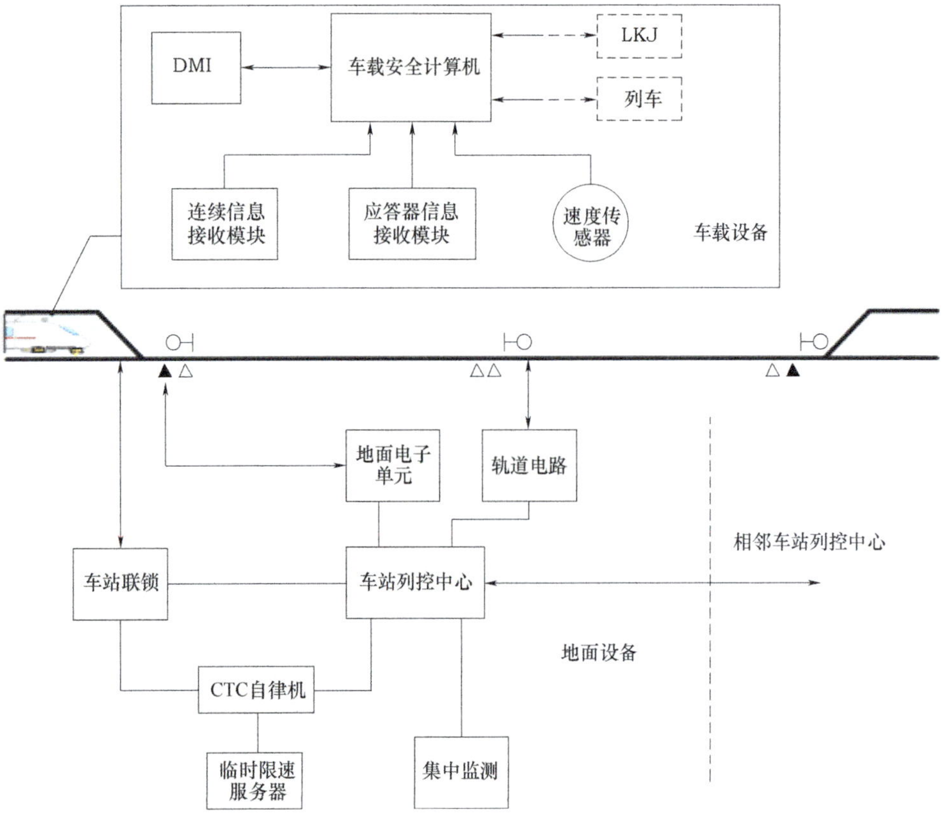


图 2-8 CTCS-2 级列控系统结构图

(5)应答器信息接收模块

应答器信息接收模块(BTM)用于接收地面应答器信息，通过应答器接收天线接收应答器报文数据，解码后传输给车载主机。

(6)列车接口

车载设备通过列车接口输出制动命令并接收列车反馈信息。

(7)与 LKJ 的接口

车载设备与 LKJ 的接口包括制动接口和信息传输接口。制动接口实现列车控制权的转换和制动指令的传递，信息传输接口实现车载设备和 LKJ 设备相关数据的交互。

2. 列控地面设备

(1)列控中心

列控中心根据列车占用情况及进路状态，通过轨道电路及有源应答器向列车发送控制命令。列控中心的主要功能包括：

① 根据临时限速命令、车站进路状态，调用相应报文，通过 LEU 传递至有源应答器。

② 根据列车占用轨道区段及车站进路状态，控制轨道电路，以及站内和区间的轨道电路

发送方向。

③ 根据列车在区间的走行逻辑，对轨道电路状态进行判断和报警。

④ 控制区间信号机点灯，完成无岔站信号及进路控制，完成区间运行方向与闭塞控制。

⑤ 列控中心间实时传输区间轨道电路情况、临时限速信息、区间闭塞和方向条件等安全信息及相关状态信息。

(2)轨道电路

轨道电路采用 ZPW-2000 系列轨道电路，完成列车占用检测及列车完整性检查，连续向列车传送行车许可、前方空闲闭塞分区数量、车站进路速度等信息。轨道电路信息描述列车前方线路状态，可传输 18 个低频中的一个信息(轨道电路代码)，车载设备读取代码获得相应的控车信息。列车前方的闭塞分区个数与列车接收到的机车信号低频码存在固定的对应关系。例如，当列车接收到 L4 码，表示前方有六个闭塞分区，分别发送 L3、L2、L、LU、H 以及 HU 码；当列车接收到 LU 码，表示前方有两个闭塞分区，分别发送 H 和 HU 码。

(3)应答器

应答器包括无源应答器和有源应答器。无源应答器设于闭塞分区入口和车站进、出站端处，用于向列控车载设备闭塞分区长度、线路速度、线路坡度、列车定位等信息。有源应答器设置于车站进、出站端，当列车通过应答器时，应答器向列车提供接车进路参数、临时限速等信息。

为实现系统功能，列控地面设备还通过车站列控中心与车站联锁系统、CTC/TDCS 车站分机相连。CTCS-2 级列控系统设备结构如图 2-9 所示。

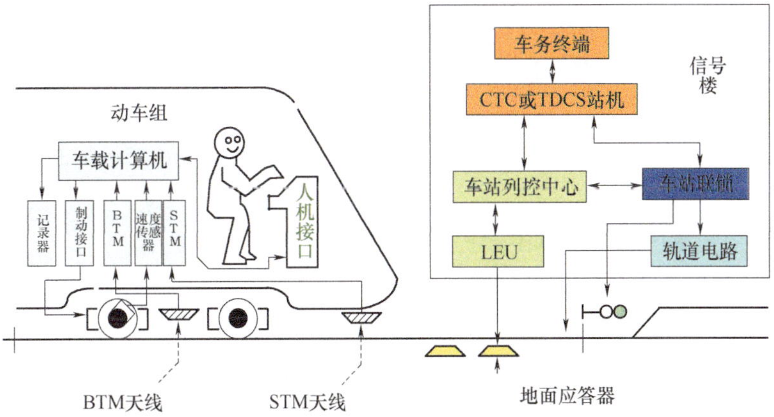


图 2-9 CTCS-2 级列控系统设备结构图

(三)CTCS-2 级列控系统工作原理

CTCS-2 级采用目标距离—速度控制模式(又称为连续式一次速度控制)。目标距离模式根据目标距离、目标速度及列车本身性能确定列车制动曲线，不设定每个分区速度等级，采用一次制动方式，如图 2-10 所示。

为计算得到速度监控曲线，由轨道电路发送行车许可和前方空闲闭塞分区数量信息，由应答器发送闭塞分区长度、线路速度、线路坡度等固定信息，列控车载设备接收上述信息，通过“前方空闲闭塞分区数量”和“闭塞分区长度”信息，获得目标距离长度，并结合线路速度、线路坡度和对应列车的制动性能等固定参数，实时计算得到速度监控曲线，并监控实际驾驶曲线处于速度监控曲线下方，保证列车安全运行。

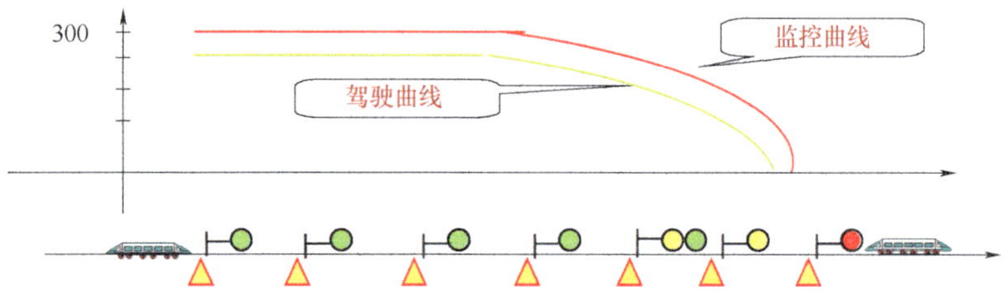


图 2-10 CTCS-2 列控系统控制模式曲线

## 三、CTCS-3 级列车运行控制系统的总体结构

CTCS-3 级列车运行控制系统是我国铁路时速 300～350 km 客运专线的重要技术装备，是保证高速列车运行安全、可靠、高效的核心技术之一。CTCS-3 级列控系统是基于 GSM-R 无线通信实现车-地信息传输、无线闭塞中心(RBC)生成行车许可，应答器设备提供列车测距修正定位基准信息、轨道电路检查轨道占用及列车完整性的列车运行控制系统，系统采用技术手段对列车进行速度、运行间隔等实时监控和超速防护，以目标—距离连续速度控制模式、设备制动优先的方式监控列车安全运行，并可满足列车跨线运营的要求。

### (一)CTCS-3 级列控系统技术要求

(1)CTCS-3 级列控系统满足运营速度 350 km/h、最小追踪间隔 3 min 的要求。

(2)CTCS-3 级列控系统满足正向按自动闭塞追踪运行，反向按自动站间闭塞运行的要求。

(3)CTCS-3 级列控系统满足跨线运行的运营要求。

(4)CTCS-3 级列控系统车载设备采用目标距离连续速度控制模式、设备制动优先的方式监控列车安全运行。

(5)CTCS-2 级作为 CTCS-3 级的后备系统。无线闭塞中心或无线通信故障时，CTCS-2 级列控系统控制列车运行。

(6)全线无线闭塞中心设备集中设置。

(7)GSM-R 无线通信覆盖包括大站在内的全线所有车站。

(8)动车段及联络线均安装 CTCS-2 级列控系统地面设备。

(9)300 km/h 及以上动车组不装设列车运行监控装置(LKJ)。

(10)在 300 km/h 及以上线路，CTCS-3 级列控系统车载设备速度容限规定为超速2 km/h 报警、超速 5 km/h 触发常用制动、超速 15 km/h 触发紧急制动。

(11)无线闭塞中心向装备 CTCS-3 级车载设备的列车、应答器向装备 CTCS-2 级车载设备的列车分别发送分相区信息，实现自动过分相。

(12)CTCS-3 级列控系统统一接口标准，涉及安全的信息采用满足 IEC-62280 标准要求的安全通信协议。

(13)CTCS-3 级列控系统安全性、可靠性、可用性、可维护性满足 IEC-62280 等相关标准的要求，关键设备冗余配置。

### (二)CTCS-3 级列控系统功能

(1)超速运行防护：动车组构造速度，线路允许速度，进路允许速度，临时限速和紧急限速。

(2)生成目标距离控制曲线：车载设备通过 GSM-R 无线网络从 RBC 获取行车许可和线

路参数等信息并通过车载安全计算机计算后生成一次制动的连续控制曲线。

(3)数据记录:详细数据记录和一般设备状态记录。

(4)应答器信息接收与处理:获取前方线路信息,确定列车位置,确定列车的运行方向,获得进路信息,获得临时限速信息。

(5)速度、距离计算及防滑防空转功能。

(6)信息交互功能:列车实际速度、目标速度、限制速度、目标距离、机车信号等。

(7)防溜功能:设备在列车停车的状态下,会对列车的不恰当移动进行防护。

(8)位置校正:依据应答器的信息自动地对列车的位置进行检查。

(9)载频切换功能:25.7 Hz 锁频信息,司机手动选择和应答器锁频。

(10)CTCS 级间切换:车载设备在地面应答器的配合下,可以完成 CTCS-3 级与 CTCS-2 级的自动切换。

(11)两种车载工作方式可选择:设备制动优先和司机制动优先。

(12)无线信息接收与处理功能:无线子系统与无线接口模块(RIM)配合来负责实现与地面无线系统的 GSM-R 无线连接。无线子系统(RSS)模块包含移动终端、电源和滤波器,能够实现 GSM-R 调制解调器功能。它与放置在轨道车辆车顶上的 GSM-R 天线相连。

(三)CTCS-3 级列控系统总体结构

CTCS-3 级列控系统总体结构可分为地面设备、车载设备、GSM-R 无线通信网络、信号安全数据网络共四部分。系统总体结构如图 2-11 所示。

1. 列控车载设备

列控车载设备根据地面设备提供的行车许可、线路参数、临时限速等信息和动车组参数,按照目标距离连续速度控制模式生成动态速度曲线,监控列车安全运行。

车载设备由车载安全计算机(VC)、GSM-R 无线通信单元(RTU)、轨道电路信息接收单元(TCR)、应答器信息接收模块(BTM)、记录单元(JRU)、人机界面(DMI)等组成。

(1)车载安全计算机

车载安全计算机(VC)是 CTCS-3 级列控车载设备核心计算控制单元,当工作在 CTCS-3 等级时,它接收 RBC 传送的线路描述及行车许可并结合地面应答器确定的列车位置,计算模式控制曲线,根据模式曲线监控列车的实际速度和位置,在列车超速时进行相关干预。当工作在 CTCS-2 等级时,它负责提供访问列车接口、制动接口、测距单元及 DMI 资源的通道,并监管车载设备的工作状态。

(2)GSM-R 无线通信单元

GSM-R 无线通信单元(RTU)负责处理无线通信。其主要功能是注册 GSM-R 网络并通过该网络使得车载设备与地面 RBC 之间建立通信会晤,以实现车载设备与 RBC 之间的数据交互。

(3)轨道电路信息接收单元

轨道电路信息接收单元(TCR)的主要功能是用于接收轨道电路信息,将接收到的轨道电路信息进行解调,并将该信息传送给车载安全计算机。

(4)应答器信息接收模块

应答器信息接收模块(BTM)是应答器传输处理器,主要功能是通过应答器天线实现对应答器信息的接收,并将接收到的 1023 位应答器报文进行校验解码,转换为 830 位的有效消息后发送给车载安全计算机。

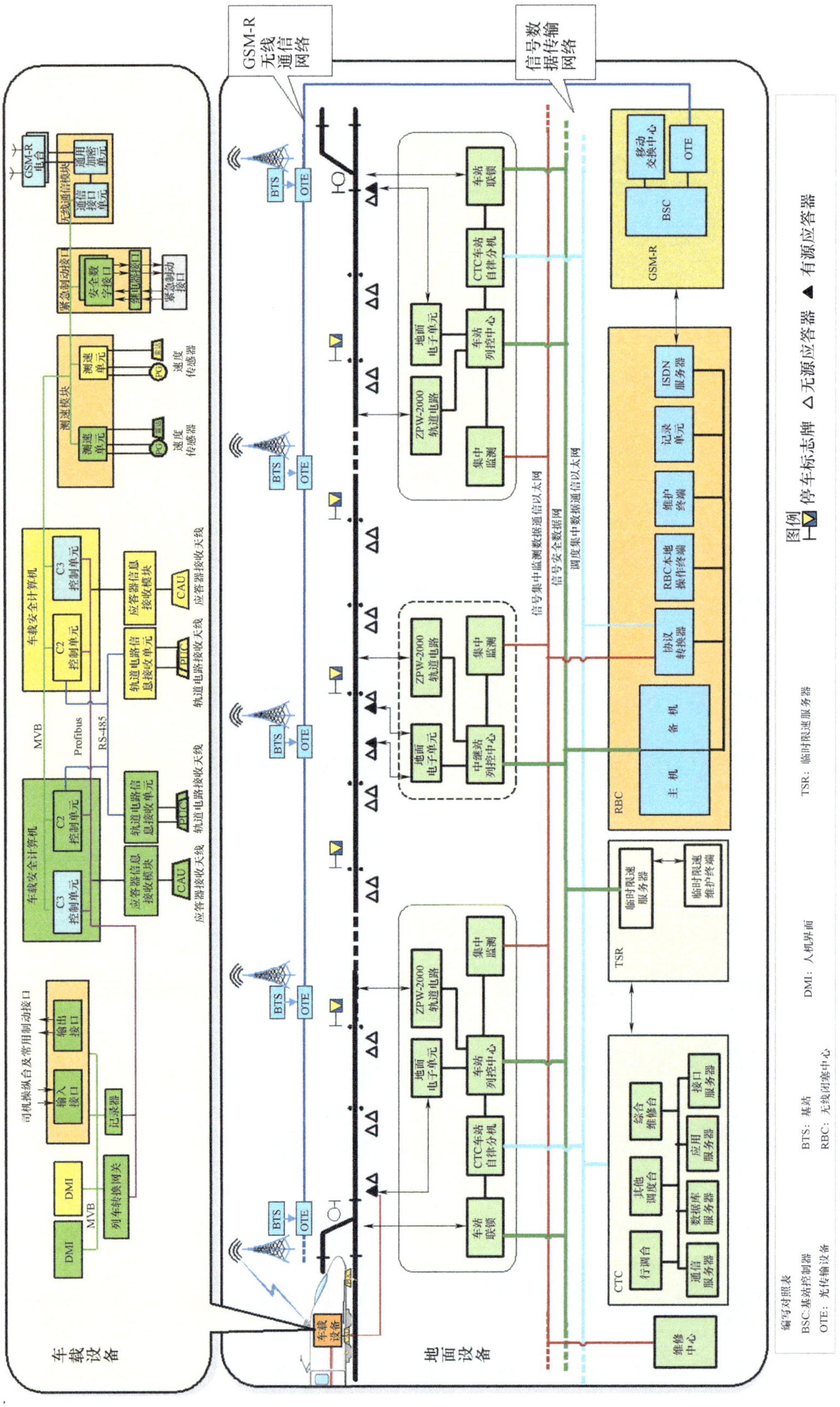


图 2-11 CTCS-3 级列控系统总体结构图

(5)记录单元

记录单元(JRU)用于记录 CTCS-3 和 CTCS-2 列车运行过程中,车载设备采集的原始信息和车载设备输出的控制信息等数据,以便进行故障分析。

(6)人机界面

人机界面(DMI)提供设置行车参数和查看控车状态的界面,实现司机号、车次号的输入功能并显示列车运行控制曲线以及设备状态文本信息等。

2. 地面设备

地面设备由无线闭塞中心(RBC)、列控中心(TCC)、ZPW-2000(UM)系列轨道电路、应答器(含 LEU)等组成。

(1)无线闭塞中心

无线闭塞中心(RBC)根据轨道电路、联锁进路等信息生成行车许可,并通过 GSM-R 无线通信系统将行车许可、线路参数、临时限速传输给 CTCS-3 级车载设备;同时通过 GSM-R 无线通信系统接收车载设备发送的位置和列车数据等信息。

(2)列控中心

地面列控中心(TCC)接收轨道电路占用信息并通过联锁传送给无线闭塞中心;在 CTCS-2 级运用时,具有轨道电路编码、应答器报文储存和调用,根据轨道电路、进路状态及临时限速等信息产生 CTCS-2 行车许可,通过轨道电路及有源应答器将行车许可传送给 CTCS-2 列车。

(3)应答器

应答器向车载设备传输定位和等级转换等信息;同时,向车载设备传送线路参数和临时限速等信息,满足后备系统需要。应答器传输的信息与无线传输的信息的相关内容含义保持一致。

(4)轨道电路

轨道电路实现列车占用及完整性检查,在 CTCS-2 级运用时连续向具有 CTCS-2 级功能的列车传送空闲闭塞分区数量等信息。

为实现系统功能,列控地面设备还通过车站列控中心与车站联锁系统、CTC/TDCS 车站分机相连。CTCS-3 级列控系统设备结构如图 2-12 所示。

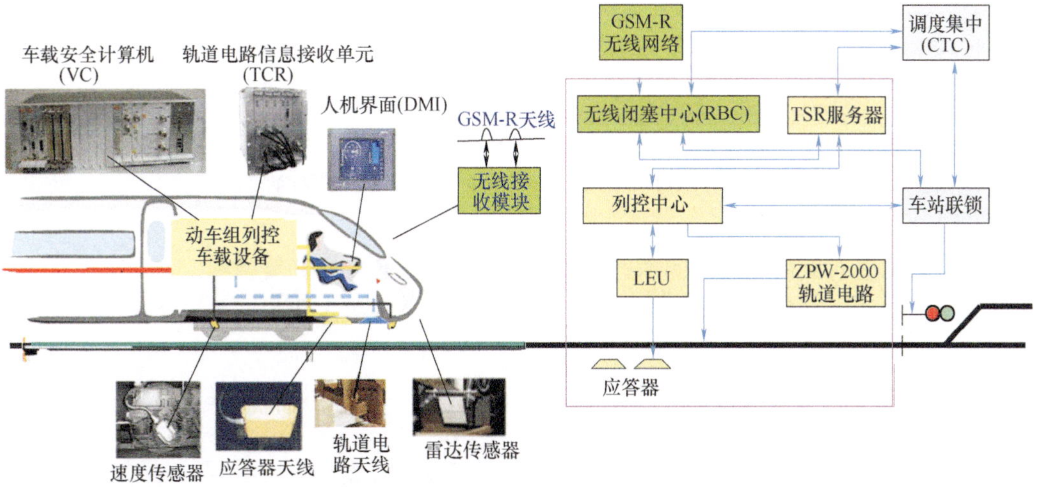


图 2-12 CTCS-3 级列控系统设备结构图

(四)CTCS-3 级列控系统工作原理

CTCS-3 级列控系统通过应答器实现列车定位，利用 ZPW-2000 轨道电路实现列车占用和完整性检查，列车通过 GSM-R 无线网络给 RBC 发送列车位置和速度等信息，RBC 根据车载设备发送的信息结合车站联锁的进路信息及限速信息，计算列车追踪距离，向列车发送行车许可，实现列车运行的闭环控制。

车载设备通过 GSM-R 无线网络从 RBC 获取行车许可和线路参数等信息并通过车载安全计算机计算后生成目标距离连续速度控制曲线，在 DMI 上显示允许运行速度和相关信息，并根据列车运行情况，发出不同的语音提示。

行车指挥中心对列车运行状态进行监控，并根据不同情况下达调度命令，RBC 操作终端设置临时限速。行车指挥中心与车站联锁和车站列控中心通信，控制车站联锁排列进路。车站列控中心根据车站联锁的进路信息和临时限速信息控制应答器和轨道电路发码，实现了由对地面的固定信号显示的控制到面向列车移动体直接控制的转变，确保最小追踪间隔 3 min，最高运行时速 300～350 km 的列车运行安全，满足高密度，高速度，高舒适度的列车运营需求。

CTCS-3 级列控系统控车原理如图 2-13 所示。

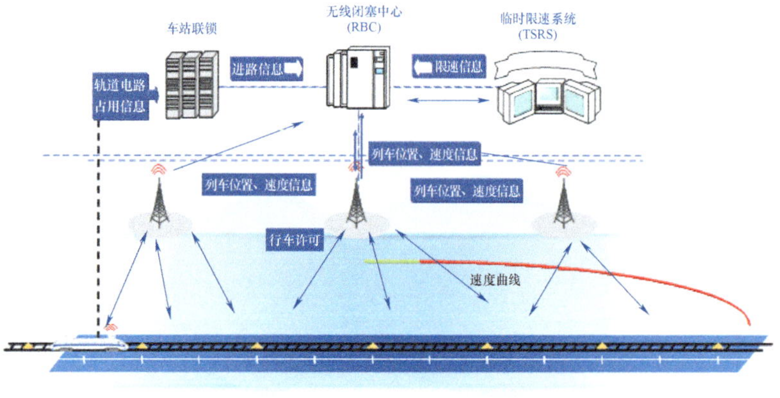


图 2-13 CTCS-3 级列控系统控车原理图

## 四、管内行车指挥中心管辖范围

坚持铁路运输调度工作实行分级管理、集中统一指挥的原则，铁道部明确客运专线调度指挥的管辖范围和分界站，铁路局调度所按管辖范围负责本管辖范围内的调度工作，相关铁路局制定分界站协议。

客运专线与既有线的联络线间的行车调度指挥纳入客运专线调度指挥。

为进一步加强高铁调度指挥，理顺调度管理关系，铁道部决定优化调整高速铁路调度指挥管理模式，对高铁调度按铁路局属地实行管理。

管内铁路的调度区段、调度台设置及划分由铁路局确定，以满足调度集中统一指挥和调度指挥精细化的要求。

对正在设计或建设的铁路，为便于调度管理和设备故障的处置，原则上铁路局间以分界站上行(或下行)进站信号机位置作为设备管理的分界点，调度台据此进行设置。

## 思考题

1. 应答器的功能是什么？
2. 简述 CTCS-2 级列控系统的工作原理。
3. LEU 的功能是什么？
4. 简述应答器的工作原理。
5. 简述 CTCS-3 级列控系统的结构。

# 第三节　无线闭塞中心(RBC)

无线闭塞中心(RBC)是基于故障—安全计算机平台的信号控制系统，属于 CTCS-3 级列控系统的地面核心设备。RBC 根据所控制列车的状态，其控制范围内的轨道占用、列车进路状态、临时限速命令、灾害防护和线路参数等信息，产生针对所控列车的行车许可(MA)信息，并通过 GSM-R 无线通信系统传输给车载子系统，保证其管辖范围内列车的运行安全。

本节将以 LKR-T 和 LKDR-S 型无线闭塞中心为例讲述无线闭塞中心的系统结构、硬件构成及主要功能。

## 一、RBC 中心设备的结构、硬件组成及主要功能

### (一)LKR-T 型 RBC 中心设备的结构、硬件组成及主要功能

1. 设备结构

RBC 系统由 RBC 主机、ISDN 服务器、接口服务器(VIA)、记录单元(JRU)、维护终端、调试终端等设备构成。

RBC 通过信号安全数据网与联锁、相邻 RBC、TSRS 连接，通过接口服务器与 CTC 系统连接。RBC 系统基本结构如图 2-14 所示，RBC 系统组成及接口总示意图如图 2-15 所示。

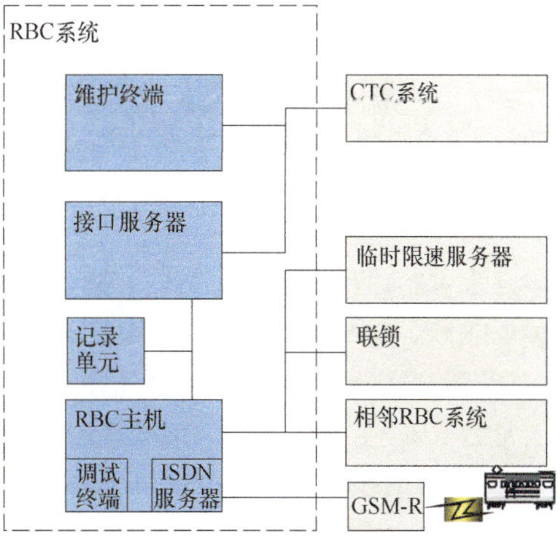

图 2-14　RBC 结构示意图

(1)RBC 主机

RBC 主机是 RBC 系统的核心逻辑处理单元，包括网络系统、硬件平台、操作系统、故障安全处理软件、应用逻辑软件、工程配置数据等。其系统框架为基于通用计算服务器的 2×2 取 2 计算机系统，如图 2-16 所示。

RBC 主机的每一系均由 VPC_A、VPC_B、VPC_C 组成，运行 RBC 应用程序。其中 VPC_A、VPC_B 之间硬件相异、软件相异、操作系统相异，构成取 2 安全计算机系统，VPC_C 主要负责主机与外部的接口。

(2)ISDN 服务器

ISDN 服务器是 RBC 主机和 GSM-R 之间的接口，它们通过以太网连接，和 GSM-R 网络

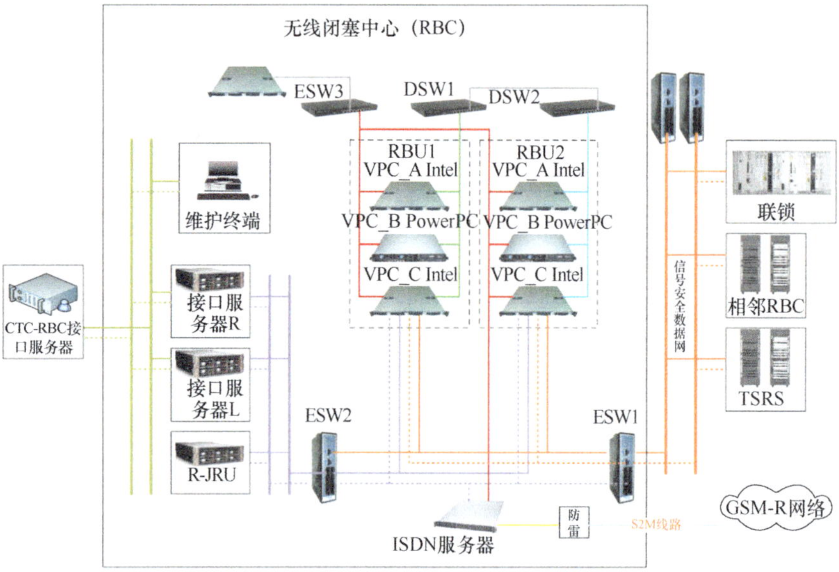


图 2-15　RBC 系统组成及接口总示意图

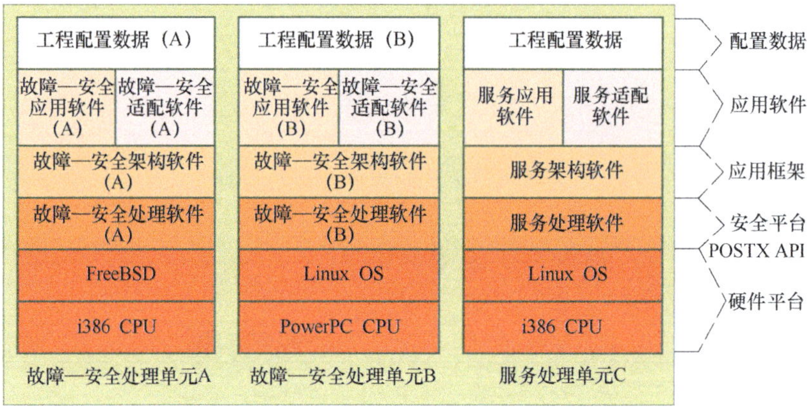


图 2-16　RBC 主机

采用基本多路连接（S2M）。ISDN 服务器集成了 ISDN 接口（ISDN-PRI 卡）。硬件平台采用安装 LINUX 操作系统的商业通用服务器。

（3）调试终端

每台 RBC 主机设有一个调试终端（VPC-T）界面，主要为维修工程师及其他技术人员提供与 RBC 主机的接口。主要完成以下功能：监视系统及通信状态；告警提示；读取由 JRU 存储的诊断数据；下载系统日志；设定时间和日期。

（4）接口服务器

接口服务器（VIA）是由接口服务器 L 和接口服务器 R 组成的双机热备系统，用于实现 RBC 与 RBC 维护终端、记录单元、CTC 设备之间的信息交互功能。

一套接口服务器可以满足 9 个 RBC 的需求，并与一套 RBC 维护终端连接。接口服务器采用冗余配置，并配有维护界面。

（5）维护终端

维护终端设置在 RBC 监控室，允许维护人员使用 RBC 中的维护、诊断等功能。RBC 系统的工作状态、与 CTC 系统的通信状态及 CTCS-3 级列车的运行状态(列表)将在该终端上显示。

(6)记录单元

记录单元(JRU)对 RBC 系统的各种控制、接口等信息进行记录,并且其记录可作为司法依据。信息和事件的记录功能基于计算机硬件平台和以太网数据通信来实现。

1 套完整的 RBC 系统至少由以下设备组成:1 套 RBC 主机柜;1 套 RBC 接口柜;1 套 RBC 维护终端;1 套 ISDN 通道防雷机柜。

2. 硬件组成

(1)RBC 主机柜

RBC 主机柜包括:安全主机 VPC_A1、VPC_A2、VPC_B1、VPC_B2;伺服主机 VPC_C1、VPC_C2; ISDN 服务器 VPC_I1、VPC_I2、VPC_I3、VPC_I4;测试主机 VPC_T;内部交换机 DSW1、DSW2;外部交换机 ESW1、ESW2、ESW3; KVM 交换机;液晶套件 FPM;电源分布模块 PDU1、PDU2、PDU3 以及电源接入端子;机柜等单元模块。RBC 主机柜如图 2-17 所示。

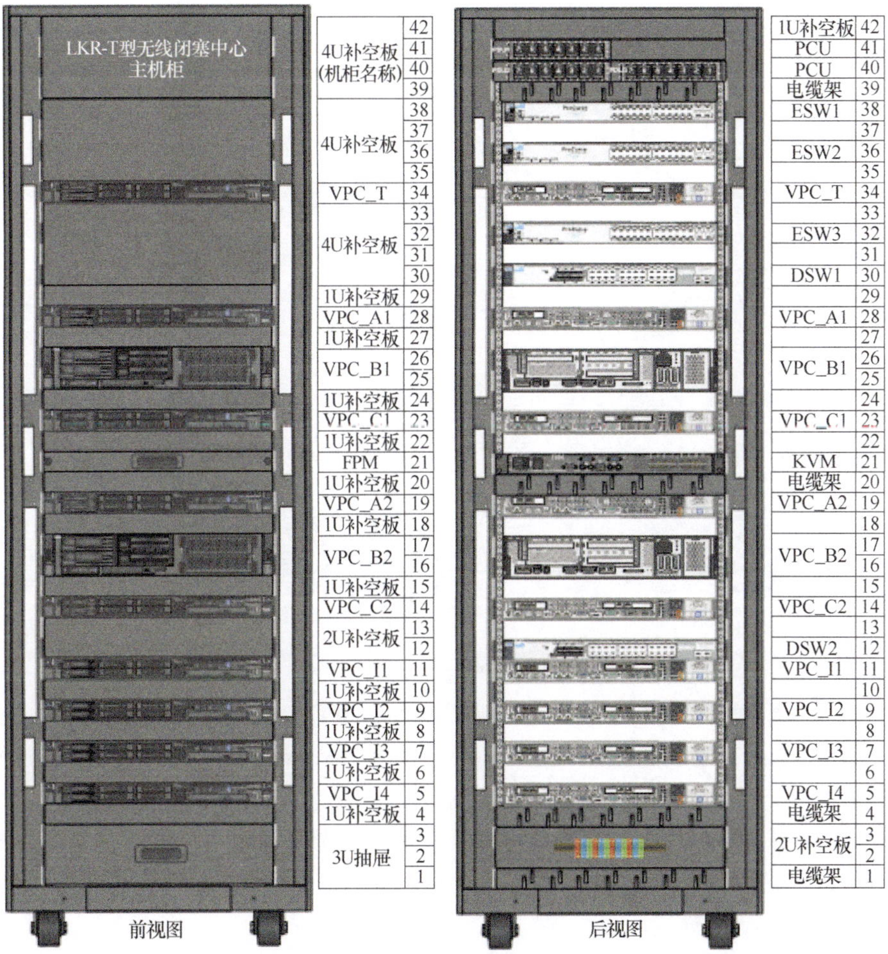


图 2-17　RBC 主机柜布局图

在 2U~3U 高度的背板上安装 35 mmDIN 导轨,电源接入端子安装于该导轨上,其他所有设备均采用标准架式安装。机柜外形尺寸:648 mm×2 020 mm×1 105 mm(宽×高×厚)。

每个 RBC 机柜要求 3 路独立的不间断稳压 AC 220 V 电源，电压范围 AC 210 V～230 V，50 Hz。

(2)接口柜 VIA

无线闭塞中心接口机柜 VIA 由：①接口服务器 L、接口服务器 R；②记录单元 R-JRU；③局域网交换机 LAN 1 Blue、LAN 1 Red、LAN 2 Blue、LAN 2 Red、LAN 3 Blue、LAN 3 Red；④KVM 交换机；⑤液晶套件 FPM；⑥配电单元、电源分配模块 PDU1～PDU4 以及电源接入端子；⑦机柜等单元模块组成。

VIA 机柜结构如图 2-18 所示。

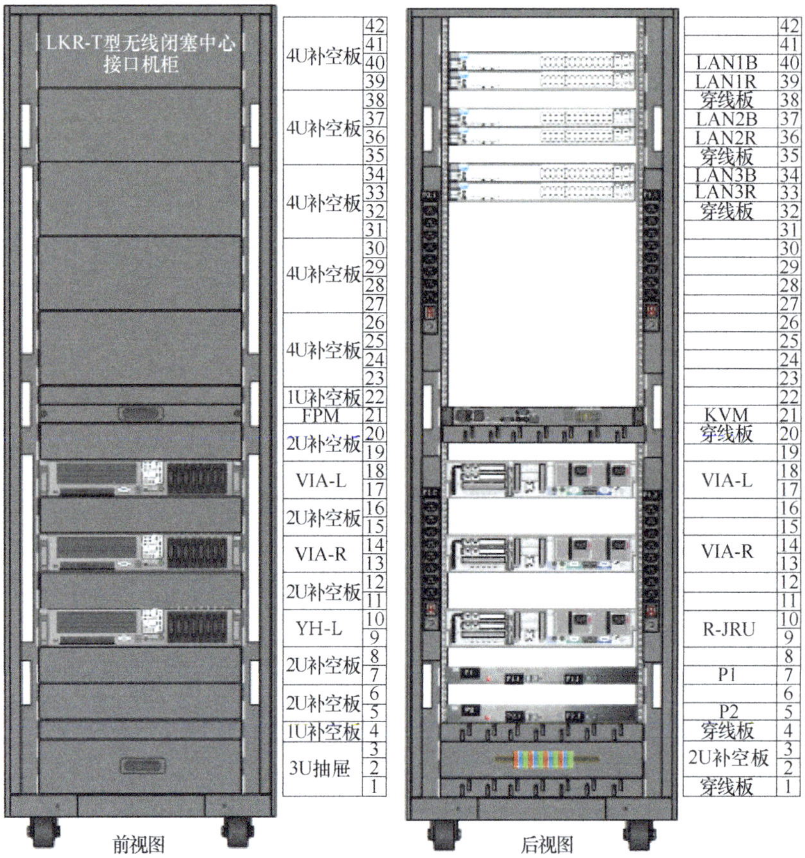


图 2-18 VIA 机柜结构示意图

在 2U～3U 高度的背板上安装 35 mm DIN 导轨，电源接入端子安装于该导轨上，其他所有设备均采用标准架式安装。机柜尺寸：2 020 mm×648 mm×1 105 mm(高×宽×厚)。

(3)防雷柜

无线闭塞中心防雷机柜由转换器及防雷器件等单元模块组成。

① 防雷机柜内的器件均在背面安装，机柜前端全部安装补空板，其中最上方印刷机柜名称。安装结构如图 2-19 所示。

防雷器件以 FL 表示，采 35 mm DIN 导轨安装，两侧应安装固定用附件。阻抗转换器以 ZHQ 表示，1U 标准架式安装，走线架布置方式仅作参考，实际安装时可以根据需要调整。机柜尺寸：2 020 mm×648 mm×1 105 mm(高×宽×厚)。

② 防雷柜内器件规格见表 2-1。

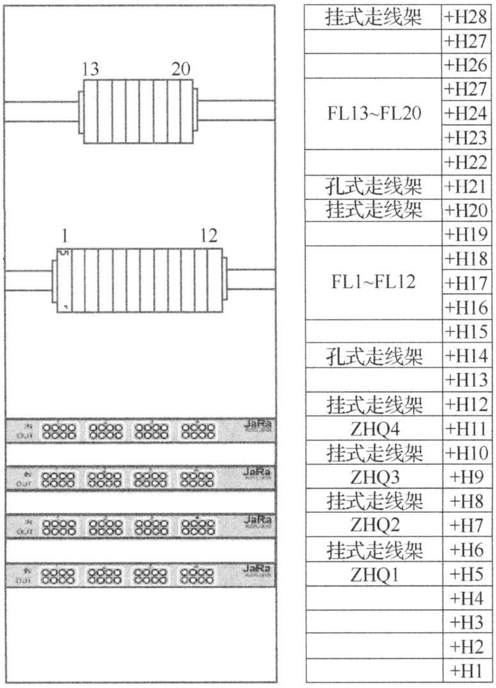


图 2-19　防雷机柜结构示意图

**表 2-1　防雷柜内器件规格表**

| 单元名称 | 规格型号 | 数　　量 |
| --- | --- | --- |
| 阻抗转换器 | JaRa2106S | 每个阻抗转换器可以连接 3 个 RBC，每个项目备用 1 台 |
| 防雷器件 | DT-LAN-CAT. 6+ | 每个 RBC 使用 5 个防雷器件 |

(4)通信柜

用于将 RBC 系统连接信号安全数据网和连接 CTC 所需要的网络设备集中放置。

① 对于 RBC 系统，主要设有：用于专用网络连接的交换机，用于接口服务器与 CTC 之间通信，2×1 个；用于连接调度中心网络的路由器，提供 BNC 型阴极插座，2×1 个。

② 信号安全数据网交换机。通信柜为信号安全数据网预留了 14U 高的空间(第 24U～第 38U)，可以放置 6 台 1U 的交换机，如图 2-20 所示。

③ 通信机柜电源要求。2 路独立的不间断稳压 AC 220 V 电源，电压范围 AC 210～230 V，50 Hz。

3. 主要功能

LKR-T 型 RBC 的主要功能是控制和管理 CTCS-3 级运行的列车，其功能要求如下：

(1)RBC 系统应能实现列车的注册与注销，并接收来自列车的位置报告和列车数据。

列车的注册与注销机制主要解决列车控制权的归属问题。RBC 可以同时管理多辆列车运行控制，实施列车的注册、注销。

无线闭塞中心对列车运行的控制是通过列车注册开始的，列车注销后，无线闭塞中心终止对列车的运行控制或将列车的运行控制权交给下一个 RBC。

① 列车注册

列车注册是列车接近无线闭塞中心的控制范围，列车与无线闭塞中心建立通信的过程。

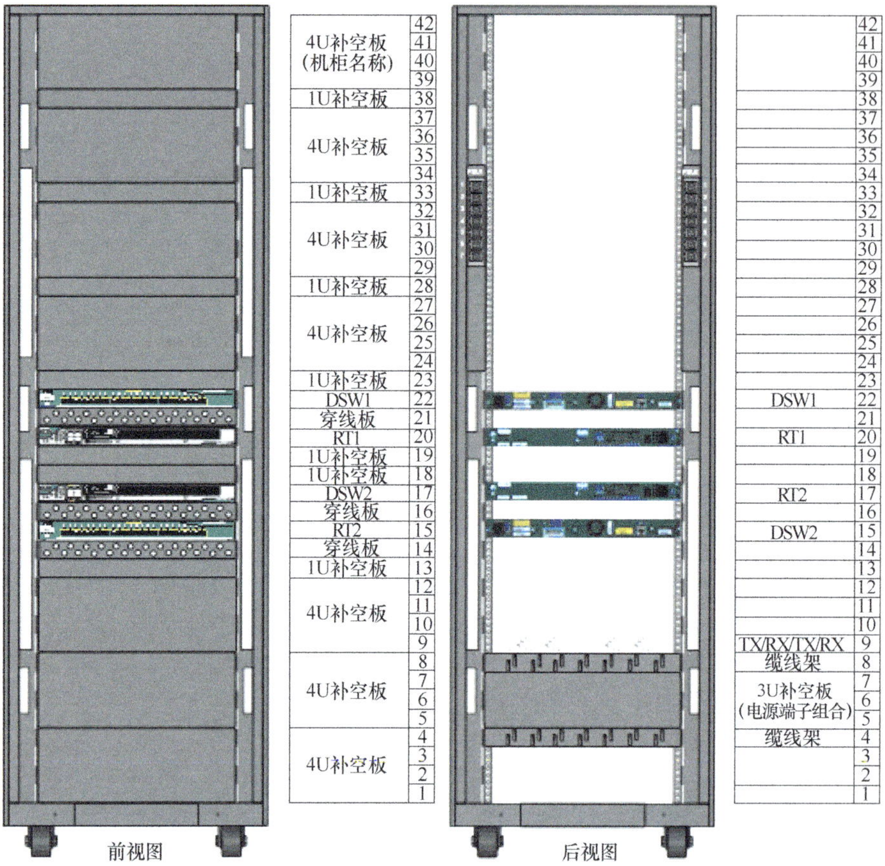


图 2-20 通信机柜示意图

列车的注册分为两种情况：

一是列车在始发站准备发车，机车车载设备启动时。此时，列车首先向所在车站的闭塞中心发送注册信息，请求 RBC 的控制，向 RBC 提出建立通信请求。RBC 接到列车建立通信请求后，进行确认并发送确认信息给车载设备。车载设备接收到 RBC 的确认信息后，正式与始发站 RBC 建立通信。

二是列车的跨区运行进入。此种情况下的列车注册情况会在 RBC 交接功能中讨论。

注册成功后，列车与 RBC 之间就建立起实时、双向的通信信道，RBC 开始对列车实施控制。列车开始处于 RBC 控制之下。

当列车注册成功后，无线闭塞中心会对其内部数据库进行操作，将列车信息写入列车注册信息表，创建该列车的动态运行信息表，并建立与该列车静态数据信息的链接。列车的注册信息表的内容包括：注册信息标识符；列车车次；车载设备识别号；车载系统版本号；列车类型；上行/下行；列车运行状态（区间运行、进站、出站）；通信状态等。

② 列车注销

所谓注销，就是指列车离开无线闭塞中心的控制范围，请求脱离 RBC 的运行控制，RBC 将运行控制权交于下一 RBC，完成列车的跨区运行。

列车的注销也分为两种情况：

一是列车终到站完成运行任务。列车到达终点站完成列车运行任务，车载设备关机前，向

RBC发出列车注销请求，拆除列车与RBC之间的通信链路。RBC收到列车的注销信息后，将列车注册信息表中该列车的信息删除，表示拆除通信链路，并注销其内部数据库与列车相关的列车动态数据表。

二是列车的跨区运行驶出。此种情况下的列车注销情况会在RBC交接功能中讨论。

列车在运行中，无线闭塞中心根据列车注册的先后顺序，以轮询方式向RBC管辖范围内的所有列车发送运行许可，控制列车的运行。

无线闭塞中心也只向列车动态信息表中的列车发送运行许可。因此，运行在线路上的列车，必须在RBC注册，才能处于RBC的控制之下，才能收到RBC的控制信息。

当列车驶离RBC的控制范围时，列车向无线闭塞中心发送注销信息，请求脱离RBC控制。

列车注销后，无线闭塞中心将该列车从列车动态信息表中删除。

(2)RBC系统应能根据从联锁获得的信号授权(SA)和从列车获得的信息，向列车发送移动授权(MA)。

无线闭塞中心对列车的运行控制是通过向运行中的列车发送列车运行许可实现的，运行许可MA是列车运行的依据。

列车运行许可包含：车载设备识别号、列车运行方向、列车最小安全前端距离、列车安全前端距离、列车安全后端、列车限制速度、前方列车位置、前方列车速度、列车运行状态、前方车站识别号、距前方车站距离、列车进路股道号、股道停车地点等。

列车最小安全距离包括紧急制动所需要的最大制动距离和安全保护距离。紧急制动所需要的最大制动距离是根据列车当前的行驶速度、线路条件、列车参数性能等计算得出的。

列车运行状态指列车区间运行、列车进站、列车出站、列车站内停车。

列车运行许可一旦给出，必须保持到下一个运行许可的到来，才可更新运行许可。

(3)RBC系统应能在向列车发送行车许可的同时，发送限速、线路坡度、轨道条件、进路适宜性等信息。

(4)RBC系统应能根据临时限速命令，向相关列车发送临时限速信息。

(5)RBC系统应能保证通过RBC-RBC边界的列车获得MA的一致性，列车不减速通过RBC。

① 列车的控制权的交接问题

在CTCS-3级系统中，无线闭塞中心都有一定的控制范围，列车从一个闭塞中心控制范围进入到另一个无线闭塞中心控制范围内时，必须在两个无线闭塞中心之间进行控制权的切换，也就是列车的控制权的交接问题。

② RBC交接功能

在列车运行过程中，列车将不断地从一个RBC驶向另一个RBC，列车依次接受各RBC的控制，因此，不断地向各RBC发送注册和注销信息，车载设备不断在各RBC控制范围之间切换，即列车的控制权的交接。

在列车运行过程中，当运行到一些固定的应答器的地方，列车将接收到一些特殊固定信息，然后就进行列车控制的交换操作，并向前方的无线闭塞中心申请注册，向现在控制它的无线闭塞中心申请列车注销。

但是在一个时刻只能有一个无线闭塞中心进行控制列车运行，所以在两个无线闭塞中心重叠地区，需要进行列车控制权的切换操作。

一辆列车从 A 站向 B 站运行，在两个无线闭塞中心辖区重叠范围内，进行交接的信息流传递过程如图 2-21 所示。

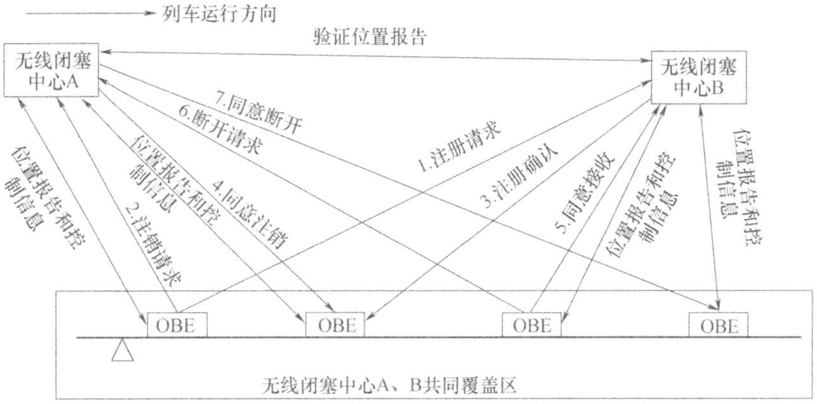


图 2-21 RBC 交接信息流传递过程

a. 当列车越过应答器组时，车载设备接收到应答器传来的列车的位置信息以及前方无线闭塞中心 B 的编号和地址信息后，向无线闭塞中心 B 发送注册信息，向无线闭塞中心 A 发送位置报告和请求注销信息以及无线闭塞中心 B 的编号和地址信息。

b. 无线闭塞中心 B 收到列车的注册信息后，进行列车的注册处理，向列车发送注册确认信息，新的通信链路建立后，接收列车的位置报告，转发给无线闭塞中心 A。同时无线闭塞中心 A 收到请求注销信息后，确认列车位置和无线闭塞中心 B 转发来的位置报告无误后，向列车发送同意注销信息，列车向无线闭塞中心 B 发送同意接收控制信息确认，无线闭塞中心 B 就发送控制信息给列车，这样表明已经接管了列车的控制权。

c. 列车收到无线闭塞中心 B 的控制信息后，向无线闭塞中心 A 发送断开连接请求，并向无线闭塞中心 B 发送列车信息。

d. 无线闭塞中心 A 向列车发送断开连接确认信息，与列车拆除旧的通信链路。至此，列车运行控制权的交接就完成，列车的运行就由无线闭塞中心 B 控制。

(6)RBC 系统应能向列车提供分相区相关信息，实现自动过分相。

(7)RBC 系统应能接收列车的调车模式请求，并可以重新注册离开调车模式的列车。

仅当列车前端处于站场数据定义的允许调车区内，RBC 接收到列车的调车请求后，RBC 才能向列车发送调车许可。

若 RBC 向列车发送了调车许可，则 RBC 还应通知 CTC 被许可的调车请求，以及请求调车的列车位置和 ID。

当列车位置未知或前端未处于站场数据定义的允许调车区内，RBC 接收到列车的调车请求时，RBC 应向列车发送拒绝调车请求消息。

若 RBC 向列车发送了调车拒绝消息，则 RBC 应通知 CTC 被拒绝的调车请求，请求调车列车的位置和 ID。

(8)RBC 系统应能根据联锁或调度员的紧急停车命令，向列车发送紧急停车消息。

① 紧急消息

紧急消息分为车—地紧急消息和地—车紧急消息。

a. 车—地紧急消息：司机发现紧急情况(如列车丢车情况)后，实施列车紧急制动，并向无线闭塞中心发送紧急消息，报告列车紧急制动。

无线闭塞中心接到紧急消息后，立即取消列车闭塞区间的计算和向列车发送新的运行许可(实施紧急制动)，向列车发送紧急消息确认信息，接收列车位置报告。

列车重复发出紧急消息直到接收到 RBC 发来的紧急消息的确认信息。在发送第一个紧急停车信息后拒绝接收新的运行许可，直到紧急消息撤销。

当列车给 RBC 发送紧急信息时，RBC 必须在 0.5 s 内自动将紧急停车信号发送给正接近该列车启动紧急信息的位置的列车。

b. 地一车紧急消息：无线闭塞中心接到其他设备的紧急通知，列车运行前方存在安全隐患时，无线闭塞中心向列车发送紧急消息直至收到列车反馈回执，列车实施紧急制动。

列车在收到 RBC 发来的紧急停车信号时，必须在 0.5 s 之内进行紧急制动，列车不再接收运行许可直至收到撤销紧急消息。

当其他设备(非 ETCS)发送紧急信息给 RBC 时，RBC 必须在 0.5 s 内自动地发送一条紧急警报信息给正在接近发送信息设备的列车。

② 紧急消息机制

紧急信息的发送应使用无线闭塞中心与车载设备无线通信链接中的高优先级通道，并单独发送到每个车载设备。

只有紧急信息能够通过高优先权通道进行发送，紧急信息的确认和撤销信息则不需采用高优先级通道。一旦有危险情况，可以使用 RBC 和车载设备之间的无线链接中的高优先级通道来获得快速反应。

③ 紧急停车区域

紧急停车区域是指灾害落物地区、长大隧道等可能对列车造成安全妨害的区域。

RBC 系统从联锁接收紧急停车区域的激活(或取消激活)消息，区分是有条件还是无条件紧急停车区域。

若 RBC 从联锁接收到激活无条件紧急停车区域的消息，则 RBC 应向已经进入该区域的列车发送 UEM(无条件紧急消息)。若 RBC 从联锁接收到激活有条件紧急停车区域的消息，则 RBC 应向已经进入该接近区域的列车发送 CEM(有条件紧急消息)，且目标停车点为该区域的起点。

若有条件紧急停车区被激活，则 RBC 不应对已经处于该区域内的列车采取任何反应措施。例如，有条件紧急停车区可以用于隧道出现火或烟的情况。

若 RBC 从联锁接收到取消激活紧急停车区域的消息，则 RBC 应向与该区域相关的列车发送取消紧急停车命令。

(9)RBC 系统应记录所有的交互事件和系统状态，在 R-JRU 中存储。

R-JRU 软件能够实时的对数据进行完整地保存；能够确保所有的记录数据可以通过相应的下载工具进行下载；具有灵敏的周期性自检功能，能够检测到自身的错误，并将其保存。

R-JRU 记录完整的数据包信息并保存 30 天。保存的数据不能因 R-JRU 电源掉电而丢失。当有事件发生时，R-JRU 能够及时检测到并将相应的数据保存。

(10)RBC 系统应提供安全密钥管理功能，并提供密钥管理工具。

(11)RBC 系统应具备完整的自诊断、维护、测试、管理手段。

RBC 系统应获得由 CTC 提供的 UTC 格式的时间与日期信息。RBC 系统应使用该时间与日期信息作为记录的时间。

RBC 系统应不间断监控各组成模块工作状态；能收集并保存从列车经由 RBC 发送的错误消息；能够收集、存储、处理系统内部产生的、来自系统外部的以及发送至外部系统的关键信息，从列车经由 RBC 发送的错误消息。

RBC 软件版本升级、线路数据更新时，不应影响正常行车；所有的机械部件和机柜设计应便于测试和更换组件。

(12)R-JRU 软件能够实时的对数据进行完整地保存。

(13)R-JRU 必须能够确保所有的记录数据可以通过相应的下载工具进行下载。

(14)R-JRU 具有灵敏的周期性自检功能，能够检测到自身的错误，并将其保存。

(15)R-JRU 记录完整的数据包信息并保存 30 天。

(16)R-JRU 保存的数据不能因 R-JRU 电源掉电而丢失。

(17)当有事件发生时，R-JRU 能够及时检测到并将相应的数据保存。

(二)LKDR-S 型 RBC 中心设备的结构、硬件组成及主要功能

1. 设备结构

RBC 中心设备主要由 TMR 子系统(包括主控机柜 NS2G 和 RBC 通信机柜)、FK 子系统、ART 子系统(包括 ART 机柜、OT 操作平台和 D&M 诊断维护平台)和 SECAP 子系统(电源系统)组成。

其中 NS2G 机柜是 LKDR-S 无线闭塞中心系统的主控机柜，采取三取二的体系结构；ART 机柜是 LKDR-S 无线闭塞中心系统诊断机柜，使用双机热备的体系结构；RBC 通信机柜放置连接安全数据网、诊断网的路由器和交换机，使用主备结构；电源系统采取主备结构，如图 2-22 所示。

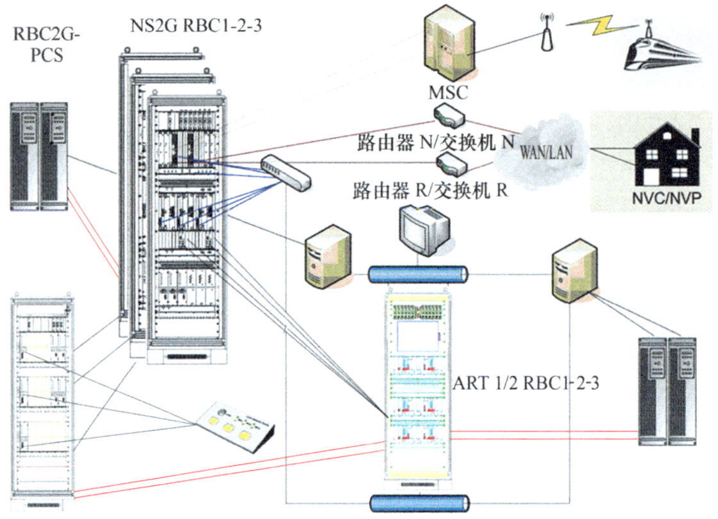


图 2-22 RBC 中心设备结构

2. 硬件组成

(1)TMR 3 取 2 判决器子系统

该子系统主要实现 RBC 的核心逻辑功能。NS2G(NS：安全核心，2G：第二代)机柜采取 3 取 2 的体系结构。NS2G 机柜主要包括通信单元、主控单元和表决单元等，如图 2-23 所示。任一路看门狗表决单元表决对应两路 NS 单元，若比较一致，主控单元则会把信息通过交换机传给通信单元与和外部通信。若比较不一致，则无 48 V 电压反馈给主控单元，主控单元则向

ART 机柜传递相应的故障信息。通信单元采取主备冗余结构，与安全数据网和 G 网通信。

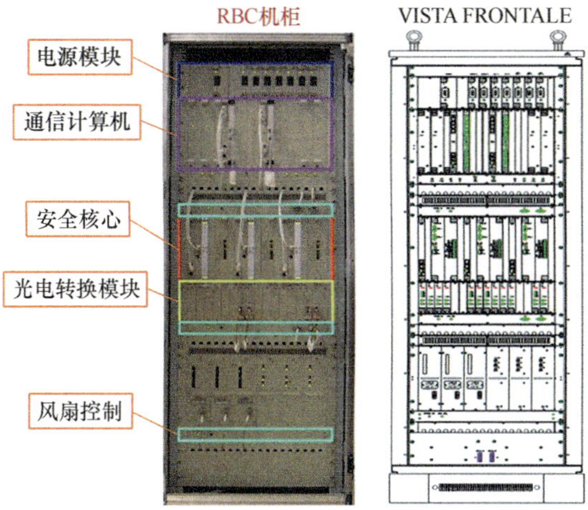


图 2-23　NS2G 机柜

NS2G 机柜是 LKDR-S 无线闭塞中心系统的主控机柜，主要有以下功能：

① 接收 GSM-R 网、安全数据网和 CTC 的数据；

② 对接收的数据数据进行逻辑处理；

③ 对逻辑处理后的数据进行表决；

④ 把表决的数据发给安全数据网和 GSM-R 网；

⑤ 把线路信息和 NS2G 机柜运行的诊断信息传给 ART 机柜。

(2) FK(Functional Keyboard，安全键盘)子系统

该系统由安全键盘和相关管理机构组成，以安全模式发送指令。FK 是一个可移动的设备，可与操作员操纵台以及其他接口设备连接，如图2-24所示。

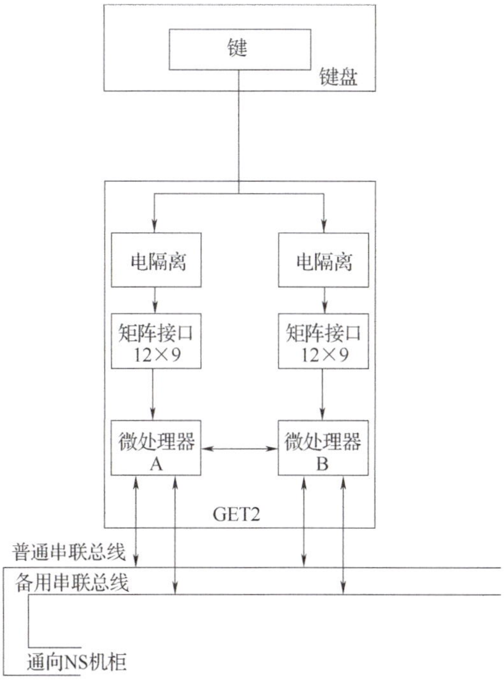


图 2-24　FK 连接图

(3) ART 子系统

一个 ART 机笼容纳两台冗余的计算机；一个 ART 机柜最多可容纳三个 ART 机笼，即最多能够管理 3 个 RBC。以 ART-RBC1-2-3 为例。

该系统主要下载相关的维护命令。由下述三个功能单元构成：

① 报警、记录、远程控制：记录 NS 内部逻辑处理，对 NS 进行诊断，即图 2-25 中 ART 1/2 RBC1-2-3 部分。

② 操作员工作台：由维护人员使用，可以显示站场图信息和列车信息等。

③ 诊断维护工作台：从 ART 上获取设备和系统的诊断数据，及报警显示(图 2-25 中的 D&M 操作台部分)。

ART 子系统的主要功能块如图 2-25 所示。

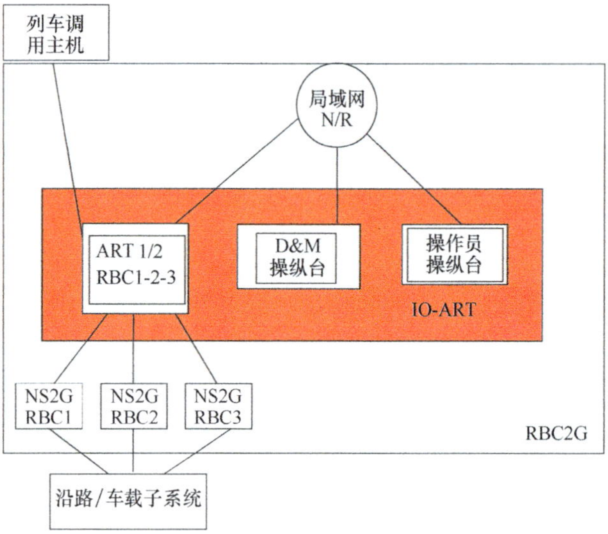


图 2-25　ART 主要功能

ART 机柜主要包括三路主控单元、显示器、视频切换模块和鼠标键盘。每一路主控单元和一个对应的 NS2G 机柜通信；每一路主控单元采取双机热备结构，主控单元内部板卡的通信为 PCI 总线通信。视屏切换模块主要是切换六路 ART 在显示器的显示。六路 ART 共用一套鼠标和键盘，机柜体系结构如图 2-26 所示。

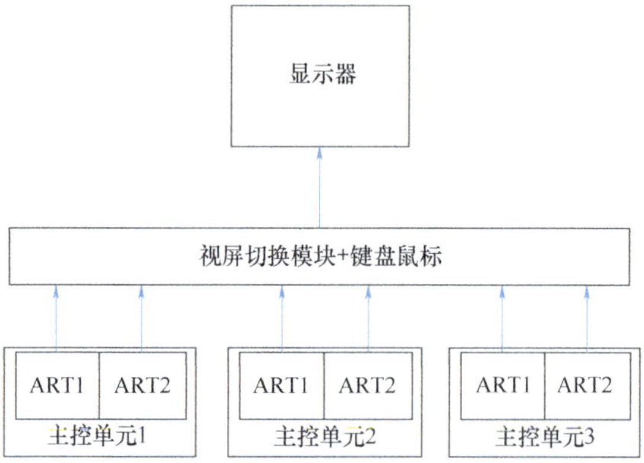


图 2-26　ART 机柜体系结构

ART 机柜是 LKDR-S 无线闭塞中心系统诊断机柜，主要有以下功能：与 NS2G 进行通信；状态处理和系统报警，并记录相关的信息；降级状态计算；用于 D&M 和 OT 显示的列车与操作员工作站的操作处理日志。

ART 机柜如图 2-27 所示。

(4)SECAP 子系统

电源子系统主要由 SECAP 电源、排线柜、分线柜等组成；电源子系统的配线图如图 2-28 所示。

① 电源系统分为主备两路，两路同时在线给设备供电，若一路电源故障时，另一路能不间断的给整个系统内设备供电。

② 系统的输入电压为 380 V，经 SECAP 电源变压后为 48 V，若系统内因增加 NS2G 机柜、ART 机柜功耗变大时，可以增加 SECAP 电源的数量，提高电源子系统的供电功率。

③ 排线柜中放置了 35 路空气开关，可以给 35 路设备供电，远远满足现场设备供电的要求，当有一路设备短路或断路时，这路的空气开关会自动跳闸，可以起到断电保护的作用。

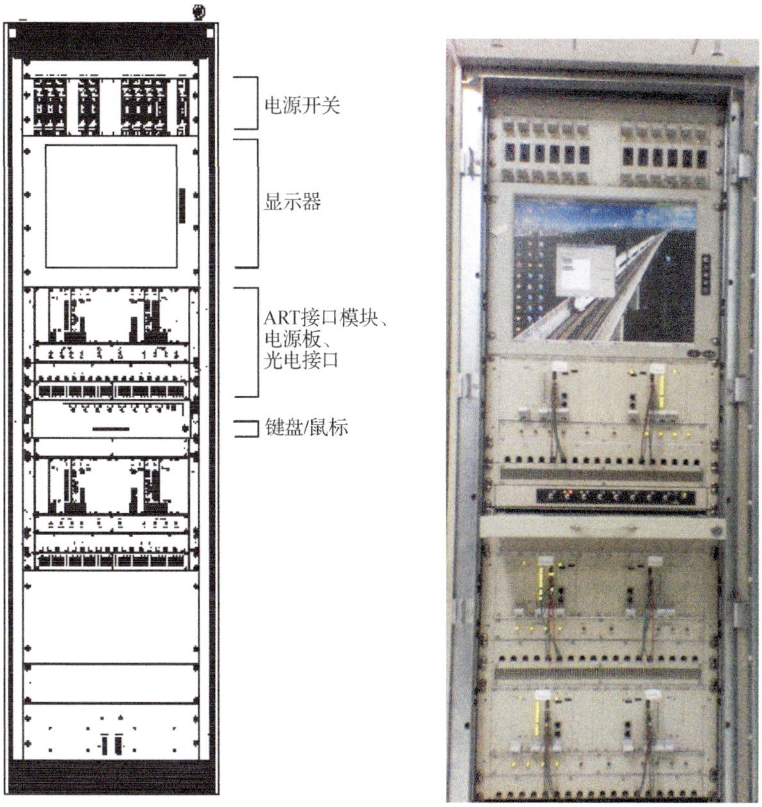


图 2-27　ART 机柜

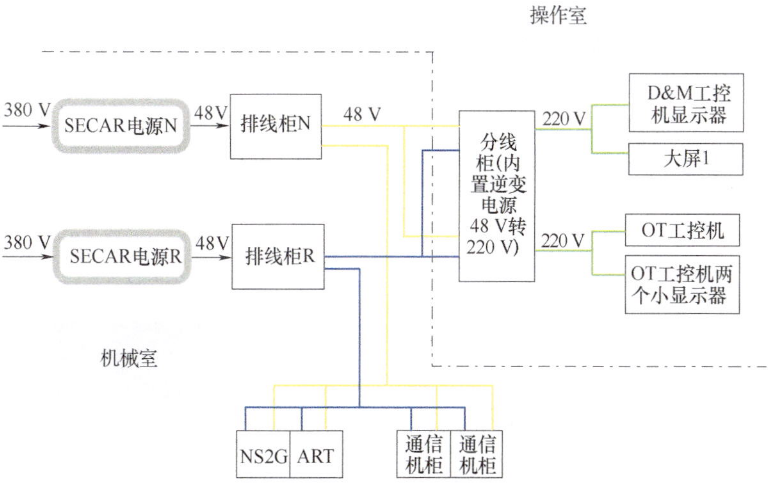


图 2-28　电源子系统的配线图

④ NS2G 机柜、ART 机柜、通信机柜、排线柜都有两路供电。

⑤ 由于系统内使用的是 48 V 的供电电压，而工控机显示的工作电压是 220 V，所以在分线柜中主要装入 48 V 转 220 V 的逆变电源；当现场线路比较长，需要显示的大屏比较多时，可以增加分线柜的逆变电源的数量。一个逆变电源可以给 4 路设备供电。

3. 主要功能

LKDR-S 型 RBC 的主要功能是控制和管理 CTCS-3 级运行的列车，其主要功能如下：

① RBC 实现启动自检和安全侧初始化功能。

② RBC 实现与车载设备的双向信息传输功能。

③ RBC 实现管理车载的注册和注销功能，并将车载设备状态信息发送给调度集中(CTC)。

④ RBC 实现根据从联锁获得的进路/轨道区段状态信息和车载发送的状态信息，向车载发送适合的行车许可功能。

⑤ RBC 实现 CTCS-2/3 等级转换功能。

⑥ RBC 实现 RBC-RBC 移交功能。

⑦ RBC 实现根据从临时限速服务器(TSRS)接收的临时限速命令(TSR)，向车载发送临时限速信息功能。

⑧ RBC 实现向车载发送分相区相关信息功能。

⑨ RBC 实现调车管理功能。

⑩ RBC 实现根据调度员的紧急停车命令，向车载发送紧急停车消息功能。

⑪ RBC 实现完善的诊断与维护功能。

⑫ RBC 实现接受密钥管理系统密钥的功能。

⑬ RBC 实现保持与 CTC 设备时钟同步的功能。

## 二、RBC 中心设备各部分板件的主要功能及板卡指示灯含义

(一)LKR-T 型 RBC 中心设备各部分板件的主要功能及板卡指示灯含义

LKR-T 型 RBC 机柜中 VPC_A、VPC_C、VPC_T 和 VPC_I 均为 IBM X 系列服务器，型号为 X3550 M2，VPC_B 则采用 IBM P 系列服务器，型号为 P510。

1. X3550 服务器简要说明

该服务器前视图如图 2-29 所示。

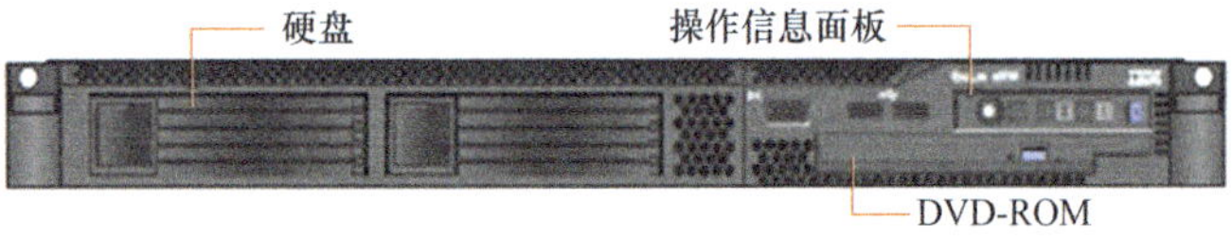


图 2-29　X3550 前视图

(1)硬盘：设备调试结束以后，正常情况下禁止插拔硬盘，若需要更换硬盘，必须确认服务器处于关闭状态。

(2)DVD 弹出按钮：按此按钮以打开 DVD-ROM 驱动器。

(3)DVD 活动指示灯：当此指示灯点亮时，表明 DVD-ROM 驱动器正在使用中。

(4)操作信息面板上从左至右依次为：USB 接口、电源指示灯、电源控制按钮、硬盘驱动器指示灯、位置指示灯、信息指示灯、系统错误指示灯和释放滑锁。

(5)USB 接口：用于插入 USB 设备。

(6)电源指示灯：当此绿色指示灯点亮但不闪烁时，表明服务器开启。当此指示灯闪烁时，表明服务器关闭但仍然与交流电源相连。当此指示灯熄灭时，表明已切断交流电源或者电源或指示灯本身出现了故障。

(7)电源按钮:按下此按钮可手动开启或关闭服务器。

(8)硬盘驱动器活动指示灯:当此绿色的指示灯点亮时,表明某个硬盘驱动器正在使用中。

(9)位置指示灯:如果服务器与许多其他服务器在同一位置,可以通过该蓝色指示灯用肉眼找到该服务器。可以使用 ibm director 来远程点亮这个指示灯。

(10)信息指示灯:当此淡黄色的指示灯点亮时,表明发生了一般事件。查看错误日志以获取其他信息。

(11)系统错误指示灯:当此淡黄色的指示灯点亮时,表明发生系统错误。系统错误指示灯也在服务器的后部。系统板上的光通路诊断面板上的指示灯也会点亮以帮助隔离错误。

(12)释放滑锁:按释放滑锁(位于操作员信息面板的左侧)以便滑出操作员信息面板并查看光通路指示灯和按钮。

该服务器后视图如图 2-30 所示。

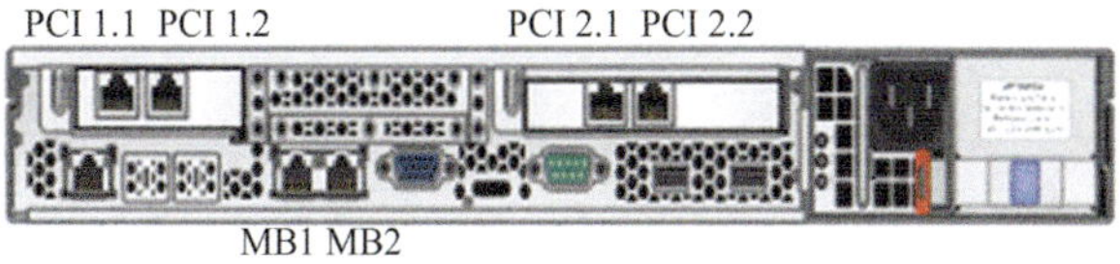


图 2-30　X3550 后视图

2. P510 服务器简要说明

P510 前视图如图 2-31 所示。

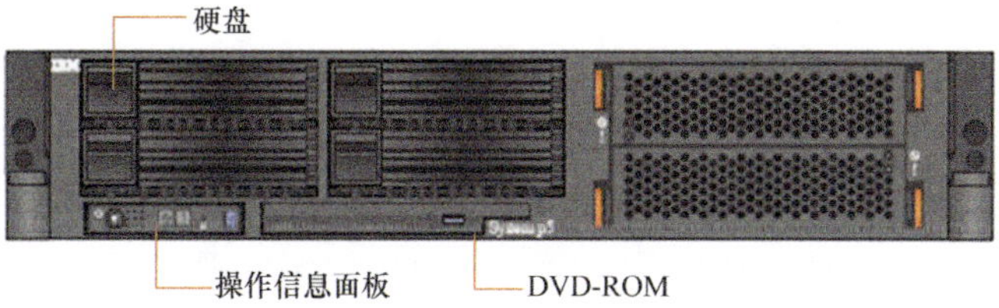


图 2-31　P510 前视图

(1)硬盘:设备调试结束以后,正常情况下禁止插拔硬盘,若需要更换硬盘,必须确认服务器处于关闭状态。

(2)DVD 弹出按钮:按此按钮以打开 DVD-ROM 驱动器。

(3)DVD 活动指示灯:当此指示灯点亮时,表明 DVD-ROM 驱动器正在使用中。

(4)操作信息面板上从左至右依次为:电源按钮、电源指示灯、系统警示灯、重启按钮。

(5)电源按钮:按下此按钮可手动开启或关闭服务器。P510 的开机时间较长,在按压电源按钮后,需要等待 3～5 min 左右才能开始启动,其间注意不要重复按压电源按钮。

(6)电源指示灯:闪烁表示服务器已接入电源,但是未启动,持续长亮表示服务器已经启动,当此指示灯熄灭时,表明已切断交流电源或者电源(或指示灯)本身出现了故障。

(7)系统警示灯:点亮时提示系统可能出现错误。

(8)重启按钮:按下此按钮可以直接重新启动服务器。

该服务器后视图如图 2-32 所示。

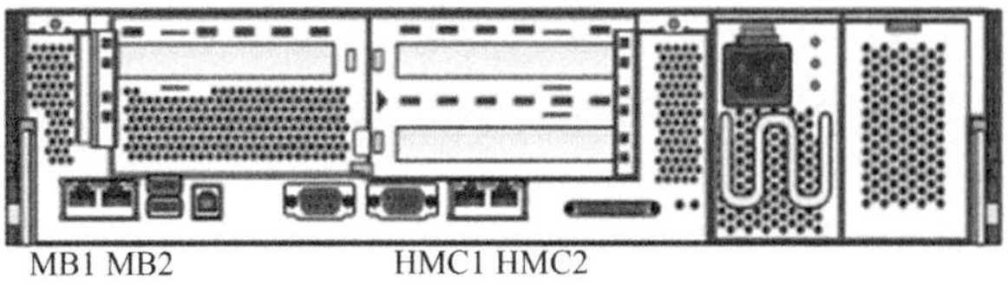


图 2-32　P510 后视图

（二）LKDR-S 型 RBC 中心设备各部分板件的主要功能及板卡指示灯含义

1. 通信计算机和电源板(热备方式)

通信计算机和电源板又称通信子系统，通信子系统为主备系结构，每一系都有一个通信计算机(CC)板和 NICC 板。CC 板是和安全数据网通信，NICC 板是与 GSM-R 网通信。通信子系统的连接如图 2-33 所示。

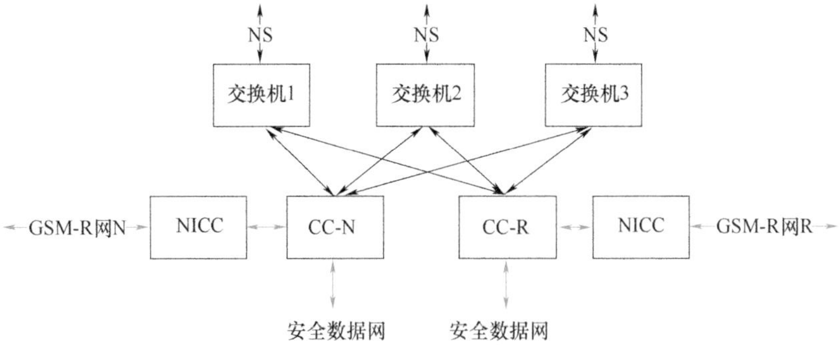


图 2-33　通信子系统的连接图

通信子系统主要的功能及要求如下：每一系都有一路独立的电源供电；CC 板通过交换机和三路 NS 单元通信；NICC 板和 CC 板通过 VME 总线通信，CC 板为主控 VME 总线板，NICC 板为从 VME 总线板；NICC 板通过同轴线缆和 DDF 架通信。

如图 2-34 所示，SC1 表示电源板；SC2 表示 CPU 卡(MVME 6100)，负责实现 RBC 和外部设备的信息交互功能；SC3 表示 NICC 板卡，负责实现 RBC 通过 GSM-R 网络与列控车载设备的信息交互功能。

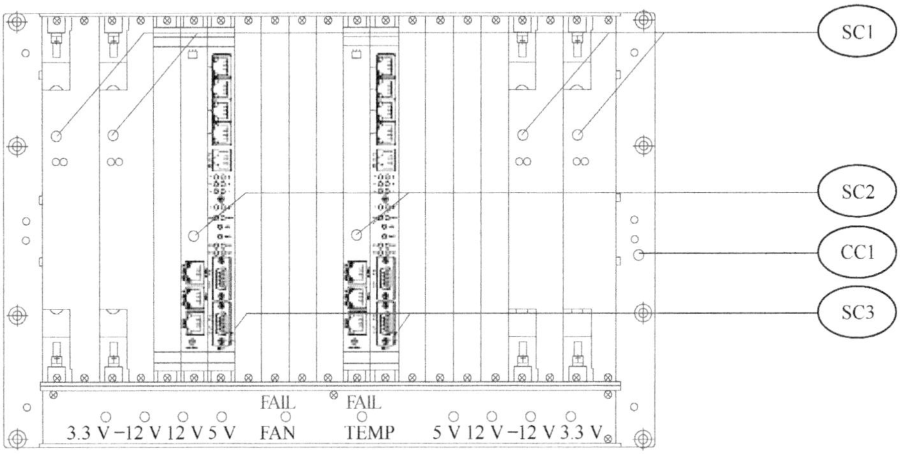


图 2-34　CC 板

通信计算机 CC 的实物如图 2-35 所示。

2. 安全核心

主控子系统主要包括三路 NS 和双路的主从光电发送模块。主控采取 3 取 2 的架构，有任意一路 NS 故障时，系统还应正常工作；每一路 NS 都有一个主控 MVME 6100 板，一个 TVME 8240A 板、一个 ISC2，4 路 IP36 板；每一路 NS 的连线方式如图 2-36 所示。

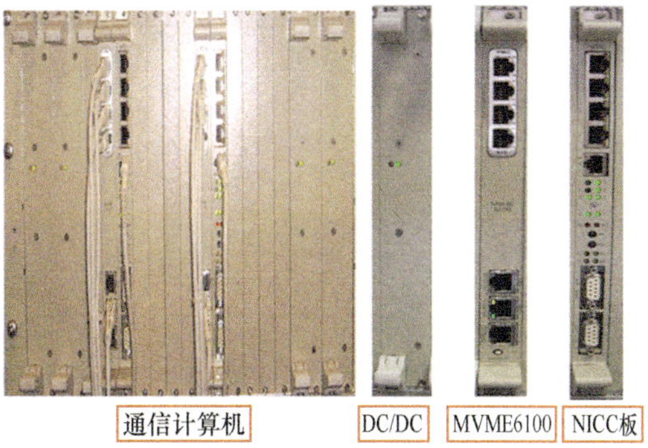


图 2-35　通信计算机图

(1) NS 主要有如下特点：主控 MVME 6100 板和 TVME 8240A 板之间通过 VME 总线通信；TVME 8240A 板通过其上的母板 IP36 和 ISC2 通信，其通信方式为 4 路串口总线；ISC2 将接收到的信号传给背板，与外界通信；ISC2 主要是隔离主控单元和外部的信号，内部的隔离方式是光电隔离。每一路的 NS 单元都有独立的电源供电。

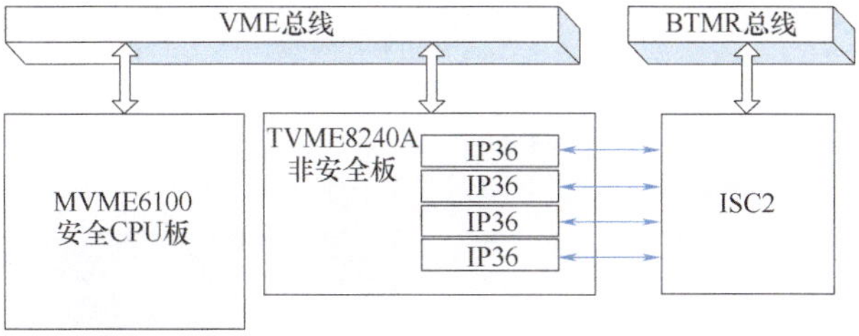


图 2-36　NS 连线方式

(2)主从光电发送模块主要有以下特点：主从光电发送模块主要分为主、备两路。每一路都包括一个 CTOM 和一个 CTOS 模块，主要的功能是将串口电信号转换为光信号，与 ART 机柜双向通信。CTOM 模块通过串口接收三路 NS 发送来的数据，转化为一路光纤数据传给 ART 机柜，同时将 ART 接收来的数据分为三路给三路的 NS 单元，CTOS 主要是反映另外一路 CTOM 通信的状态。

如图 2-37 所示，SC2 表示 CPU 主板(MVME 6100)，主要实现安全逻辑功能；SC5、SC6 表示 FAST LAN 板卡，主要用于连接 CPU 主板和通信计算机，另外有 4 个 IPCOM36 模块用于内部通信；SC7 表示 ISC2 卡，是一个通信电流隔离模块，确保三系彼此隔离；SC8/SC9 表示 CTOM/CTOS 接口卡，是用于与 ART 连接的光电接口卡。

安全核心 NS 的实物如图 2-38 所示。

3. 表决器—看门狗

看门狗表决系统是由三个 ULEX 组成，每个 ULEX 通过串行总线接收(串行总线的速率为 115.2 kbit/s)两个 NS 单元的数据，并对接收的数据进行表决，将表决后的结果传给 ULEX 的 APOZ 模块，APOZ 模块根据表决的结果决定是否有交流 48 V 的电压输出给对应的主从光纤接收模块。看门狗子系统框图如图2-39所示。

如图 2-40 所示，SC4 表示表决器—看门狗，它是管理排他逻辑功能的模块；SC10 表示局部电源控制器，有关安全核心的局部电源控制。表决器—看门狗实物如图 2-41 所示。

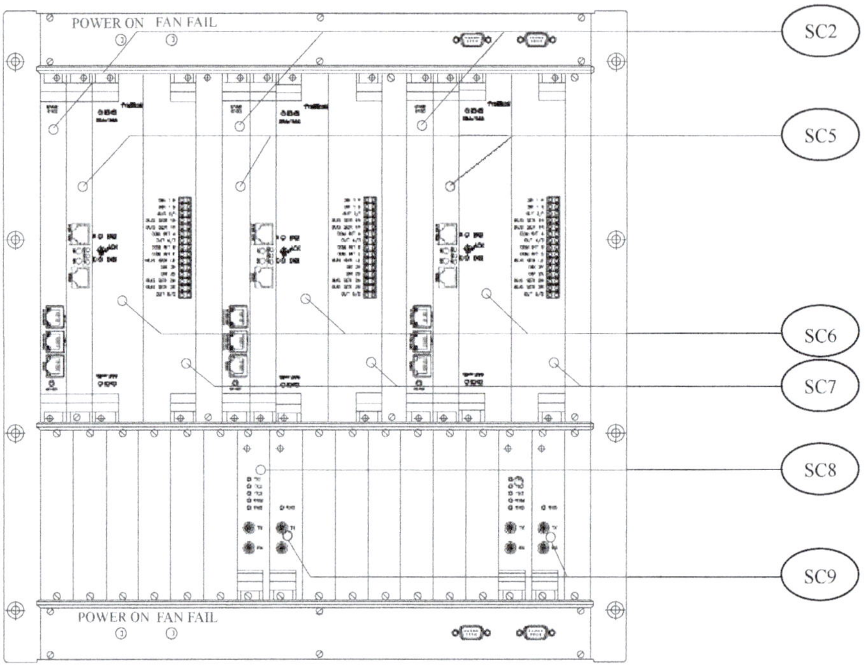


图 2-37　NS 单元

4. 诊断维护和操作子系统

诊断维护和操作子系统的系统结构如图 2-42 所示。

(1)诊断维护子系统的主要功能

① 查询 NS 的线路和现场设备状态数据。

② 查询 NS 自身的诊断数据，对 D&M 工作台的电源诊断数据和子系统风扇及温度诊断进行查询。

③ 对移动操作员工作台和 D&M 工作台的诊断数据进行查询。

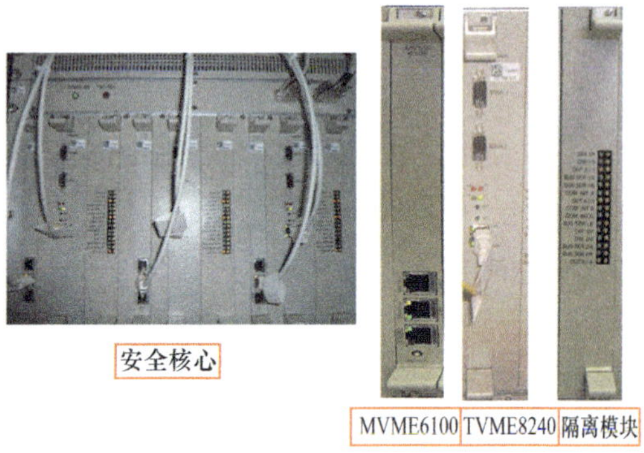


图 2-38　安全核心图

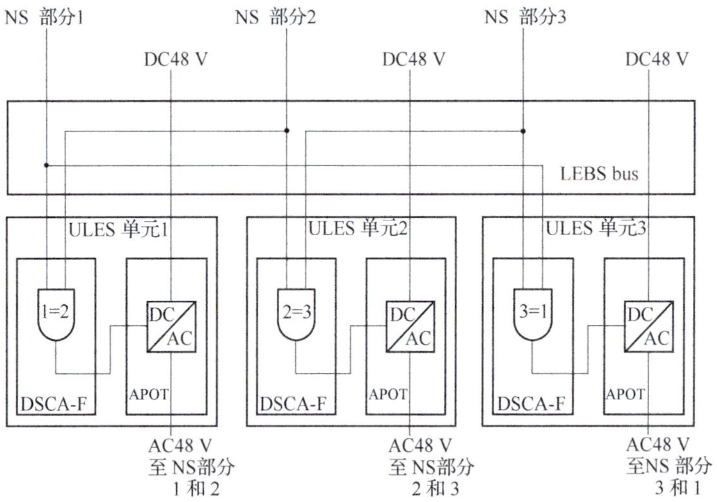


图 2-39　看门狗子系统原理框图

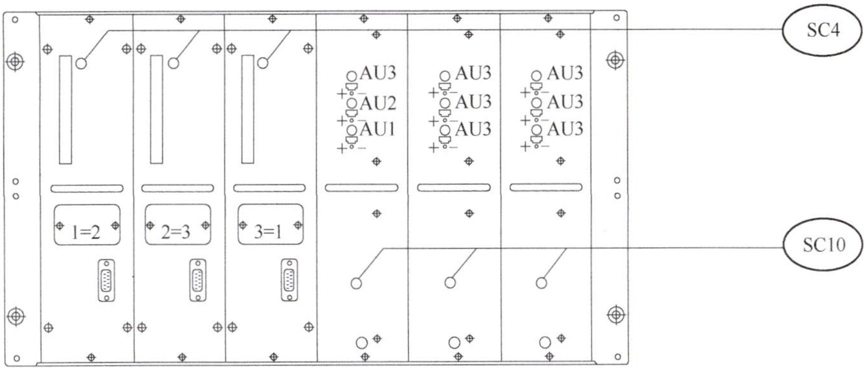


图 2-40 表决器—看门狗

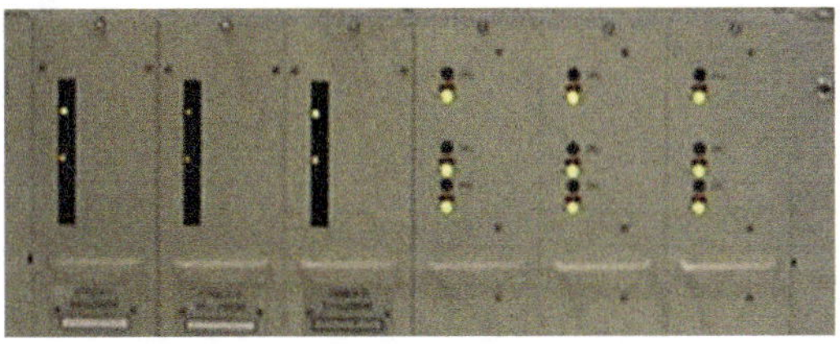

图 2-41 表决器—看门狗实物图

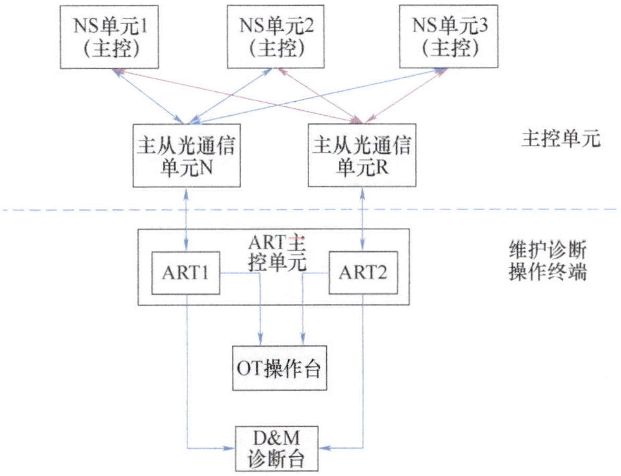


图 2-42 诊断维护和操作子系统的系统结构

④ 记录所查询的数据并按照时间顺序记录事件；对移动操作员接口的非安全指令进行查询并转换成能够由中央联锁单元启动的指令。

⑤ 对逻辑报警（或例外）、现场设备报警和设备报警汇总进行管理。

⑥ 根据系统配置向移动操作员接口工作台和诊断维护工作台发送显示所要求的数据（例如配置阶段发送与选定现场单元相关的报警）。

(2)操作子系统的主要功能

① 安全指令确认，通过功能键区确认向列车发送了紧急指令，过分相区激活，TSR 激活或取消，RBC 初始化。

② 图形显示器(QL)，用来显示车站，使操作员能够验证线路/车站现场单元的状态。这种状态通过许多符号如物理现场单元编号来表示。每个符号的图形表示符可指出相应现场单元的状态。

③ 工作员接口(IO)，用来拟定并发送区间或线路的 TSR 执行或删除指令，激活过分相区，向所有列车或单列列车发送无条件紧急命令，最后，拟定 RBC 初始化指令。

诊断维护和操作子系统实物如图 2-43 所示。

图 2-43 诊断维护和操作子系统

## 三、RBC 中心设备柜间及内部配线

(一)LKR-T 型 RBC 中心设备柜间及内部配线

1. RBC 机柜内电源连接

RBC 柜需要三路独立的外部电源供电(L1、L2、L3),从电源端子至 PDU 连接方式如图2-44所示,RBC 柜内电源接线如图 2-45 所示。

2. RBC 机柜内终端控制连接(见图 2-46)

3. RBC 柜内通信连接

柜内通信连接分为两类,一类用于无线闭塞单元(RBU)内部数据交互,另一类用于无线闭塞单元(RBU)对外数据交互。

① RBU 中各服务器通过内部交换机的通信连接以及 RBC 机柜中所有其他服务器到 VPC_T 的连接,用于实现无线闭塞主机内部通信和柜内服务器到测试主机的通信,连接如图 2-47 所示。

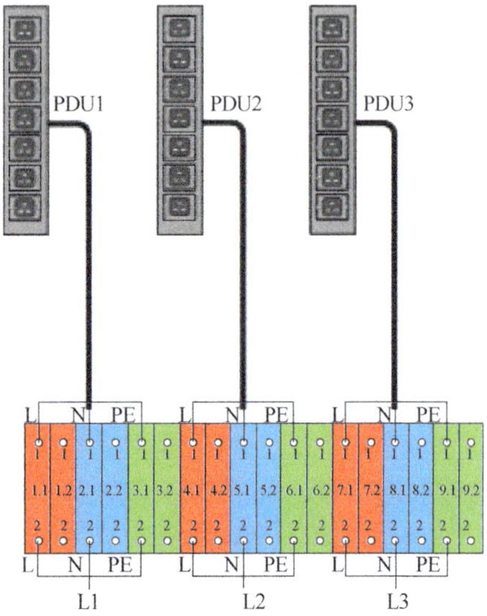


图 2-44 电源端子至 PDU 连接

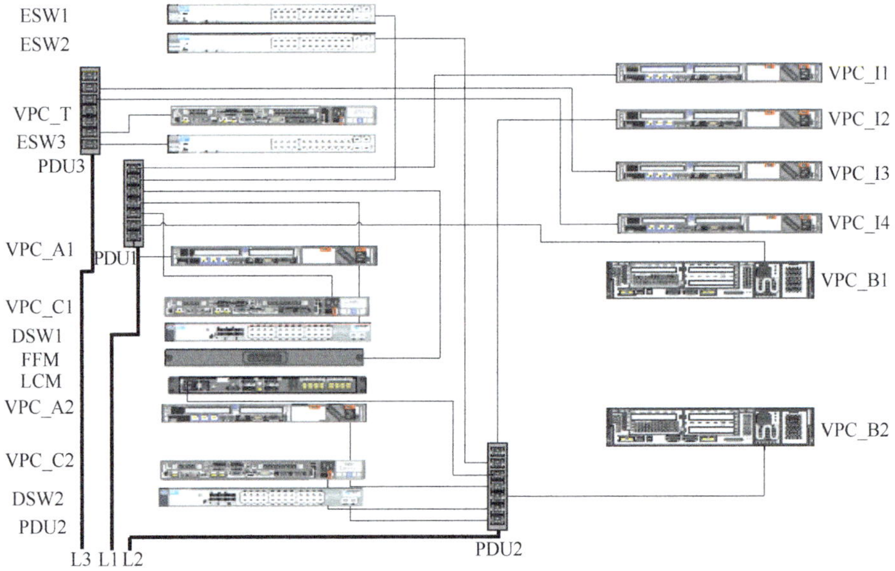


图 2-45 RBC 柜内电源接线

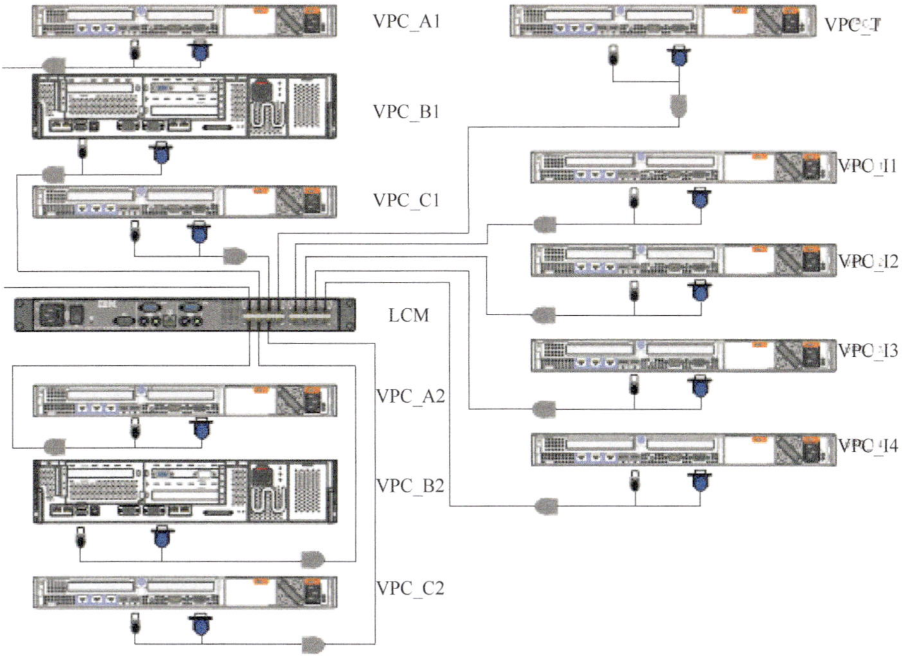


图 2-46 柜内终端控制连接方式

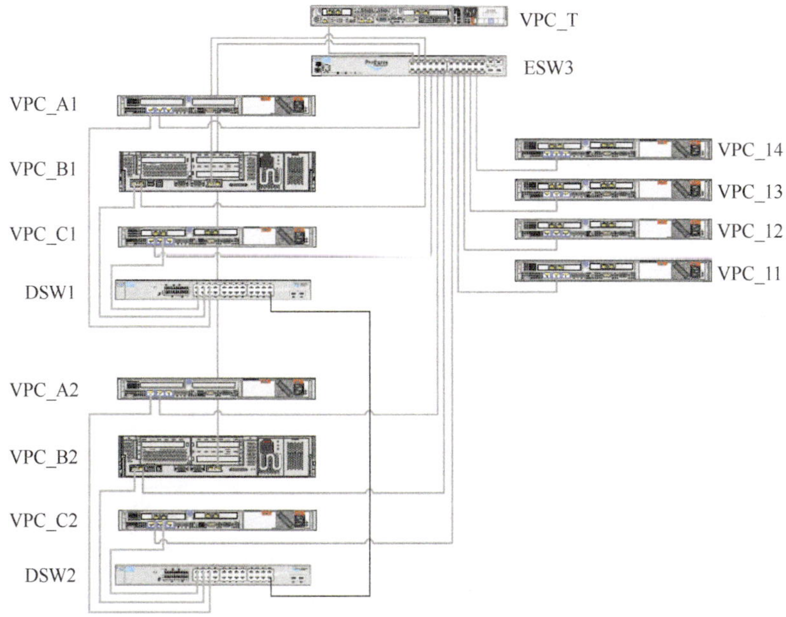


图 2-47 RBC 内部连接 1

② RBC 中所有服务器对外部交换机 ESW1、ESW2 的连接，用于实现 RBU 对 ISDN 服务器的通信以及 RBC 系统对外部设备的连接，连接如图 2-48 所示。

4. RBC 主机柜通信电缆类型

柜内所有通信电缆均为 STP CAT6 成品网线，带有覆盖金属屏蔽层的 RJ-45 水晶头。

RBC 主机柜需要附带 8 根(15 m/根)的 STP CAT6 成品网线，带有覆盖金属屏蔽层的 RJ-45 水晶头，作为 RBC 主机柜与其他设备连接使用。

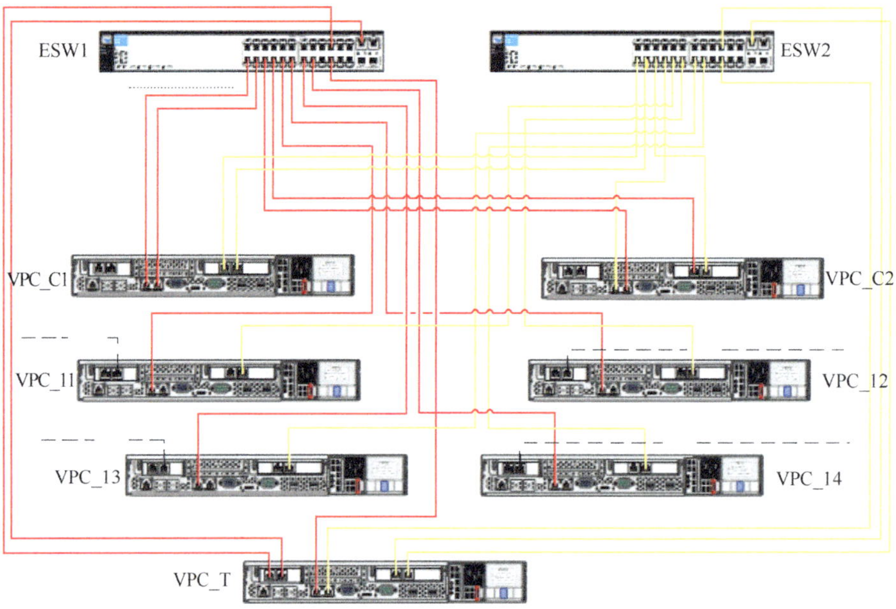


图 2-48 RBC 内部连接 2

5. 接口柜 VIA 柜内电源连接

VIA 柜需要两路独立的外部电源供电(L1、L2),从电源端子至配电单元(PDU)连接方式如图 2-49 所示;接口柜电源接线如图 2-50 所示。

6. 接口柜网络接线

其连接方式如图 2-51 所示。

VIA 柜内所有通信电缆均为 STP CAT6 成品网线,带有覆盖金属屏蔽层的 RJ-45 水晶头。

7. 防雷机柜配线

阻抗转换器后端 RJ-45 端口按照通道顺序与防雷模块输入端口(印有"IN"标识)相连,ZHQ1 的端口 1～4、5～8、9～12 分别用于连接 RBC1、RBC2、RBC3 的 ISDN 通道,分别对应 FL1～FL12,其他类推。

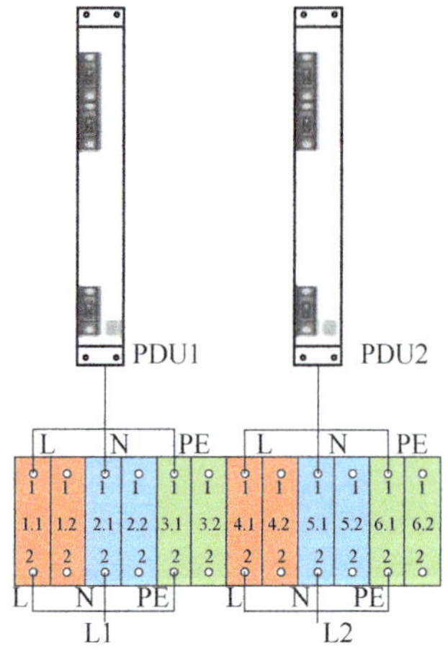


图 2-49 电源端子至 PDU 连接

(二)LKDR-S 型 RBC 中心设备柜间及内部配线

1. RBC 中心设备柜间及内部配线(见图 2-52)

三个 NS 由并行运行的单机电隔离计算机组成。通过并行、高速通信线路,以点对点连接方式将计算机互相连接起来。每个 NS 都由单机直流/直流变流器供电。此外,每个 NS 部件还与 RBC 中心设备内部(I)和柜间(E)的下列设备或子系统连接:

① 排除逻辑(I);

② 故障保护键盘(TF)(E);

③ IOART 子系统(通过光学链路接口)(E);

④ TLC/LD 和 ISDN 通信子系统(I)。

安全核心通过更新内部状态并产生相应的输出,从而处理从外部接收到的输入。在输出

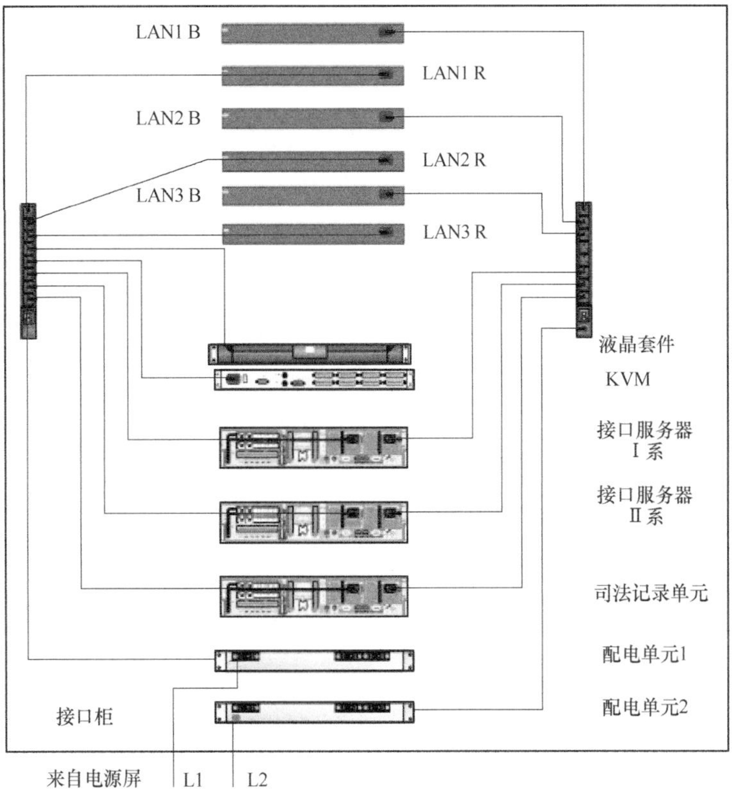


图 2-50　接口柜电源接线

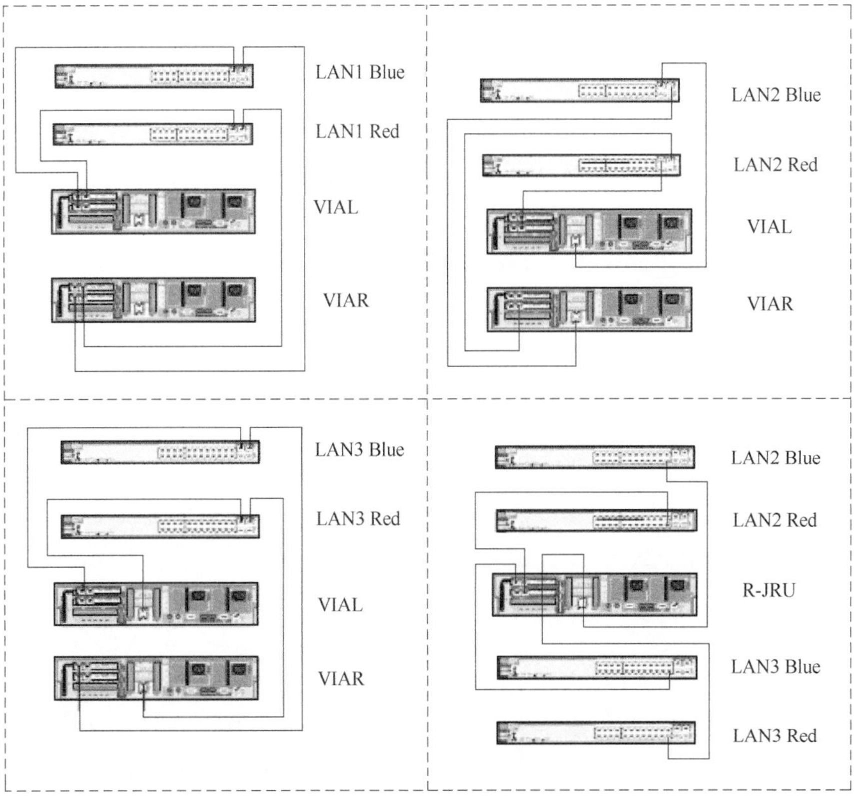


图 2-51　VIA 柜内通信连接

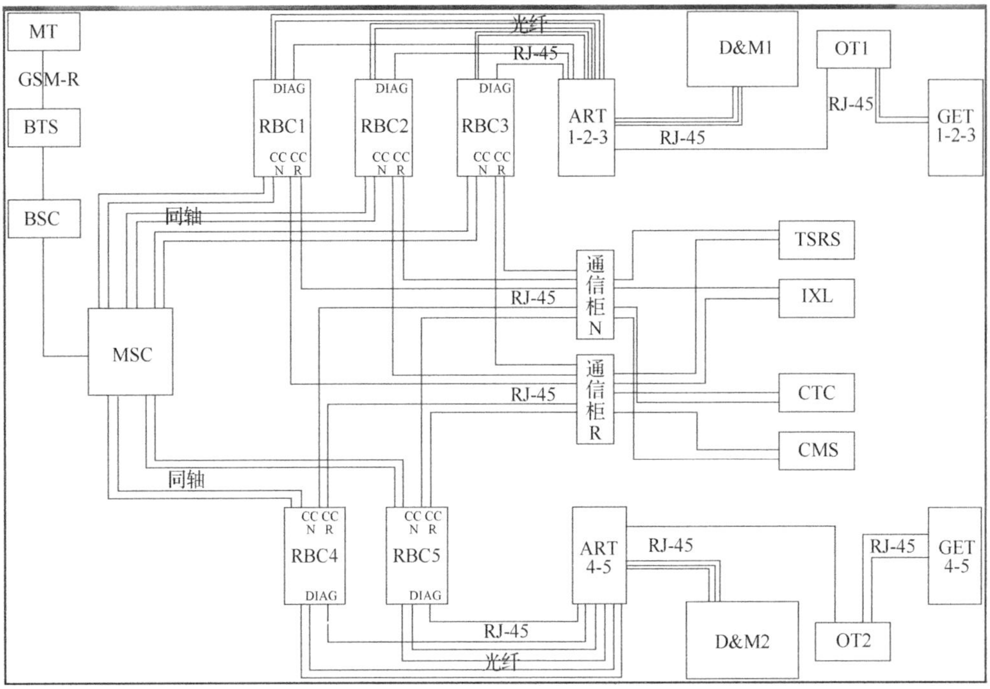


图 2-52 RBC 中心设备柜间及内部配线

传输阶段前，输出处理过程中产生的所有信息都将在三个部件之间交换。每个部件都会将自身状态与其他两件部件状态进行比较，然后检测到其中的差异（若存在）。然后将软件选取的结果传输至排除逻辑（LE）。

排除逻辑部件包含三个比较单元，每个单元都通过跨接系统控制三对 NS 部件中的一对。

2. RBC 中心设备内部配线

(1)每个独立 NS 部件与排除逻辑之间的配线

通过 115.2 kbit/s 串行总线实现 NS 和排除逻辑之间的连接，从而使得三个 NS 部件和三个排除逻辑单元能够根据下列配置进行通信：

① NS 部件 1 与 LE 单元 1 和 3 连接；

② NS 部件 2 与 LE 单元 1 和 2 连接；

③ NS 部件 3 与 LE 单元 2 和 3 连接。

因此，LE 单元 1 将比较来自部件 1 和 2 的数据，LE 单元 2 将比较来自部件 2 和 3 的数据，LE 单元 3 将比较来自部件 1 和 3 的数据。排除逻辑将验证软件选取产生的结果，如果发现差异（若存在），将禁用差异部件的输出。在每个 LE 单元中，对比 NS 部件发出数据后产生的成功结果将通过电路激活一个 48 V 交流电源，为所有输出线路的隔离电路供电。如果在 NS 只操作两个有效部件正常运行的过程中出现缺陷或故障，那么排除逻辑将立即排除两个部件，并关闭整个系统。安全核心与排除逻辑接线参见图 2-40 所示。整图表示三个 NS 部件和三个排除逻辑单元的连接关系。

(2)每个独立 NS 部件和 CC 之间的配线

为了确保在出现对设备和传输系统产生影响的故障时，子系统之间的信息传输仍然能够正常工作，为 NS 和 CC 之间的接口配置了冗余架构。同时使用了两台通信计算机和两套接入装置（交换机）（应由独立的配电盘为这些单元供电）。

主用 CC 的功能与备用 CC 完全相同，并且两台 CC 都以相同的方式运行。主用交换机的功能与备用交换机完全相同，并且两个交换机都以相同的方式运行。因此，两者的物理架构和功能都是完全对称的。特定子系统的两台 CC 之间不会互相通信。对于单独的 CC 来说，传输通道冗余管理策略是完全透明的。

每台 CC 都通过独立的局域网与 NS 的三个关键部件之一连接。因此，共使用了三个物理性和功能性均完全独立的局域网，而局域网则通过三个网络中心或交换机的方式执行。通过采用这种解决方案，NS 就能够通过两台 CC(即普通和备用)与 TLC-LC 网络进行通信，并且将 NS 关键架构(即 TMR 三重冗余架构)与用于传输和发送信息(即带有普通和备用功能的冗余架构)的架构独立开来。安全核心与 CC 的配线示意图如图 2-53 所示。

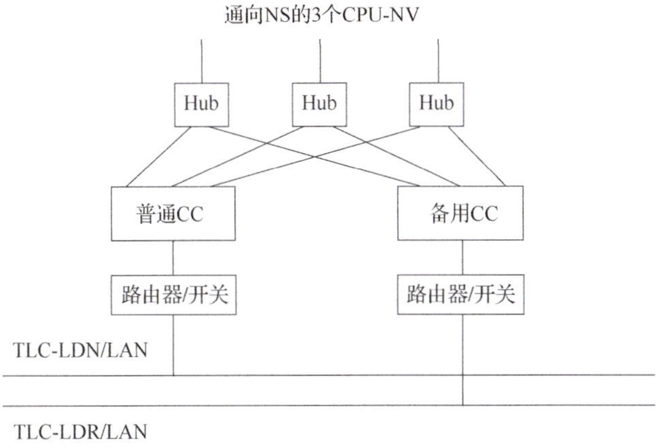


图 2-53 安全核心与 CC 配线示意图

3. RBC 中心设备柜间配线

(1)用于 IO-ART 子系统通信的串行线路

每个 NS 部件都通过两条完全相同并互相作为补充的通道与 IO-ART 进行通信，这两条通道通常称为主链路和从链路。控制 IO-ART 通信的软件协议通过能够同步三个不同部件上操作的机制交替使用两条链路，从而实现三个部件的轮流通信。

NS 拥有两条完全相同的快速串行线路：每条线路都拥有若干条分支，从而与外界建立两个或更多接口。其中一条线路用于与 IO-ART 子系统通信，而另一条线路则用于 RBC 以外的其他装置。

安全核心与本地诊断网络的连接，如图 2-54 所示。

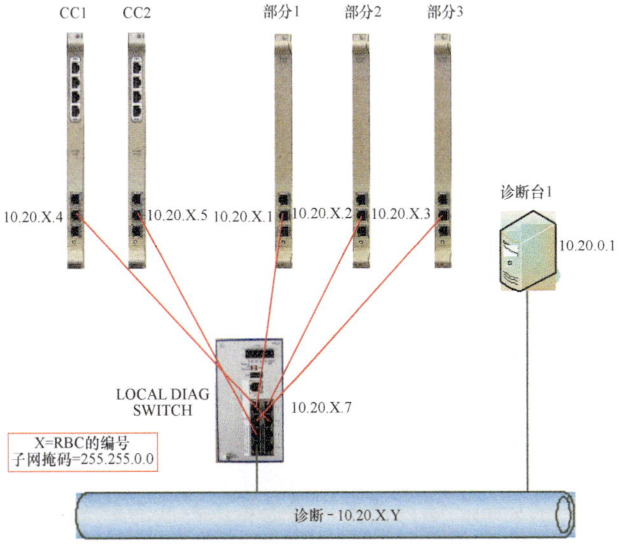


图 2-54 安全核心与本地诊断网络的连接

ART 与 OT 和 D&M 连接网络，如图 2-55 所示。

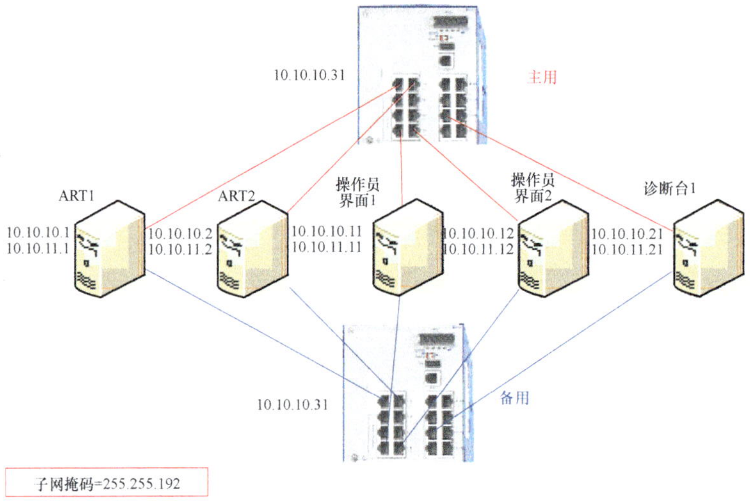


图 2-55　ART 与 OT 和 D&M 连接

QL 与 IO 结构，如图 2-56 所示。

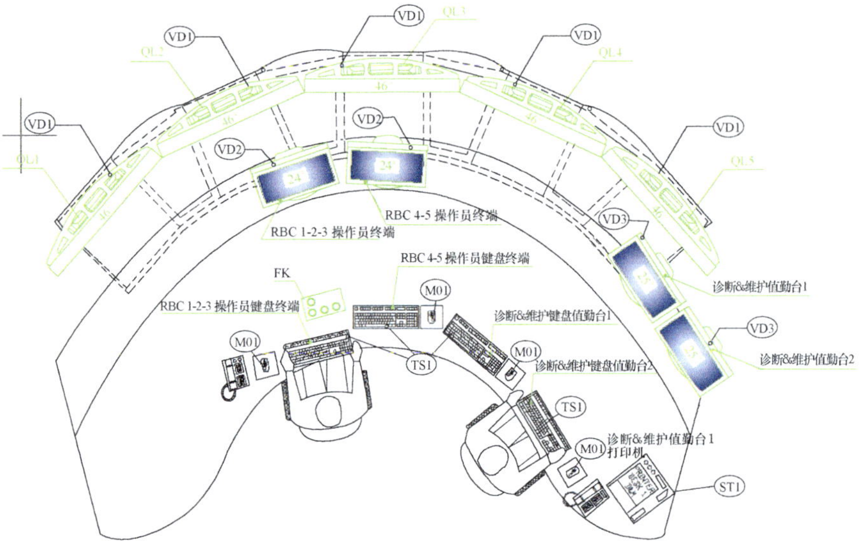


图 2-56　QL 与 IO 结构

RBC 中心设备柜间及内部数据流，如图 2-57 所示。

(2)与故障保护键盘通信

NS 通过两条完全相同并互相作为补充的通道与故障保护键盘通信，这两条通道通常称为主串行总线和从串行总线。控制通信的软件协议通过能够同步三个不同部件上操作的机制交替使用两条总线，从而实现三个部件的轮流通信。

通信系统能够在最短的时间间隔内激发与通信相关的所有装置。采用多点双环路配置连接，从而使三个 NS 单元部件、故障保护键盘能够互相通信。

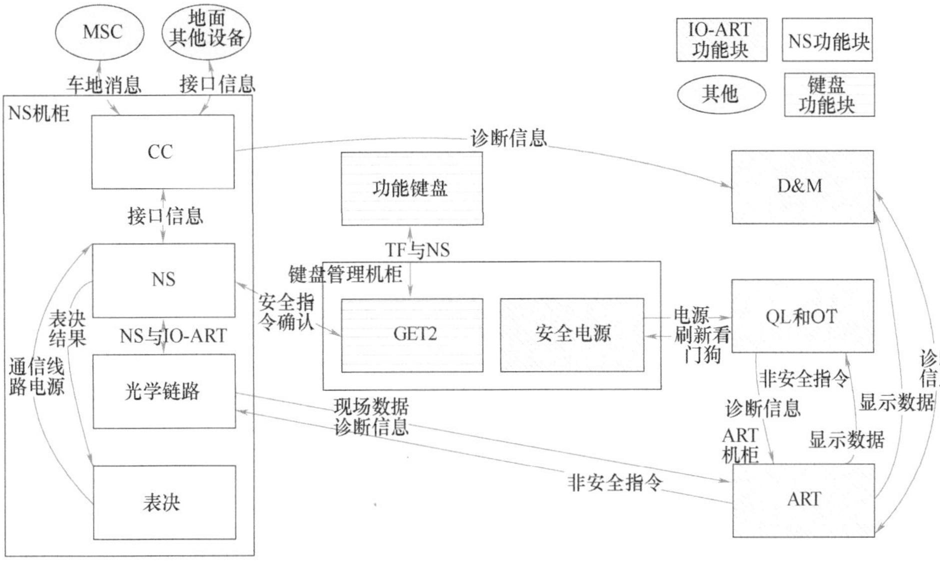


图 2-57 RBC 中心设备柜间及内部数据流

## 四、RBC 管辖范围

无线闭塞中心的控制范围是用应答器来分割的，也就是说在两个无线闭塞中心控制范围的分界点处安装应答器组，当列车通过应答器时，会接收到特定的信息，然后将进行列车控制权的交接操作。

无线闭塞中心的控制范围如图 2-58 所示。列车在无线闭塞中心 A 范围内受无线闭塞中心 A 控制，车载设备与 A 站进行双向通信。列车运行到无线闭塞中心 B 后，接受无线闭塞中心 B 的控制。在两个 RBC 控制范围内的分界点处，两个 RBC 的控制范围有一定的重叠，此时列车可以接收到两个无线闭塞中心的控制信息。

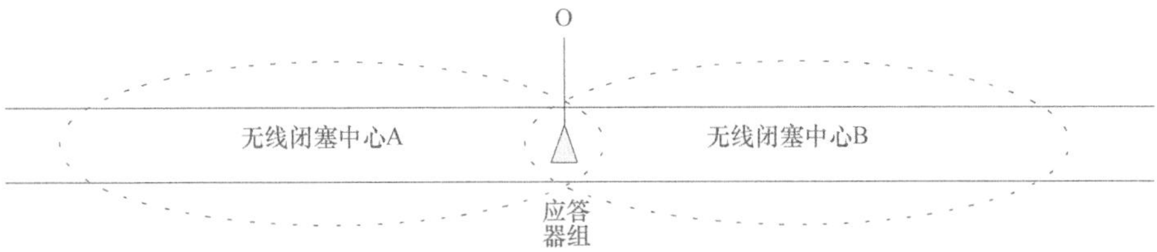


图 2-58 无线闭塞中心的控制范围

## 五、RBC 与其他系统的接口

### (一)LKT-R 型 RBC 与其他系统的接口

RBC 的接口包括：通过信号安全数据网与联锁、TSRS、相邻 RBC 接口；通过 PRI 接口方式与 GSM-R 网络接口；通过专用数据网与 CTC 接口。

其中 RBC 与 CTC 接口通过接口服务器实现通信；RBC 与信号安全数据网通过 RBC 中的 ESW(外部交换机)连接。

1. RBC 与信号安全数据网

每台信号安全数据网交换机最多连接 4 套 RBC 设备，如图 2-59 所示。每套 RBC 需要 4

个信号安全数据网 IP。其逻辑接口如图 2-60 所示。

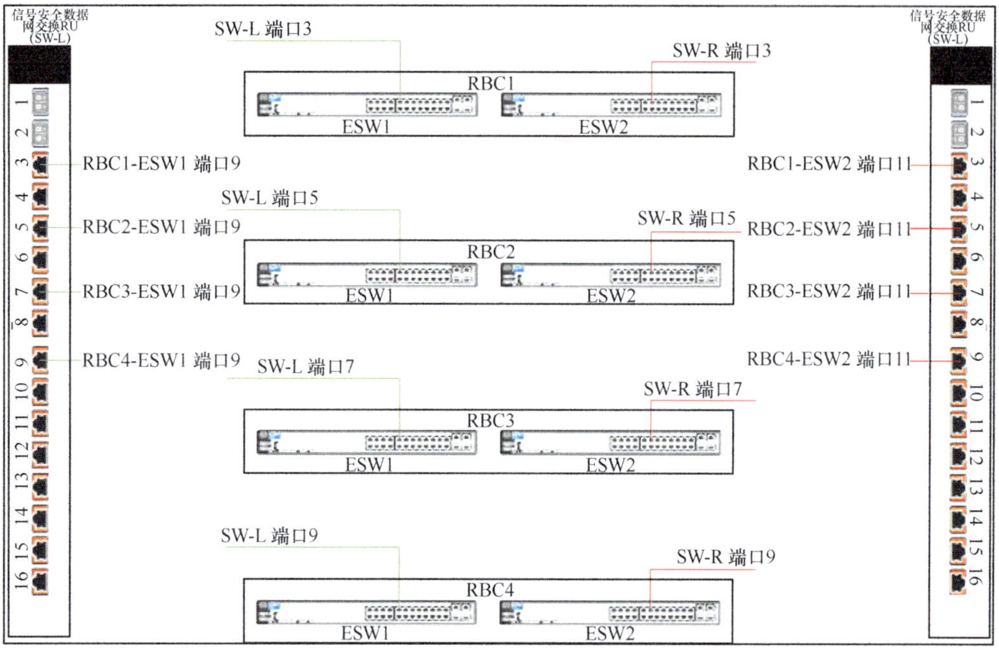


图 2-59 RBC 与信号安全数据网交换机连接示意图

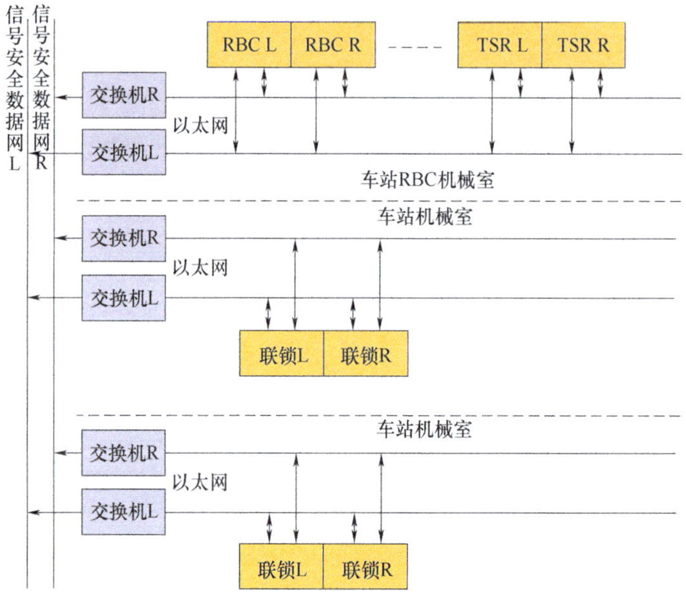


图 2-60 RBC 与联锁的连接

通信机柜放置信号安全网的交换机设备，用于连接 RBC 设备和 TSR 设备，在其他各车站的机械室内也设置专用交换机，用于连接联锁设备和 TCC 设备。交换机均按照冗余设计，各节点之间通过千兆光网络传输。

2. RBC 与车站联锁的接口

(1)连接方式

① RBC 系统的主、备系通过冗余网络与联锁的主、备系同时建立连接。

② RBC 系统的主系应通过冗余网络向联锁的主系和备系发送列车信息。

③ RBC 系统的主、备系均从联锁的主系接收信号授权信息和紧急停车区域信息。

RBC 接入信号安全数据网，物理接口为 RJ-45。连接电缆应采用 6 类标准屏蔽双绞电缆和带金属屏蔽的水晶头，电缆屏蔽层和水晶头屏蔽层相互连接，电缆长度不宜超过 50 m。

(2)接口信息

RBC 和联锁系统将站间线路划分为若干个信号授权(SA)区段，然后以此为基本单位进行信息交互，它以对象的方式传递信息，对象包括列车状态、信号授权和紧急停车区。

(3)通信中断

RBC 如果在规定时间内(3 s)接收消息缺失(未收到或收到无效信息)时，则认为与联锁的通信已中断。RBC 的所有输入将被置为安全态，RBC 不向列车发送该联锁控制范围内的移动授权(MA)。RBC 应用层应发出断开连接指令，并在维护终端上显示与联锁中断。通信恢复后联锁重新发起连接。

3. RBC 与临时限速服务器接口

(1)连接方式

RBC 通过在 RBC 专用机房设置的信号安全数据网交换机，接入信号安全数据网，进而实现与 TSRS 安全设备的连接，如图 2-61 所示。

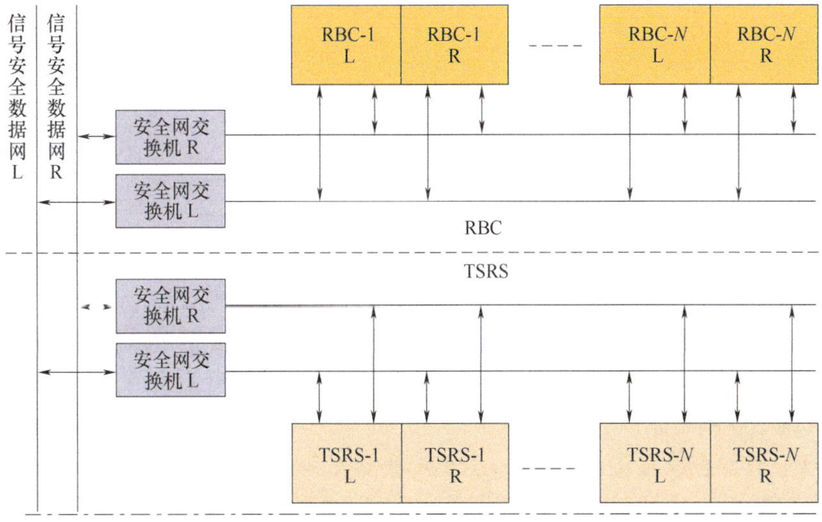


图 2-61 RBC-TSRS 接口示意图

RBC 接入信号安全数据网，物理接口为 RJ-45。连接电缆应采用 6 类标准屏蔽双绞电缆和带金属屏蔽的水晶头，电缆屏蔽层和水晶头屏蔽层相互连接，电缆长度不宜超过 50 m。

(2)接口信息

TSRS 向 RBC 下达 TSR 设置或取消命令。由 TSRS 保证 TSR 命令的设置顺序：即先验证，后执行。RBC 应在 1 000 ms 内向 TSRS 返回相应的结果。

对于 TSR 验证命令，RBC 仅做可执行性检验，不更新列车的临时限速信息。当 TSRS 下发 TSR 执行命令时，RBC 应向 TSRS 返回执行结果。

(3)通信中断

RBC 如果在规定时间内(3 s)接收消息缺失(未收到或收到无效信息)时，则认为与该设备的通信中断。通信恢复后 RBC 重新发起连接，TSRS 向 RBC 下发的初始化命令。

(4)RBC 初始化

当 RBC 接受 TSRS 下发的初始化命令后,RBC 方可接收列车注册并向列车发送移动授权和临时限速信息。

4. RBC 与 GSM-R 接口

RBC 通过 ISDN 服务器的 ISDN-PRI E1 接口与 GSM-R 网络移动交换机(MSC)连接,每个 ISDN 服务器配置 1 个 ISDN-PRI 接口。每套 RBC 至 GSM-R 网络移动交换机的 2M 通道需求为 4+1(用于冷备冗余)。

ISDN 服务器和 VLAN 交换机放置在 RBC 机柜中,是 RBC 设备的组成部分,RBC 的安全主机和 ISDN 服务器之间通过 VLAN 交换机连接,采用 TCP/IP 通信。

一套 RBC 主机连接四个 ISDN 服务器,如图 2-62 所示。

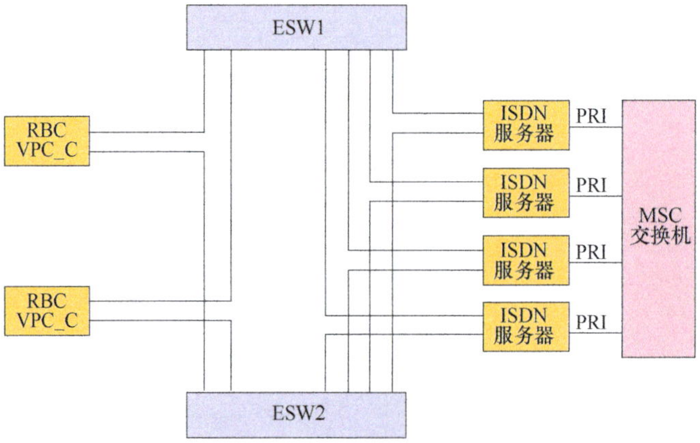


图 2-62 RBC 与 GSM-R 接口

(1)连接方式

RBC—GSM-R 接口在 RBC 机房的实物连接按照以下方式进行。

① 通信专业应设置 2M 柜(DDF 架),用于实现对 RBC 防雷机柜的物理接口,对于每个 RBC 的 4 路主用通道,每 2 个主用通道为 1 组,分成 2 组,每组分别配置在 2M 柜中不同的背板上,备用通道不作限制。

② 在 RBC 机械室放置防雷接口柜,用于安装 75～120 Ω 阻抗转换设备和防浪涌器件。

③ RBC 与接口柜之间通过 STP CAT5e/CAT6 网络电缆连接,每路通道需要一根通信电缆。

④ 接口柜内阻抗转换设备 BNC 接口端与 DDF 架通过 2M 同轴通信电缆连接,每路通道需要一对电缆(分别用于接收和发送)。

⑤ 防雷接口柜与 2M 柜间的电缆传输距离不得超过 50 m,铺设电缆时应避开存在电磁干扰(如电源电缆等)的区域,同时室间部分应增加物理防护。

图 2-63 为连接示意图,描述了两路通道的连接方式。

阻抗转换器对 2M 方向提供 75 ΩBNC 插座,每路通道占用一列上下两个接口,上方为本地数据接收端,下方为本地数据发送端,如图 2-64 所示。

(2)RBC 与通信专业分工界面

RBC 和通信专业的分界在防雷接口柜的阻抗转换器接口处。

5. RBC 与 CTC 系统接口

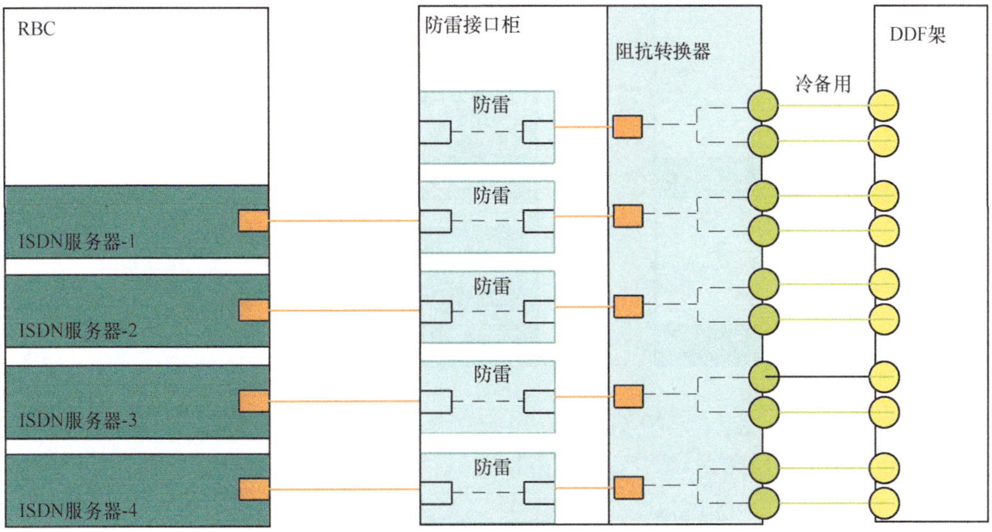


图 2-63　RBC与DDF架柜之间的连接

图 2-64　阻抗转换器

(1)接口方式

CTC系统通过CTC-RBC接口服务器(属CTC系统设备)和RBC系统的接口服务器设备通信,设备之间通信方式为2M数字传输通道通信。RBC系统在信号安全数据网机柜中独立设置两套交换机和路由器设备,其中路由器设备通过自带的BNC阴型插座通过成对同轴电缆连接通信机房内的2M柜实现通信通道的接入。接口示意图如图2-65所示。

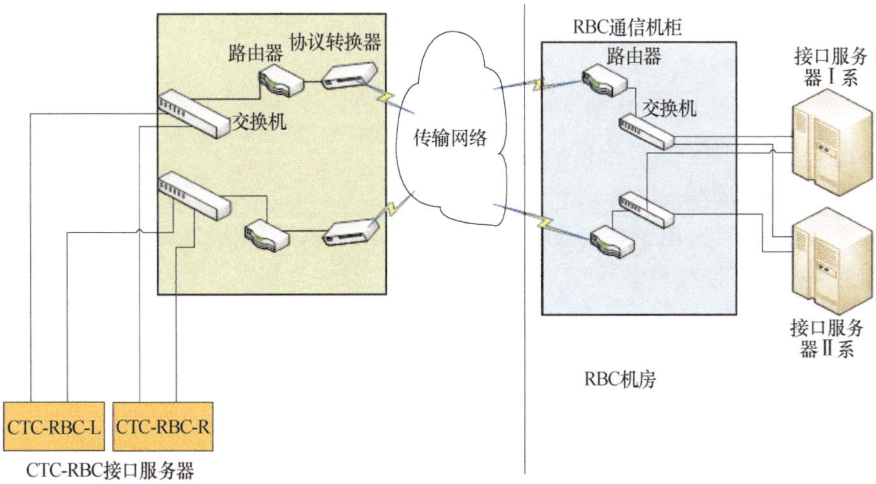


图 2-65　接口服务器通过2M通道与CTC接口示意图

在RBC机械室内的通信机柜内设置冗余配置的交换机、路由器和协议转换器设备。连接方式如图2-66所示。

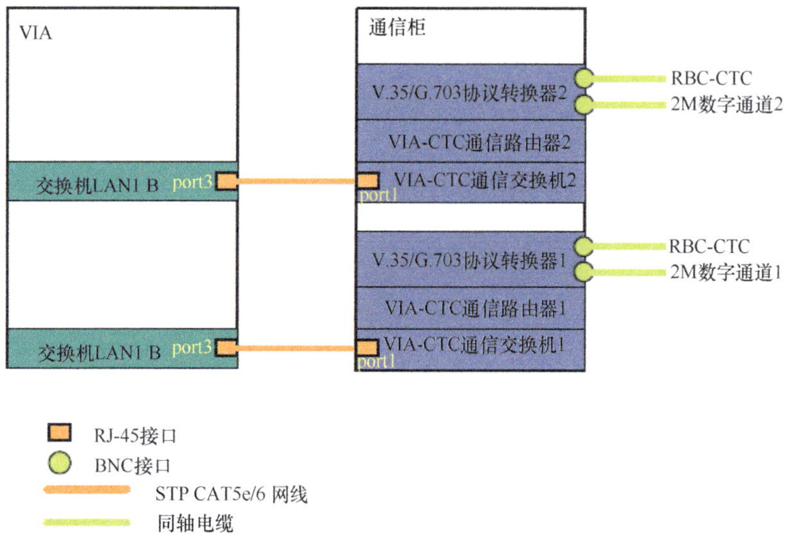


图 2-66 VIA 与 CTC 通道的连接

(2)接口信息

① RBC 向 CTC 发送列车信息以及 RBC 系统内部如发生需要通知调度员的事件，如注册列车数量接近 120 列的限制等。

② CTC 向 RBC 发送时钟同步信息。

③ 调度员通过 CTC-RBC 向列车发送无条件紧急制动命令和文本信息。

(3)RBC 与 CTC 分工界面

① RBC 在网络通信柜内设置路由设备提供 BNC 阴型插座。

② RBC 机房至通信机房内的 2M 柜间的同轴电缆由施工单位或其他厂家提供。

6. RBC 柜与 VIA 柜接口

1 个 VIA 负责与 9 个 RBC 接口，RBC 柜与 VIA 柜间连接如图 2-67 所示。

RBC 与 VIA 之间的连接均使用 STP CAT5e/6 网线，物理接口为 RJ-45，水晶头采用金属屏蔽层，并和网线屏蔽接合。

7. VIA 柜其他外部接口(见图 2-68)

VIA 柜其他外部物理接口包括：

① 对 RBC 本地终端接口。

② 对通信机柜接口，用于实现 RBC 系统对 CTC 系统的通信。

③ 对集中监测系统接口。

(二)LKDR-S 型 RBC 与其他系统的接口

RBC 设备与外部接口包括：与调度集中(CTC)系统、车站计算机联锁、临时限速服务器、GSM-R 网络、相邻 RBC 的接口，如图 2-69 所示。

1. RBC 与联锁接口

(1)连接方式

RBC 与联锁系统通过冗余配置的 TCP/IP 信号专用通信网连接，采用安全通信协议，实现信息安全传输。RBC 与联锁的连接方式及 RBC 与联锁网络交换机，如图 2-70 所示。

(2)接口信息

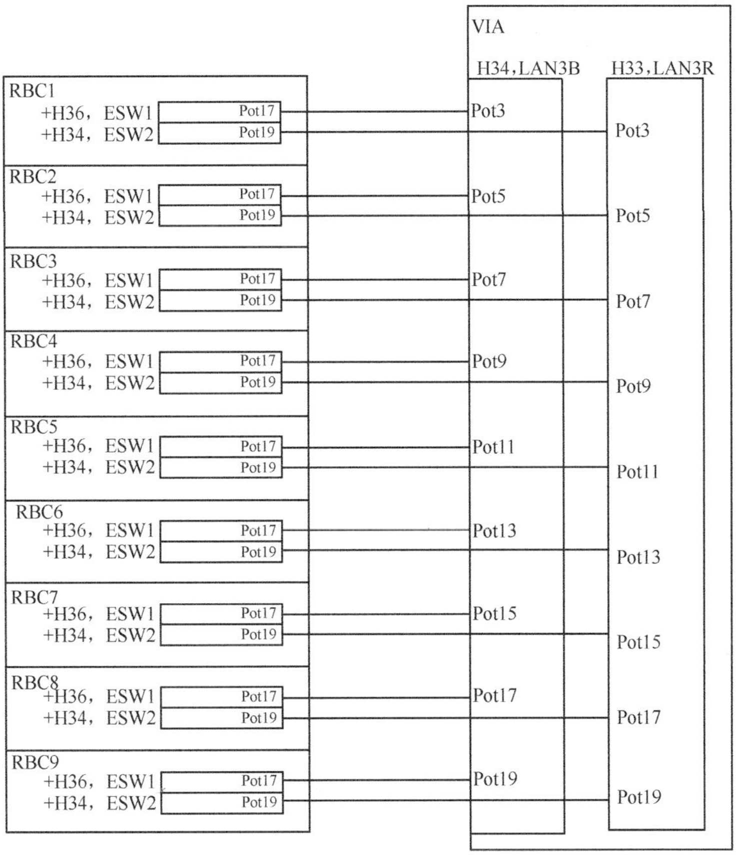


图 2-67 RBC 与 VIA 的连接

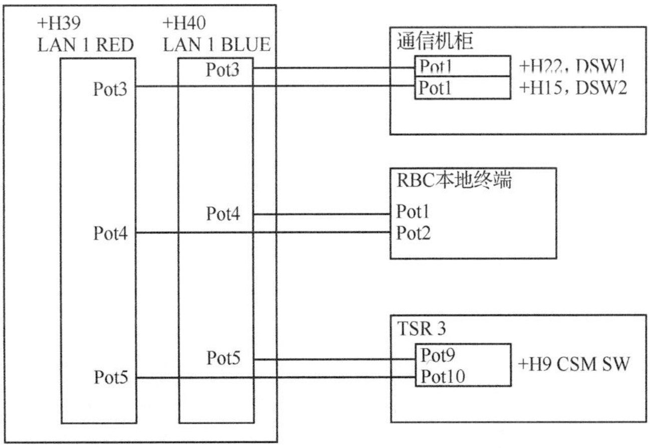


图 2-68 VIA 对外接口连接

① RBC 从联锁接收的数据包括:站内轨道电路信息;区间闭塞分区信息;区间闭塞方向信息;列车进路信息。

② RBC 向联锁发送的数据不包括任何应用数据。

2. RBC 与 TSRS 接口

(1)连接方式

RBC 通过信号专用安全数据通信网直接与临时限速服务器相连,传输临时限速相关信

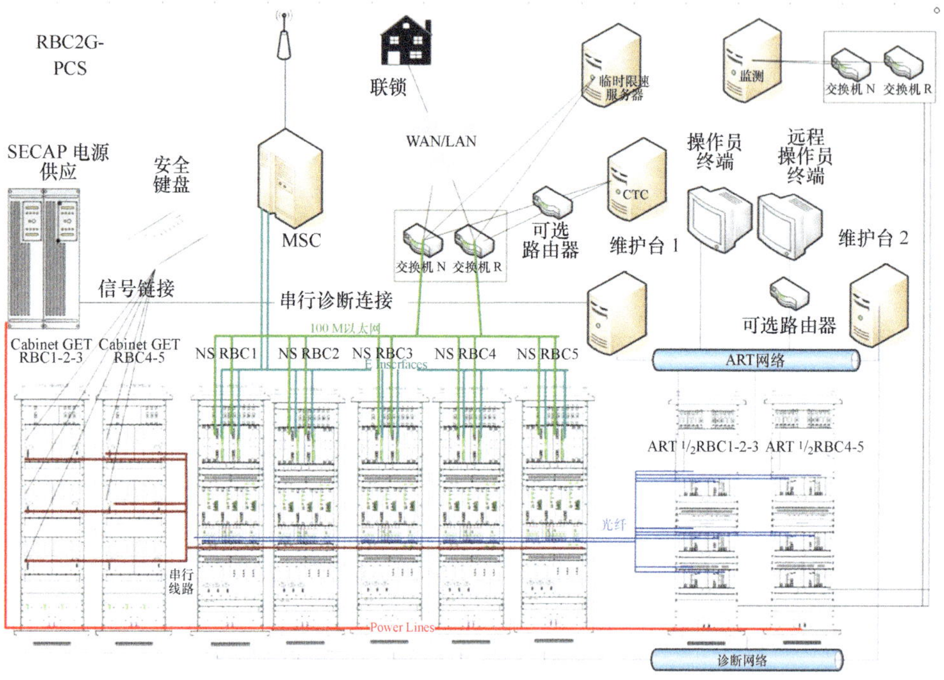


图 2-69 RBC 设备与外部接口

息。RBC 与 TSRS 的连接方式及 RBC 与 TSRS 路由器，如图 2-71 所示。

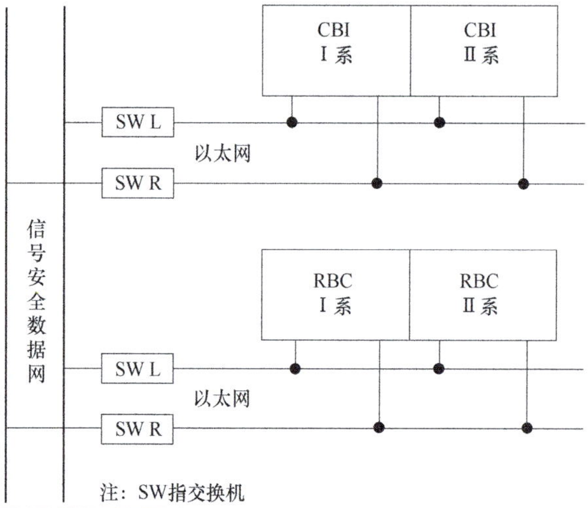

图 2-70 RBC 与联锁网络交换机

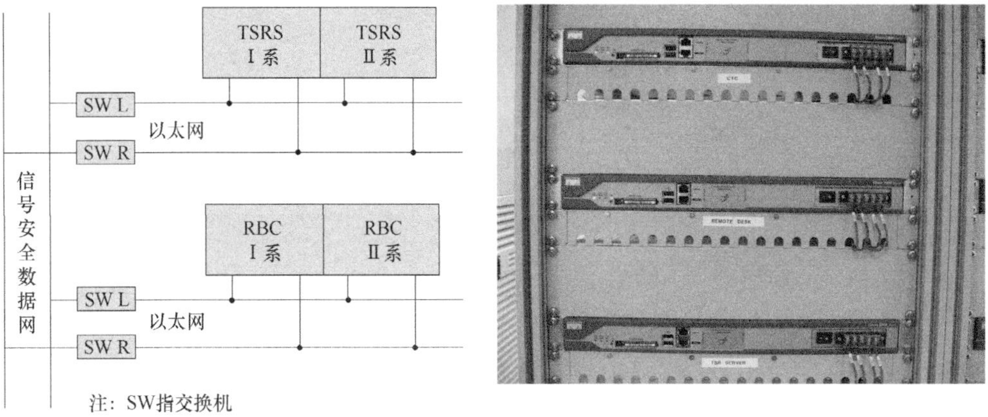


图 2-71　RBC-TSRS 路由器

(2)接口信息

① RBC 从 TSRS 接收的数据包括：TSR 刷新请求；TSR 验证命令；TSR 执行命令；线路限速状态初始确认命令；TSRS 生命信号。

② RBC 向 TSRS 发送的数据包括：TSR 状态；TSR 错误回执；RBC 限速状态检测信息。

3. RBC 与 GSM-R 接口

RBC 与 MSC 接口，MSC 接入 GSM-R 无线通信网络，车载电台接入无线通信网络，实现 RBC 与列车的通信。RBC 与 GSM-R 的连接方式，如图 2-72 所示。

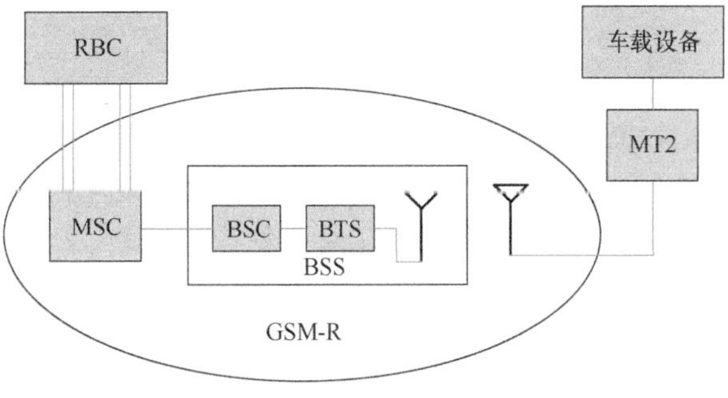


图 2-72　RBC 与 GSM-R 连接方式

4. RBC 与 CTC 系统接口

(1)连接方式

RBC 与 CTC 的接口通过调度中心设置 CTC/RBC 接口服务器，CTC/RBC 接口服务器通过以太网通信端口一端接入 RBC 网络，另一端接入 CTC 调度中心局域网。CTC 系统通过协议转换器设备和 RBC 系统进行数据交换。CTC/RBC 接口服务器为双套设备，同时和多套协议转换器相连。RBC 与 CTC 的连接方式如图 2-73 所示。

(2)接口信息

①RBC 从 CTC 接收的数据包括：紧急信息；文本信息；时钟信息。

②RBC 向 CTC 发送的数据包括：列车静态信息；列车动态信息；报警与诊断信息。

5. RBC 与相邻 RBC 接口

RBC 与相邻 RBC 的通信应采用冗余的通道，连接方式如图 2-74 所示。

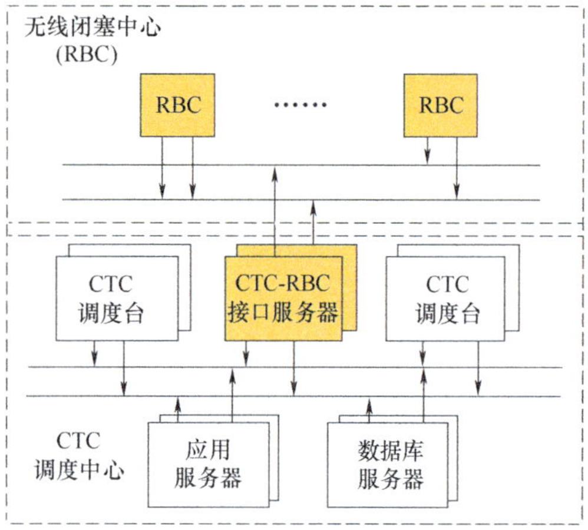


图 2-73 CTC 与 RBC 连接方式

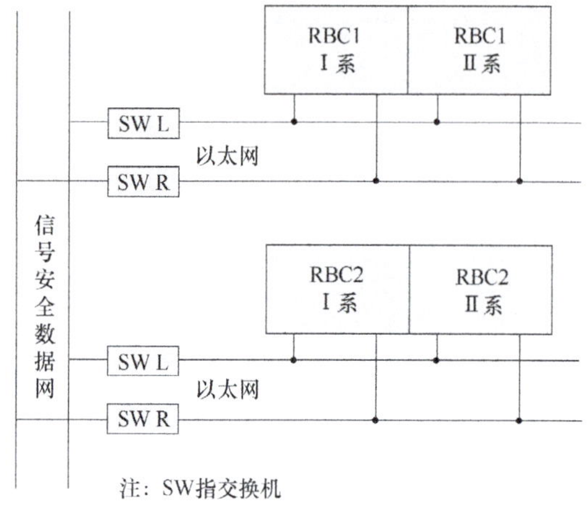


图 2-74 RBC 与相临 RBC 接口方式

## 思考题

1. 简述管内 RBC 中心设备的结构及主要功能。
2. 对照实物，看懂 RBC 设备柜间及内部配线。
3. 简述 RBC 与其他外部系统接口的连接方式。
4. 掌握 RBC 设备各板卡指示灯的含义。

# 第四节 调度集中(CTC)系统

分散自律调度集中系统，综合了计算机、网络通信和现代控制技术，采用智能化分散自律设计原则，以列车运行调整计划控制为中心，是一种高度自动化调度指挥系统和新型的行车指挥和信号控制设备，同时也是一种新的、高效的运输组织管理模式。

## 一、CTC 中心、车站设备工作原理、设备组成、信息流程及各部分的主要功能

分散自律调度集中系统工作原理：CTC 中心根据运输实际情况，编制列车运行调整计划，并适时地将调整计划直接下达给各个车站的自律机，由车站自律机根据列车运行调整计划自动生成列车进路操作指令，并根据车次号追踪结果适时地将进路操作命令传送给联锁系统予以执行，以此实现车站作业的远程调度指挥。车站自律机还能接收车站调车作业计划（有人站）和 CTC 中心调车作业计划（无人站），在不影响列车的前提下，自动生成调车进路操作命令并下达给联锁系统予以执行，以实现调车作业和列车作业协调进行，解决列车作业和调车作业的矛盾。车站自律机体现了既受 CTC 中心集中控制又按各站调车作业情况自行处理的机理。

CTC 系统由 CTC 中心子系统、车站子系统、网络子系统构成。系统采用通用的互联网体系结构，通过安装在控制中心的交换机将各中心设备连接成一个局域网，各站的交换机将车站设备连接成一个局域网，然后通过控制中心和车站的路由器将局域网互联成为覆盖范围较大的广域网。

CTC 系统还与计算机联锁、列控中心、临时限速服务器（TSRS）、无线闭塞中心（RBC）、防灾安全监控等其他系统连接，构成功能完善的列车运行指挥安全控制体系，如图 2-75 所示。

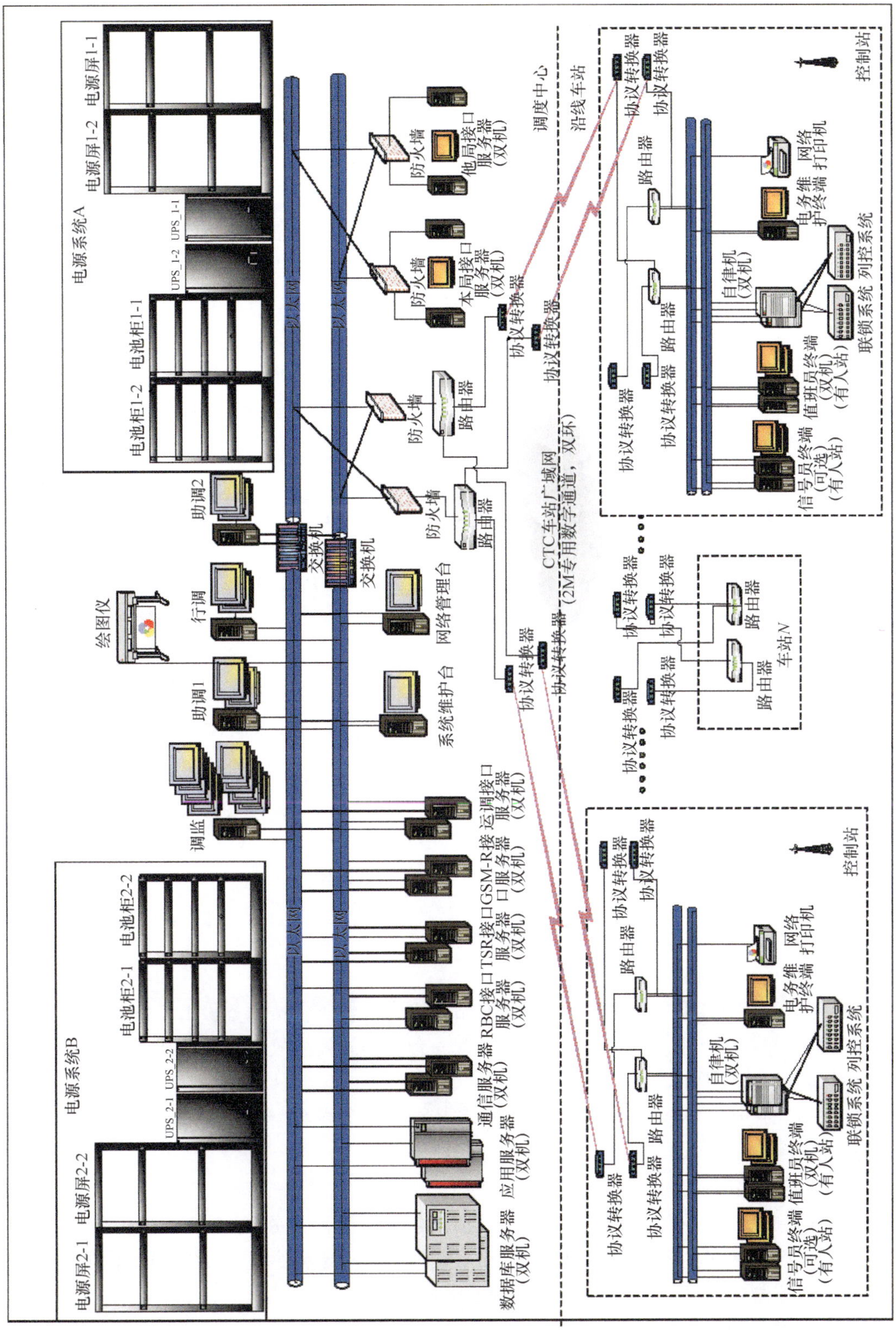


图 2-75　客运专线调度集中系统结构

（一）CTC中心子系统

CTC中心子系统包括调度中心应用系统、总机房设备和维修子系统。

1. 调度中心应用系统

调度中心应用系统主要提供调度所各相关工种的操作界面和培训功能。主要设备包括：列车调度员工作站、助理调度员（兼控制）工作站、综合维修工作站、值班主任工作站、计划员工作站、统计员工作站、培训工作站和必要的打印机和绘图仪等。

（1）列车调度员工作站

主要实现监控管辖范围内列车运行位置、指挥列车运行的功能，如人工编制和调整列车运行调整计划、调度命令的下达、与相邻区段调度员工作站交换信息等。列调工作站为CTC提供详细的列车会让方案，是CTC完成自动控制功能的主要依据。

（2）助理调度员工作站

主要实现CTC中心人工进路操作控制、闭塞办理、非正常处理等功能；同时还实现无人车站的调车作业计划的编制、调整和指挥以及在自律约束条件下调车进路的人工办理等调车相关功能。

（3）综合维修工作站

主要用于设备日常维护、天窗修、施工以及故障处理方面的登、销记手续办理，并具有设置临时限速和区间、股道封锁等功能。完成维修调度命令的编辑、下达以及审批等功能。

实际中根据调度台作业的繁忙情况来决定是否设置综合维修调度工作站，对于不繁忙的调度台，可将其功能合并在列调工作站上。也可以将助调工作站以列车、调车作业进行分设，在技术条件上称之为控制工作站（完成列车操作）和助调工作站（完成调车操作）。

（4）值班主任工作站

主要实现行车信息显示、下达调度命令、查询列车运行调整计划和列车实际运行图的功能，完成高级调度命令的审核工作。

（5）计划员工作站

主要实现调阅调度集中区段的列车实际运行图、监视车站接发车作业情况、发布日班计划及其他管理信息等。

（6）培训工作站

用于调度所各级行车指挥人员岗位技术培训。

（7）$N+1$备份工作站

用于列车调度台工作站、助理调度员工作站或综合维修工作站的备份工作站，该工作站上安装有各个工作站的所有应用软件，当其中任意一台工作站发生故障时接替其工作。

（8）打印机和绘图仪

调度中心的一台网络绘图仪，作为共享设备执行各工种的实际运行图的绘制和其他相关报表的绘制。

2. 总机房设备

设备由数据库服务器、应用服务器、通信服务器、接口通信服务器、系统维护工作站、网络管理工作站、以太网交换机、中心路由器、GPS授时仪、防火墙入侵检测系统、身份认证控制中心、网络防毒控制中心、网络漏洞评估子系统等组成。

（1）数据库服务器

用于存储CTC的关键性数据，如运行图计划、列车到发点、表示信息等。

在总机房配备两台双机热备的数据库服务器，安装有 Oracle 数据库。存储分散自律调度集中系统的基本图、日班计划、阶段计划、实际运行图、列车编组信息和信号设备状态的表示信息等。双套数据库服务器可以保证单机故障不影响整个系统的正常工作。

(2)应用服务器

应用服务器在总机房配备两台双机热备的高性能应用服务器，是 CTC 系统的核心处理设备，主要功能包括：存取数据库，完成阶段计划生成、调整、冲突检测，实际运行图自动生成与维护管理，消息转发等应用。主、备机在故障情况下能自动切换，保证单机故障不影响整个系统的正常工作。

(3)通信前置服务器

主要用于完成调度中心系统与车站系统的数据交换和通信隔离。

通信服务器配备两台双机热备的通信服务器，主、备机通过广域网与车站调度集中基层子系统相连。

主要功能是完成中心系统与基层子系统的数据交换。

(4)接口服务器

主要用于完成 CTC 系统与其他系统的数据交换。

① GSM-R 通信服务器

与 GSM-R 系统接口。GSM-R 作为无线综合通信平台，CTC 可通过 GSM-R 实现进路自动预告、无线调度命令传输(含行车凭证)、无线调车作业单传输、无线调车机车信号和监控、无线车次校核、列车停稳以及列车完整性报警等功能。

② 无线闭塞中心(RBC)接口服务器

与无线闭塞中心进行接口。

③ 相关接口通信服务器

与其他客专、铁路局以及其他 CTC/TDCS 系统接口。

④ 临时限速接口通信服务器

与临时限速系统服务器系统接口。

⑤ 铁道部中心通信服务器

与铁道部通信接口。

⑥ 其他应用系统接口

与牵引供电及电力调度系统(SCADA)系统、旅客服务系统、动车组调度系统、异地备份中心等应用系统的预留接口。

3. 维修子系统

(1)系统维护工作站

主要用于对 CTC 系统的调度中心及车站的计算机设备、网络通信设备的运行状态进行监视。对故障设备进行报警、记录和回放进路的排放出清、现场计算机设备和网络设备的诊断和维护等，配置数据的修改，基本图的导入等系统维护工作。

系统维护工作站中心机房设系统维护工作站一台。在系统维护工作站上以图形方式显示以下信息：

① 调度集中服务器，通信服务器和相关调度台工作站的工作状态。

②车站 CTC 自律机、车站车务终端的工作状态。

③ 车站采集/输出板的工作状态及码位状态。当系统维护工作站所监控的设备出现故障

时，给予语音或文字报警。分散自律调度集中机房维护人员在维护工作站上可进行分散自律调度集中系统基础数据的维护和更新操作。如有条件，系统维护台可与信号机械室环境监控系统联网，可以查询车站信号设备的工作情况。

(2)网管工作站

主要用于网络诊断报警、提供网络拓扑图状态、通道的流量和网络连接等信息，便于系统网络故障的快速定位。

网络管理工作站提供监督分散自律调度集中中心局域网和分散自律调度集中广域网运行状况的功能。以图形方式显示网络拓扑图和广域网通道状态。当所监控的网络设备发生故障时，给予语音或文字报警。

(二)车站子系统

车站子系统是分散自律调度集中系统的重要组成部分，它是整个网络系统的基本功能节点。车站子系统根据列车运行调整计划完成进路选排、冲突检测、控制输出和状态显示等核心功能。同时车站子系统还可以实现调车作业计划单编制及调车作业进路控制功能。

1. 系统组成

车站子系统主要包含车务终端(值班员工作站)、CTC维护机、自律机、网络设备、电源设备和防雷设备等，如图2-76所示。

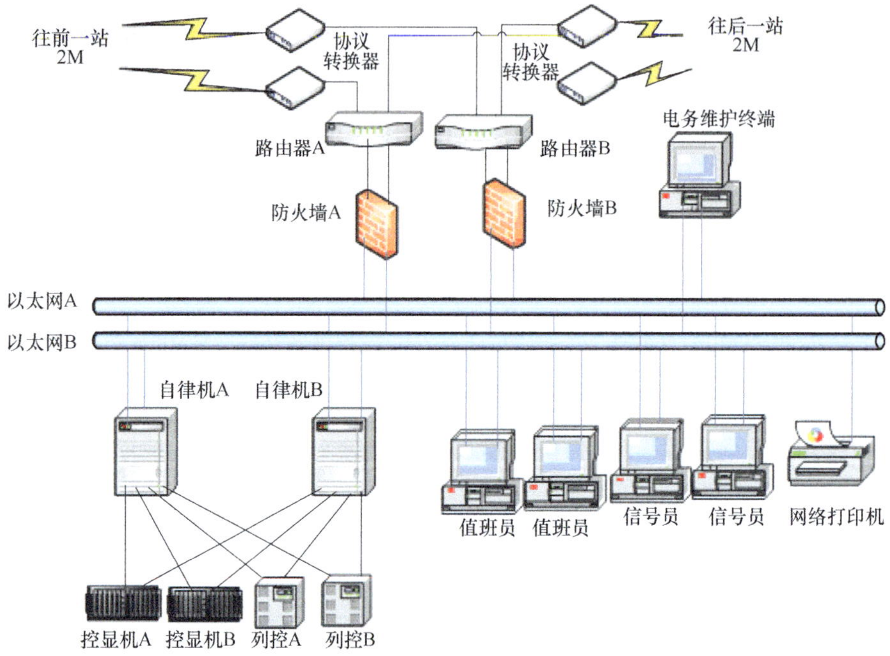


图2-76 车站子系统逻辑结构

2. 车站子系统设备连接

车站子系统设备分别安装在车站运转室和机械室，车站机械室放置两台机柜：采集控制机柜和工控机柜。运转室放置两台车务终端的显示器、键盘和鼠标，用于线路状态的显示和排列进路等。采集控制机柜主要包含电源、交换机、自律机、路由器和协议转换器。工控机柜主要包含CTC维护机、显示器、键盘鼠标、车站值班员主机A、车站值班员主机B。车站值班员主机通过延长线设备将视频、键盘和鼠标信号延长到运转室，连接到相应的设备上，如图 2-77 所示。

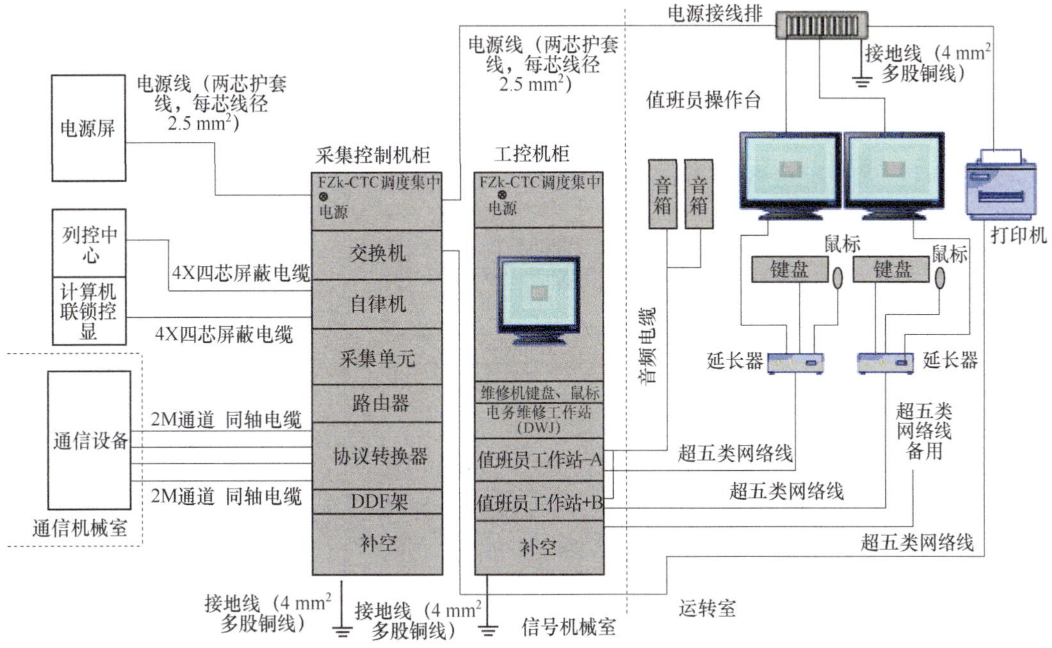


图 2-77 车站子系统连接图

车站系统连接线主要由三类构成，电源线、网络线和数据线。网络线是将 CTC 车站设备全部通过交换机连接在一起。车站采用双局域网结构，通过双交换机连接各类设备。主要有路由器、信号员终端、值班员终端、电务维护终端、自律机、网络打印机。

电源线是从电源屏到采集控制机柜提供电源，并通过电源接线端子再连接各类设备。车站连接电源线的设备主要有自律机、双机热备单元、路由器、协议转换器、交换机、工控机、显示器、音箱等。

数据线一种是连接控显机与自律机、列控与自律机的串口线，一种是连接音箱及工控机的音频信号线，一种是连接工控机及显示器、鼠标键盘的网络线。

3. 车站子系统设备

车站子系统一般包括采集控制机柜和工控机柜，两个机柜都采用欧洲标准，尺寸为：600 mm×800 mm×2 350 mm(宽×深×高)。

(1)采集控制机柜内设备布置图

采集控制机柜内从上到下安装了如下设备：C0 层(指示灯)、交换机 A、交换机 B、LIRC-2 型自律机机笼、双套 EIB 采集机笼、车站防火墙 A、通信质量监督、车站防火墙 B、路由器 A、路由器 B、协议转换器机笼、DDF 架。

在机柜的后部，从下到上安装了 D0(电源配线端子)、G0(通信防雷器安装条)。

(2)工控机柜设备布置图

工控机柜内从上到下安装了如下设备：C0 层(指示灯)、电务维修机、值班员工作站 A、值班员工作站 B、信号员工作站 A、信号员工作站 B。在机柜后部上方安装了 D0(电源配线端子)，如图 2-78 所示。

(3)车务终端(车站值班员工作站)

车站值班员工作站设置于集中站的车站运转室内，采用双机热备模式。其功能主要包括：

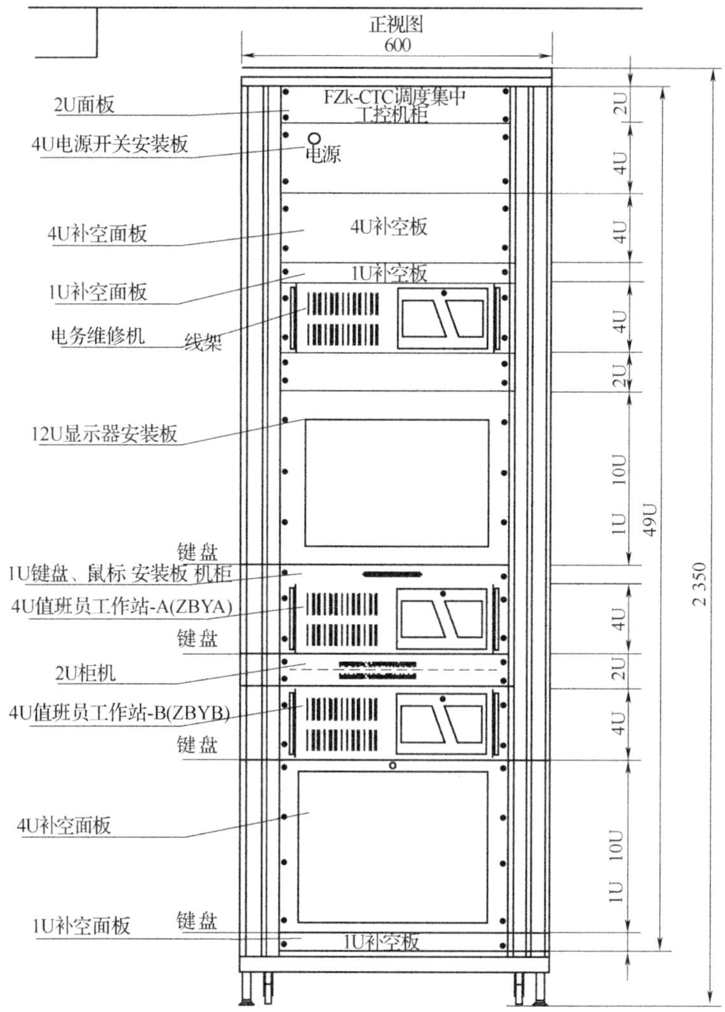


图 2-78　工控机柜设备布置图

① 用户登录和权限管理。

② 基本图、班计划、阶段计划、调度命令的调阅与签收。

③ 本站的站场显示和相邻车站的站场显示，区间的运行状态显示。

④ 本站车次号的输入修改确认。

⑤ 行车日志的自动记录、存储、打印。

⑥ 列车编组和站存车的输入上报。

⑦ 监视和控制本站自律机的计划执行和进路办理。

⑧ 本站非正常情况的报警。

(4)车站信号员工作站

对于较大规模的车站，设置 2 个信号员工作站。在分散自律调度集中控制状态下，信号员来辅助值班员控制车站信号设备，主要作用是办理调车作业和监督列车进路序列的正确性。

(5)车站自律机

自律机是 CTC 系统的车站核心设备，功能主要包括：

① 接收存储调度中心的列车运行计划，并可以自动按计划进行进路排列，驱动联锁系统执行。

② 接收调度中心和本地值班员(信号员)的直接控制操作指令(按钮命令)经与列车计划以及联锁关系检查后,确认无冲突后驱动联锁系统执行。

③ 对信号设备的表示信息进行分析,确认进路的完整性和信号的正确性,并能对不正常情况进行处理。

④ 对车次号进行管理。

⑤ 接收邻站的实际和计划运行图。

⑥ 接收调度中心和本站值班员的进路人工干预,并调整内部处理流程。

(6)站间通道

车站系统中涉及远程通信的设备包括:路由器、协议转换器。

车站基层广域网连接调度中心局域网和各车站局域网,采用双环、迂回的高速专用数字通道,数字通道的传输速率为 2 Mbit/s。每个通道环的站数不超过 15 个站。为了确保通信的可靠性,每个环交叉连接到局域网两台路由器上。

网络通信协议采用通用的 TCP/IP 协议,采用 CHAP 身份验证及 IPSEC 等安全保密技术,在车站局域网安装有网络版病毒查杀软件,对系统中的计算机进行实时的病毒检测和清除,保证系统不受病毒的破坏。

FZk-CTC 型分散自律调度集中系统每个车站配置 2 台 CISCO 路由器,分别连接相邻两个车站的路由器。在端头车站,每个路由器还与调度中心路由器通过直连通道相连,路由器的广域网模块传输速率为 2 Mbit/s。

(7)电源系统

电源系统如图 2-79、图 2-80 所示。

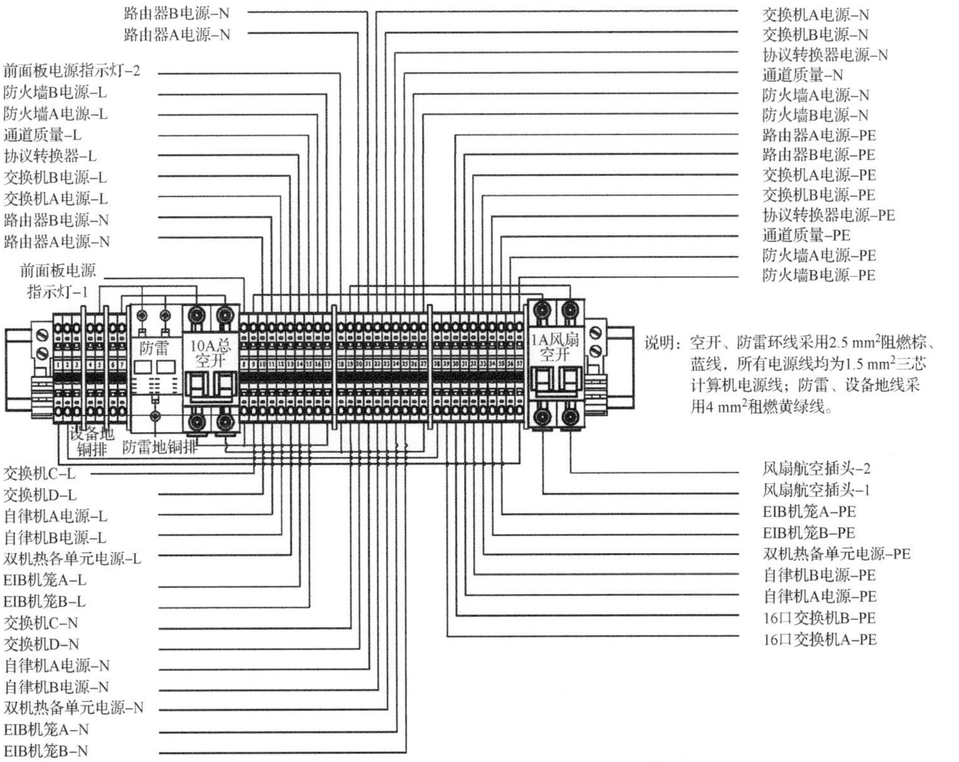


图 2-79 采集控制机柜 D0 电源端子分配图

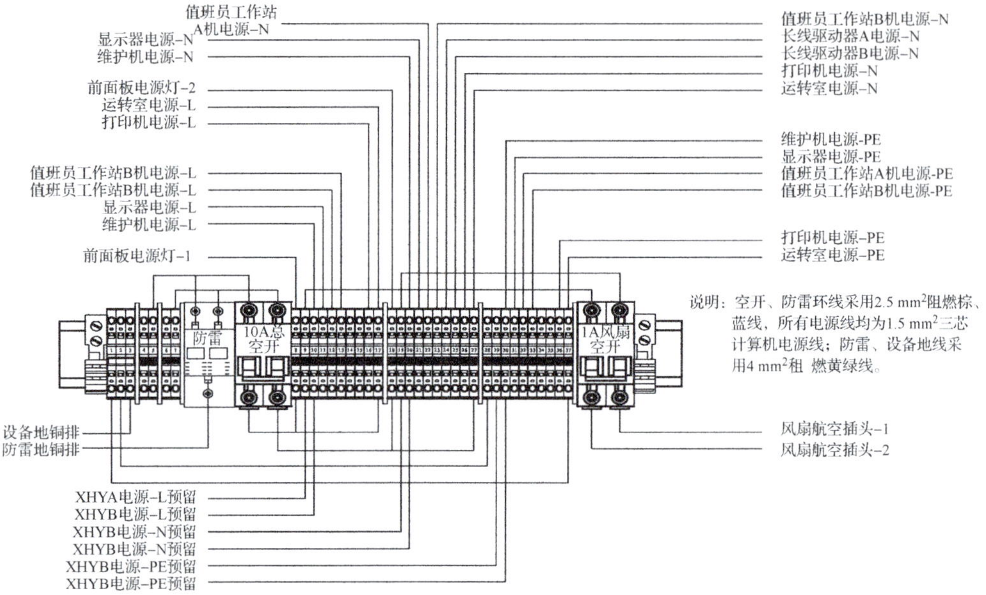


图 2-80 工控机柜 D0 电源端子分配图

工控机柜内设备电源受空开控制。运转室设备由工控机机柜的 D0 端子引出，接到运转室微机桌内的电源接线端子上，运转室内的显示器、打印机、长线驱动器、音箱等。

## 二、CTC 与其他系统接口

### (一)与 TDCS 的接口

CTC 直接涉及行车安全，需自成体系，单独组网。CTC 在建成之后，其 CTC 中心局域网并入到 TDCS 中心局域网中。

如图 2-81 所示，铁路局 TDCS 将基层信息上传给铁道部 TDCS，并且实现了与 TMIS 的结合。

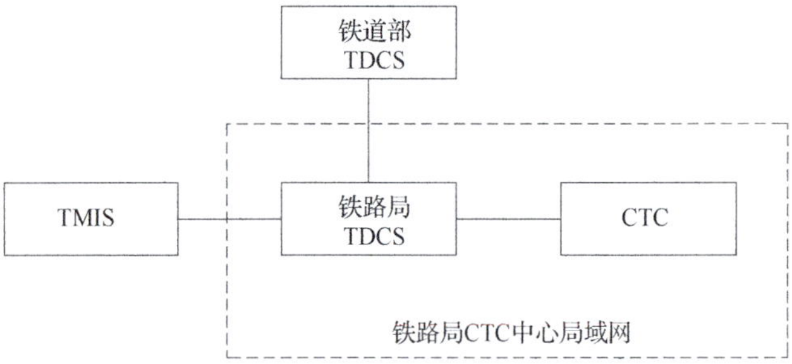


图 2-81 CTC 与 TDCS 结合示意图

CTC 与铁路局 TDCS 结合后，可以实现下列功能：

(1)将 CTC 调度区段的信息上传给铁道部 TDCS。CTC 将列车运行实时信息(含车次信息)、列车运行调整计划等信息发送给铁路局 TDCS，由铁路局将信息上传给铁道部 TDCS。

(2)实现 CTC 与 TMIS 互传信息。CTC 将 TMIS 需要的信息发送给 TDCS，由 TDCS 再发送给 TMIS，反之，TMIS 发给 CTC 的信息也是先交给 TDCS，由 TDCS 转给 CTC。

(3)实现铁路局内 CTC 调度区段与 TDCS 调度区段在台间站的站间透明、调度命令及列车运行调整计划等数据的交换；实现 CTC 调度区段与 TDCS 调度区段在相邻铁路局台间站的站间透明、调度命令及列车运行调整计划等数据的交换。

(4)将 CTC 的数据保存在 TDCS 数据库服务器上。TDCS 在数据库服务器上为 CTC 建立数据表，CTC 将需要存入数据库的数据发送给 TDCS，保存在 TDCS 数据库服务器上。CTC 需要存入 TDCS 数据库的数据包括：运行图数据(基本图、日班计划、阶段计划、列车运行调整计划)、列车编组顺序表、站存车、小编组、甩挂计划、调度命令及调车计划等。

1. 接口方式

(1)硬件连接

如图 2-82 所示，CTC 端设置两台接口服务器——CTC/TDCS 接口服务器 A 和 B，TDCS 端设置两台接口服务器——TDCS/CTC 接口服务器 A 和 B，双方均以双机热备模式工作。四台接口服务器分别设置双网卡，分别连接到 CTC 中心的主备局域网中。

(2)软件实现方案

如图 2-83 所示，CTC 与 TDCS 采用 MQ 中间件建立连接，从而实现双方之间的通信。CTC/TDCS 接口服务器 A、B 机分别与 TDCS/CTC 接口服务器 A、B 机建立 MQ 连接。具体协议内容可参见铁道部有关标准文件。

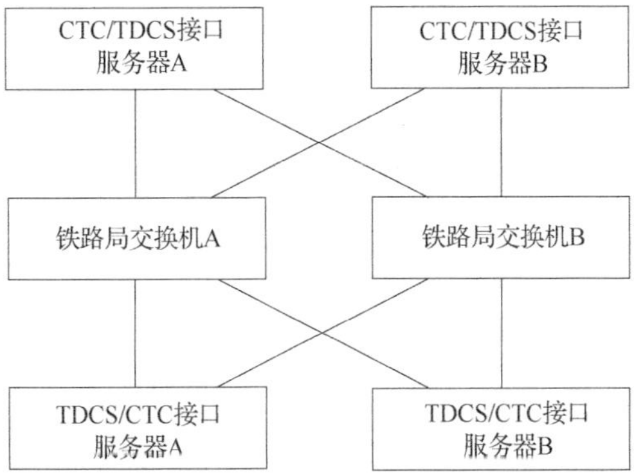


图 2-82　CTC 与 TDCS 硬件连接示意图

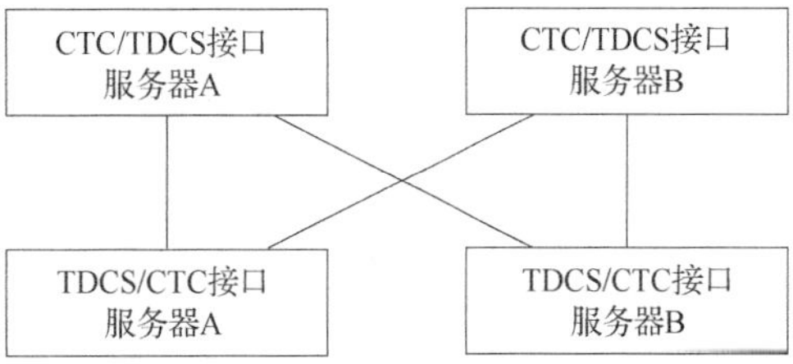


图 2-83　CTC 与 TDCS 软件连接示意图

2. 传输内容

CTC 与 TDCS 互传信息包括：运行图数据(基本图、日班计划、阶段计划、列车运行调整计划)、列车编组顺序表、站存车、小编组、甩挂计划、调度命令及调车计划、站场实时信息、车次号信息及列车报点等信息。

(二)与无线车次号校核系统、调度命令无线传送系统的接口

在安装 450 MHz 无线列调的区段，CTC 通过无线车次号校核系统获得来自机车的无线车次号，实现车次号校核的功能；CTC 通过调度命令无线传送系统将调度命令(含行车凭证)、调车作业单等传送到机车上。

1. 接口方式

(1)与无线车次号校核系统的接口

如图 2-84 所示，CTC 的车站自律机与无线车次号校核系统的车站设备利用 RS-422 串口进行连接。通过无线车次号机车电台将机车上列车运行监控记录装置提供的车次号相关信息传送给无线车次号校核系统的车站设备，再传送给车站自律机，由车站自律机传送到铁路局 CTC 中心，使调度人员能够掌握列车及机车的实时信息。无线车次号校核系统的工作原理及

其与 CTC 的通信协议可参见铁道部的有关文件。

(2)与调度命令无线传送系统的接口

如图 2-85 所示,CTC 系统通过车站自律机与调度命令无线传送系统进行 RS-422 串口连接,将调度命令、行车凭证、调车作业单、路票、列车进路预告信息等直接发送到机车,自动完成了调度员和车站值班员的手工作业,减轻了劳动强度,提高了生产效率,为分散自律调度集中系统的无人化创造了必要条件。

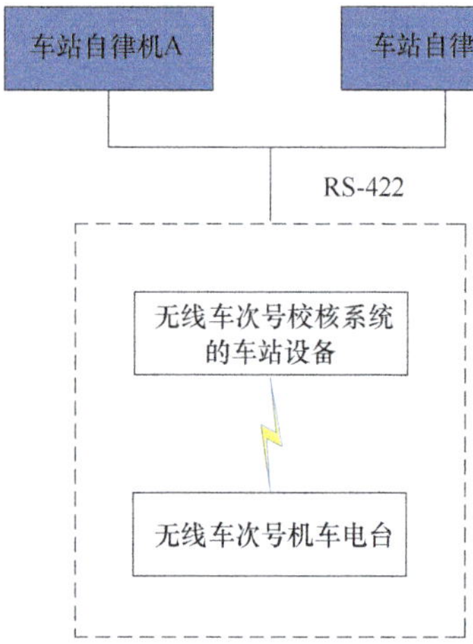


图 2-84 CTC 与无线车次号校核系统的连接示意图

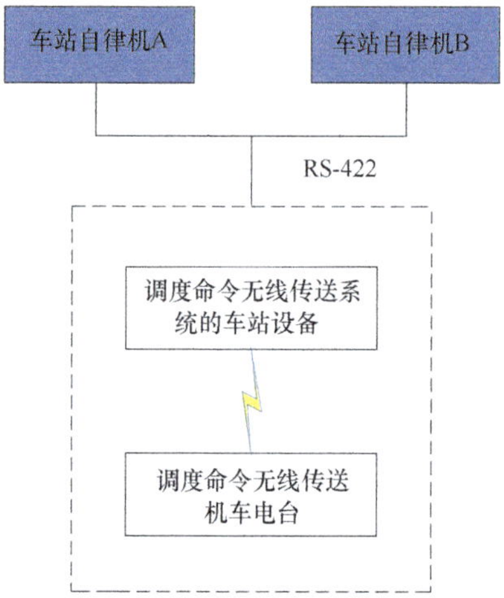


图 2-85 CTC 与调度命令无线传送系统的连接示意图

2. 传输内容

(1)与无线车次号校核系统的接口

无线车次号信息发送分为列车始发、列车进站和列车出站三部分。

① 列车始发:列车始发时,当车头经过对标点时,应发送列车车次号、列车运行公里标、列车运行速度、机车号、总重、换长、辆数、机车类型、始发标志等信息。

② 列车进站:列车进站时,当车头距离进站信号机小于 50 m 时,发送列车车次号、列车运行公里标、列车运行速度、机车号、总重、换长、辆数、机车类型、进站标志等信息。

③ 列车出站:列车出站时,当车头距离出站信号机小于 50 m 时,发送列车车次号、列车运行公里标、列车运行速度、机车号、总重、换长、辆数、机车类型、出站标志等信息。

CTC 系统根据接收到的车次号信息,校核确认车站、运行方向及相关进路,从而确认或生成列车车次号。采取这种技术可以有效地提高车次号的准确性,对于保证 CTC 系统各项功能的使用具有重要意义。

(2)与调度命令无线传送系统的接口

CTC 系统与调度命令无线传送系统相结合可以实现如下功能:

① 调度员向辖区内的运行机车直接发送调度命令、行车凭证、路票、调车作业单;

② 车站值班员向辖区内的运行机车发送行车凭证、路票、调车作业单;

③ 车站自律机向辖区内的运行机车发送列车进路预告信息;

④ 机车接收上述信息后返回自动回执和人工回执;

⑤ 如 CTC 未收到自动确认信息,机车应自动重发,自动重发后仍未收到确认信息,应提示调度员发送方发送失败;

⑥ 调度命令无线传送机车装置向车站发送调车请求信息;

⑦ 调度命令无线传送机车装置判断确认是发送给本机车的调度命令，在显示器上显示，司机根据需要选择打印；

⑧ 调度命令无线传送机车装置提示司机人工确认调度命令。

(三)与无线调车机车信号和监控系统的接口

在安装 CTC 的调度区段，专用调车机车应安装无线调车机车信号和监控系统(简称调车监控系统)。

1. 接口方式

CTC 系统与调车监控系统的通信接口由 CTC 车站自律机、调车监控地面主机，以及两者之间通信设备组成。双方各提供一个 RS-422 串口进行连接，双机配置的系统需先进行硬件切换，保证只有当前主机的串口有效，如图 2-86 所示。

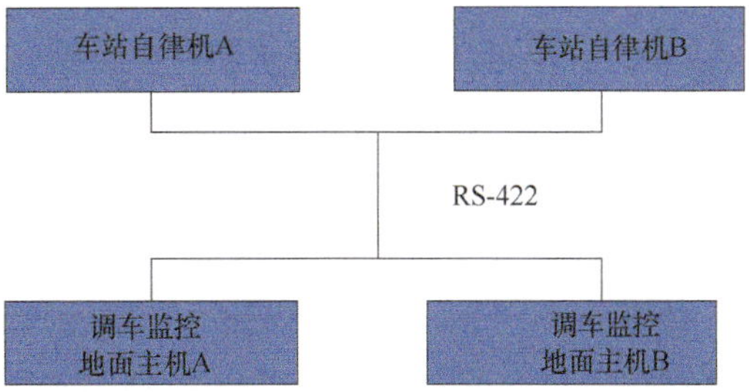


图 2-86　CTC 与调车监控系统接口硬件连接图

数据通信利用 RS-422 标准串行接口，通信方式为异步双工，且 CTC 设备端与调车监控设备端分别配置光电隔离。双方采用屏蔽电缆连接，屏蔽层在 CTC 端接地，调车监控设备端不接地。

2. 传输内容

(1)CTC 向调车监控系统发送的消息

包括站场表示信息、调车作业通知单信息、时钟信息等。

(2)调车监控系统向 CTC 发送的消息

司机在机车上进行的与调车作业有关的操作信息：调车申请；调车作业单回执信息；调车作业单发送机车情况的回执，包括地面主机确认、发送机车失败、机车自动确认、机车人工确认等；机车实际走行的实时信息，包括实际位置、运行速度等。

(3)双方互发的信息

控制状态信息，即 CTC 与调车监控系统相互沟通运行状态的数据，包括调车监控地面主机的主备运行状态、CTC 自律机的主备运行状态；数据流向，在没有数据需要传送的情况下，为证实网络畅通，及时发现并报告网络故障，通信双方应当发送心跳信息，以表明自己运行正常和网络畅通。

(四)与计算机联锁系统的接口

1. 接口方式

CTC 和计算机联锁系统通过车站自律机和计算机联锁系统的操作表机(控显机)进行接口。

CTC 与计算机联锁系统之间进行通信，传递 CTC 对计算机联锁系统下达的命令；计算机联锁系统将站场实时信息、命令执行结果等发送给 CTC。

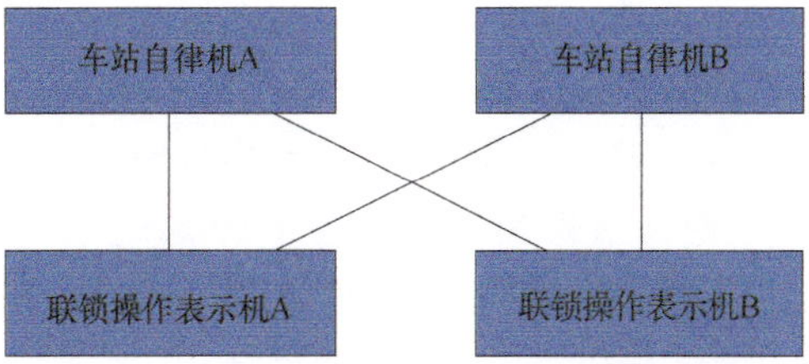


图 2-87　CTC 与计算机联锁系统的连接示意图

如图 2-87 所示，车站自律机与联锁操作表示机(控显机)进行交叉互联，保证两系统之间的通信可靠性。数据通信利用 RS-422 标准串行接口，通信方式为异步双工。车站自律机端与计算机联锁设备端分别配置光电隔离，双方采用屏蔽电缆或光缆连接。如果使用电缆连接，屏蔽层在计算机联锁设备端接地，CTC 设备端不接地。

2. 传输内容

双方之间的接口通信软件通过采用 CRC 校验、接收应答及超时重传机制，来保证通信的可靠性。双方交换的信息包括表示信息和控制命令。

(1)由联锁系统送给自律机的表示信息包括：信号状态、道岔状态、区段状态、按钮状态、表示灯状态、各类报警信息及计算机联锁设备运行状态表示等。

(2)由自律机送给联锁系统的命令包括：办理进路、取消进路、道岔操作、人工解锁、信号重复开放、引导总锁、区段故障解锁、按钮封闭、坡道解锁、停电恢复、延续进路办理功能等。

(五)与列控中心的接口

1. 接口方式

如图 2-88 所示，CTC 与列控中心通过 RS-422 串口连接，而且采用双通道交叉冗余连接。采用异步通信方式，每一个 RS-422 通信通道有五个接线端子，分别是：TX＋、TX－、RX＋、RX－和 PE(保护地)。车站自律机通过标准的 4 芯双绞屏蔽电缆连接至车站列控中心，屏蔽线采用单端接地，即只在车站列控中心一端接地。

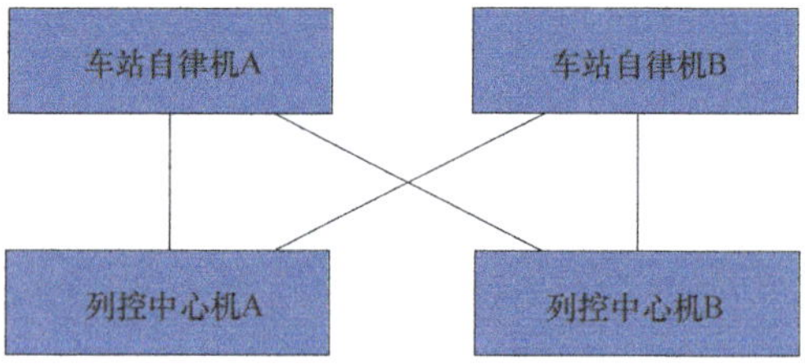


图 2-88 CTC 与列控中心的连接示意图

2. 传输内容

CTC 向列控中心发送的信息包括：打点时钟、通信应答、请求临时限速状态及临时限速命令等。

车站列控中心向 CTC 发送的信息包括：车站列控中心状态、通信应答、临时限速状态及临时限速设置异常等。

(六)与信号微机监测系统的接口

1. 接口方式

CTC 与信号微机监测系统之间的通信，通过 CTC 车站自律机与信号微机监测系统的车站机互联实现，如图 2-89 所示。

车站自律机和微机监测车站机之间采用带光电隔离的 RS-422 串行接口连接，双绞四线制，异步全双工方式，均使用 DB-9 型插件，孔型插座。采用四线通信，CTC 端接地，四根线的定义分别为：TD＋、TD－、RD＋、RD－。双自律机应通过一个硬件切换装置转换为一个 RS-422 口，与微机监测车站机相连。

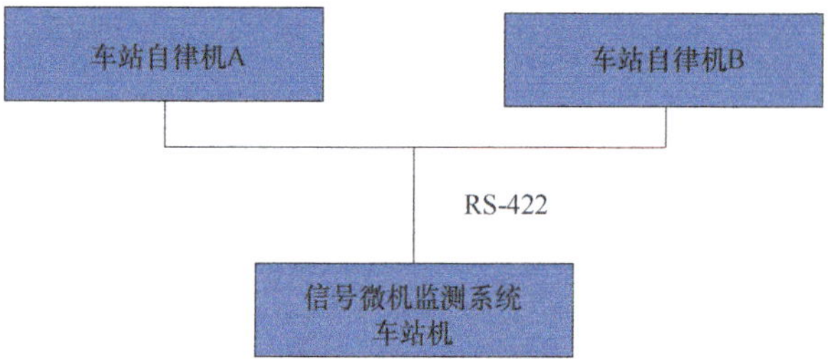


图 2-89 CTC 与信号微机监测系统的连接示意图

2. 传输内容

CTC 设备状态信息到信号微机监测车站系统。

CTC 设备状态信息，包括 CTC 的所有车站设备(车务终端、自律机、采集机)，以及与 CTC

相连的设备接口(联锁系统接口、调度命令无线传送系统接口、无线调车机车信号和监控系统接口、列控系统接口)的状态,以开关量形式转送给信号微机监测系统。

(七)与 GSM-R 系统的接口

1. 接口方式

如图 2-90 所示,GSM-R 端设置一对 GRIS 服务器,CTC 中心有一对 GSM-R 接口服务器,双方通过以太网建立 TCP/IP 连接进行接口,各自均以双机热备的方式工作。

GRIS 服务器为服务器端,GSM-R 接口服务器为客户端。双方距离远时可采用光纤传输来延伸局域网。

GSM-R 系统与 CTC 都各自设置防火墙,以保证网络数据传输的安全。CTC 向 GSM-R 系统发信息时要指定特定的机车号和车次号;GSM-R 系统完成机车号和车次号的 IP 动态寻址。

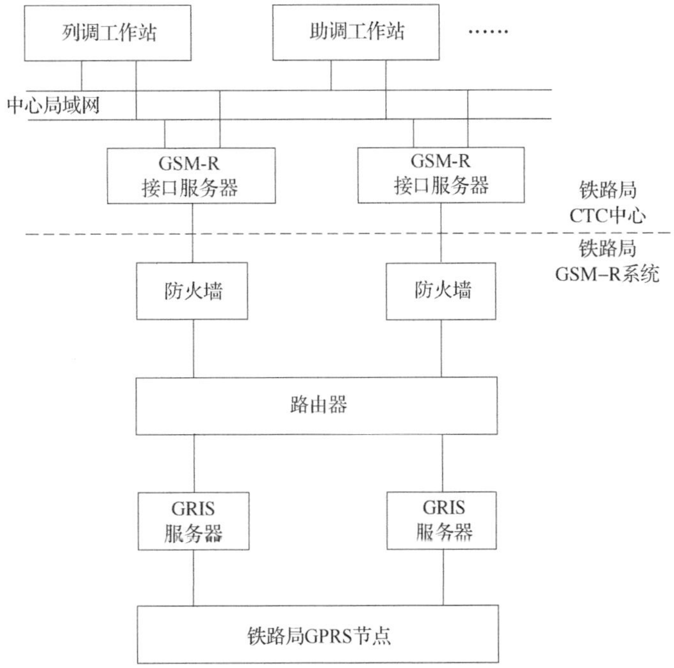


图 2-90　CTC 与 GSM-R 系统的连接示意图

2. 传输内容

GSM-R 系统将 CTC 的调度命令(含许可证)、接车进路预告信息、调车作业通知单可靠地传送到机车;将机车发送的车次号、列车启动、列车停稳、调车申请、信息回执等信息发送回 CTC。

(1)无线车次号

列车每通过一个列车信号机(进站信号机、出站信号机、区间信号机)都会通过 GSM-R 向 CTC 主动发送无线车次信息;车次信息中包括机车号、车次号、公里标、速度、车长、车重、车数等数据;CTC 收到无线车次信息后,根据其中的公里标检索列车位置,然后发送到相应的车站自律机,车站自律机完成车次号校核功能。

(2)调度命令或各种凭证

列车调度员或者车站值班员通过 CTC 的列调工作站或车务终端可以直接将调度命令及各种凭证发送到列车上。对于要发往列车的命令或凭证,如果发送失败,CTC 会自动重发两次;司机收到命令后,可以按下签收按钮来签收调度命令或各种凭证。

(3)接车进路预告

CTC 的车站自律机根据车次跟踪、无线车次号信息获得列车位置。如果该列车运行前方车站的进路已经排列好，自动将该列车前方站进入的站线及到发、通过情况发送给列车。当列车进路发生变化时，自律机自动将变化后的进路信息重新发送；当接车进路预告信息发送失败时，CTC 自动重发两次，如重发还不成功，则向调度员和车站值班员报警。

(4)列车停稳和启动信息

当车载设备判断列车停稳或启动后，自动向 CTC 发送列车停稳或列车启动信息。在列车不能完全进入股道的情况下，自律机可以参考列车停稳信息来采集列车到达时刻，参考列车启动信息来采集列车发车时刻。

(5)无线调车作业单和调车申请

CTC 可以将调车作业单发送给机车，司机可打印该调车作业单，作为调车作业的依据；司机通过按压车载设备的调车申请按钮，向自律机发出调车进路申请，自律机根据此申请经过计划冲突检查和联锁冲突检查后自动触发相应的调车作业进路。

(八)与 TMIS 的接口

CTC 与 TMIS 的接口是通过铁路局 TDCS 中心局域网实现的。

CTC 与 TMIS 之间互相传送的数据通过 CTC/TDCS 接口服务器和 TDCS/CTC 接口服务器进行。CTC 发送给 TMIS 的数据首先被传送给 CTC/TDCS 接口服务器，由 CTC/TDCS 接口服务器传送给 TDCS/CTC 接口服务器，再进一步转发至 TDCS；TDCS/CTC 接口服务器收到来自 TDCS 的关于 TMIS 方面的数据后发送至 CTC/TDCS 接口服务器，由 CTC/TDCS 接口服务器再进一步转发至 CTC。

CTC 与 TMIS 之间互相传送的数据通过铁路局 TDCS 与 TMIS 数据交换完成。如图 2-91所示，TDCS 端增加对外信息提供服务器，TMIS 端增加信息共享服务器，采用网闸将 TDCS 与 TMIS 分隔，在保证安全隔离的前提下，实现数据交换，保障了系统的网络安全；采用网络连接方式，大大提高了信息交换的速度，信息交换的内容更加丰富。TDCS 与 TMIS 信息共享的数据交换方式采用 MQ 和数据库联合交换的方式，实时性要求高的数据通过 MQ 进行传输，而信息量大、实时性要求不高的信息则采用中间数据库交换的方式。

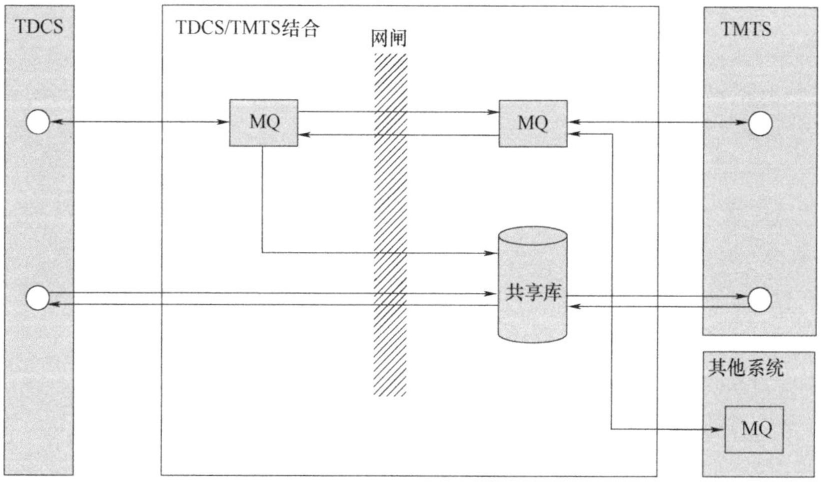


图 2-91　TDCS 与 TMIS 连接示意图

TMIS 向 CTC 传送的数据包括基本运行图，包含基本运行线、时刻表、日班计划、调车作业单及出发列车编组信息等。

CTC 向 TMIS 传送列车运行调整计划和实际运行图，包括：运行线、运行线时刻表、区间天窗修、区间慢行、区间封锁、车站封锁、车站慢行，调度台邻台计划、调度台的调度命令及其接收情况，车站站存车信息、甩挂车信息、列车小编组等。

（九）与无线闭塞中心（RBC）接口

1. 接口方式

CTC 系统在调度中心通过“RBC 接口服务器”和 RBC 系统通信。

2. 传输内容

（1）由 CTC 发送到 RBC 的信息：

① 建立连接信息，CTC 向 RBC 请求建立连接；

② 连接检查信息，CTC 向 RBC 发送信息，同时报告 RBC 接口服务器状态；

③ 关闭连接，CTC 向 RBC 请求关闭连接；

④ 时钟同步信息；

⑤ 文本信息。

（2）由 RBC 发送到 CTC 的信息：

① 列车位置、车次号等列车状态信息；

② 速度信息、停稳信息；

③ 连接状态信息，包含 RBC 工作状态；

④ 报警信息；

⑤ 操作反馈信息。

如图 2-92 所示为 C3 的站场显示。

在 CTC 的站场显示方面，采用灰色的光带显示 CTCS-3 级列车的行车许可 MA 信息，同时 CTCS-3 级列车车次号字体为斜字体，如图 2-92 中所示 *G1001* 为 CTCS-3 级列车。

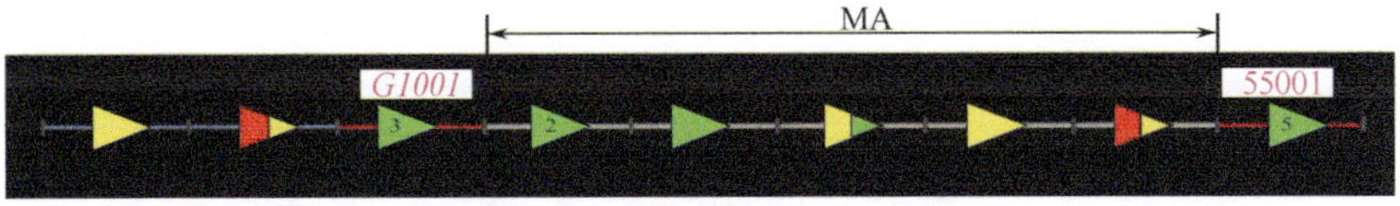


图 2-92 CTCS-3 级列车 MA 显示

同时在 CTCS-3 级列车的车次号上单击鼠标右键，有“查询 RBC 车次信息”菜单，如图 2-93 所示，可查询 CTCS-3 级列车的详细参数，即 RBC 传送给 CTC 系统的 CTCS-3 级列车状态。

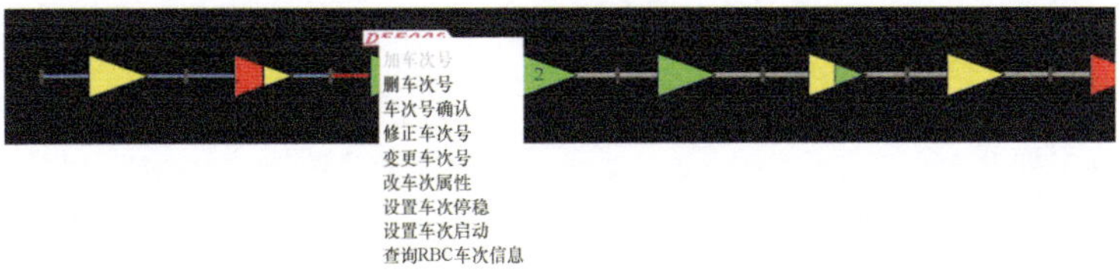


图 2-93 CTCS-3 列车状态显示

（十）与临时限速服务器（TSRS）的接口

调度中心设置 TSR 接口服务器与 TSRS 连接，如图 2-94 所示。临时限速在调度台拟定，通过 CTC-TSR 接口服务器发送给 TSRS 保存，并由 TSRS 下达给 RBC 和列控中心。

## 三、局间、台间等信息交换类型

局间、台间信息交换是通过分界口通信服务器来完成的，主要用于完成本局和邻局或者台间 CTC/TDCS 系统之间的信息交换，如图 2-95 所示。交换的信息主要有：调监表示、车次报点、速报、存车、邻台信息、邻站信息、列控信息等。

1. 与既有线 TDCS 信息交换

由于客运专线的相关邻站需要既有线车站的调监信息，同时客运专线中心需要具有对既有相邻车站进行计划下达、调度命令发送、收集报点等 TDCS 功能，在技术上采用邻局分界口的方式将这些信息传送给客运专线中心，互传协议格式采用铁道部运基信号〔2005〕418 号《（TDCS）数据通信规程（V2.0）》。

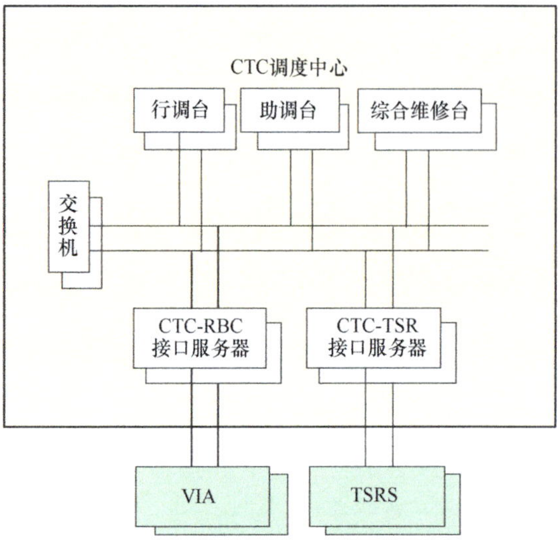


图 2-94　CTC 与 TSRS 接口图

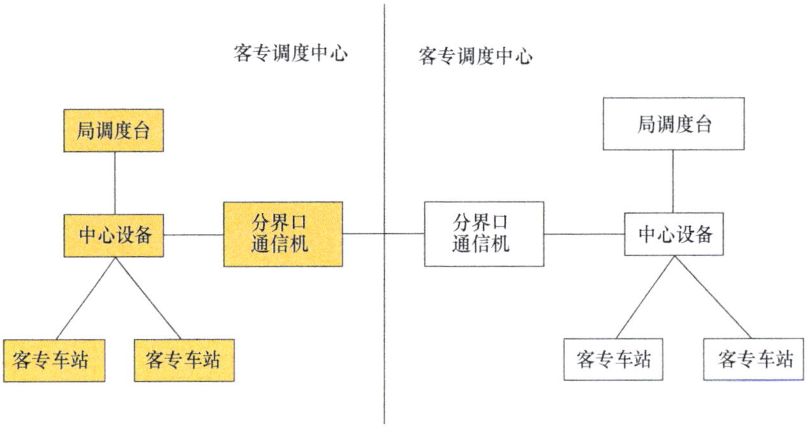


图 2-95　局间信息交互示意图

2. 与 CTC 信息交换

按照铁道部运基信号〔2007〕《调度集中系统（CTC）数据通信规程（V1.0）》进行信息交换。

## 四、CTC 设备器材、板卡指示灯含义

（一）CTC 自律机

1. 自律机的主要功能

接收列车（调车）运行计划和调度命令，根据相关条件适时生成进路序列，自动触发驱动联锁执行的相关条件，实时处理、交换站场（相邻车站）及列车车次号等信息。

2. 指示灯含义

电源（POWER）指示灯：电源正常时亮绿灯，不亮则检查电源是否接触良好。

收、发（RX、TX）指示灯：表示自律机串行口的通信状态，有数据交换时 TX、RX 灯闪动，无数据交换时 TX、RX 灭灯。第 1 组为 DIB 开关量通信指示灯，第 2 组为无线车次号接收指

示灯(平时灭灯,接收车次号信息时闪烁),第3、4组为联锁通信指示灯。

局域网(N1、N2)指示灯:表示两个局域网口的通信状态,有数据交换时绿灯闪烁,无数据交换时灭灯,黄灯常亮。

L1运行灯、L2主用工作灯:同时亮绿灯表示主用,只亮L1表示备用状态,都不亮表示未工作。

自律机前面板示意图如图2-96所示。

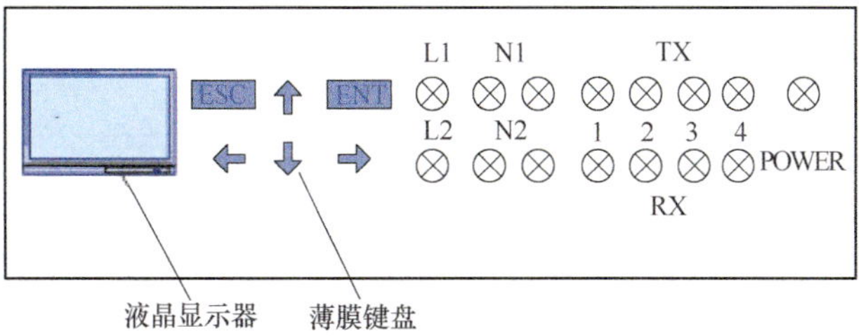


图2-96　自律机前面板示意图

自律机液晶显示器菜单如图2-97所示。

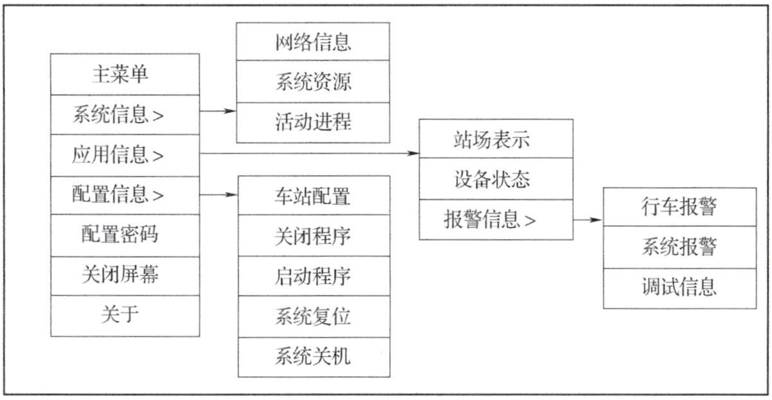


图2-97　自律机液晶显示器菜单

3. 自律机巡检步骤及内容

(1)检查电源灯是否正常。

(2)检查L1运行灯、L2主用灯是否正常。

(3)检查各种通信状态(TX、RX)是否正常。

(4)检查网络灯(N1、N2)是否点亮,若不亮,则检查网线是否插紧。

(5)各种线缆连接是否良好。

(6)观察风扇是否正常,温度是否异常。

(二)自律机双机热备切换单元(STBY)

1. 自律机双机热备切换单元的主要功能

实现双套自律机的故障自动切换及手动切换。

2. 指示灯含义

POWER指示灯:亮绿灯时表示双机热备单元电源正常。

A指示灯:亮绿灯时表示A自律机为主机,不亮表示从机。

B指示灯:亮绿灯时表示B自律机为主机,不亮表示从机。

COMA指示灯:闪动时表示与A自律机通信正常,不亮表示通信异常。

COMB指示灯:闪动时表示与B自律机通信正常,不亮表示通信异常。

带钥匙的三态开关：开关指向AUTO时，表示双套自律机自动切换，一台自律机出现故障时，系统会自动让另一台自律机变为主机。

开关指向A时，表示强制A自律机为主机；

开关指向B时，表示强制B自律机为主机；

在强制状态下，系统不能自动切换，所以一般情况下三态开关应指向AUTO。

双机热备单元前面板示意图如图2-98所示。

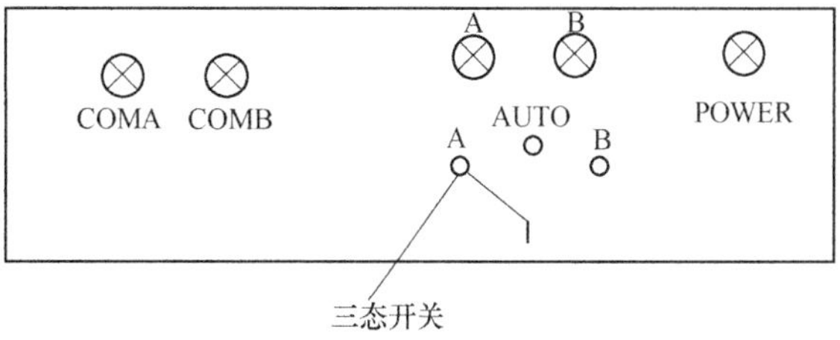


图2-98 双机热备单元前面板示意图

3. 自律机双机热备切换单元(STBY)巡检步骤及内容：

(1)检查POWER电源灯指示灯是否点亮。

(2)检查三态开关是否指向AUTO自动切换。

(三)电源切换面板

1. 电源切换面板的主要功能

用于指示电源屏输入CTC机柜的交流电源及双套UPS电源的工作状态。

2. 指示灯含义

电源指示灯：亮灯表示有电输入，灭灯表示无电输入。

旁路指示灯：平时灭灯，亮灯表示电源屏直供，UPS未开机或都关机时自动切换到旁路。

正常指示灯：亮灯表示UPS输出正常，灭灯表示UPS故障。

工作指示灯：亮灯为主用，灭灯为备用。

UPS-A切断按钮：按下按钮切换到UPS-B工作。

UPS-B切断按钮：按下按钮切换到UPS-A工作。

电源切换面板示意图如图2-99所示。

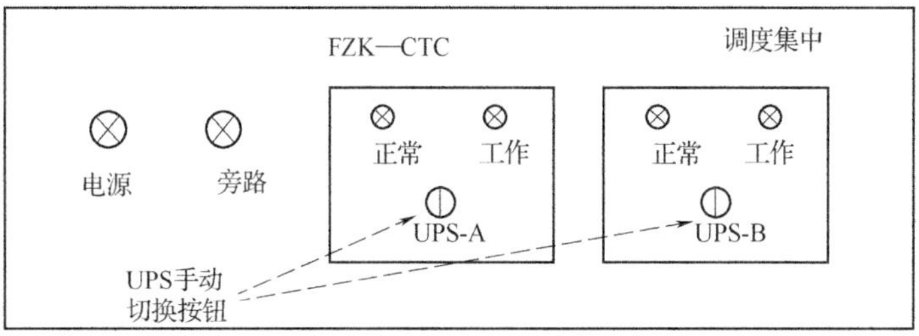


图2-99 电源切换面板示意图

3. 电源切换面板巡检步骤及内容

(1)检查UPS-A/B正常灯是否点亮，工作灯是否点亮。

(2)电源灯是否点亮，点亮表示输入电源正常。

(3)旁路灯是否灭灯，若点亮则表示直供。

(四)DIB采集板

1. DIB采集板的主要功能

采集区间(站内)轨道电路、信号机的状态信息。

2. 指示灯含义

DIB 采集板指示灯含义如图 2-100 所示。

SW:软件故障灯,红灯亮表示软件故障,灭灯表示正常;

HW:硬件故障灯,红灯亮表示硬件故障,灭灯表示正常;

COM:通信故障灯,红灯亮表示通信故障,灭灯表示正常;

RST:复位灯,复位时亮红灯,灭灯表示正常;

RX:接收数据灯,绿灯闪烁表示接收数据正常;

TX:发送数据灯,绿灯闪烁表示发送数据正常;

PWR:电源灯,绿灯常亮表示电源正常;

WD:监督计时器已准备就绪,绿灯常亮表示正常。

正常情况下 PWR、WD 常亮,RX、TX 闪烁,4 个红色灯常灭。如 PWR 不亮,更换板上的保险;如有红色灯亮,开关一次板上的开关;如继续有红灯则需更换 DIB 板。

3. DIB 采集板巡检步骤及内容

(1)检查面板上各种指示灯状态。

(2)检查插接是否良好。

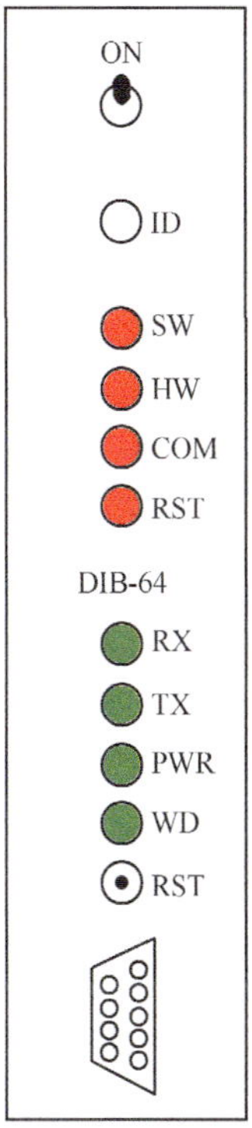


图 2-100　DIB 采集板指示灯含义

## 五、行调台行车指挥管辖范围

调度区划分及调度台设置按照铁路局间以分界站上行(或下行)进站信号机位置作为调度指挥和设备维护管理分界点的原则。

## 思考题

1. FZk-CTC 分散自律调度集中系统有哪些功能?
2. FZk-CTC 分散自律调度集中系统由哪几部分组成?
3. 车站自律机有哪些功能?
4. 自律机与哪些系统有接口?

# 第五节　临时限速服务器(TSRS)

临时限速服务器(TSRS)系统是基于信号故障安全计算机的控制系统。它根据调度员的临时限速操作命令,实现对各列控中心、无线闭塞中心分配和集中管理临时限速指令,保证施工限速计划的顺利实施。临时限速服务器系统适用于客运专线 CTCS-2 级和 CTCS-3 级列控系统。

## 一、TSRS 的硬件组成及布局

(一)LKX-T 型临时限速服务器硬件组成及布局

1. LKX-T 型临时限速服务器硬件组成

TSR 系统包括 TSRS、TSRM 和网络设备等组成,如图 2-101 所示。若设有多个 TSRS

时，还需增设 TSR-CTC 接口服务器。由 TSR-CTC 接口服务器负责与 CTC 接口服务器接口，如图 2-102 所示。

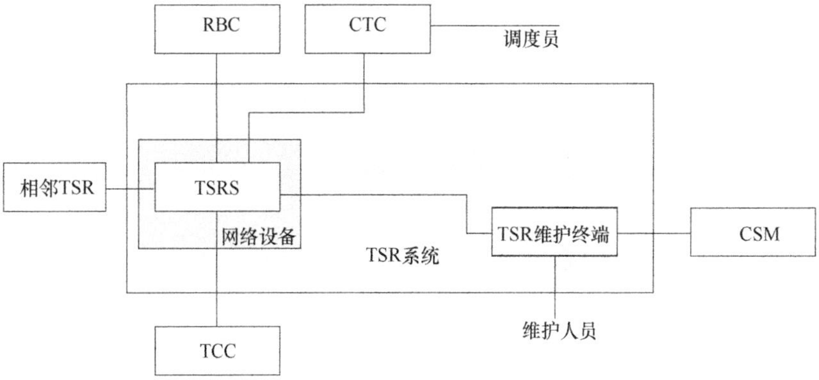


图 2-101 TSR 系统构成

(1)TSRS 主机单元

TSRS 单元是 TSR 系统的核心逻辑处理单元，包括网络系统、硬件平台、操作系统、故障安全处理软件、应用逻辑软件、工程配置数据等。其系统框架为基于通用计算服务器的 2×2 取 2 计算机系统。

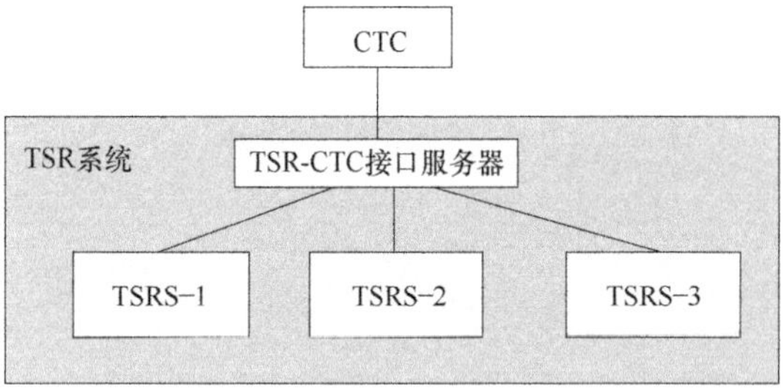


图 2-102 TSR 接口服务器应用示意

TSRS 单元采用冗余结构，每一系由三台服务器组成，分别为 VPC_A、VPC_B 和 VPC_C，其中 VPC_A 和 VPC_B 为故障—安全处理单元，又分别称为 FSPA 和 FSPB，用于实现 TSR 逻辑功能，VPC_C 为伺服处理单元，又可称为 SPU，用于处理 TSR 设备对外接口和通信功能。

(2)TSRM 单元

TSRM 维护终端主要为维护工程师及其他技术人员提供在线检测报警和出现系统故障时的事后分析，主要完成以下功能：

① 监视系统及通信状态；

② 告警提示；

③ 读取 TSR 系统临时限速命令数据及执行状态。

(3)TSR-CTC 接口服务器

当调度中心处设有多个调度台且 CTC 接口服务器仅设置一台时，TSR 系统需增设一套 TSR-CTC 接口服务器。TSR-CTC 接口服务器负责多个 TSRS 的信息的分发和协议转换。

(4)交换机

TSR 柜内包括两台内部交换机(DSW1/DSW2)和三台外部交换机(ESW1/ESW2/ESW3)。

① DSW 用于 TSRS 主机单元中各服务器之间的通信；

② ESW1 和 ESW2 用于实现 TSRS 的对外通信；

③ ESW3 实现 TSRS 主机单元到 TSRM 的通信。

(5)其他

TSR 柜中还包含有以下组成部分：

① 3 个电源 PDU；

② 液晶显示套件；

③ KVM 交换机，用于实现对各服务器的切换操作，最多可支持 16 路信号。

2. 机柜布局

(1)TSR 机柜

TSR 机柜布局如图 2-103 所示。

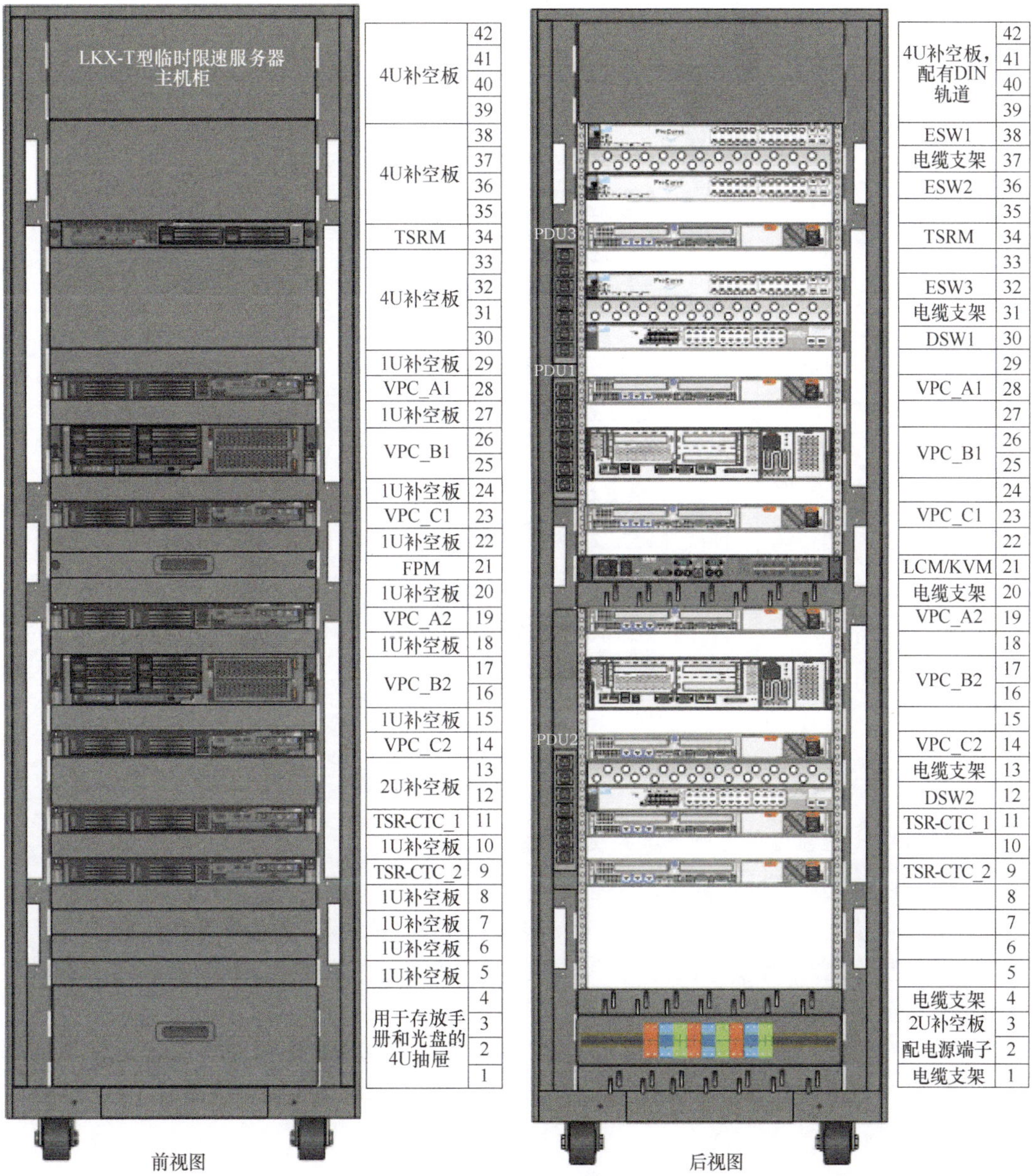


图 2-103　TSR 柜布局图

(2)TSR柜内电源接线图

每个TSR机柜需要三路独立的单相(交流220 V)供电线路,其分配和连接方式如图2-104所示。

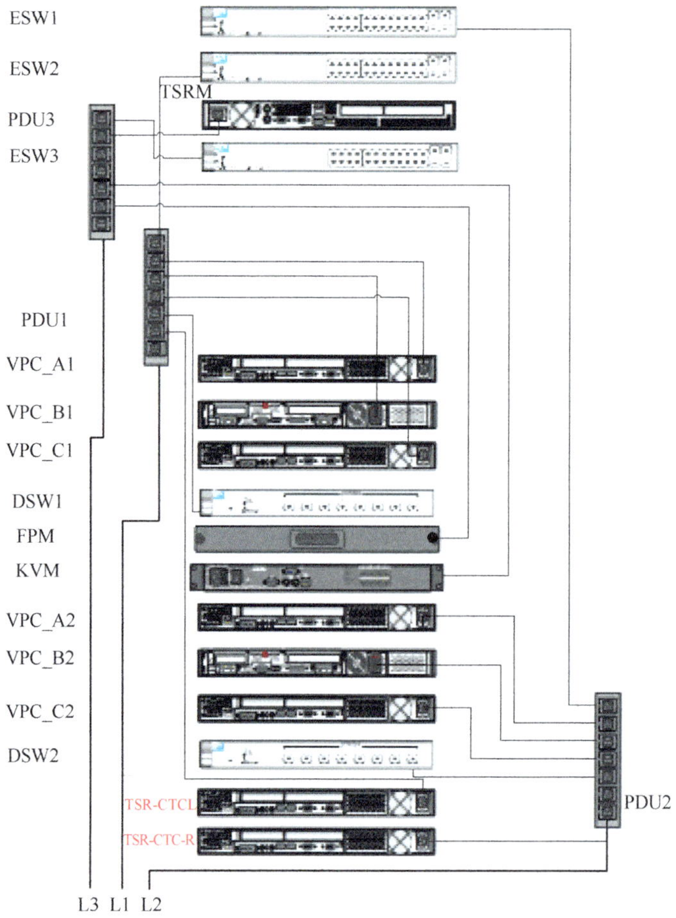


图2-104 TSR柜内电源接线图

(二)LKX-H型临时限速服务器的硬件组成及布局

1. LKX-H型临时限速服务器硬件组成

LKX-H型临时限速服务器(TSRS)系统包括服务器主机、操作终端和维护终端。

临时限速服务器系统硬件包括:24 V电源、切换面板、主控模块、通信模块、维护终端主机、维护终端显示器、路由器和交换机等。

临时限速服务器采用2×2取2安全冗余结构,临时限速维护终端是非安全设备,采用非安全平台;与临时限速服务器主机间单向通信,只接收来自服务器主机的信息。

2. 机柜布局

临时限速服务器系统硬件安装在主控机柜中,如图2-105所示。

主控机柜从上到下分别为:24 V电源机笼、切换面板、主控层、通信机笼层、维护终端主机、维护终端显示器、路由器和交换机层等。

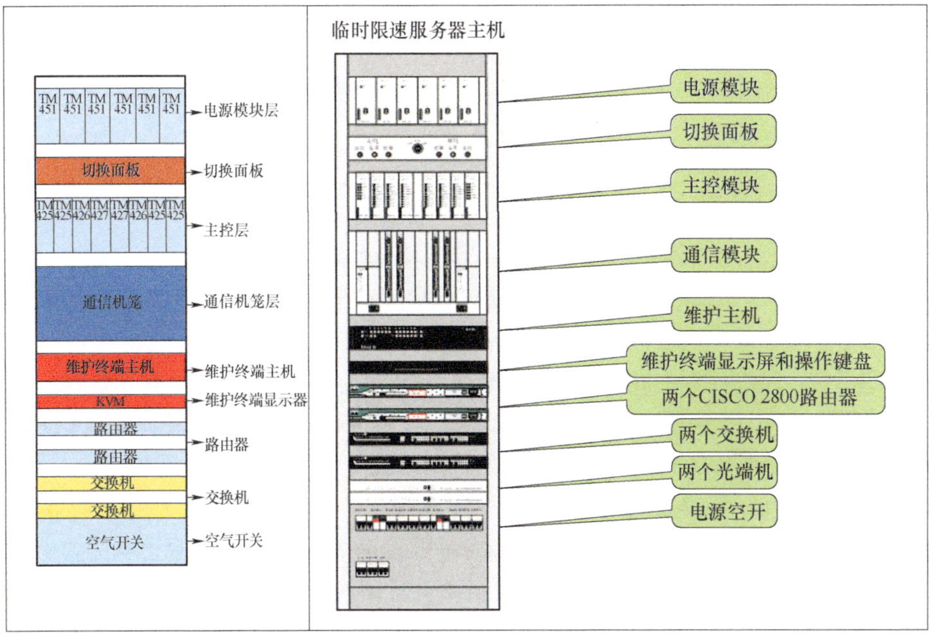


图 2-105　主控机柜

## 二、TSRS 的主要功能

(1)TSRS 应具备对临时限速命令的存储、校验、删除、拆分、设置和取消及限速设置时机的辅助提示等功能。

(2)TSRS 应能存储可执行的临时限速命令参数信息。

(3)TSRS 应能对来自 CTC、相邻 TSRS 及边界转换站 TCC 的临时限速命令参数信息进行有效性校验。

(4)TSRS 应确保每个有源应答器的正线临时限速管辖范围内最多允许同时设置 3 处限速区。

(5)TSRS 应只允许删除未执行的临时限速命令。

(6)TSRS 应根据临时限速命令的位置参数判别确定相关的 TCC 和 RBC,并根据临时限速管辖范围及接口协议要求,拆分和转换为相应设备所识别的列控限速指令。

(7)TSRS 应根据临时限速命令提前一定时间(30 min)提示调度员进行激活,并可间隔一定时间(10 min)重复提示直至确认或超出该限速命令计划结束时间。

(8)TSRS 应能对超出限速计划结束时间仍未执行的临时限速命令给出超时未设置的提示。

(9)临时限速设置时机检查范围的起点应为当前运行方向的临时限速起始描述应答器,终点应为当前运行方向的临时限速终点,如图 2-106 所示。若该范围内线路空闲,TSRS 方可向调度员辅助提示该限速命令的设置时机。

(10)TSRS 应仅对由 TCC 和 RBC 验证通过的正线(不包括联络线及侧线限速)列控限速设置命令给出设置时机提示。

(11)TSRS 应仅对由本地调度台执行的列控限速设置命令给出激活时机和设置时机的辅助提示。

(12)若待执行 TSR 命令相关的 TCC、RBC 及相邻 TSRS 与本地 TSRS 连接中断,则本地 TSRS 不得对该 TSR 命令进行激活提示或设置提示,并拒绝接受对该 TSR 命令的验证或执行操作。

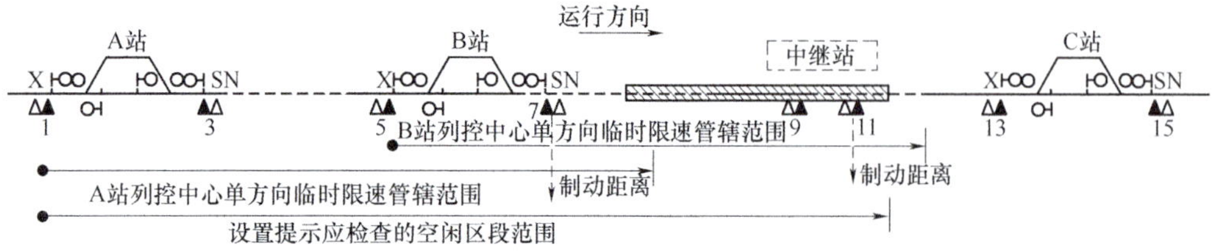


图 2-106　临时限速设置时机检查范围示意

(13)若与正执行 TSR 命令相关的 TCC 或 RBC 发生重启，且 TSRS 为已初始化状态时，TSRS 应能对该 TCC 或 RBC 自动补发执行 TSR 命令。

(14)TSRS 应实时检测与 TCC、RBC 限速命令执行的一致性。若有不一致，则 TSRS 不得对该 TCC、RBC 下达线路限速状态初始确认命令；若完全一致，且 TSRS 未重启，则 TSRS 应对该 TCC、RBC 自动下达线路限速状态初始确认命令。

(15)当 TSRS 重启时，应先载入本地存储的限速命令信息，再向 TCC、RBC 及相邻 TSRS 请求获取限速命令状态。TSRS 根据自身存储的临时限速命令与所获取的限速状态进行比较，若不一致应通过 CTC 向调度员提示确认，由调度员负责重新设置或取消相应的临时限速命令。

(16)TSRS 应接收 TCC 的正线闭塞分区状态和区间方向等信息。

(17)TSRS 应将临时限速命令的验证结果、执行结果以及提示状态信息传送给 CTC。

(18)TSRS 应具备故障自诊断、维护及管理功能。

(19)当通道或设备故障时，TSRS 应向 CTC 报警。

## 三、TSRS 与其他系统的接口

### (一)LKX-T 型 TSRS 与其他系统的接口

#### 1. TSR 系统接口

TSR 系统接口整体如图 2-107 所示。

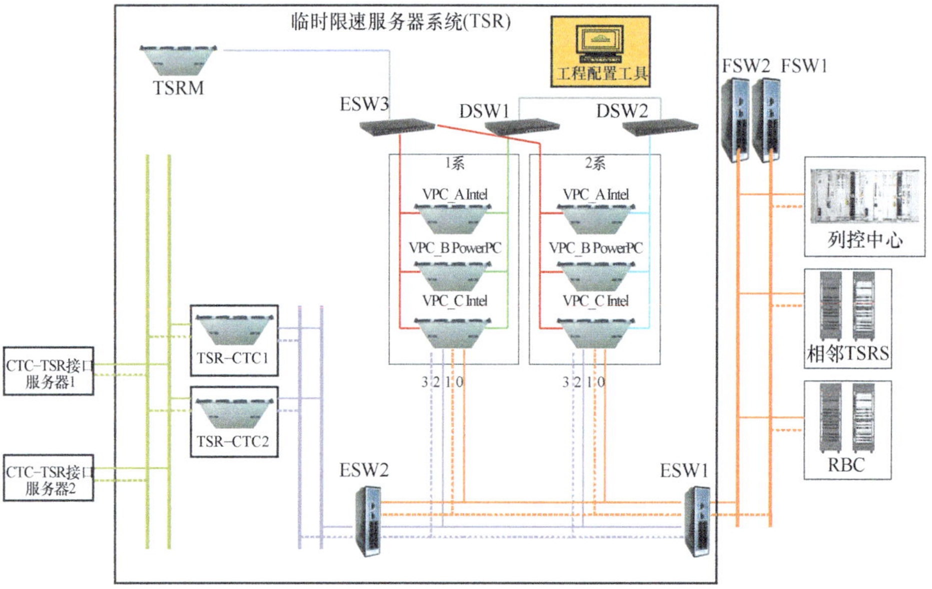


图 2-107　TSR 系统接口示意图

2. TSR与信号安全数据网接口

(1)TSR与TCC、RBC、相邻TSRS的连接图

TSR设备与列控中心、RBC、相邻TSRS的通信统一通过信号安全数据网进行。其逻辑接口如图2-108所示。

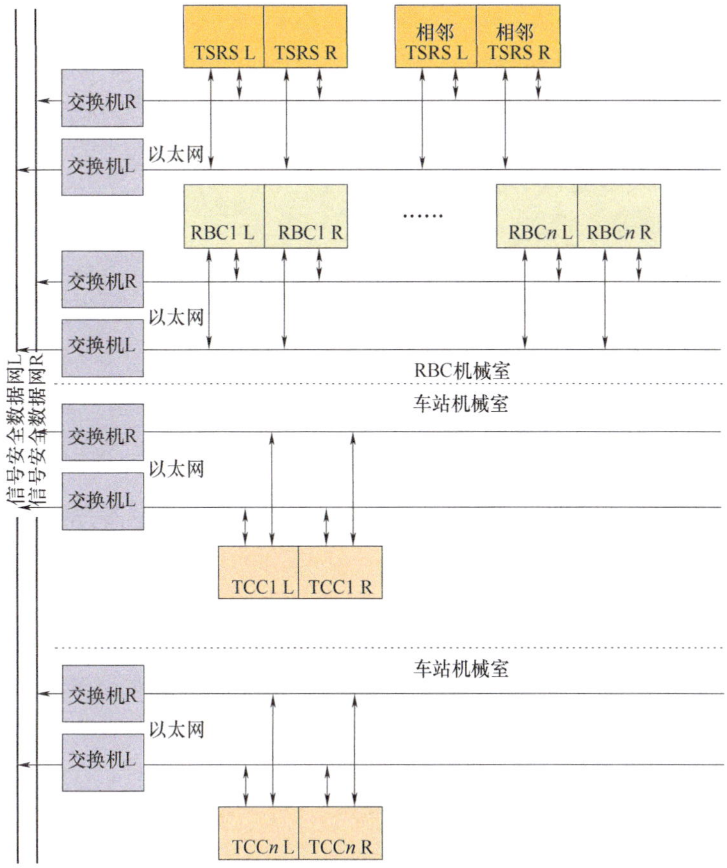


图2-108 TSR与TCC、RBC、相邻TSRS的连接

RBC机械室内设有通信机柜，其中放置信号安全网的交换机设备，用于连接RBC设备和相邻TSR设备，在其他各车站的机械室内也设置专用交换机，用于连接联锁设备和TCC设备。交换机均按照冗余设计，各节点之间通过千兆以太网络传输。

(2)TSR与通信柜之间采用STP CAT5e/6网线连接，物理接口为RJ-45，水晶头应采用金属屏蔽层并和网线屏蔽接合。

3. TSRS与TCC接口

(1)TSRS应向TCC发送以下信息：

① 临时限速命令的刷新请求。

② 临时限速命令的设置验证、设置执行、取消验证、取消执行等操作指令。

③ 临时限速命令参数信息，应至少包含：临时限速调度命令号、限速值、限速区起点、限速区终点、线路号、CTC编号、操作员编号及限速原因等。

④ 时钟信息。

(2)TCC应向TSRS发送以下信息：

① 临时限速执行结果：成功状态或失败代码。

② 闭塞分区状态信息。

③ 区间运行方向信息。

④ 初始化状态。

(3)TSRS 与 TCC 通信中断时,TSRS 应向 CTC 和 CSM 指示通道连接中断,TCC 应维持发送已经设置的临时限速信息。

(4)边界站 TCC 应能同时接收来自 TSRS 和 CTC/TDCS 下达的临时限速命令,并遵照相应的接口协议交互信息,由该 TCC 负责限速命令格式的协议转换。

4. TSRS 与 RBC 接口

(1)TSRS 应向 RBC 发送以下信息:

① 临时限速命令的刷新请求。

② 临时限速命令的设置验证、设置执行、取消验证及取消执行等操作指令。

③ 临时限速命令参数信息,应至少包含:临时限速调度命令号、受令车站号、限速值、限速区起点、限速区终点、线路号、CTC 编号、操作员编号及限速原因等。

(2)RBC 向 TSRS 发送以下信息:

① 临时限速执行结果:成功状态或失败代码。

② 初始化状态。

(3)TSRS 与 RBC 通信中断时,TSRS 应向 CSM 和 CTC 指示通道连接中断,RBC 应维持发送已经设置的临时限速信息。

5. 相邻 TSRS 间的接口

相邻 TSRS 间应相互发送以下信息:

① 交换管辖边界相关的临时限速操作命令及临时限速执行结果信息。

② 相邻 TSRS 初始化状态信息。

③ 边界 TCC 的正线闭塞分区状态。

④ 若 TSRS 认为与相邻 TSRS 的通信中断,则 TSRS 应向 CTC 和 CSM 发送报警。

6. TSRS 与 CTC 系统接口

TSR 系统通过 TSR-CTC 设备与 CTC 中心设备通信,由于 CTC 设备放置于调度中心,因此双方需要通过外部架设的 2M 数字传输通道进行通信,在 TSR 机械室内的通信机柜内设置冗余配置的交换机、路由器和协议转换器设备。连接方式如图 2-109 所示。

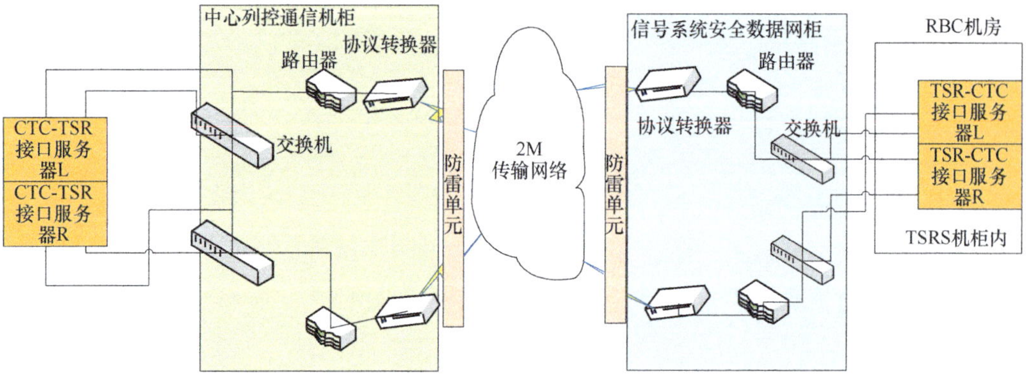


图 2-109 TSRS 与 CTC 通道的连接

TSRS与通信柜之间采用STP CAT5e/6网线连接，物理接口为RJ-45，水晶头应采用金属屏蔽层并和网线屏蔽接合。通信协议转换器应通过成对同轴电缆连接到通信机房的DDF架并接入2M数字通道，转换器对同轴电缆提供BNC阴型插座。

(1)CTC应向TSRS发送以下信息：

① 时钟信息。

② 线路限速状态初始确认命令。

③ 临时限速命令的拟定检验、验证、执行及撤销等操作指令，并应至少包含以下参数信息：CTC编号、临时限速调度命令号、受令车站号、限速值、限速区起点、限速区终点、线路号、操作员编号及限速原因代码等。

④ 临时限速命令列表的分类查询请求：包括待执行、提示执行、正执行的临时限速命令列表。

(2)TSRS应向CTC发送以下信息：

① 临时限速命令的执行结果：成功状态或失败代码。

② 待执行临时限速命令列表。

③ 提示执行临时限速命令列表。

④ 正执行临时限速命令列表。

⑤ 列控设备初始化状态信息。

⑥ TSRS工作状态信息。

7. TSR系统内部接口

TSR柜内部接口，TSR内部连接可分为以下两个部分。

(1)TSRS主机单元中各服务器通过内部交换机的通信连接以及TSR机柜中所有其他服务器到TSRM的连接，用于实现临时限速服务器主机内部通信和柜内服务器到监测主机的通信，连接如图2-110所示。

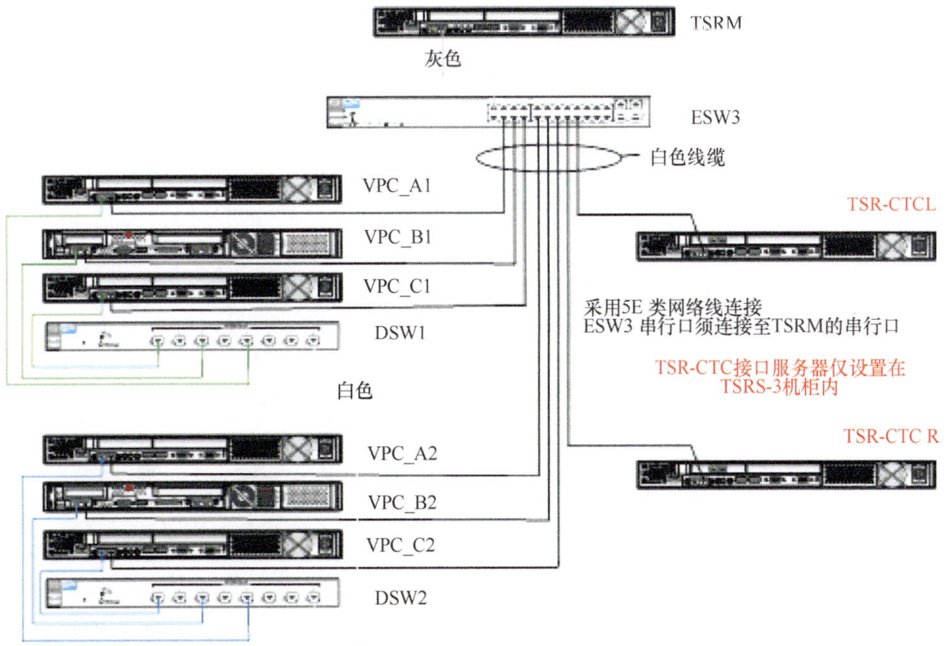


图2-110　TSR内部连接1

(2)TSR中所有服务器对外部交换机ESW1、ESW2的连接,用于实现TSR系统对外部设备的连接,连接如图2-111所示。

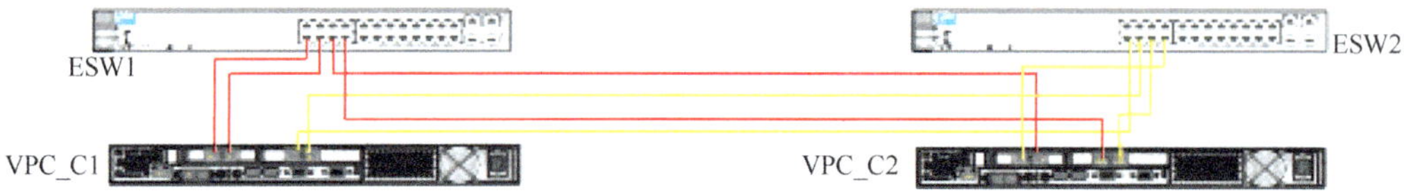


图2-111 TSR内部连接2

TSR柜内所有连接均使用STP CAT6网线,物理接口为RJ-45,水晶头采用金属屏蔽层并和网线屏蔽接合。

(二)LKX-H型TSRS与其他系统的接口

临时限速服务器与CTC、列控中心、无线闭塞中心间接口采用安全通信接口协议。

TSRS完成对临时限速的拟定、存储、验证、拆分、下达、显示,分别向列控中心(TCC)及无线闭塞中心(RBC)发送临时限速信息。TCC根据进路状态、临时限速等信息实时组帧生成用户报文,并编码生成相应的应答器报文,经LEU传输至有源应答器;RBC应能根据行车许可、临时限速等信息实时生成相应的无线消息,经GSM-R传输至车载设备。

## 四、临时限速设置流程

(一)临时限速设置流程

1. 临时限速设置步骤

① CTC系统负责拟定临时限速计划调度命令内容。

② TSRS系统负责校验TSR命令,并分发给相关TCC、RBC执行。

③ TCC系统负责控制应答器传送相应的TSR信息给CTCS-2级列车。

④ RBC系统负责通过GSM-R传送相应的TSR信息给CTCS-3级列车。

⑤ 装有ATP车载设备的列车收到TSR信息后,控制列车按限速要求运行。

临时限速设置流程如图2-112所示。

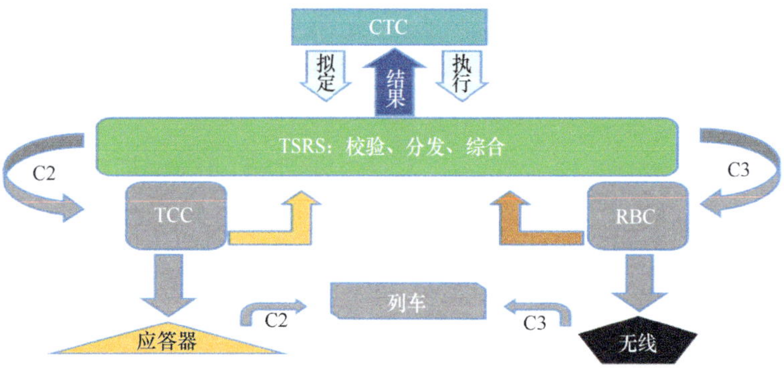


图2-112 临时限速设置流程

2. 具体设置

(1)调度员在CTC终端输入临时限速命令参数信息,确认后生成临时限速调度命令(含文本),下发给临时限速服务器进行有效性校验。临时限速服务器校验成功后,将该临时限速调度命令存入待执行列表中，并向 CTC 返回校验成功；若校验失败，向 CTC 返回失败原因。调度员可根据失败原因调整临时限速命令参数，重新尝试下发。拟定临时限速调度命令的操作流程如图 2-113 所示。

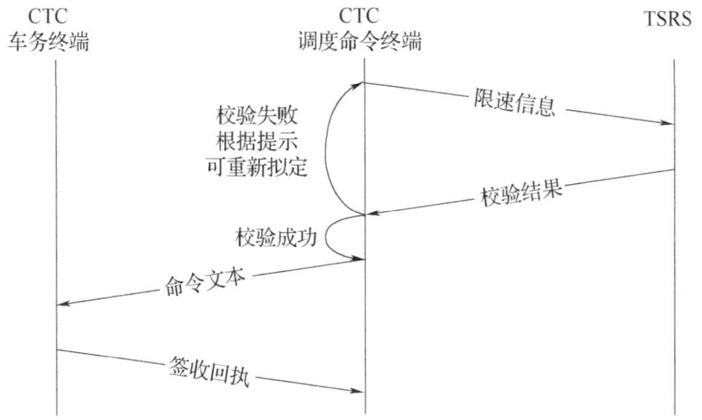


图 2-113　拟定临时限速调度命令的操作流程图

（2）临时限速服务器对即将执行的临时限速调度命令以其计划开始执行时间的前 30 min 起，提示调度员确认激活，并可间隔 10 min 重复提示直至确认或超出该临时限速命调度命令的计划结束时间，如图 2-114 所示。

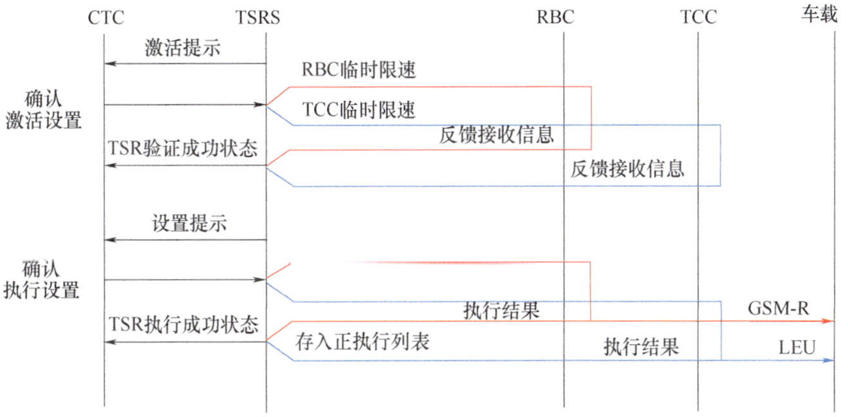


图 2-114　设置临时限速命令的操作流程图

（3）调度员可根据 CTC 的激活提示或直接选取并激活即将执行的临时限速调度命令。临时限速服务器根据临时限速调度命令参数信息判别相关 TCC 和 RBC，并根据相关 TCC 和 RBC 的管辖范围及接口协议要求，进行拆分和转换为相应设备所识别的临时限速信息。

（4）临时限速服务器对 TCC、RBC 的验证结果进行综合判定，若存在任一设备验证失败或超时未返回验证结果，则向 CTC 返回限速验证失败。调度员根据验证失败原因可选择撤销或重新尝试激活验证。若全部设备验证成功，则向 CTC 返回限速验证成功；同时，向行车调度员提供下达设置时机的参考提示。

（5）相关 TCC 和 RBC 分别对接收的临时限速信息进行有效性判断后，将验证结果反馈给临时限速服务器。

（6）调度员可根据 CTC 的设置提示或直接选取并设置验证成功的临时限速调度命令。

（7）临时限速服务器将临时限速调度命令拆分和转换后分发给相关 TCC 和 RBC 执行。

(8)相关 TCC 和 RBC 分别执行接收到的临时限速信息,并将执行结果反馈给临时限速服务器。

(9)临时限速服务器对 TCC 和 RBC 的执行结果进行综合判定,若存在任一设备执行失败或超时未返回执行结果,则向 CTC 返回限速失败。行车调度员根据执行失败原因可选择取消或重新尝试设置;若全部设备执行成功,则向 CTC 返回限速成功。

(10)对于执行成功的临时限速信息,RBC 和 TCC 分别通过 GSM-R 无线通信和有源应答器将临时限速信息发送给车载设备。

(11)当调度员确认临时限速调度命令可取消时,应再次拟定与该设置命令的限速区位置参数完全一致的取消命令,然后下发给临时限速服务器做校验和存储,如图 2-115 所示。

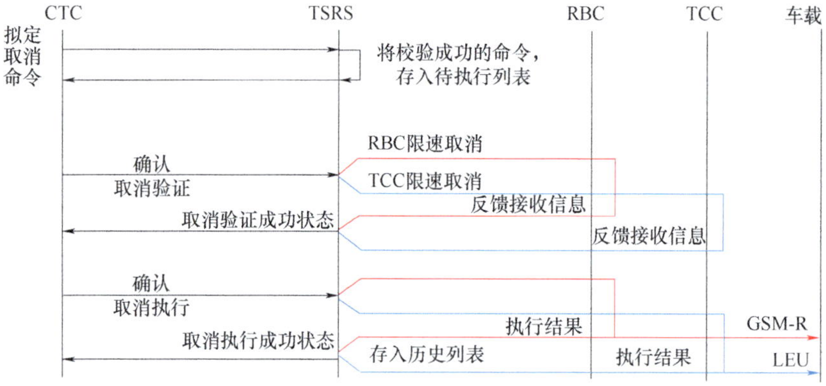


图 2-115 取消临时限速命令的操作流程

(12)临时限速服务器校验成功后,将该临时限速调度命令存入待执行列表中,并向 CTC 返回校验成功;若校验失败,向 CTC 返回失败原因。调度员可根据失败原因调整临时限速命令参数,重新尝试下发。

(13)调度员根据 CTC 的校验成功回复,选取下达取消验证命令。

(14)临时限速服务器将取消验证命令分发至相关 TCC 和 RBC。

(15)相关 TCC 和 RBC 分别对接收的临时限速取消信息进行有效性判断后,将验证结果反馈给临时限速服务器。

(16)临时限速服务器对 TCC 和 RBC 的验证结果进行综合判定,若存在任一设备验证失败或超时未返回验证结果,则向 CTC 返回取消验证失败。调度员根据验证失败原因可选择重新尝试取消或通知设备维护。若全部设备验证成功,则向 CTC 返回取消验证成功。

(17)当调度员确认临时限速调度命令取消验证操作成功时,即可下达取消执行命令。

(18)临时限速服务器将取消执行命令分发至相关 TCC 和 RBC。

(19)相关 TCC 和 RBC 分别执行临时限速取消信息,并将执行结果反馈给临时限速服务器。

(20)临时限速服务器对 TCC 和 RBC 的执行结果进行综合判定,若存在任一设备执行失败或超时未返回执行结果,即向 CTC 返回限速取消失败。行车调度员根据执行失败原因可选择重新尝试取消或通知设备维护。若全部设备执行成功,则向 CTC 返回限速取消成功。

(21)若 TSR 系统完全故障,造成临时限速命令无法下达执行时,调度员应采用限速调度命令文本流程,通知司机按文本限速调度命令控制列车运行。

(22)若设置低于 45 km/h 的限速,CTC/TDCS 按 45 km/h 向 TSRS 传送,并按实际速度值自动生成限速调度命令文本,通知司机按文本限速调度命令控制列车运行。

(23)当某 TCC 或 RBC 以及 TSRS 设备重启时,TSRS 将向调度员汇报列控设备需要执行限速状态初始确认操作,即调度员应检查当前限速命令是否完整,若有丢失的限速命令或限速命令状态不正确时,应先补发相应限速命令,然后再下达“限速状态初始确认”命令;若限速命令完整则直接下达“限速状态初始确认”命令。

(24)涉及跨调度台显示界的临时限速调度命令,须由相应调度台拆分后分别负责拟定、下达和取消。

(二)临时限速调度命令的拟定要求

(1)临时限速命令应包括命令号、线路号、起始里程标、终点里程标、限速值、计划执行开始时间、计划执行结束时间等信息。侧线临时限速命令应增加车站号信息,且起点与终点里程标固定为 K0000+000 和 K9999+999。

(2)区间及站内正线临时限速按实际里程标设置(单位:m),临时限速值分辨率为 5 km/h,最低限速值 45 km/h,最长限速区长度为 TSRS 对应的调度台管界范围。

(3)侧线临时限速以上、下行侧线分别(不含正线)按区设置,限速区长度(L_TSR)为进路长度加 80 m。临时限速值设 45 km/h、80 km/h 两挡。

(4)临时限速命令的线路号宜按下行正线、上行正线、下行侧线、上行侧线的顺序编号,若线路号需扩展,宜遵守以下限定:

① 下行线用奇数号标识,上行线用偶数号标识。

② 线路号 3~9 应仅限于分配给站场侧线分区。

(5)侧线限速不影响正线线路。无论具体侧线限速地点位置如何,均按所属侧线分区设置侧线限速,相应侧线分区内的所有接发车进路均为全进路限速。

(6)两正线间的渡线按正线道岔区段的限速设置。当正线道岔区段内设有限速时,则途径该道岔区段的所有进路均应限速。

(7)列控限速取消命令须与要取消的临时限速设置命令的限速区位置参数完全一致,不得对某一限速区进行分段取消或覆盖取消。

(8)列控限速取消命令为立即下达方式。

(9)临时限速命令的起点与终点位置须按线路正向运行方向顺序排列。

(10)临时限速命令的起点与终点不得设置在线路短链点内。

(11)对于设有 TSRS 的线路与既有提速线衔接的分界口,须以既有提速线上的边界转换站的(反向)进站信号机处作为临时限速命令调度管理分界。

(12)对于设有 TSRS 的线路与未设 TSRS 的线路衔接的分界口,须以设有 TSRS 的线路边界站的(反向)进站信号机处作为临时限速命令调度管理分界。

(13)跨界的临时限速命令需由两侧调度台按管理分界拆分后共同下达。

(14)边界转换站既有侧下达的限速命令号,在设有 TSRS 侧的调度台显示格式为“*”+“既有侧下达的限速命令号”。

(三)分界口限速场景方案

1. 两端均为客专 CTCS-2/3 级控制区(见图 2-116)

(1)跨界临时限速调度命令的生成

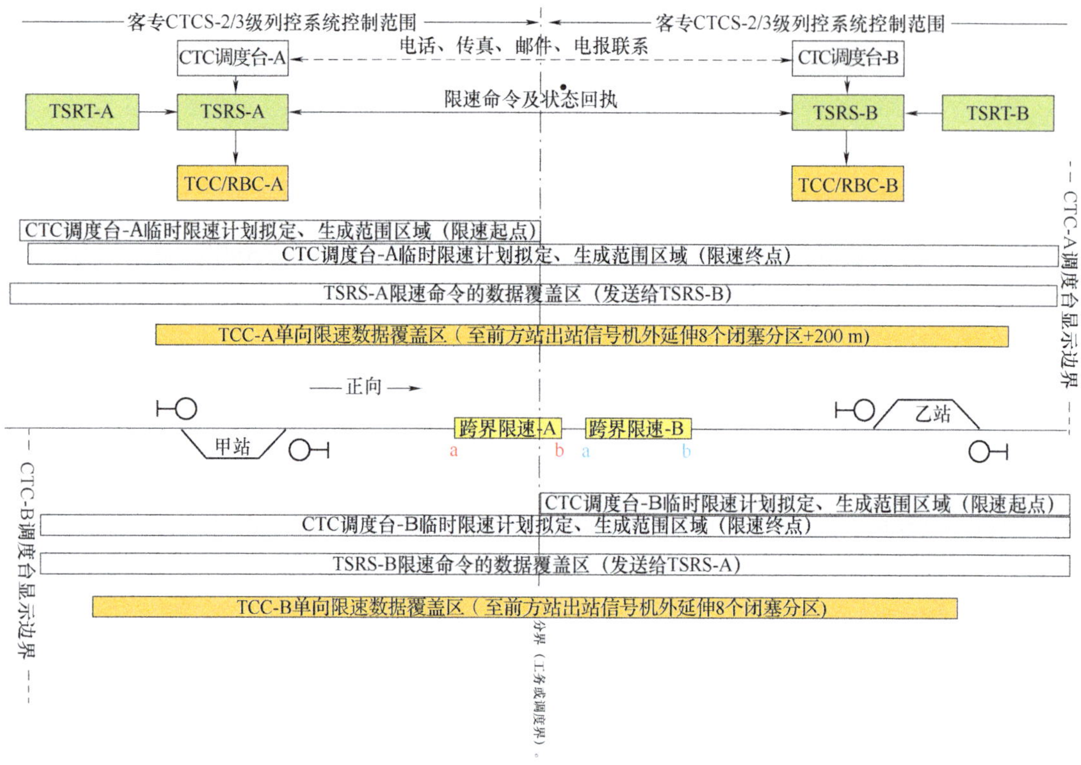


图 2-116　两端均为客专 CTCS-2/3 级控制区的场

① 临时限速命令的拟定责任方遵循“以线路正方向，限速起点所在局”的归属原则，可拟定的限速终点须截至相邻调度所管辖的起始车站进站信号机。

a. 图 2-116 中“跨界限速-A”由调度台(A)方负责拟定；

b. 图 2-116 中“跨界限速-B”由调度台(B)方负责拟定。

② 若调度台(A)施工调度员负责提出跨管界临时限速命令的申请后，助理调度员通过电话、传真与相邻调度所(B)联系确认后形成正式限速调度命令。

③ 当限速调度命令由 CTC 下达给与该调度台(A)连接的临时限速服务器(TSRS-A)。

(2)跨界临时限速调度命令的执行下达

① 临时限速命令只能由原拟定方负责发起下达；临时限速服务器应拒绝非拟定方下达的限速命令。

② 临时限速服务器(TSRS-A)实时检查存储的临时限速调度命令开始执行时间，并在计划开始执行前 30 min 仅向原拟定方(调度员-A)提示激活存储的相应临时限速调度命令。此后每间隔 10 min 向原拟定方(调度员-A)提示一次直至确认或超出该限速命令计划结束时间。

③ 临时限速服务器(TSRS-A)实时检查存储的已激活限速命令对应的相关区段状态，若能满足设置时机，则仅向原拟定方(调度员-A)提供下达设置时机的参考提示。

④ 具备下达时机后，行车调度员根据(CTC-A)的设置提示，选取并设置验证成功的临时限速调度命令。

⑤ 相关 TCC 和 RBC 接收限速命令信息后，TCC 根据线路确定的列车运行方向，通过控制相应的有源应答器报文；RBC 通过无线消息报文，向列车发送相应的临时限速信息。

⑥ 原拟定方(调度员-A)根据 CTC-A 的限速执行成功的显示，并确认从起始 TCC 站或结

束 TCC 站出发的列车限速有效，方可指示进行相应的施工作业。

(3)跨界临时限速调度命令的取消

① 临时限速命令只能由原拟定方限速服务器负责发起取消。

② 跨界临时限速命令的取消与执行基本一致，仅 TSRS 不做任何激活提示与设置提示功能。

(4)跨界临时限速调度命令的撤销

① 临时限速命令只能由原拟定方限速服务器负责发起撤销。

② 跨界临时限速命令的撤销：拟定方 TSRS 须先确认邻站服务器撤销成功后，方可撤销本地服务器内的该 TSR 命令。

(5)跨界临时限速命令的同步

① 当出现通信瞬间中断或其他原因，造成双方限速服务器的命令状态不一致时，应请求刷新进行命令状态同步。同步原则：以限速命令信息记录中发起方所连接的限速服务器为准。

② 若 TSRS-B 重启，必须从邻站 TSRS-A 处获取完全部边界限速命令后，TSRS-B 方可对管内的边界 TCC、RBC 下达线路限速状态初始确认命令。

2. 一端为客专 CTCS-2 级控制区，另一端为既有线 CTCS-2 级控制区(见图 2-117)

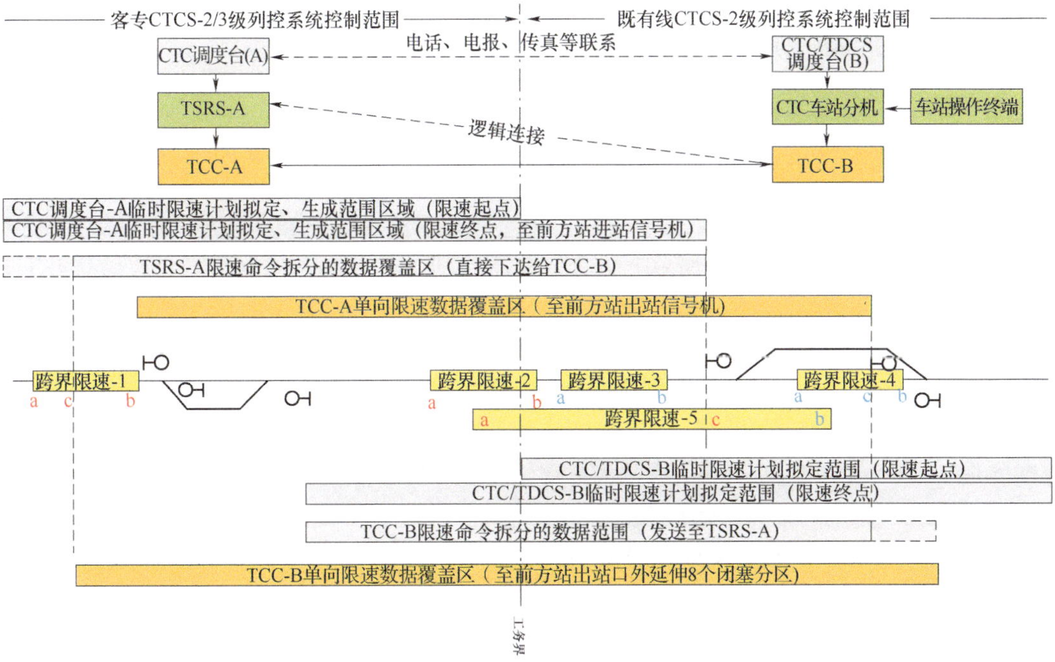


图 2-117　一端为客专 CTCS-2 级，另一端为既有 CTCS-2 级的场景

(1)跨界临时限速调度命令的生成与下达

① 临时限速命令的拟定责任方遵循“以线路正方向，限速起点所在局”的归属原则，可拟定的限速终点须截至相邻调度所管辖的起始车站进站信号机。

a. 图 2-117 中“跨界限速-1”和“跨界限速-2”由客专调度台(A)方负责拟定；

b. 图 2-117 中“跨界限速-3”和“跨界限速-4”由既有线调度台(B)方负责拟定；

c. 图 2-117 中“跨界限速-5”由调度台(A)方负责拆分为 2 条限速命令(a-c 段和 c-b 段)，并同调度台(B)方联系确认，然后由客专调度台(A)方拟定 a-c 段，既有线调度台(B)方拟定

c-b段。

② 若限速调度命令由客专调度台(CTC-A)下达给临时限速服务器(TSRS-A)。TSRS-A完全按局内限速校验处理(含 TCC-B)。临时限速服务器(TSRS-A)仍按客专流程提示激活和提示设置,客专调度台对该限速命令的下达执行方式与局界内部下达方式相同,由 TSRS-A分发给相关 TCC/RBC(含 TCC-B)验证和执行。

③ 若限速调度命令由既有调度台(CTC/TDCS-B)拟定,则限速命令的拟定与下达执行流程与既有线内部下达方式相同。由 TCC-B 将限速命令先发送给 TSRS-A 校验,若 TSRS-A校验失败,仅向既有调度台(CTC/TDCS-B)反馈执行失败;若 TSRS-A 校验成功,则由 TSRS-A 分发给相关 TCC、RBC 执行(含 TCC-B)。

(2)跨界临时限速调度命令的取消

① 临时限速命令只能由原拟定方负责发起取消。

② 跨界临时限速命令的取消与设置基本一致,仅客专侧不对取消命令提供激活提示和设置提示功能。

(3)跨界临时限速调度命令的撤销

① 对于客专调度台拟定的限速命令,应由该调度台负责发起撤销。

② 对于既有调度台拟定的限速命令执行失败时,既有调度台应通过电话、传真通知客专调度台确认,是否需要下达取消限速命令。

## 五、临时限速设置规则

### (一)CTCS-2 级临时限速设置规则

(1)TCC 单方向临时限速(TSRS)管辖范围应从本站进站口开始至前方车站出站口(或中继站第二个有源应答器组)再增加一个制动距离,制动距离应涵盖从线路最高允许码降至 HU码的所有闭塞分区并延伸 100 m。

(2)车站 TCC 和中继站 TCC 均应作为 CTCS-2 级临时限速的更新点,在其 TSR 管辖范围内,应具备同时设置 3 处 TSR 的能力(不含末端 45 km/h 限速)。

(3)进站/出站口应答器正线 TSR 有效区段长度(L_TSRarea)为 TCC 单方向 TSR 管辖范围外加 100 m,并在 L_TSRarea 末端内方固定设置 100 m 长的 45 km/h 限速区。

(4)若 TCC 的正线限速管辖范围延伸的末端为仅能开放 UU 或 UUS 进、出站信号机,且该信号机设有列控中心控制执行侧线限速降级时,则本站(甲站)进、出站口应答器的正线TSR 有效区段长度为延伸至该信号机处加 100 m,且不再增加强制 45 km/h 的目标限速点。

(5)对于没有直股发车条件的侧向接车进路,TSR 有效区段长度为接车进路长度并延伸80 m。

(6)对于可直股发车的侧向接车进路,TSR 有效区段长度为进站口至出站口加 80 m。

① 当侧线,或进路上,或 L1 范围内,有低于 80 km/h 的限速时,进站信号机应答器发送临时限速值最小的全进路限速报文。

② 否则(侧线,且进路上,且 L1 范围之内,不存在低于 80 km/h 的临时限速),当 L3 范围内有低于 80 km/h 的临时限速时,进站信号机应答器发送 80 km/h 的全进路限速报文。

③ 否则(侧线,且进路上,且 L2 范围之内,不存在低于 80 km/h 的临时限速),当侧线,或进路上,或 L2 范围之内,存在高于或等于 80 km/h 临时限速,进站信号机应答器发送进路相关区段以及 L2 范围之内设置的临时限速最小速度值的全进路限速报文。

④ 否则(侧线,且进路上,且 L2 范围之内,不存在临时限速),当在离去区段的 L2 范围外且在临时限速管辖范围内设置有临时限速时,进站信号机应答器发送临时限速为线路最高允许速度的全进路限速报文。

(7)对于侧向接、发车进路,若途径道岔区段或所属侧线分区设有限速时,则进、出站口应答器应发送限速值最低的全进路限速报文。

(8)对于侧向发车进路,出站信号机处应答器的 TSR 管辖范围应从该应答器位置开始至前方车站(或中继站)第二组有源应答器外加一个制动距离。当发车进路内和出站口应答器内没有 TSR 时,出站信号机处应答器发送全线无限速报文,TSR 有效区段长度为其 TSR 管辖范围加 100 m,并在 L_TSRarea 末端内方固定设置 100 m 长的 45 km/h 限速区。

(9)对于侧向发车进路,当发车进路内和出站口应答器前方管辖范围内有 TSR 时,根据进路内或制动距离的限速情况选择不同限速值的全进路报文,TSR 有效区段长度为出站信号机处应答器开始至出站口加 80 m。

(10)CTCS-2 级线路与 CTCS-2 级提速线间转换区域边界处的既有车站,改造后其 TCC 的 TSR 管辖范围如下:

① 提速线侧,按既有提速线 CTCS-2 级限速方式下达,不需归档,不增加强制 45 km/h 的目标限速点。

注:若既有侧进站有源应答器组至出站信号机间已设置了 1 处限速,则 CTCS-2 级线路侧最多允许设置 2 处限速。

② CTCS-2 级线路侧,按本技术规范实施,不需归档,但需增加强制 45 km/h 的目标限速点。

③ 转换站 TCC 须按既有线 CTCS-2 技术规范实施正线进站信号机降级。

(11)设有 TSRS 的线路与未设 TSRS 的线路间转换区域边界处的既有车站,改造后其 TCC 的 TSR 管辖范围如下:

① 未设 TSRS 的线路侧,按原客专 CTCS-2 级限速方式下达,以"闭塞分区"为单位,不增加强制 45 km/h 的目标限速点。

② 设有 TSRS 的线路侧,按本技术规范实施,不需归档,但需增加强制 45 km/h 的目标限速点。

③ 若未设 TSRS 的 C 站限速管辖范围延伸至设有 TSRS 的 A 站内,则 C 站的 TCC 也需具备实时组帧及编码功能,但不需要与 TSRS 连接。

④ 若两侧线路均归属为同一调度台,则不设边界 TCC 转换站,由 CTC 系统按未设 TSRS 端的方式综合本台管控范围内所有限速命令状态。

(12)与等级转换点相邻的 CTCS-0 级车站 TCC 的 TSR 管辖范围应从站外有源应答器开始至前方车站出站口或中继站第二个应答器组外加一个制动距离。

(13)与等级转换点相邻的 CTCS-2 级车站 TCC 在 CTCS-0 级方向的 TSR 管辖范围应从本站进站口开始至等级转换执行点向外延伸一个线路最高允许速度减速到 45 km/h 的制动距离。

(二)CTCS-3 级临时限速设置规则

(1)RBC 的 TSR 管辖范围应与其行车许可的控制范围一致,包括 CTCS-3/2 级间转换区域和 RBC 切换区域。

(2)RBC 实时更新行车许可范围内的 TSR 信息,限速长度超出的部分将被截断。

(3)RBC 采用列车最近定位应答器(LRBG)的相对距离方式,分别独立描述各处限速信息。

(4)对于区间及站内正线的临时限速,RBC 应按临时限速命令给定规定的起始位置、长度和限速值生成限速信息包。

(5)对于侧向接、发车进路,若途经道岔区段或所属侧线分区设有限速时,则 RBC 应发送限速值最低的全进路限速报文(但不需增加 80 m)。

(6)对于可直股发车的侧向接车进路,若股道及发车进路上设有正线限速时,RBC 应按实际限速位置描述。

(7)对于侧向发车进路,若离去区段及发车区间设有正线限速时,RBC 应按实际限速位置描述。

(三)调度命令要求

(1)临时限速取消命令须与要取消的临时限速设置命令的限速区位置参数完全一致,不得对某一限速区进行分段取消或覆盖取消。

(2)若 TSR 系统完全故障,造成临时限速命令无法下达执行时,调度员应采用限速调度命令文本流程,通知司机按文本限速调度命令控制列车运行。

(3)若设置低于 45 km/h 的限速,CTC/TDCS 按 45 km/h 向 TSRS 传送,并按实际速度值自动生成限速调度命令文本,通知司机按文本限速调度命令控制列车运行。

## 六、临时限速设置后在不同终端上的显示含义

(一)LKX-T 型临时限速的设置及在不同终端上的显示

1. 临时限速服务器维护终端上的显示含义

成功下达且执行的以黄色框显示。正线限速区表示为在原线宽度的基础上加载实线框,即在与原线区段偏离 2 个像素上、下各 2 个像素的单色平行实线,外加左、右 2 个像素的单色垂直实线。当鼠标移至该区域时,应弹出提示框,标出具体限速区起点、终点和限速值,如图 2-118 所示。各侧线限速分区分别对应设置一个圆形限速表示灯。

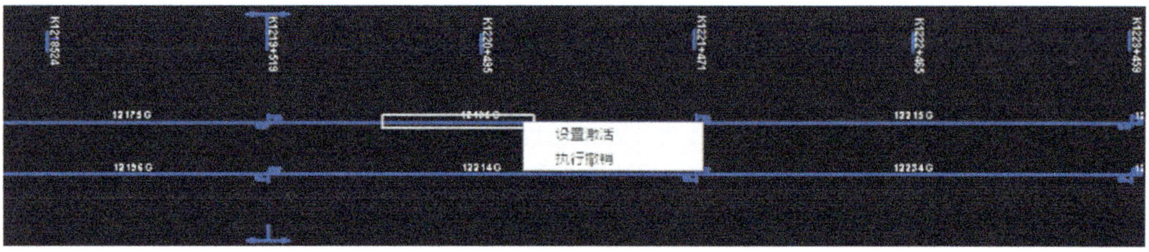


(a)尚未激活的命令

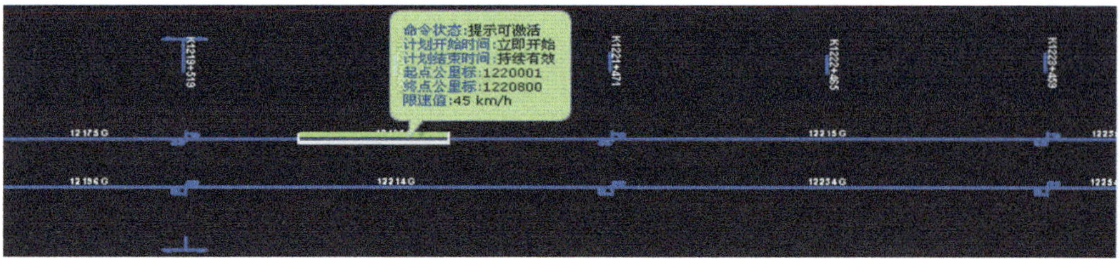


(b)提示调度员确认激活(提前 30 min)

图 2-118 临时限速设置后在维护终端上的显示含义

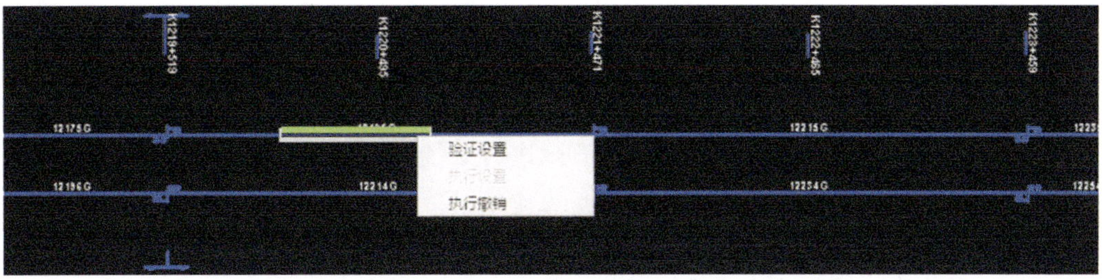


(c)提示验证命令操作

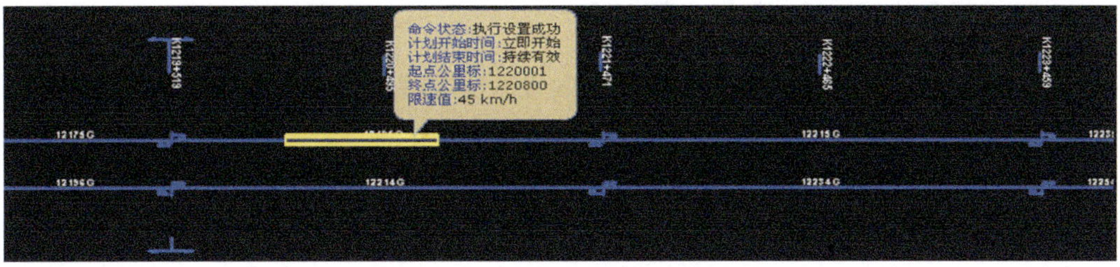


(d)提示执行命令操作

图 2-118　临时限速设置后在维护终端上的显示含义

2. CTC 终端的显示含义

(1)在列控限速命令管理界面上的显示

拟定成功后的列控限速命令存储在 TSRS 中,CTC 提供了列控限速命令管理界面,可调阅存储在 TSRS 中的限速命令,管理界面如图 2-119 所示。

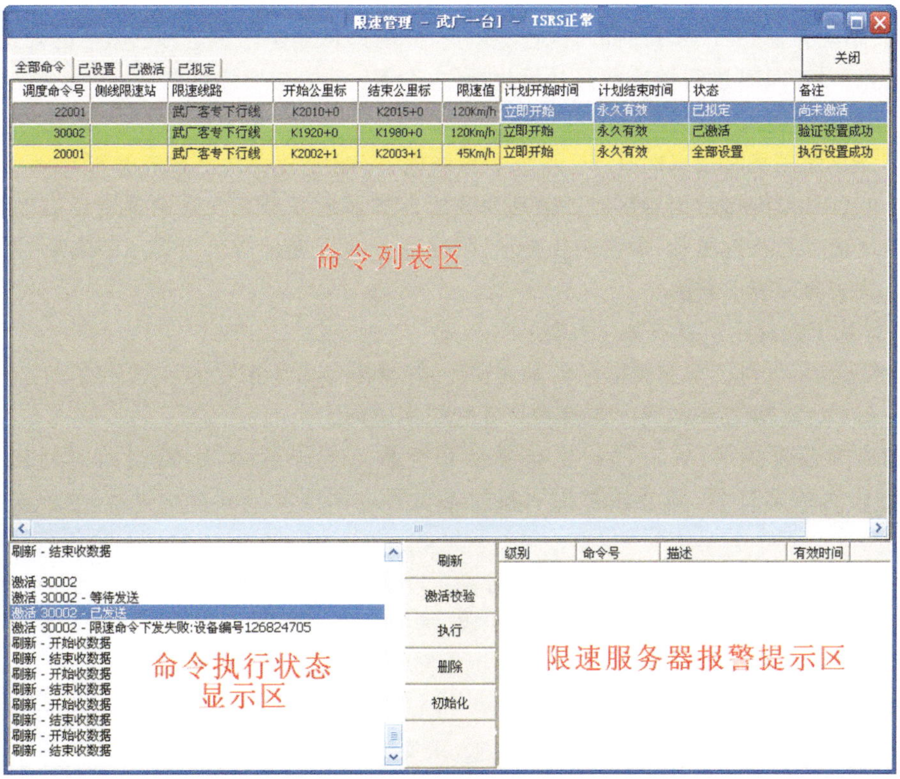


图 2-119　限速管理界面示意

① 命令列表区

分类显示 TSRS 的命令，分如图 2-119 所示的四个标签页，打开该界面时，默认显示在“全部命令”页面。

全部命令：显示当前 TSRS 内存储的所有限速命令(包含已设置、已激活、已拟定三项)。

已设置：显示当前 TSRS 内正在执行的限速命令(包含部分执行的命令)。

已激活：显示当前 TSRS 内已经通过激活校验的命令(包含取消命令)。

已拟定：显示当前 TSRS 内已经拟定的待激活命令(包含取消命令)。

其中相关命令在列表区底色定义如下：

已拟定：灰色。

已激活：绿色，当取消命令为已激活，正在执行的被取消命令也为绿色即可以显示一对取消命令和被取消命令皆为绿色。

已设置：完全执行的命令底色为黄色，部分执行的命令底色为红色。

② 命令执行状态显示区

命令执行状态显示区用以显示对临时限速服务器(TSRS)下达命令后，临时限速服务器的反馈信息。

③ 按钮区

按钮区包括五个按钮，如下说明：

刷新：用以刷新当前命令列表区的限速命令。

激活校验：对选定的限速命令进行激活校验操作，TSRS 反馈结果信息。

执行：对选定的限速命令进行执行操作，TSRS 反馈结果信息。

删除：删除存储在 TSRS 内部未执行的限速命令，即可删除已拟定和已激活的限速命令。

初始化：对 TSRS 进行限速状态初始化操作，TSRS 反馈结果信息。

④ 报警提示区

当 TSRS 发送报警信息时，CTC 系统提示调度员，调度员可调出限速管理界面查看具体报警提示信息。报警提示信息区域以滚动列表的方式显示 TSRS 发送给调度台的报警信息，包括限速设置时间临近提示、需初始化提示、限速部分执行提示等。当提示结束后，系统将本报警提示从滚动列表中删除。

TSRS 系统的提示信息有如下几种：

a. 激活提示：仅对已拟定待激活的限速命令，根据限速命令拟定的计划开始时间前30 min 起，每 10 min 会提醒 1 min，直至限速命令计划结束时间。

b. 超时未设置提示：针对已拟定待激活和已激活的限速命令，若当前时间超出限速命令拟定计划结束时间，则会始终提示超时未设置。间隔 1 min 持续提示，直至命令状态变化。

c. 设置提示：仅对已激活的限速命令，若满足相关车站或中继站至限速区范围内空闲，将一直提示，直至有区段占用或由相关 TCC、RBC 通信中断。

无论是否有提示，调度员皆可直接进行相应操作，不需刻意等待提示。

(2)在站场图界面上的显示

当限速命令被完全执行时，对于正线限速，相关限速示意区域显示黄色稳定光带；对于侧线限速，相应侧线限速表示灯显示为稳定黄色，鼠标移至黄色光带或者侧线限速表示灯上面则有具体限速信息，如图 2-120 所示。

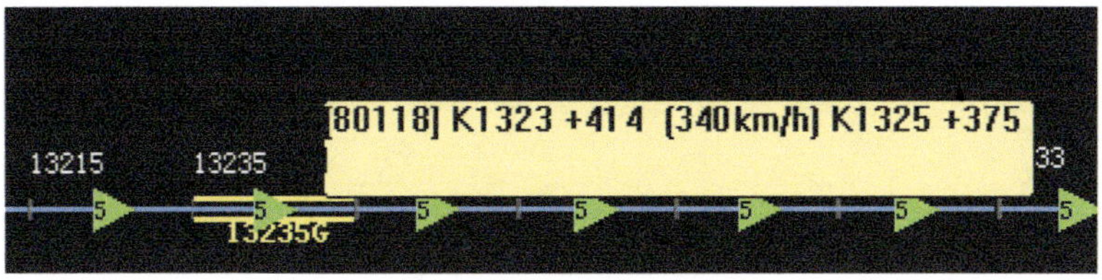


(a)正线限速完全执行显示

(b)侧线限速完全执行显示

图 2-120 站场图界面的显示

其中图 2-120(a)中的正线限速[80118]表示调度命令号;K1323+414 和 K1325+375 表示限速的起始和结束里程;[340 km/h]表示限速值。图 2-120(b)中的侧线限速[9996]表示调度命令号;45 km/h 表示限速值。当正线限速同一闭塞分区内存在多条限速时,鼠标移至此区域可显示多条限速的信息。

限速具体显示绘制方式为正线站内以进出站信号机间轨道区段为显示单位,区间以闭塞分区为显示单位,轨道区段上下各绘制一黄色光带,黄色光带厚度为 2 个像素,距离轨道区段间隙为 2 个像素,如图 2-121 所示。

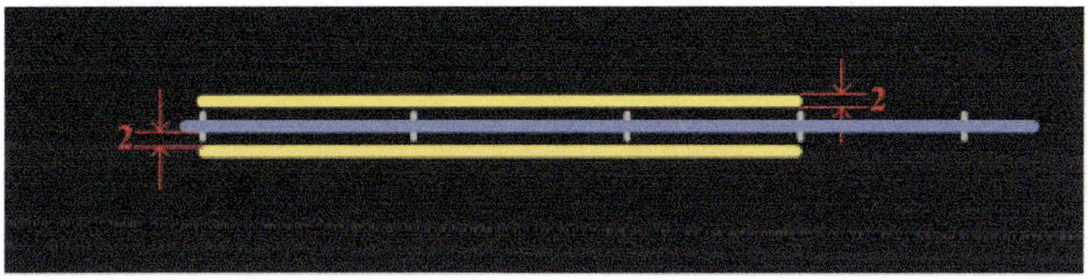


图 2-121 黄光带绘制规范

如果限速存在有部分执行或取消限速命令已经激活的时候,则采用黄色光带闪烁的方式(侧线为侧线限速表示灯黄色闪烁),以提醒调度员注意,具体闪烁频率如下:定时器基准 500 ms一个单位,黄闪时,黄色出现 2 个单位时间,消失 1 个单位时间。

(二)LKX-H 型临时限速的显示

成功下达且执行的以黄色框显示。正线限速区表示为在原线宽度的基础上加载实线框,即在与原线区段偏离 2 个像素上、下各 2 个像素的单色平行实线,外加左、右 2 个像素的单色垂直实线。当鼠标移至该区域时,应弹出提示框,标出具体限速区起点、终点和限速值。各侧线限速分区分别对应设置一个圆形限速表示灯。

## 思考题

1. 简述临时限速服务器的硬件组成及布局。
2. 简述临时限速服务器的主要功能。
3. 简述临时限速服务器与其他系统的接口。

4. 简述临时限速服务器的设置流程。

5. 简述临时限速服务器的设置规程。

## 第六节 信号数据传输网络及网络安全

信号数据传输网络由安全数据通信局域网、RBC/联锁安全数据通信以太网、CTC数据通信以太网及相关网络传输设备组成。

客运专线信号安全数据网应确保车站、中继站(无岔站)以及与中心信号设备(如RBC、TSRS)间的安全信息可靠传输。其基本组网结构如图2-122所示。

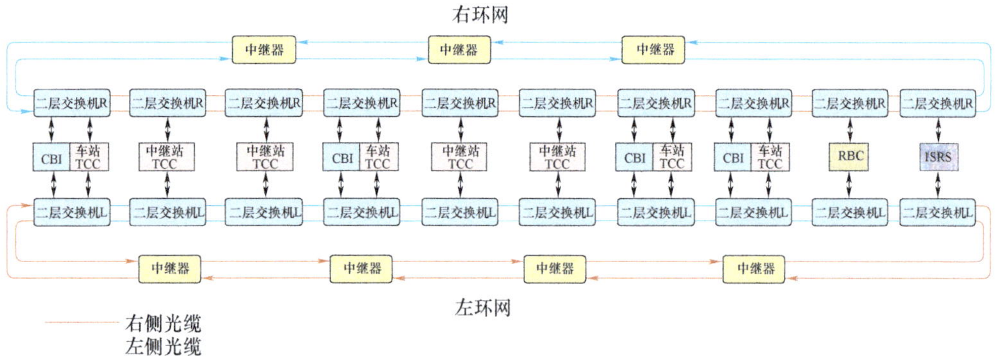


图 2-122 信号系统安全数据网基本组网结构图

TCC、CBI、RBC和TSRS等应用设备通过电接口接入到信号系统安全数据网。

客运专线安全数据网应设置网络管理系统,实现网络连接状态和设备状态监测和记录、故障报警、设备维护等功能。

客运专线信号系统安全数据网与独立的信号设备之间,应通过二层交换机连接,如图2-123所示。

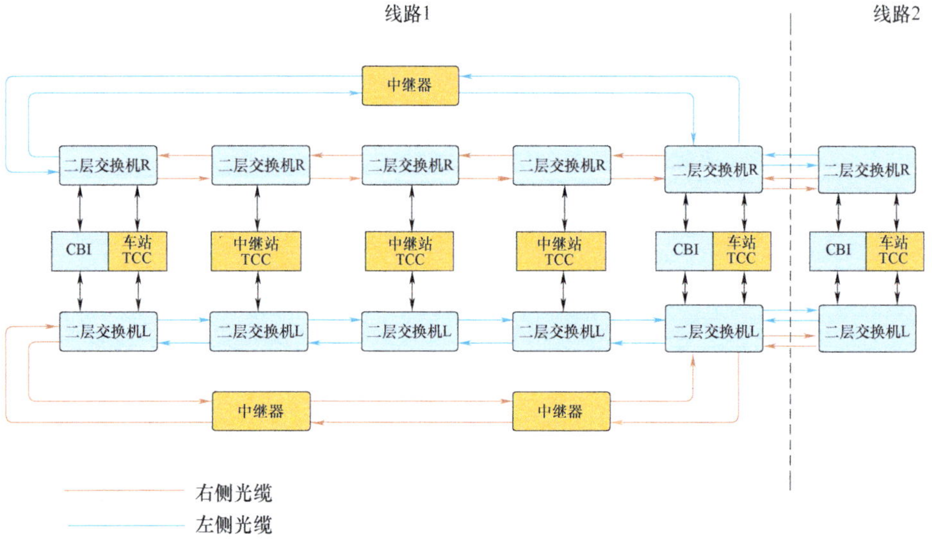


图 2-123 信号系统安全数据网与独立信号设备的连接图

网络连接应在独立信号设备处设置交换机,通过交换机与相邻信号系统安全数据网连接。

应采用不同路径的双通道冗余光缆连接线路 1 和线路 2 的设备。

## 一、TCC/安全数据通信局域网结构组成

列控中心的主要作用是向列控车载设备提供控车有关的信息。

列控中心站间通过工业以太网连接，形成双环冗余的网络拓扑。各交换机间使用单模光纤跳接(相隔一个车站)，而列控中心与交换机间使用双绞线进行交叉连接。一般一个子网内最多可有 32 个交换机节点。

TCC 安全数据通信网络是由专用光纤和工业以太网交换机构成的信号安全信息传输的工业以太网，用于实现本站 TCC 与邻站 TCC 间、临时限速服务器与 TCC 间的信息交换。

(一)网络构成

列控中心站间通过工业以太网连接，形成双环冗余的网络拓扑。

各列控中心站和中间站内的交换机间使用 2 芯单模光纤跳接(相隔一个站点)，而各节点内列控中心设备与交换机间使用五类线进行交叉连接。组网方案如图 2-124 所示。

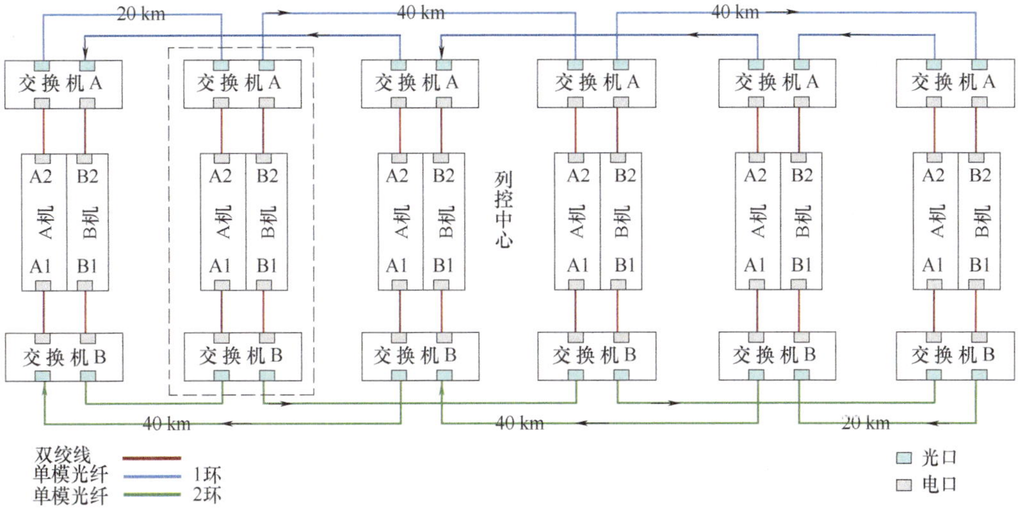


图 2-124 TCC/联锁安全数据通信局域网

客专列控中心站和中继站数量组建多个子网，每个子网内最多可有 32 个交换机节点。不同子网间连接的边界站必须使用三层交换机。

(二)IP 地址分配原则

采用 8 位子网掩码的 B 类网络(172. x. 0. 0)，可最多划分 254 个子网，每个子网内最多可有 254 个主机节点。具体 IP 网段按铁道部对全路信号系统 IP 地址分配管理办法、标准的相关要求分配。

(三)主要技术参数

环行网的自愈时间≤500 ms。

(四)交换机的基本要求

① 快速以太网口 RJ-45 至少 4 个，通信速率可自适应 10 M/100 Mbit/s。

②单模光纤口至少 2 个(三层交换机须至少 4 个)，通信速率为 100 Mbit/s。

③ 传输距离不小于 40 km。

④ 冗余电源。

⑤ 能适应 0 ℃～50 ℃。

⑥ 有监测输出接口。

⑦ 无风扇，低功耗，防尘。

⑧ 支持 VLAN 划分和端口聚合功能。

⑨ 光纤的基本规格：单模，全双工通信方式（每路 2 根光纤收、发），光波长为 1.3 μm。

## 二、RBC/联锁安全数据通信以太网结构组成

(1)RBC 系统通过专用的 RBC 通信机和多个车站的联锁系统进行通信，RBC 通信机要求对于一个车站的联锁设备，仅和当前活动的联锁机，即仅和主用联锁机进行通信，在此期间并不和备用联锁机建立任何通信联系，仅当主用联锁计算机故障切换到另一台联锁机，再和另一台联锁机建立通信关系进行通信。

(2)为实现联锁系统和 RBC 的安全通信，并且满足在同一时刻，仅有活动的设备和 RBC 建立通信关系，双机切换不影响 RBC 和联锁系统之间的通信等要求，联锁系统采用两套 2 取 2 专用计算机构成双系并用的通信机；两个通信机同时从主用联锁机和备用联锁机接收通信信息，并将主用联锁机的通信信息根据安全通信协议进行处理后发送给 RBC。这样联锁主备机的切换不会影响到联锁系统和 RBC 之间的通信。

(3)两系通信机同时工作，同时进行运算，分别接入到 RBC 和联锁的安全通信网 1 和网 2，实现通信接口的冗余。

(4)组建专用数据通信网络网，为 RBC 中心与车站联锁设备间的数据通信提供广域互联通道。

(5)提供独立的双网络承载服务，双网同时在线，不存在主用和备用之分。以便避免因单点设备或通道失效时引起的通信的中断。

(6)RBC 设备及联锁设备均采用双以太网接口接入安全数据通信网，对双以太网接口中业务信息的判别及倒换由 RBC 设备及联锁设备自身完成。

### (一)网络结构

RBC/联锁安全数据通信网络拟采用高可靠性的工业以太网交换机构成。

按 RBC 中心和 11 个车站节点以环状网络的方式组建工业以太网。

在沿线车站节点设置 2 台工业以太网交换机（端点站配置 1 台），完成信息数据业务的接入、转发，同时实现业务隔离、流量控制等功能。

新设的工业以太网交换机设备利用客运专线两侧不同物理路由光缆中的 2 芯直连，组建环状结构的千兆以太网。

在 RBC 中心设置 1 台工业以太网交换机，接入到光纤以太环网中，完成 RBC 中心内信息数据业务的转发。

RBC 中心内局域网交换机通过 FE 链路接入到工业以太网交换机上，完成 RBC 设备数据业务的接入。

网络结构采用双环冗余方案，全线车站和 RBC 无线闭塞的交换机以环形方式构成两个独立运行的环形千兆工业以太网。

每个环网上容许单点故障，故障时路径切换时间＜50 ms。

双网同时在线运行，数据在哪个网上传输的选择取决于 RBC 和联锁设备，从一个网络切换到另一个网络的切换过程也取决于 RBC 和联锁设备。

（二）系统功能

(1)可对信号数据网络设备的每个端口进行安全性设置，只容许符合条件的设备接入该端口；端口可以设定为固定速率，可以关闭不使用的端口。

(2)支持快速生成树协议(RSTP)。

(3)具备有效的网络管理功能，并通过 SNMP 协议进行远程网络管理。

(4)支持组播协议。可以同时从多个端口接收数据，也可以同时发送数据到多个端口。

(5)端口与设备地址对应关系表存储在交换机的内存中，交换机可通过此表判断数据的来源以及决定数据的目的端口。

(6)支持 VLAN、广播抑制等技术，区分不同的网络应用、实现多种业务的隔离。

(7)数据传输网络只提供物理层、链路层的通信服务，上层的安全协议由 RBC 和联锁系统实施。

(8)支持三层功能，可按需求实现多种业务的隔离与互通。

（三）IP 地址分配原则

IP 地址的分配满足铁道部对全路信号系统 IP 地址分配管理办法、标准的相关要求。

（四）网络管理

在 RBC 中心设置 RBC/联锁安全数据通信网络网管中心设备，在重要大站设备机房设置网管远程终端设备。网管中心具备以下基本功能：

(1)资源管理

实现设备管理、链路管理、路径管理、IP 地址管理、软件版本管理、VLAN 管理、资源报表统计、资源预警等功能。

(2)拓扑管理

根据不同的视角和不同的侧重层次，拓扑图可以有不同的视图：实现拓扑自动发现、监视与浏览；实现基于拓扑的流量显示、资源显示、配置显示和故障显示等。

(3)配置管理

实现对网元设备的配置，可保存历史配置信息并可对不同配置进行比较。

(4)故障管理

提供列表形式的告警监视窗口，可在窗口视图上监视到网元的实时告警、对相关告警进行操作或启动相关网元的告警历史信息查询浏览功能；具备各种告警提示手段；支持告警过滤、告警转发、告警确认、告警升级和告警清除；支持故障关联分析。

（五）主要技术参数

① 交换容量(bit/s)：调度所≥9.6 Gbit/s，车站≥5.6 Gbit/s。

② 转发能力(pps)：调度所≥6.4 Mpps，车站≥3.8 Mpps。

③ IP 路由：支持静态，RIP v1/2。

④ MAC 地址表深度：≥8K。

⑤ 整机支持组播数：≥512。

⑥ 802.1Q VLAN 数目：≥64。

⑦ 基于端口 VLAN：支持。

⑧ SDRAM 大小：≥16M。

⑨ 广播风暴抑制：支持。

⑩ ROMN1、SNMP1/2/3、WEB 网管、CLI 配置、TELNET 配置、FTP 配置：支持。

⑪ 端到端延时(单环故障时)：<50 ms。

## 三、CTC 数据通信以太网结构组成

客专 CTC 系统独立组网，分别采用通信数据网提供 2M 专用数字通道，用于调度所 CTC 中心系统与车站系统之间的信息传输。

CTC 系统设计为双网，包括调度所 CTC 中心的双局域网、车站的双局域网、调度所 CTC 中心与车站之间的双 2M 数字通道环、既有 TDCS 系统与调度所 CTC 中心的 2M 数字互连通道。

调度所 CTC 中心配置路由器设备、防火墙设备以及局域网交换机设备；车站配置路由器设备、局域网交换机设备；调度所 CTC 中心和车站之间、既有 TDCS 系统与调度所 CTC 中心的 2M 数字通道由通信系统 MSTP 多业务传输平台提供。

## 四、中心机房网络安全设备的组成

调度集中网络子系统是基于 TCP/IP 协议的网络系统，与专用网络相比较，具有较高的开放性和互联性，使整个系统具有很好的可扩展性和强大的接口功能，同时也提出了更高的网络安全防护要求。调度集中系统的网络安全防护措施主要包括以下三类设备。

(1)访问控制设备：包括防火墙、入侵检测系统及身份验证系统。

(2)网络病毒防护设备：硬件网络防病毒主机。

(3)系统缺陷检测：网络漏洞评估主机。

网络版杀查毒软件可以随时监控网络上每台安装 Microsoft Windows 系列操作系统的计算机，一旦发现病毒立即查杀。

同时，与其他系统联网时，不采用 TCP/IP 协议，而使用带光电隔离的 RS-232、RS-422、RS-485 等串行通信方式相连。

## 五、防火墙的作用

防火墙是一个或一组在两个不同安全等级的网络之间执行访问控制策略的系统，它由硬件和软件共同组成，通常处于企业的局域网和 Internet 之间，目的是保护局域网不被 Internet 上的非法用户访问，同时也可管理内部用户访问 Internet 的权限。

本质上，它遵从的是一种允许或阻止企业来往的网络通信安全机制，也就是提供可控的过滤网络通信，只允许授权的通信。其目的如同一个安全门，既为门内的内网用户访问外网提供安全，也对门外的外网用户访问内网进行控制。防火墙可根据是否需要专门的硬件支持分为硬件防火墙和软件防火墙。

防火墙能保护站点不被任意连接，甚至能通过跟踪工具，帮助总结并记录有关正在进行的连接信息、记录通信量及试图闯入者的日志。

(1)所有进程网络的通信流都应该通过防火墙。

(2)所有穿过方能够获取的通信流都必须有安全策略的确认与授权。

(3)可以对网络存取和访问行径监控审计。

(4)可以防止内部信息的外泄。

## 六、防病毒服务器的工作原理及应用

计算机病毒,是指编制成单独的或者附着在其他计算机程序上用以破坏或降低计算机功能或者毁坏数据,影响计算机使用,并能够自我复制的一种计算机指令或者程序代码。

随着计算机网络的发展,计算机病毒从早期单机的感染已发展到利用计算机网络技术进行病毒传播,其蔓延的速度更加迅速,破坏性更为严重。

计算机病毒的预防分为管理方法上的预防和技术上的预防两种。用技术手段预防计算机病毒的传染,可采用防病毒软件、防火墙软件等,预防计算机病毒对系统的入侵,或发现病毒欲传染系统时,向用户发出报警。

网络防病毒系统主要包括:计算机防病毒客户端及防病毒管理服务器。网络防病毒系统建立后,可达到以下防病毒效果。

(1)主动的病毒防护,防病毒客户端不需要病毒签名就可以阻挡未知蠕虫病毒。

(2)过滤功能,防病毒系统集成了业界最强大的探测清除模块。

(3)Windows 平台微软安全补丁安装状态检测和报警,并且提供详细的报表。

(4)能够自动探测未受保护的计算机。

(5)能够自动探测外来用户电脑接入内部网络。

(6)对网络内的应用服务器进行全面防护,从而切断病毒在服务器内的寄生和传播。

(7)对所有的客户机进行全面防护,彻底消除病毒对客户机的破坏,保证所有工作人员都有一个干净、安全的计算机平台。

(8)防病毒管理服务器能够检测微软安全漏洞和补丁安装情况,并且给出详细报表和通知。

(9)通过分层的防病毒管理服务器实现分布式自动更新和分层分地域分权管理。

(10)技术领先的病毒爆发响应,通过不需签名防护蠕虫病毒技术,端口锁定、文件、文件夹锁定和通知功能,使得在病毒爆发阻止和病毒爆发快速响应方面具有完善有效的技术手段。

(11)完全自动化的更新,能够实现本地或映射驱动进行快速更新。

## 七、身份认证系统的工作原理及应用

身份验证是用户向系统证明自己身份的过程,也是系统检查核实用户身份证明的过程。这两个过程是判明和确认通信双方真实身份的两个重要环节,人们常把这两项工作统称为身份验证(或身份鉴别)。身份认证可分为用户与主机间的认证和主机与主机之间的认证。

用户与主机之间的认证可以基于如下一个或几个因素:用户所知道的东西,例如口令、密码等;用户拥有的东西,例如印章、智能卡(如信用卡等);用户所具有的生物特征,例如指纹、声音、视网膜、签字、笔迹等。

计算机网络世界中一切信息包括用户的身份信息都是用一组特定的数据来表示的,计算机只能识别用户的数字身份,所有对用户的授权也是针对用户数字身份的授权。

如何保证以数字身份进行操作的操作者就是这个数字身份合法拥有者,也就是说保证操作者的物理身份与数字身份相对应,身份认证就是为了解决这个问题,作为防护网络资产的第一道关口,身份认证有着举足轻重的作用。

目前最为安全的身份认证方式,也利用“what you have”方法,也是一种动态密码。

动态口令牌是客户手持用来生成动态密码的终端，如图2-125所示。

图 2-125 动态口令牌

主流动态口令牌是基于时间同步方式的，每 60 s 变换一次动态口令，口令一次有效，它产生 6 位动态数字进行一次一密的方式认证。

由于它使用起来非常便捷，85%以上的世界 500 强企业运用它保护登录安全，广泛应用在VPN、网上银行、电子政务、电子商务等领域。

动态口令是应用最广的一种身份识别方式，其一般是长度为 5～8 的字符串，由数字、字母、特殊字符、控制字符等组成。用户名和口令的方法几十年来一直用于提供所属权和准安全的认证来对服务器提供一定程度的保护。当你每天访问自己的电子邮件服务器、服务器要采用用户名与动态口令对用户进行认证的，一般还要提供动态口令更改工具。现在系统(尤其是互联网上新兴的系统)通常还提供用户提醒工具以防忘记口令。

## 思考题

1. 叙述 TCC/安全数据通信局域网结构组成。
2. 叙述 RBC/联锁安全数据通信以太网结构组成。
3. 叙述 CTC 数据通信以太网结构组成。
4. 叙述中心机房网络安全设备的组成。

## 复 习 题

1. 简述计算机网络安全的基本要求及规定。
2. CTCS-3 级列控车载设备有哪些功能?
3. 掌握管内每一个 RBC 的管辖范围。
4. 能看懂临时限速设置后在不同终端的显示意义。
5. 叙述防火墙的作用。
6. 叙述防病毒服务器的工作原理及应用。
7. 叙述身份认证系统的工作原理及应用。

# 第三章　相 关 知 识

列车运行控制系统是保证列车运行安全，提高列车运行效率的控制系统；列控中心是列控系统的重要组成部分；铁路数字移动通信系统是CTCS-3级列车运行控制系统的重要组成部分。本章重点介绍这三个方面的相关内容。

## 第一节　列控中心(TCC)

列车控制中心，简称列控中心(TCC)，可以设置在车站、中继站或线路所。TCC是客运专线列车控制系统的地面核心安全设备，通过通信协议、关键通道冗余等措施，实现了与计算机联锁系统、CTC系统、集中监测系统、轨道电路、相关列控中心、LEU等设备的信息交换；具备ZPW-2000轨道电路编发码控制、区间轨道电路状态逻辑判断、区间运行方向控制及闭塞、区间信号机点灯控制、有源应答器发送报文控制等功能。

### 一、TCC的工作原理及主要功能

列控中心根据其管辖范围内各列车位置(轨道占用)、联锁进路信息、线路限速信息等，产生列车行车许可命令，并通过轨道电路和有源应答器，传输给车载子系统，保证其管辖内的所有列车的运行安全。根据轨道区段占用信息、列控中心通过轨道电路编码、应答器报文编码等功能应用软件，能够实现如下功能。

(1)根据列车进路和轨道区段状态等信息，实现站内和区间轨道电路的载频、低频信息编码功能，并控制轨道电路的发码方向。

(2)通过信号系统安全数据网接收临时限速服务器发送的临时限速信息，根据临时限速设置和列车进路开通情况，实现应答器报文的实时组帧、编码、校验和向LEU发送的功能。

(3)通过信号安全数据网通信，实现TCC站间安全信息的实时传输。

(4)实现区间运行方向与闭塞的控制。

(5)区间设置地面通过信号机的高速铁路，TCC应实现对信号机的点灯控制。

(6)实现无配线车站轨道电路的编码控制和进出站信号机的驱动采集。

(7)通过继电器与异物侵限系统接口，实现异物侵限灾害防护，并将灾害信息传送给联锁设备和信号集中监测设备。

(8)通过和CTC通信接口，向CTC设备传输区间闭塞分区状态、编码、方向和设备状态等信息。

(9)具备自诊断功能，实现TCC各模块、通信接口的故障自诊断和辅助维护，同时把监测状态信息和报警信息发送给集中监测设备。

### 二、TCC的硬件结构

列控中心采用硬件安全比较冗余结构，主要由安全主机单元、通信接口单元、驱动采集单元、辅助维护单元及冗余电源单元等构成，设备结构组成如图 3-1 所示。

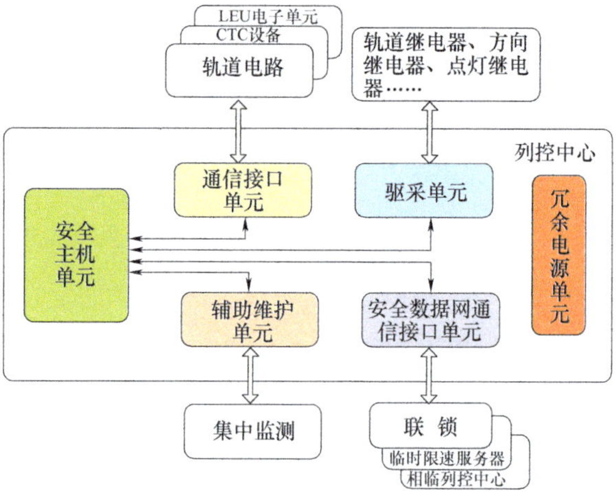


图 3-1 TCC 设备结构组成

(一)LKD2-T2 型 TCC 的硬件结构

1. 系统结构

LKD2-T2 列控中心按照结构配置分成小型车站列控中心、中型车站列控中心、中继站列控中心、大型车站列控中心 4 种类型。小型车站列控中心的配置如图 3-2 所示。

2. 系统组成

LKD2-T2 列控中心系统由列控主机单元、输入输出接口单元、通信接口单元、监测维护终端、电源单元、信号安全数据网通信单元六部分组成。

(1)列控主机单元

列控主机为列控中心的核心设备，负责完成列控中心的逻辑处理和系统管理的任务。

(2)输入输出接口单元

输入输出接口是采用“故障—安全”型双 CPU 构成的智能控制器，其输出电路按故障倒向安全的原则设计，输入采集电路通过有效的自检测功能，能够检测出输入电路的故障，保证输入信息的安全性。

(3)通信接口单元

通信接口单元实现列控中心设备对外的通信接口，主要实现列控中心对轨道电路、LEU 以及 CTC 设备的通信。

(4)监测维护终端

辅助维护监测终端是一套完整的工控机设备，包括辅助维护监测主机、上架显示器、键盘和鼠标。主要功能为记录列控中心、轨道电路、LEU 等各个单元的工作状态和数据，同时把监测数据传送给集中监测设备。

(5)电源单元

电源屏输出一路 AC 220 V(经过 UPS)给列控中心设备供电，列控中心设备提供给内部 24 V 电源模块、监测维护终端、显示器等各个单元。

(6)信号安全数据网通信单元

站间通信以太网接口单元主要包含两台工业以太网交换机，车站列控中心通过工业以太环网与联锁设备和临时限速服务器通信。

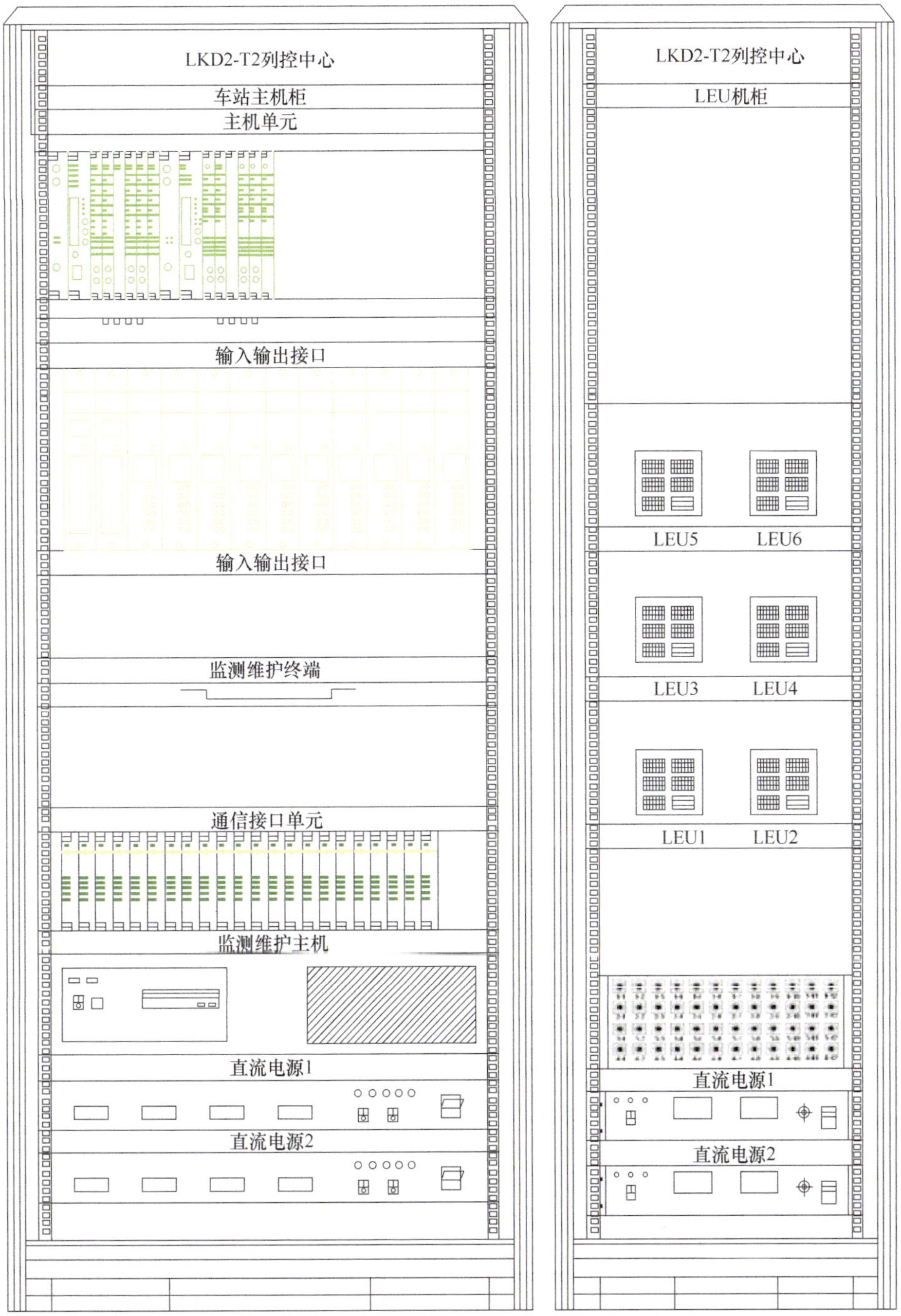


图 3-2 小型车站列控中心设备布局前视图

(二)LKD2-H 型 TCC 的硬件结构

1. 机柜组成

LKD2-H 型车站列控中心的主要硬件设备均安装在以下三类现场机柜中。

(1)主控机柜

从上到下分别为:24 V 电源层、切换面板、主控层、维护终端主机、维护终端显示器、联锁

CTC 通信板层、LEU 通信板层、轨道电路通信板层、空开、保险和防雷模块。

(2)接口扩展机柜

从上到下分别为:24 V 电源层一、24 V 电源层二、A 系驱动采集层一、B 系驱动采集层一、A 系采集驱动层二、B 系采集驱动层二、空开、保险和防雷模块。

(3)LEU 接口机柜

从上到下分别为:24 V 电源、6 个 LEU、轨道电路通信盘、轨道电路监测机、空开、保险和防雷模块。

2. 系统板卡

(1)电源模块

电源模块 TM450 两两冗余配置,两两并联均流,与 TM413 电源机笼配套使用,可构成 3 组 24 V DC 电源,每组 2 个电源,互为冗余、并联均流。

(2)主控单元

主控 ICU-TM420 是列控中心的逻辑运算单元,采用 xscale 高性能安全处理芯片,扩展 4 片以太网芯片实现 ICU 间的安全通信,采用 profisafe 总线与各通信板通信,接收外部系统的数据进行逻辑计算,二取二通过后再发送给各通信板。

(3)切换板

手动切换模块 TM422A 完成列控主备工作状态的手动切换、电源报警和状态指示的功能。

(4)切换面板

切换面板用于指示系统主备运行状态,并配置切换钥匙,在两系运行无故障时,可以使用钥匙指定主备系。

(5)接口板卡

列控中心通过接口板卡与外部设备连接。与其连接的外部设备有轨道电路、CTC/ TDCS、联锁、集中监测、LEU 和驱动采集继电器。

## 三、TCC 与其他系统的接口

### (一)与联锁设备接口

联锁设备通过下位机接入到信号系统安全数据网中与 TCC 设备进行信息交换,通信电缆采用 STP6 类专用以太网电缆,连接结构如图 3-3 所示。

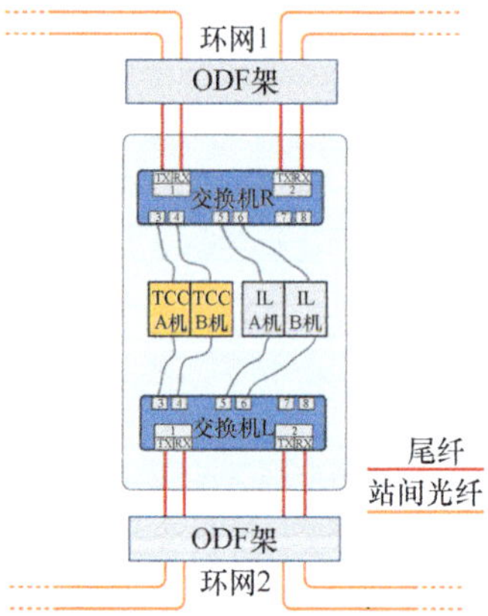


图 3-3 TCC 与联锁设备接口连接图

TCC 应向联锁设备提供区间允许发车信息、区间状态信息、灾害防护信息和无配线车站信号机状态采集等信息,并接收联锁设备向 TCC 发送的车站进路信息和无配线车站信号机驱动命令等信息。

### (二)与临时限速服务器接口

TCC 与临时限速服务器通过安全数据网实现以下信息交互:

(1)TCC 应通过信号系统安全数据网接收临时限速服务器的初始化命令。

(2)TCC 应通过信号系统安全数据网接收临时限速服务器的临时限速命令信息。

(3)TCC 应通过信号系统安全数据网接收临时限速服务器的时钟信息,进行设备时钟校正。

(4)TCC应通过信号系统安全数据网向临时限速服务器传输临时限速状态、轨道区段状态、区间方向信息和初始化状态。

(三)与轨道电路设备接口

TCC和轨道电路设备的通信接口配置如图3-4所示，采用B89-F类接口与轨道电路通信盘通信。

(1)TCC设备通过轨道电路通信接口单元与轨道电路设备通信，向轨道电路设备发送载频和低频编码命令，并接收轨道电路设备发送的轨道区段状态信息和设备状态信息。

(2)TCC设备双机应分别提供2路CAN总线接口(CAN A和CAN B)与轨道电路通信接口单元通信，每路CAN总线应在TCC处设置终端电阻。

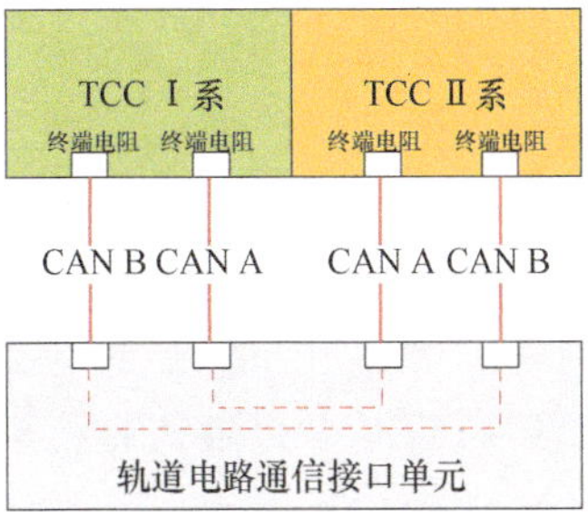


图3-4 TCC和轨道电路设备通信接口

(四)与LEU通信接口

(1)TCC通过安全通信协议和LEU设备通信，采用固定通信周期向LEU发送相应的LEU报文数据，通信接口采用冗余的RS-422或以太网通信通道。

(2)TCC从LEU设备周期获取应答器状态信息和LEU设备的状态信息。

(3)用于控制正线进出站口有源应答器和大号码道岔有源应答器的LEU采用热备冗余控制，TCC应完成冗余LEU设备的自动切换功能。

(4)TCC应配置切换继电器接口实现冗余LEU设备输出的自动切换。

(5)有源应答器电缆传输长度超过2.5 km时，应将LEU设备放置异地，TCC应通过专用冗余光纤通道与LEU连接通信，并能实现控制远程LEU设备发送应答器报文，自动冗余切换和获取状态信息。

(6)对于远程LEU的冗余控制，TCC应配置相应的驱动和采集设备，以满足LEU切换的需求。

(五)与CTC设备接口

(1)车站TCC和CTC站机通信，向CTC设备发送区间闭塞分区状态信息、区间信号机状态信息和设备状态信息。

(2)TCC的通信单元配置和CTC设备接口，通信接口采用标准RS-422接口类型，通信电缆采用屏蔽双绞电缆。

(六)与集中监测接口

(1)TCC的辅助维护终端配置以太网接口连接集中监测设备，实时向集中监测设备传输CTC的状态信息和报警信息。

(2)TCC和集中监测的通信接口为标准RJ-45，接口如图3-5所示。

(七)与驱动采集接口

TCC通过驱动采集单元对外部继电器进行驱动和状态采集，并符合《计算机联锁技术条件》的要求。

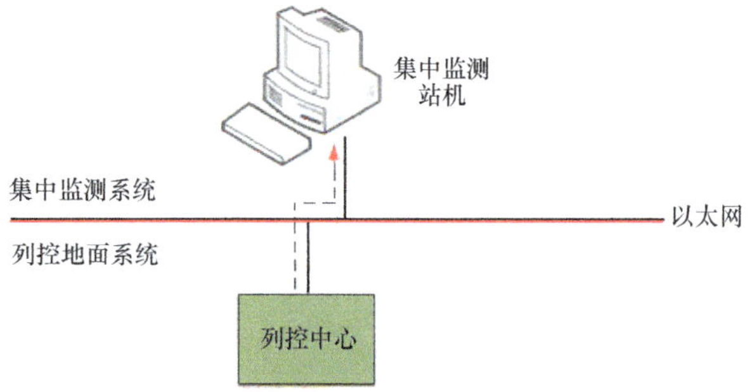


图 3-5　TCC 和集中监测通信接口

## 四、TCC 临时限速的执行及管辖范围

（一）TCC 临时限速的执行

TCC 通过信号系统安全数据网接收临时限速服务器发送的临时限速信息，根据临时限速设置和列车径路开通情况，实现应答器报文的实施组帧、编码、校验和向 LEU 发送的功能。

（二）TCC 临时限速的管辖范围

TCC 单方向 TSR 管辖范围应从本站进站口开始至前方车站出站口（或中继站第二个有源应答器组）再增加一个制动距离，制动距离应涵盖从线路最高允许码降至 HU 码的所有闭塞分区并延伸 100 m，如图 3-6 所示。

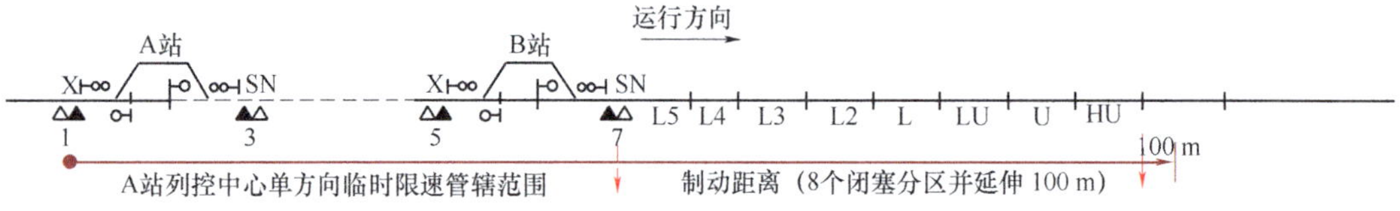


图 3-6　列控中心临时限速管辖范围示意图

## 思考题

1. 简述列控中心的工作原理和主要功能。
2. 简述 TCC 的硬件结构。
3. 简述列控中心与其他系统的接口。
4. 简述 TCC 临时限速的执行及管辖范围。

# 第二节　铁路数字移动通信系统（GSM-R）

铁路数字移动通信系统（GSM-R）在 GSM 标准基础上增加了调度通信功能和适合高速环境下使用的要素，是为铁路运营提供定制附加功能的专用数字综合移动通信平台。

1. GSM-R 网络结构

GSM-R 网络结构如图 3-7 所示，主要由交换子系统（SSS）、智能网（IN）、基站子系统（BSS）、操作和维护子系统（OSS）、通用分组无线业务（GPRS）、固定用户接入交换（FAS）及终端组成。

（1）交换子系统（SSS）：建立在移动交换中心 MSC 上，由移动业务交换中心（MSC）、归属

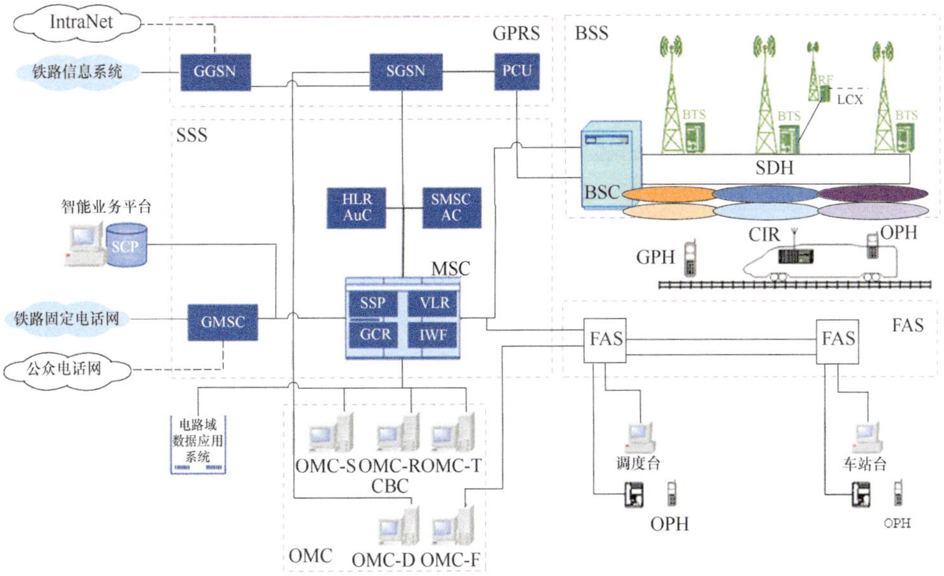


图 3-7 GSM-R 网络结构

位置寄存器(HLR)、短消息服务中心(SMSC)、确认中心(AC)等构成。负责端到端呼叫、用户数据管理、移动性管理、固定网络连接等。

(2) 智能网(IN):以业务应用节点(SCP)为核心,由 SCP、SSP、IP、SMS 及 SCE 构成。实现功能寻址、位置寻址、呼叫限制、智能短信业务等。

(3)基站子系统(BSS):由基站控制器(BSC)、基站(BTS)、编译码和速率适配单元(TRAU)等组成。对空中接口(Um)进行管理,与覆盖区域内的移动台进行通信。通过 A 接口接入交换子系统(SSS)。

(4)操作和维护子系统(OSS):提供 GSM-R 网络管理和维护功能:移动用户管理、移动设备管理、网络操作和控制。由操作维护中心(OMC)完成具体功能,包括 OMC-S、OMC-R、OMC-T、OMC-D 等。

(5) 通用分组无线业务(GPRS):由分组控制单元(PCU)、业务支持节点(SGSN)、网关业务支持节点(GGSN)、域名服务器(DNS)等组成,是铁路数据应用的基础平台。

(6) 固定用户接入交换(FAS):将固定用户接入 GSM-R 网络,支持组呼、多优先级切换和强拆等铁路特殊业务。

(7) 终端:包括固定终端(调度台、车站台、有线电话等)及移动终端[机车综合无线通信设备(CIR)、通用手持台(GPH)、运营手持台(OPH)、列尾设备等]两大类。

2. GSM-R 网络主要业务

GSM-R 网络的主要业务如图 3-8 所示,其不仅可以提供话音业务,而且可以提供数据业务。

(1)话音业务

点对点呼叫、点对点的紧急呼叫、广播呼叫、组呼叫、铁路紧急呼叫和多方通话。

(2)数据业务

短消息、电路交换数据传输和分组交换数据传输。

(3)GSM-R 业务应用

①采用 GSM-R 系统的功能寻址、基于位置寻址、组呼叫、广播呼叫、紧急呼叫等功能,可

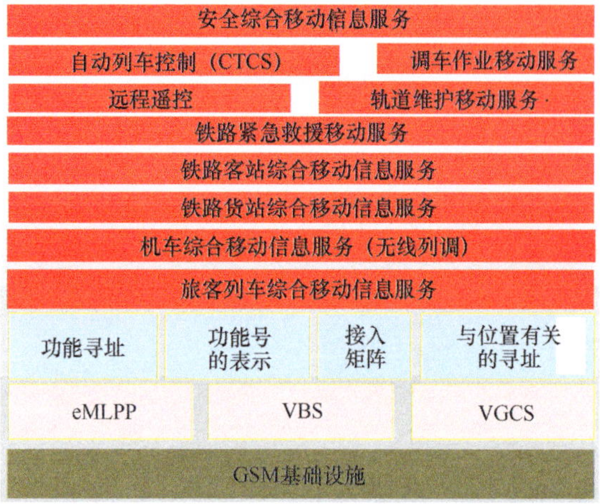


图 3-8 GSM-R 业务模型

以提供铁路运输指挥话音通信业务，包括列车、货运、牵引变电等调度通信，也可提供站场、应急、施工养护和道口等专用通信。

②采用 GSM-R 电路连接或 GPRS 方式的数据传输链路，可以为铁路运输指挥提供数据通信业务，包括列车控制系统信息传送、机车同步控制信息传送、列尾信息传送、调度命令传送、调车无线机车信号和监控信息传送、无线车次号传送、进站停稳信息及接车进路信息的传送等数据通信业务。

③ 可根据需求逐步增加旅客列车服务信息、车站/编组场综合移动信息系统、机车工况信息传输、牵引工况信息传输、线路监测状态传输和 GSM-R 场强监测数据传输、区间及站场各类监测信息传输等数据通信业务；以及基于智能网的呼叫限制、动态组呼、短消息的智能业务以及自动获取调度中心的 IP 地址等业务。

GSM-R 网络为 CTCS-3 级列控系统的数据安全传输提供车一地双向数据传输通道，CTCS-3 级列控系统的通信网络结构如图 3-9 所示。

## 一、GSM-R 在 CTC 中的应用，传送信息的种类和途径

GSM-R 分组交换数据的传输，可实现调度命令及无线车次号信息等的无线传送，GSM-R 与 CTC 的接口如图 3-10 所示。

1. CIR 业务在 GSM-R 分组域的应用流程

CIR 数据模块开机附着网络→IP 地址查询→CIR 向 GROS 查询当前 GRIS IP 地址。

2. 越界指示

列车运行到铁路局的交界处，当前 CTC/TDCS 系统判断 CIR 即将移出管辖区域时，向 GRIS 发送“越界指示”，内容包括当前 GRIS 列车机车号、车次号以及接管铁路局代号等信息。

当前 GRIS 根据收到的接管铁路局代号信息查询数据库，获得接管 GRIS 的 IP 地址，并向 CIR 发送“IP 地址更新”数据帧。

CIR 接收数据帧，首先回复“IP 地址更新响应”，当前 GRIS 收到 CIR 回复的“IP 地址更新响应”后，再向 CTC/TDCS 通信服务器发送回复“越界指示响应”。

3. IP 地址更新

GRIS 根据 CIR 发送的车次号校核信息中列车当前的位置信息判断列车不在管辖范围

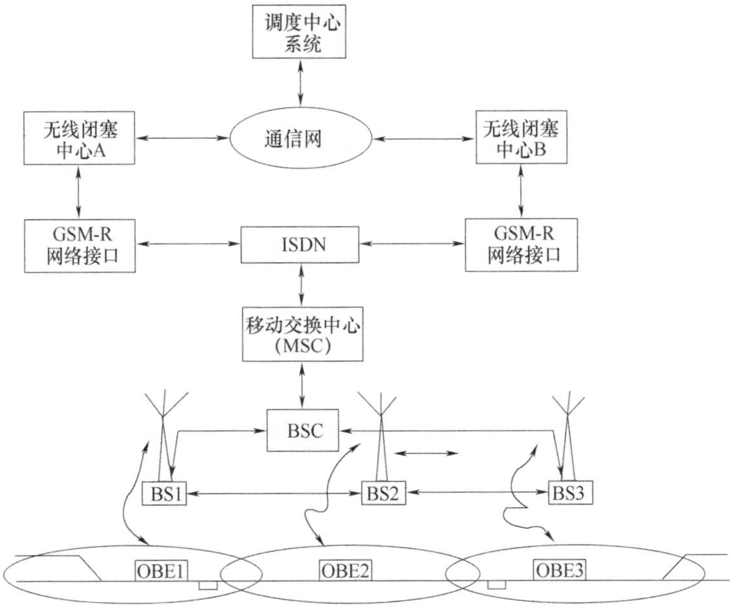


图 3-9 CTCS-3 级列控系统的通信网络结构

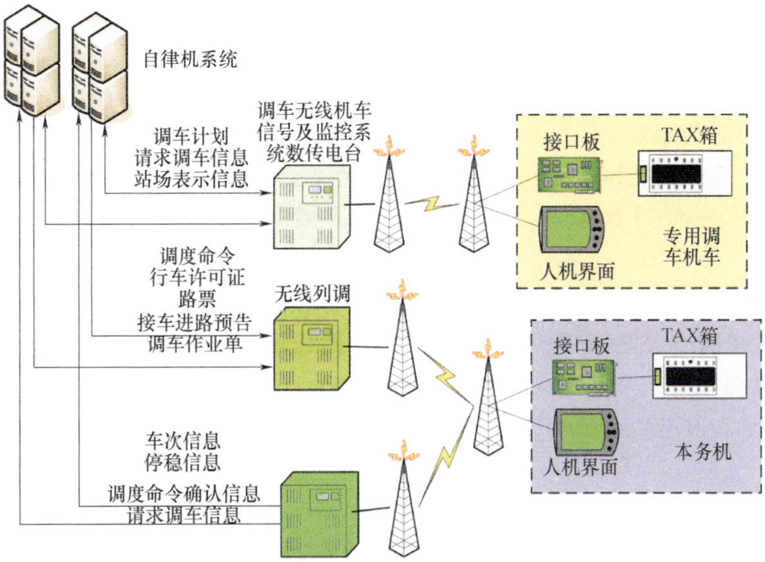


图 3-10 CTC 与 GSM-R 的接口

内，则向 GROS 发送“查询当前 GRIS IP 地址”指令。判断机制：车次号校核信息中所带位置区号、小区 ID。

GROS 根据 CIR 位置信息查询接管 GRIS 的 IP 地址，并向 CIR 发送当前 GRIS IP 地址信息。

CIR 收到该数据帧后，应向 GROS 发送“IP 地址更新响应”，并存储记录接收到的 IP 地址作为车次号校核信息等传送的目的地址，实现 IP 地址更新。

4. 调度命令传送

调度命令信息包括调度命令、行车凭证、列车接车进路预告信息、出入库检测、调车作业单以及其他相关信息。

调度员输入机车号、车次号等信息单击发送调度命令，调度命令经由 CTC 通信服务器发送给 GRIS。

GRIS 根据机车号查询 CIR IP 地址，协议转换以后发送到 CIR。

CIR 收到调度命令后回复自动确认(两次)，司机看完调度命令后手动签收，CIR 给调度员发送手动签收信息(两次)。

5. 车次号校核信息

发送时机：以运行途中的信号机为条件，30 s 内无信号机时即校核一次。

发送次数：发送一次，每次两帧。

数据来源：LKJ2000 TAX 箱，每 200 ms 取一次数。

数据内容：机车号、车次号、公里表、经纬度、位置区、小区 ID、交路号、司机号等。

列车停稳和启动信息与车次号校核信息类似，触发条件不一样。

## 二、GSM-R 在 RBC 中的应用，传送信息的种类和途径

1. GSM-R 在 RBC 中的应用

GSM-R 数据业务为其他铁路数据应用系统提供承载通道，实现车—地、车—车之间信息的透明传输。在列控信息传送系统中，采用电路域交换。

当 RBC 向列车发送列车控制信息，车载信号设备报告列车状态、行车许可请求、列车位置等信息。GSM-R 建立车载信号设备与无线闭塞中心 RBC 之间的永久电路数据通道，GSM-R 网络提供不中断服务，车载信号设备和 RBC 双机热备保证数据传输可靠性。

无线闭塞中心与车载设备之间信息的传输路径如下：

无线闭塞中心→固定网络通信接口→ISDN 网络接口→移动交换中心(MSC)→基站系统控制器(BSC)→GSM-R 基站(BTS)→空中(Um 接口)→车载 GSM-R 无线通信模块→车载控制主机。

从车载主机到车站无线闭塞中心的列车信息的传输路径刚好相反。

2. RBC 无线通信管理(车载设备和 RBC 之间的通信会话)

(1)车载设备在下列情况下应建立通信会话

在任务开始时和接收到地面设备命令时，除非与同一个 RBC 正在建立或已经建立了通信会话。

(2)保持通信会话过程

① 通信会话建立后，车载设备和 RBC 之间进行数据交换与传输，直到列车驶出 RBC 的控制范围，在这个过程当中，如果安全连接偶然中断，但是 RBC 没有发出断开连接的指令时，通信会话继续保持。

② 安全连接在已预知的无线盲区(停止监控无线链路)内中断，车载设备应在此无线盲区的末端尝试重新建立无线连接。

③ 只有车载设备才能够尝试建立另一个新的安全连接，连接尝试应重复进行，直到：

a. 安全连接已经建立；

b. 停止尝试的条件已经满足，车载设备认为通信会话已经终止。

(3)终止通信会话

只能在下列情况下，由车载设备终止通信会话：

① 接收到来自地面设备(RBC 或应答器组)的命令；

② 车载设备检测到需要终止通信会话的错误条件(如,车载设备与 RBC 的系统版本不兼容);
③ 在任务开始阶段 RBC 拒绝列车通信会话过程。

## 思考题

1. 简述 GSM-R 系统设备的组成及其功能。
2. 简述 GSM-R 系统的业务应用。
3. 简述 GSM-R 在 CTC 中的应用。
4. 简述 GSM-R 在 RBC 中的应用。

# 第三节 列车运行控制系统(CTCS)

列车运行控制系统是将先进的控制技术、通信技术、计算机技术与铁路信号技术融为一体的行车指挥、控制、管理自动化系统,是保证行车安全、提高运输效率的核心。

## 一、列车运行控制系统概述

列车运行控制系统是以技术手段对列车运行方向、运行间隔和运行速度进行控制,使列车能够安全运行并且提高运行效率的系统,简称列控系统。

高速铁路采用列控系统完成闭塞功能,具备了高速铁路行车所需要的以速度信号代替色灯信号,以车载信号作为行车凭证,车载信号设备直接控制列车减速或停车这三大安全要求。

20 世纪末,为解决跨国列车运行及高速铁路中列控系统的互联互通和兼容性问题,欧洲各信号厂商联合制订了 ERTMS/ETCS 技术规范,包含了欧洲列车运行控制系统(ETCS)、欧洲铁路综合调度移动通信系统(GSM-R)两个重要方面。

ETCS 系统根据功能需求和运用条件配置基本结构,划分了 3 个应用等级,分别是 ETCS1、ETCS2、ETCS3。

目前,欧盟各国计划建设的高速线将全部采用 ETCS2 级系统,该系统是基于无线传输的列控系统,在由无线闭塞中心控制并且装备了欧洲应答器(Eurobalise)和欧洲无线(EURORADIO),即 GSM-R 的线路上运行,由地面设备提供列车定位功能和列车完整性检测,司机凭车载信号行车。

列控系统可按如下分类:

1. 根据系统功能、人机分工和自动化程度分类

(1)列车自动防护系统(ATP)。ATP 可对列车运行速度进行实时监督,当列车运行速度超过最大允许速度时,自动控制列车实施常用全制动或紧急制动,使列车停在显示禁止信号的信号机或停车标前方。

(2)铁路列车运行自动控制系统(ATC)。ATC 可根据行车指挥命令、线路参数、列车参数等实时监督列车运行速度,通过控制列车多级常用制动,自动降低列车运行速度,保证行车安全。是比列车超速防护系统高一级的列车自动控制系统,它可替代司机的部分操作。

2. 按人—机设备优先等级分类

(1)设备制动优先的列控系统。设备制动优先的列控系统在列车速度高于目标速度后立

即进行制动控制，当列车速度低于目标速度后自动缓解，不必司机参与。

(2)司机制动优先的列控系统。司机制动优先的方式只有在列车速度超过安全运行所允许的速度，设备才自动介入实施制动，列车正常运行时设备不干预司机操作。

3. 按控制模式划分

(1)阶梯控制方式。阶梯控制方式，在一个闭塞分区内只控制一个速度等级。在一个闭塞分区中只按照一种速度判断列车是否超速。

(2)速度—距离模式曲线控制方式。速度—距离模式曲线控制是根据目标速度、线路参数、列车参数、制动性能等确定的反映列车允许速度与目标距离间关系的曲线，速度－距离模式曲线反映了列车在各点允许运行的速度值。列控系统根据速度距离模式曲线实时给出列车当前的允许速度，当列车超过当前允许速度时，设备自动实施常用制动或紧急制动，保证列车能在停车地点前停车。

4. 按照地—车信息传输方式划分

(1)点式列控系统。点式列控系统是一种点式传递信息，用车载计算机进行信息处理，最后达到列车超速防护目的的系统。它采用高信息容量的地面应答器、地面轨道环线或其他感应设备进行地面对车载设备的信息传输，其主要功能是实现列车超速防护，又称为点式超速防护(点式 ATP)系统。

(2)连续式列控系统。鉴于点式列控系统的主要缺点是信息传递的不连续性，有时会对列车的精确定位或高效运行造成影响，西方工业国家的铁路信号公司相继研制开发了采用连续交叉轨道交叉环线、音频轨道电路、GSM-R、漏泄交叉环线、无线或波导管等方式作为信息传输通道的连续式列控系统，实现了连续信息传递。

(3)点连式列控系统

我国的列控系统采用点连式列车运行控制系统，点式应答器作为线路数据的输入，连续轨道电路信息作为列车前方轨道空闲数量的传输媒介。这种方式有效利用了轨道线路和点式设备，典型的应用就是目前 CTCS-2 级的控制方式。

## 二、列车运行控制系统功能、组成、发展及常用名词术语

CTCS 是中国列车运行控制系统(Chinese Train Control System)的英文缩写，其以分级的形式满足不同线路运输需求，在不干扰机车乘务员正常驾驶的前提下有效地保证列车运行的安全。

### (一)CTCS 系统的基本功能

CTCS 系统在满足 RAMS 条件下，完成设备运行状态诊断记录，向机车乘务员提供驾驶信息及数据输入输出界面，对列车进行超速防护，保证列车安全运行。

1. 安全防护

(1)在任何情况下防止列车无行车许可运行。

(2)防止列车超速运行。防止列车超过进路允许速度；防止列车超过线路结构规定的速度；防止列车超过机车车辆构造速度；防止列车超过临时限速及紧急限速；防止列车超过铁路有关运行设备的限速。

(3)防止列车溜逸。

(4)测速环节应保证，一定范围内的车轮滑行和空转不影响车载设备的功能，并具有轮径修正能力。

2. 人机界面

(1)能够以字符、数字及图形等方式显示列车运行速度、允许速度、目标速度和目标距离。

(2)能够实时给出列车超速、制动、允许缓解等表示以及设备故障状态的报警。

(3)机车乘务员输入装置应配置必要的开关、按钮和有关数据输入装置。

(4)具有标准的列车数据输入界面,可根据运营和安全控制要求对输入数据进行有效性检查。

3. 检测功能

(1)具有开机自检和动态检查功能。

(2)具有关键数据和关键动作的记录功能及监测接口。

4. 可靠性和安全性

(1)按照信号故障导向安全原则进行系统设计。

(2)采用冗余结构。

(3)满足电磁兼容性相关标准。

(二)CTCS 系统组成

1. CTCS 的体系结构

CTCS 的体系结构按铁路运输管理层、网络传输层、地面设备层和车载设备层配置,如图 3-11 所示。

| 铁路运输管理层 | |
|---|---|
| 网络传输层 | |
| 地面设备层 | 车载设备层 |

图 3-11　CTCS 体系结构

(1)铁路运输管理层。铁路运输管理系统是行车指挥中心,以 CTCS 为行车安全保障基础,通过通信网络实现对列车运行的控制和管理。

(2) 网络传输层。CTCS 网络分布在系统的各个层面,通过有线和无线通信方式实现数据传输。

(3)地面设备层。地面设备层主要包括列控中心、轨道电路和点式设备、接口单元、无线通信模块等。列控中心是地面设备的核心,根据行车命令、列车进路、列车运行状况和设备状态,通过安全逻辑运算,产生控车命令,实现对运行列车的控制。

(4)车载设备层。车载设备层是对列车进行操纵和控制的主体,具有多种控制模式,并能够适应轨道电路、点式传输和无线传输方式。车载设备层主要包括车载安全计算机、连续信息接收模块、点式信息接收模块、无线通信模块、测速模块、人机界面和记录单元等。

2. CTCS 的系统构成

CTCS 系统参照国际标准,结合我国国情,从需求出发,按系统条件和功能划分等级。CTCS 体系的构建原则是以地面设备为基础,车载与地面设备统一设计,系统结构如图 3-12 所示。

(三)CTCS 列控系统等级比较

2003 年,铁道部正式立项自主开发适合我国国情的新一代列车运行控制系统,制定了《CTCS 技术规范》。CTCS 根据功能要求和设备配置划分应用等级,分为 CTCS-0 级(简称 C0 级),CTCS-1 级(简称 C1 级),CTCS-2 级(简称 C2 级),CTCS-3 级(简称 C3 级),CTCS-4 级(简称 C4 级)五个等级。各等级比较见表 3-1。

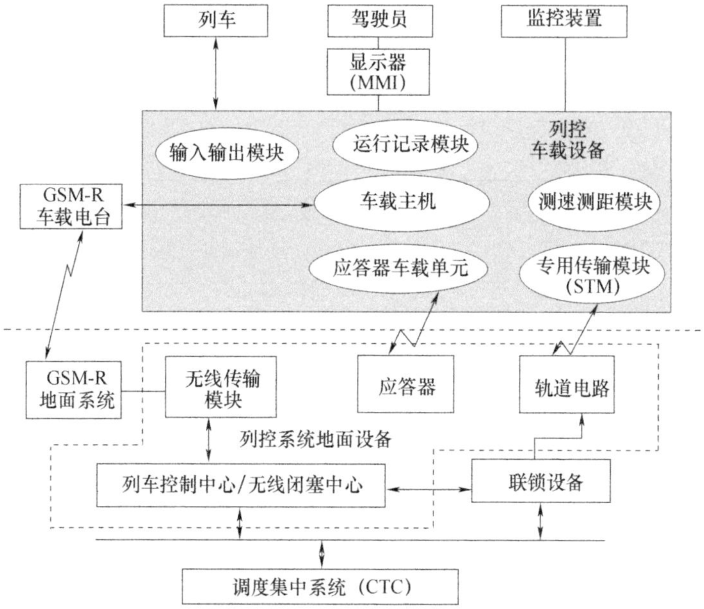


图 3-12 CTCS 体系结构图

**表 3-1 CTCS 列控系统等级比较表**

| CTCS 等级 | CTCS-0 级 | CTCS-1 级 | CTCS-2 级 | CTCS-3 级 | CTCS-4 级 |
|---|---|---|---|---|---|
| 控制模式 | 目标距离 | 目标距离 | 目标距离 | 目标距离 | 目标距离 |
| 制动方式 | 一次连续 | 一次连续 | 一次连续 | 一次连续 | 一次连续 |
| 闭塞方式 | 固定闭塞或准移动闭塞 | 准移动闭塞 | 准移动闭塞 | 准移动闭塞 | 移动闭塞或虚拟闭塞 |
| 地面设备组成 | 轨道电路 | 轨道电路、应答器及 LEU | 车站列控中心、轨道电路、应答器及 LEU | 车站列控中心、GSM-R 地面设备、轨道电路、应答器及 LEU、无线闭塞中心 | 车站列控中心、GSM-R 地面设备、无线闭塞中心 |
| 车载设备组成 | 通用机车信号、运行监控记录装置 | 主体机车信号、应答器信息接收模块、加强型运行监控记录装置 | ATP(含机车信号、应答器信息接收功能)、LKJ | GSM-R 接收模块、ATP | GSM-R 接收模块、ATP |
| 地对车信息传输 | 多信息轨道电路 | 多信息轨道电路＋应答器 | 多信息轨道电路＋应答器；或数字轨道电路 | 无线通信双向信息传输 | 无线通信双向信息传输 |
| 轨道占用检查 | 轨道电路 | 轨道电路 | 轨道电路 | 轨道电路 | 无线定位、应答器校正 |
| 列车运行间隔 | 大于 $L$ | 设为对照值 $L$ | $L$ | $L$ | 小于 $L$ |
| 线路数据来源 | 储存于车载数据库 | 储存于车载数据库 | 应答器提供 | 无线通信提供 | 无线通信提供 |

（四）常用名词术语

1. 名词术语

(1)允许速度：列车运行过程中允许达到的最高安全速度。

(2)目标速度：列车运行前方目标点允许的最高速度。

(3)目标距离：列车前端至运行前方目标点的距离。

(4)行车许可:指列车运行的起始命令,包含列车运行的距离、速度等信息。即允许列车以多高的限速开多远。

(5)速度控制一目标距离模式曲线:以目标速度、目标距离、线路条件、列车特性为基础生成的保证列车安全运行的一次制动模式曲线。

(6)固定限速:由线路结构及道岔位置决定的最高运行速度。

(7)临时限速:由行车人员临时给出的列车限速。

(8)过走防护区段:为保证行车安全在禁止信号内方设置的防护区段。

(9)冒进防护:列车越过禁止信号立即触发紧急制动。

(10)车尾限速保持:为了防止列车尾部在限速区段超速,在相关区段采取的限速措施。

2. 缩写语

(1)ATP(Automatic Train Protection):列车超速防护。

(2)CTC(Centralized Traffic Control):调度集中。

(3)LoA(Limit of Movement Authority):行车许可限制。

(4)MA(Movement Authoritg):行车许可。

(5)CTCS(Chinese Train Control System):中国列车运行控制系统。

(6)EMC(ElectroMagnetic Compatibility):电磁兼容性。

(7)ETCS(European Train Control System):欧洲列车运行控制系统。

(8)ETML(European Traffic Management Layer):欧洲铁路运输管理层。

(9)ERTMS(European Railway Traffic Management System):欧洲铁路运输管理系统。

(10)FRS(Functional Requirements Specifications):功能需求规范。

(11)GSM-R(Global System Mobile for Railway):铁路专用全球移动通信系统。

(12)RBC(Radio Block Center):无线闭塞中心。

(13)SRS(System Requirements Specifications):系统需求规范。

(14)SBI (Service Brake Intervention limit):常用制动介入限制。

(15)EBI (The Emergency Brake Intervention limit):紧急制动介入限制。

(16)REL (Release Speed):缓解制动速度。

(17)CSM (Ceiling Speed Monitoring Section):常数速度监视区。

(18)TSM (Target Speed Monitoring Section):目标速度监视区。

(19)SSP (Static Speed Profile):静态速度限制。

(20)TSR (Temporary Speed Restriction):临时限速。

(21)LMA (Limit of Movement Authority):列车停车界限。

(22)RMP (Revised Mileage for Positional recognition):校正累计计数距离。

(23)MRSP (Most Restrictive Speed Profile):最低限速。

## 思考题

1. 简述列车运行控制系统的特点。
2. 简述列车运行控制系统的分类。
3. 简述 CTCS 列控系统的功能。
4. 简述 CTCS 列控系统的分级。

## 复 习 题

1. 借助资料，认知 LKD2-T2 列控中心设备。
2. 借助资料，认知 LKD2-H 型车站列控中心设备。
3. 自学 GSM-R 有关知识。
4. 简述 CTCS 列控系统的体系结构。

# 实作技能

*ShiZuo JiNeng*

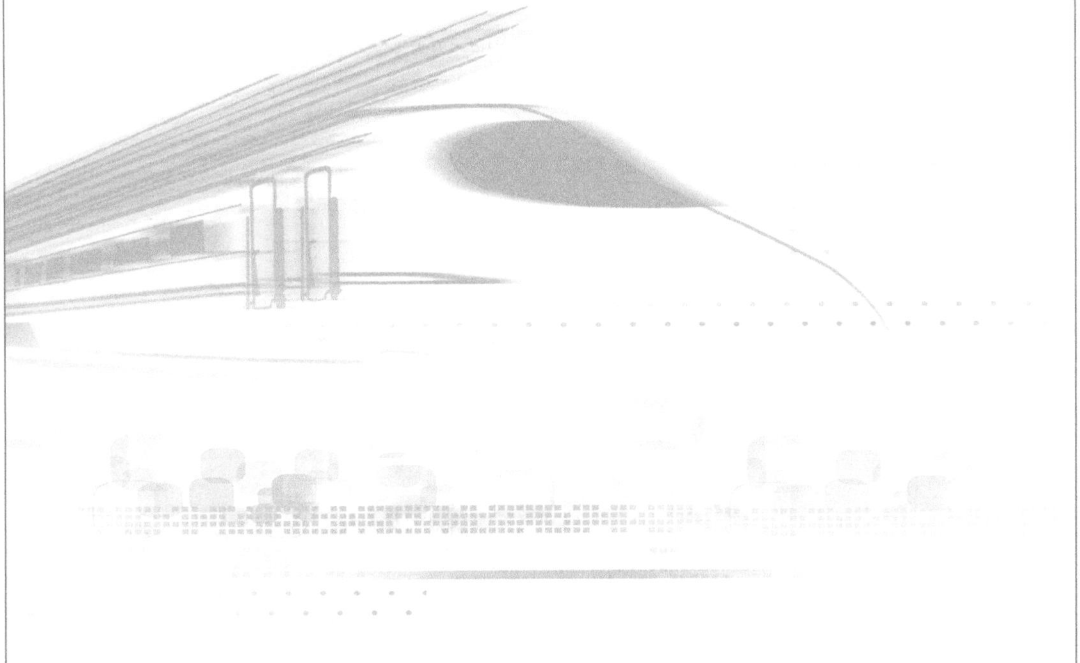

# 第四章　基本技能

通信技术在轨道交通信号中的大量运用，使通信信号趋于一体，而计算机在信号控制领域所起的作用已无可替代。掌握计算机设备的操作和一些简单网络、通信工具的应用成为适应技术发展、适应岗位需要最基本的要求。本章介绍了相关专用工具仪表的使用方法和计算机及网络设备的操作。

## 第一节　专用工具仪表的使用

### 一、网线钳的使用

网线钳是用来压接网线或电话线和水晶头的工具，如图 4-1 所示。因地域不同名称也不尽一样，也称网络端子钳、网络钳 、线缆压著钳等。

网线钳一般都带有剥线和剪线的功能。

(一)网线钳的分类

按功能分为单用、两用及三用三类。

1. 单用

4P(4 Pin，即 4 针)——可压接 4 芯线：电话接入线。

6P ——可压接 6 芯线：电话话筒线 RJ11(RJ11：Registered Jack11，即已注册的插孔 11)。

8P——可压接 8 芯线：网线 RJ-45。

2. 两用

两用网线钳就是上面规格的组合：4P＋6P，4P＋8P 或 6P＋8P。

3. 三用

三用网线钳就是 4P＋6P＋8P，功能齐全。

(二)网线接线标准

网线接线标准分为 568A 和 568B。不同标准表现在不同线序上，网线 RJ-45 接头(水晶头)排线示意如下：

568A：白绿，绿，白橙，蓝，白蓝，橙，白棕，棕。

568B：白橙，橙，白绿，蓝，白蓝，绿，白棕，棕。

这种顺序是指水晶头入线口向下，弹片向外，金属脚面向自己从左到右排的。

(三)网线的制作方法

(1)剥皮：先用网钳把网线外皮剥去(注意不要把里面的线芯切断)。剥去线皮后就露出了一对一对绞在一起的四对线，如图 4-2 所示。将每对线分出为一条一条的线。

(2)排序。按网线接线标准顺序排列好，再将线排成一排用手指夹住拉直，如图 4-3 所示。再把这八条线插入到水晶头里，让每条线的线头都能接触到金属脚上。把线连同水晶头插到网钳上的压线口，注意不要让线脱离出来，最后用力压下网钳。

图 4-1 网线钳

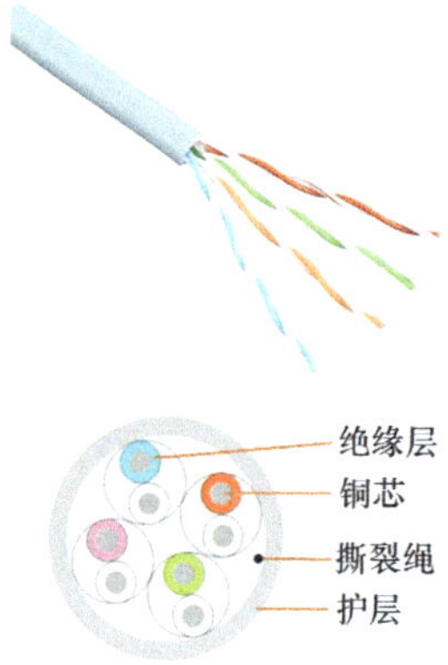


图 4-2 剥去网线外皮

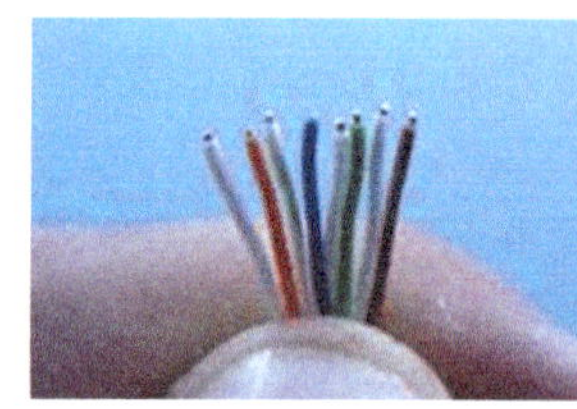

图 4-3 按网线接线标准排序

(3)检查。好的水晶头在压上的时候听到“嘀”的一声就说明是压好了；质量较差的只能用力压，压好后用手轻拉，如果能拉出来就是没压好。将两头接好水晶头的网线用测试仪测试连通状况。一般线芯留 1 cm 就够了，以水晶头能压住外皮为准。

## 二、网络测试仪、通道测试仪等仪器、仪表的使用

### (一)2M 误码测试仪

2M 误码测试仪主要用来对通信网络的 E1 传输电路进行误码测试。

1. 相关名词和指标解释

误码秒(ES)：在系统可利用时间内出现误码的秒数。

严重误码秒(SES)：在系统可利用时间内出现的误码率大于 $1\times10^{-3}$ 的秒数。

系统可利用时间秒数：测试到系统总的可利用秒数。

信号丢失(或称无信号，LOS)：在测试过程中测试到多于 15 个连“0”信号时表明信号已经丢失，此时告警测试将定义信号丢失或称为无信号。

帧信号告警指示(AIS)告警：在测试过程中测试到多于 15 个连“1”信号时表明系统全“1”告警，此时告警测试将定义为 AIS 告警。

同步丢失(OOF 或 LOSY)：测试中，由于传输设备或仪表设置的原因导致的仪表收、发之间的码型失步，称为同步丢失。

2. 误码产生原因

(1)造成误码内部原因有：①各种内部噪声源；②色散引起的码间干扰；③定位抖动产生的误码。

(2)造成误码外部原因主要由一些突发性质的外部脉冲干扰源所引起，如外部电磁干扰、静电放电、设备故障、电源瞬态干扰和人为活动等。

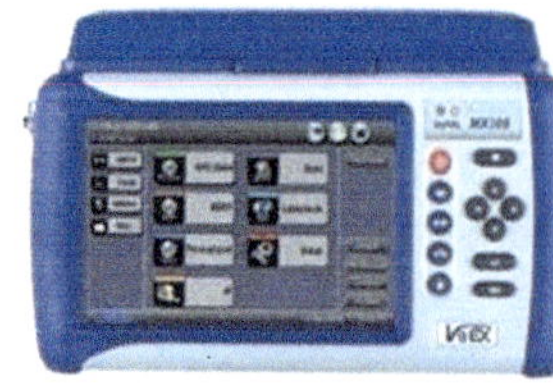

图 4-4 误码测试仪仪表外观

3. 测试方法

现以 VePAL MX300 为例进行说明，仪表外观如图 4-4 所示。

支持 Layer1、Layer2、Layer3 层的 BER 测试。针对不同的情况，该测试可使用常规 PRBS 图，或用户定义的测试图。所有的图案均封装在一个以太帧中，

用以检测电路中的每个比特。

(1)测试连接配置

测试连接如图 4-5 所示。

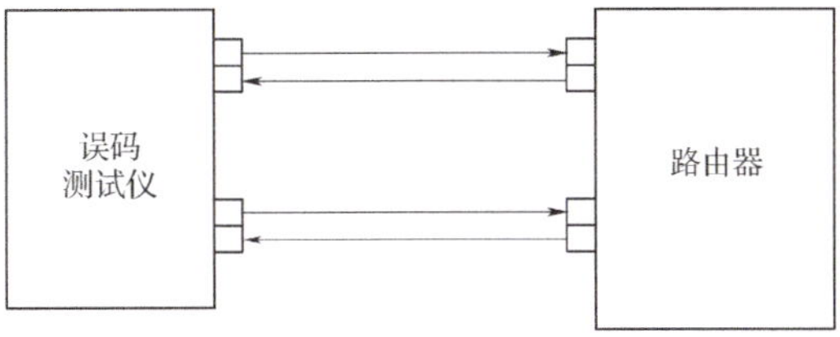


图 4-5　测试连接图

(2)测试仪表配置(以二层为例)

① BERT 设置——头(层 2)[见图 4-6(a)]

BERT Profile:下载先前配置的测试文件或从当前设置中产生一个新的文件。

Test:选择进行 BERT 的测试层。可选非成帧层 1,成帧层 1、层 2 和层 3。

Frame Type:帧类型,从层 2 或层 3 中选择以太帧类型。

802.3 Raw:没有 LLC 的 IEEE 802.3 帧(选择层 3 时不可用)。

802.3 LLC:有 LLC 头的 IEEE 802.3 帧。

802.3 SNAP:有 SNAP 头的 IEEE 802.3 帧。

Ethernet II (DIX):以 DEC Intel 和 Xerox 命名,为当今使用最广泛的帧类型。

MAC/IP:单击帧图标中的 MAC 和 IP 框进入设置菜单 设置层 2 的源和目的 MAC 地址。

LAN:关闭,1-3 个标签。用户可配置最多 3 个 VLAN 标签。

MPLS:关闭,1-3 个标签。用户可配置最多 3 个 VLAN 标签。

② 数据设置

a. 单击图 4-6(a)中的 MAC,显示图 4-6(b)所示界面。

MAC Source:MAC 源地址——使用测试仪的默认源地址或配置一个新的地址。

MAC Destination:MAC 目的地址——为远端测试仪配置目的 MAC 地址。

Ethernet Type:以太网帧类型。

b. 单击 DATA 显示图 4-6(c)所示画面。

标准规定选择 $2^{11}-1$ 序列。

③ 数据流设置(见图 4-7)。

单击 Traffic 显示图 4-7 所示菜单。

Traffic Flow:数据流量,有以下几种数据流类型可供选择。

Constant:稳定型—— 根据所选带宽稳定传输所选帧。

Ramp:渐变型——根据所选占空系数和脉冲周期以最大带宽传输所选帧。

Burst:突发型——根据用户可选的阶跃时

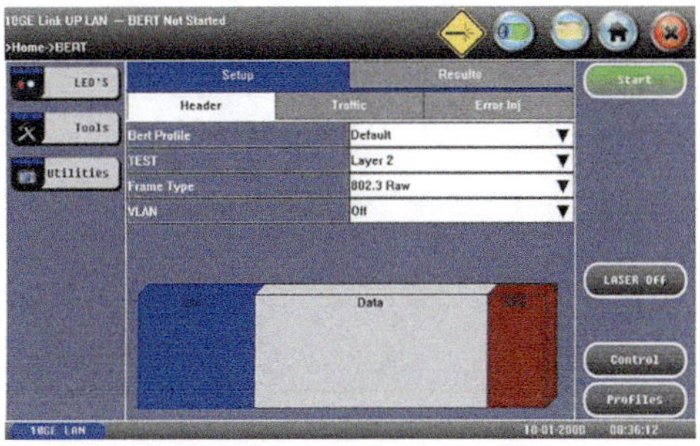


(a) 数据配置面版图一

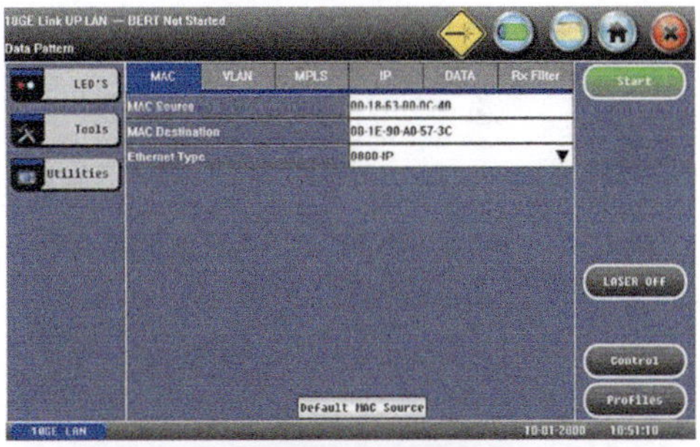


(b) 数据配置面版图二

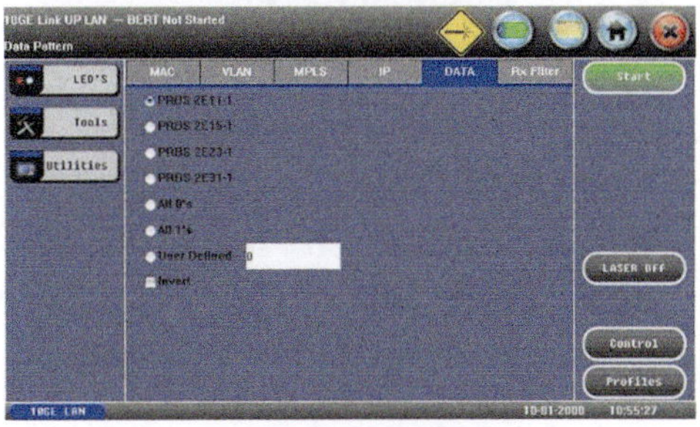


(c) 数据配置面版图三

图 4-6　数据配置面版图

间，级数和最大带宽，以阶梯形式传输所选帧。

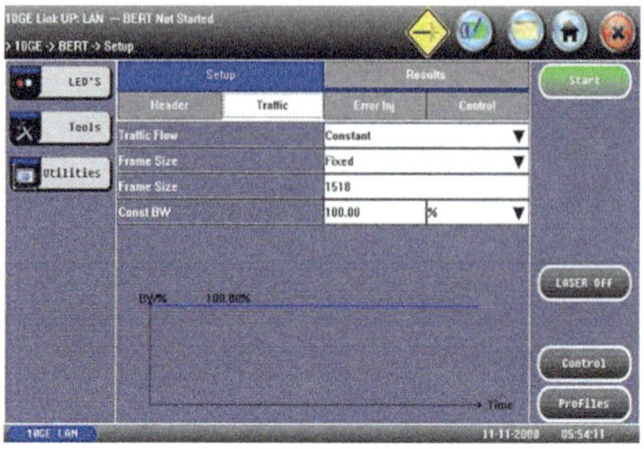


图 4-7　数据流设置面版图

Frame Size：帧长选择。帧大小的取值范围为 64 字节至 1 518 字节，此外，巨型帧可长达 9 000字节。

BW (Transmit Bandwidth)：传输带宽。

④ 开始测试

完成所有必要的配置后，用户可单击右上角下拉菜单中的开始键开始测试（向下的绿色箭头）。一旦选定开始键，测试便立即开始，同时该按钮变为停止键。单击此键便可停止测试。如果进行光口的测试，请确保在测试前 LASER 为开。

⑤测试结果

测试结束后，单击仪表菜单中的 Results 菜单，显示图 4-8 所示图面。

(a) 测试结果图一　　(b) 测试结果图二

图 4-8　显示界面

a. Summary

(a)Summary tab: The following results including the Start (ST) and Elapsed (ET) times are displayed。

(b)总结标签：显示如下结果，包括开始(ST)和结束时间。

Line rate：线速率 bit/s。

Framed rate：帧速率。

Data rate：数据速率。

Utilization：利用率。

Number of bytes：比特数。

Optical power：接收光功率。

b. errors 误码结果

Bits：显示误码的个数；当前数目及总数目。

BER：误码率。

FCS/CSC：含有无效 FCS 的接收帧的数目。

(二)网络综合测试仪

在网络运行中，可以应用网络综合测试仪来评估所选择业务的端到端性能。

端到端性能：在网络中，终端用户到另一个终端用户之间的数据网传输通道的性能，以吞吐量、时延、丢包率来衡量。

1. 使用方法

现以 VeEX 公司的 MX100 为例进行说明。仪表外观及按键说明如图 4-9 所示。

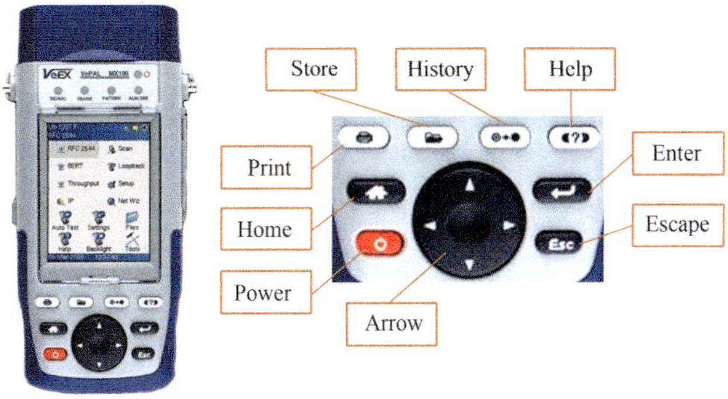


图 4-9　仪表外观及按键说明

Power:开关键。按压此按钮开启或者关闭仪器。为了防止意外开机,这个按钮只有在长按达 3～5 s 之后才能将设备打开。按住开关键至少 2 s 以上可以关机。

Save:保存键。如果结果正在运行,将快拍下存储键按下时的结果。存储功能提供具有自动命名和时间戳功能的自动存储。

History:历史键。根据先前情况重置任何闪烁的 LED。

Help:帮助键。不论当前用户界面在何处,帮助键使用户获得在线帮助。

Home:归位键。不论用户界面在何处,仪器将返回主菜单。

Arrow:箭头键。箭头键使光标在四个方向上(左、右、上、下)移动。箭头键与回车键和后退键配合使用。

Enter:回车键。为用户界面提供一个输入序列。用来在非触摸屏操作模式下进入菜单和功能。

Escape:后退键。为用户界面提供一个后退序列。用来在非触摸屏操作模式下退出菜单和功能。

2. 测试连接图(见图 4-10)

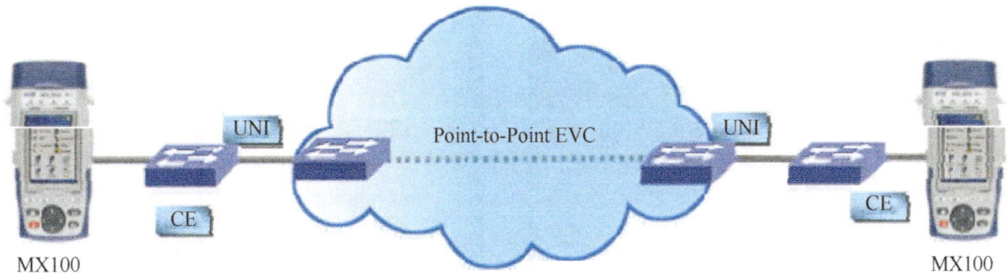


图 4-10　测试连接图

图 4-10 中 CE 指接入设备。

3. 仪表设置

仪表 MX100 仿真用户终端接入网络 CE 上,测试端到端性能。当中的云可以代表所测业务经过的网络。

打开仪表电源,仪表开机后自动进入主菜单,单击 RFC2544 菜单,进入图 4-11 所示界面。

单击 Setup，再单击 Header，分别对不同参数进行设置。可以根据实际网络配置数据设置 MAC 地址(源、目的地址)、VLAN 标签、MPLS 标签、IP 地址(源、目的地址)等。

单击 Frames，测试帧的大小为 64、128、256、1024、1280 和 1518 字节，并且分别可选，用户可以选择自己感兴趣的帧。单击 Add Frames，用户可以增加范围为 64 字节至 9000 字节的测试帧，如图 4-12 所示。

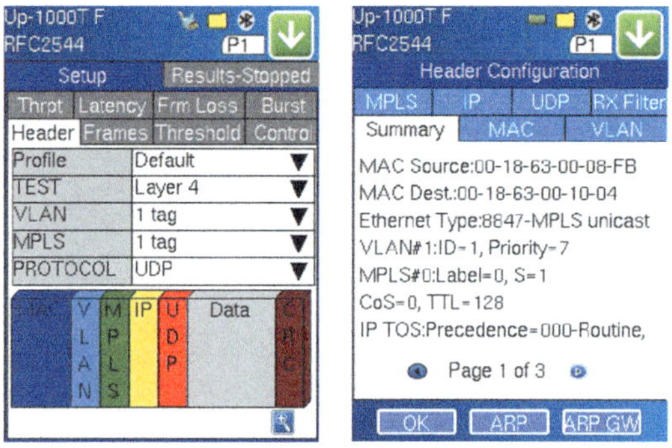


图 4-11 主菜单界面

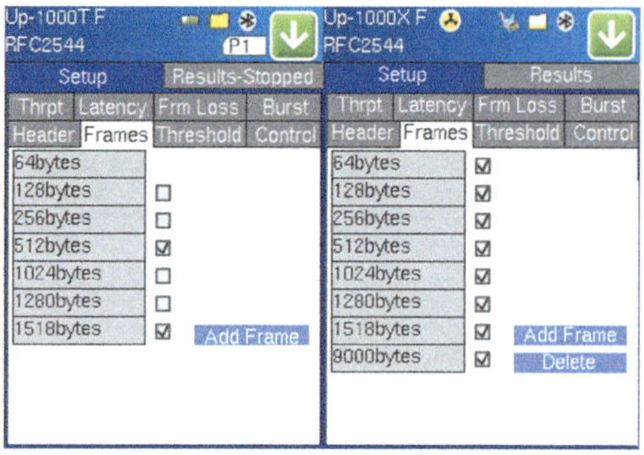


图 4-12 测试帧

单击 Threshold，用户可以设置吞吐量与时延的门限值，如图 4-13 所示。当吞吐量小于门限值或者时延大于门限值时判为测试不通过。

单击进入 Thrpt、Latency、Frm Loss 可以分别对相应参数进行设置，比如测试时长等，如图 4-14 所示。

单击 Control，选择 Manual，输入远端测试仪表的 IP 地址，单击 Discover，仪表会显示对端仪表，然后单击 Loop up，远端仪表自动环回，如图 4-15 所示。

按下开始按钮启动测试。当所选的测试都完成后，设备会自动停止。

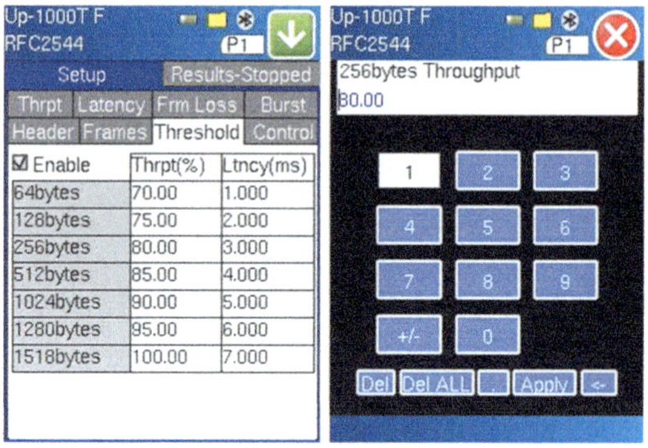


图 4-13 吞吐量与时延门限

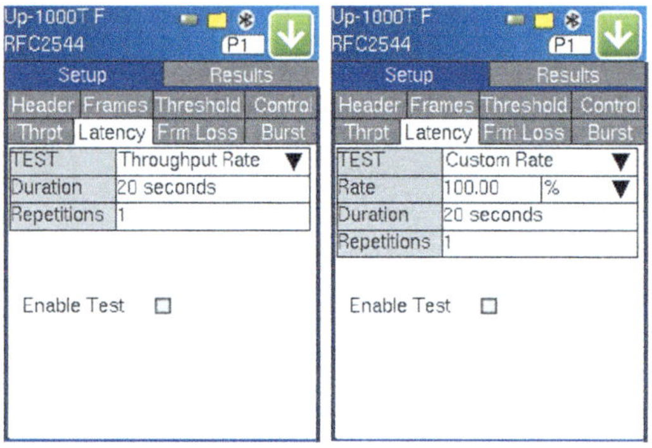


图 4-14 参数设置

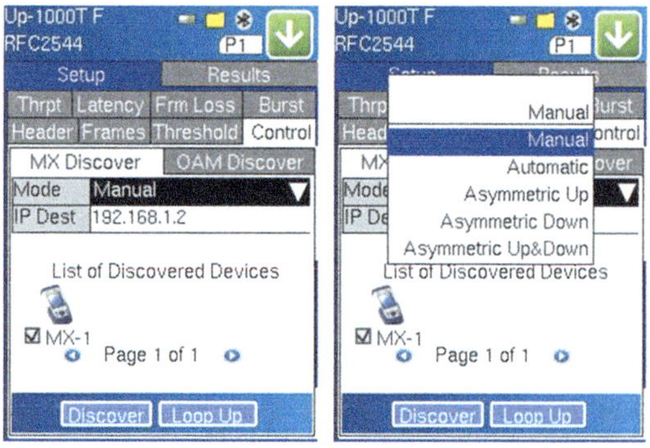


图 4-15 设备环回

4. 测试完成后，单击 Results，查看结果

测试进行中也可以随时查看测试过程。可以以数据显示，也可以选择图标显示，如图 4-16 所示。

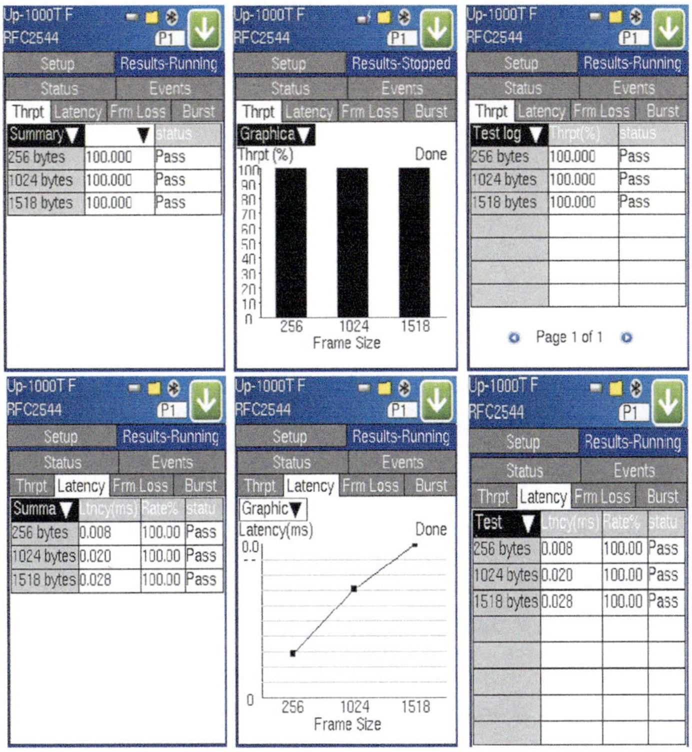


图 4-16 测试结果

5. 保存数据

停止测试后，可单击键盘上的保存键保存结果。结果将会自动保存和命名。结果保存后，用户可通过浏览位于文件菜单中的文件夹查看或重命名结果文件。

## 三、光功率计应用

光功率计用于测量绝对光功率或通过一段光纤的光功率的相对损耗。在光纤系统中，测量光功率是最基本的，非常像电子学中的万用表。在光纤测量中，光功率计是重负荷常用表。通过测量发射端机或光网络的绝对功率，一台光功率计就能够评价光端设备的性能。用光功率计与稳定光源组合使用，则能够测量连接损耗、检验连续性，并帮助评估光纤链路传输质量。本节以 OPM-99 系列光功率计为例说明使用方法。

1. 面板各部分功能

仪表外观如图 4-17 所示。仪表显示区域如图 4-18 所示。

(1)短按电源开关按键可打开或关闭设备，此时设备默认为节电模式，即在最后操作结束后 10 min 自动关闭设备。如果不希望自动关机，则可在开机时长按电源开关按键 2 s 左右，屏幕将显示“PERM”以屏蔽自动关机功能。

测量波长切换按键可选择当前需要测量的激光波长。

(2)显示单位切换按键。

(3)参考值设定可以同光源配合使用，直接测量光缆损耗。

(4)当前测量波长：校准波长为 850 nm、1 300 nm、1 310nm、1 490nm、1 550nm。

(5)电池余量显示：显示当前电池余量，总共有 3 级电量显示，当显示全满时表示电量充足，当显示 2 格时表示电量剩余 40%～75%，当显示 1 格时表示剩余 20%～40%，需要准备更换电池，当没有显示时，设备将自动关机，以保证设备不被损坏。

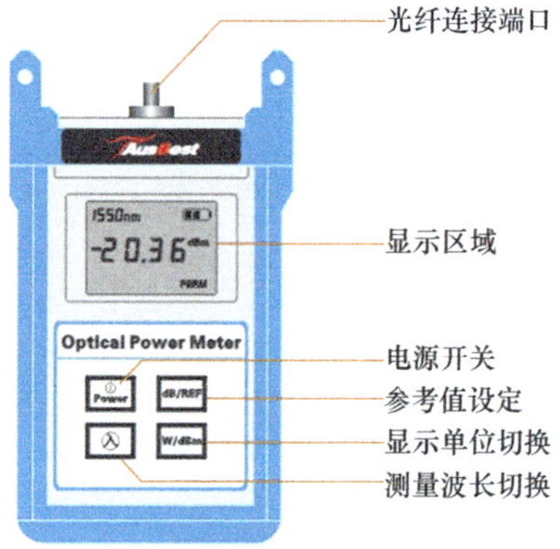


图 4-17 光功率计面板

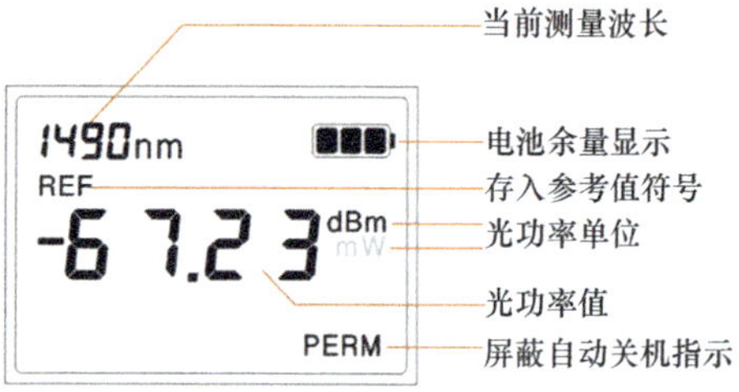


图 4-18 显示区域

(6)存入参考值符号：在设定和查看参考值时将出现此图标。

(7)光功率单位：可切换显示 dBm 绝对功率值或瓦特值。

(8)光功率值：当前测量的光功率值，当显示单位为 dB 时该数据为减去参考值的实际损耗值。

(9)屏蔽自动关机指示：当显示此图标则表示屏蔽自动关机功能。

2. 操作说明

(1)连接好测试光缆。

(2)短按电源开关按键可打开或关闭设备，此时设备默认为节电模式。

(3)设定参考值。当光源与光功率计用短跳线相连接时长按此键，直到屏幕出现“REP”，即保存当前功率值作为参考，然后将光源和功率计分别连接到实际测量线路的两端，此时测得的功率计显示 dB 相对功率值即是实际光缆衰耗值。短按此键将先显示前一次存储的参考值，2 s 后显示按上一次存储的参考值计算出的衰减值，如图 4-19 所示。

(4)选择测量波长。选择当前需要测量的激光波长。校准波长为 850 nm、1 300 nm、1 310nm、1 490 nm、1 550 nm。每按一次能转换到下一校准波长，如图 4-20 所示。

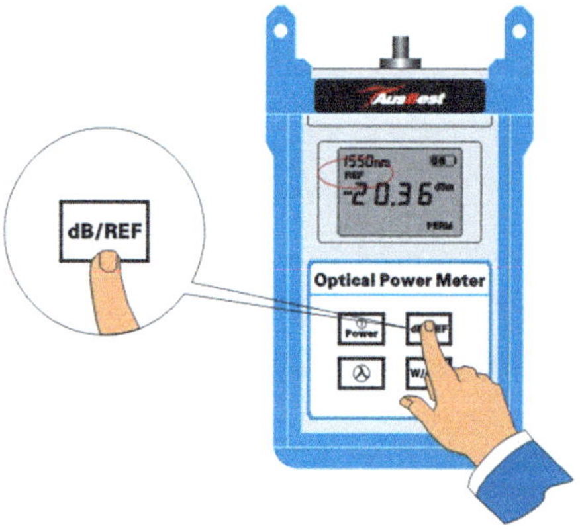


图 4-19 参考值设定

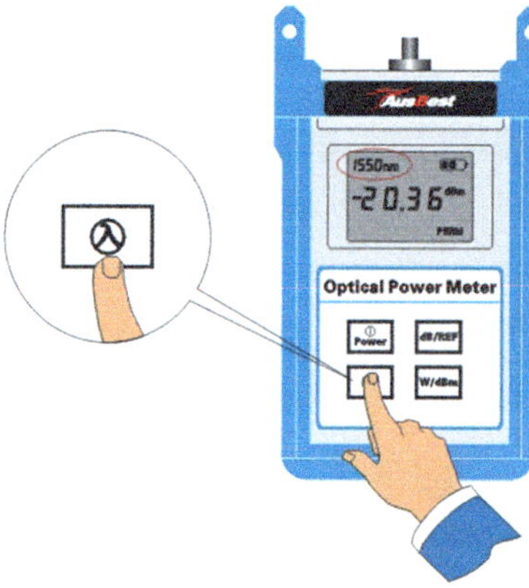


图 4-20 选择波长

(5)显示单位切换。显示单位切换键可转换以瓦特或 dBm 为单位的当前测量值。dBm 为光功率的绝对功率值，可压缩瓦特值的数据位数，方便读数。其换算关系为

$$1\ \mathrm{dBm}=10\times \lg(1\ \mathrm{mW})$$

3. 注意事项

(1) 测试前必须对被测光波长、光功率大小有一定了解。必须正确选择仪器的测量波长，才能得到正确的测量结果。切勿使输入的光功率超过本仪器测量范围的上限，波长不对（特别是波长比 1 100 nm 更短或比 1 550 nm 更长）时，输入光功率很强，仪器也显示不出来，而且过强的光功率会烧毁仪器的光探测器。

(2)电源最好有接地线，并且必须保证输入电源电压在本仪器要求的范围内。

如果遇到供电系统的突变干扰，主机显示可能发生异常，面板上的按键不起作用，应尽快关机，确保供电系统电源电压正常后，再重新开机工作。

(3)光功率输入口必须连接好，准确定位，否则测量结果可能是不正确的。

## 思考题

1. 网线钳有什么作用？
2. 网络综合测试仪能测试哪些参数？
3. 光功率计的作用是什么？
4. 使用光功率计时有哪些注意事项？

## 第二节　计算机及网络设备的操作

### 一、计算机的基本操作

(一)计算机基本组成

完整的计算机系统包括两大部分，即硬件系统和软件系统。所谓硬件，是指构成计算机系统的物理设备，即由机械、电子器件构成的实体部件。软件也称“软设备”，广义地说软件是指所有文档的集合。我们平时讲到的“计算机”一词，都是指含有硬件和软件的计算机系统。

1. 硬件

主要由主机、显示器、键盘、鼠标构成，其他外部设备包括打印机、移动硬盘、扫描仪、音箱、光盘、软盘、U 盘、摄像头等。其中主机内又有 CPU(中央处理器)、主板、显卡、声卡、内存、硬盘、电源等。

2. 软件

主要分为系统软件和应用软件。

系统软件：直接为管理和维护计算机本身所用的程序（操作系统、数据库系统应用软件等）。

应用软件：主要包括文字处理软件、图像处理软件、多媒体播放软件和实时控制软件等。

(二)开关机操作

1. 开机

在电源及设备完全接好的前提下，先按下显示器的电源开关，电源指示灯亮后再按下主机上的电源开关。

2. 关机

保证所有窗口都已正常关闭的前提下，单击系统桌面左下角的“开始”按钮，单击“关闭”，单击“确定”。另外，在 Windows 任务管理器中（同时按下 Ctrl、Alt 和 Delete 可弹出），也可进行关机操作，如图 4-21 所示。

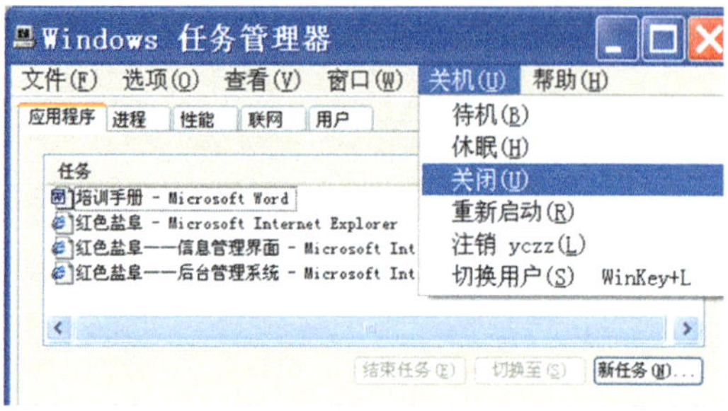

图 4-21　关机界面

3. 重新启动

冷起和热起：冷起按钮在主机上，由于冷起对计算机不利，所以在没有特殊情况下，如死机，尽量不要进行冷起。在开始菜单中，单击“关机”按钮会弹出“关闭计算机”的对话框，单击重新启动便完成了热起操作。

在离开计算机时，为了避免计算机被他人操作，可以锁定计算机，使之处于待机状态，单击“关闭计算机”对话框中的“待机”按钮即可。

（三）鼠标键盘操作

1. 鼠标操作

鼠标上有左键和右键两个操作区域，有的鼠标中间还有滚轮。通常我们都是用右手来操作鼠标，手掌轻轻放在鼠标上，食指放在左键上，中指放在右键上。食指在左键按一下为单击，可以用来选中文件、文件夹或命令。食指在左键迅速按两下为双击，可以用来打开文件或文件夹。中指在右键按一下为右击，可弹出快捷菜单。

2. 键盘操作

键盘常用键见表 4-1 。

**表 4-1　键盘上的常用键**

| | |
|---|---|
| Backspace | 退格键，按一次该键，光标向前（左）退一格，如光标前有字符则会删除该字符，按住不放可连续退格（删除） |
| Caps Lock | 大写锁定键简称大写锁，指示灯同时亮起；如需恢复小写输入状态，则再次按一下该键，指示灯即灭 |
| Enter | 回车键，用于选择某种结果或使电脑开始执行某项操作，起“确定”的作用。在打字时，不论光标在什么位置，按下该键后光标会移到下一行的行首，按住不放光标会连续向下移动 |
| 空格键 | 它是键盘上最长的一个键。按一下可在光标处输入一个空格，即光标向后（右）空一格，如按住不放，则连续空格 |
| Esc | 取消键，在某些操作中起取消或放弃的作用 |
| Insert | 在某些程序里（如 word）可用来设置字符的插入/改写状态 |
| Delete | 删除键，起删除的作用。打字时可删除光标后（右）边的字符，按一次删除一个字符，按住不放则会连续删除 |

（四）中文输入法的切换方法

1. 鼠标：先找到任务栏右下角的输入法切换按钮，单击左键，在输入法菜单中找到所需输入法后单击左键。

2. 键盘：按住 Ctrl 键不放，再按下 Shift 键进行切换。每按一次 Shift 键可切换一次，如要继续切换可再次按下。中/英文输入法间的切换为 Ctrl+空格键。

（五）Windows 桌面操作

Windows 启动成功后出现的屏幕工作区域，称为“桌面”。桌面上常见图标有：我的电脑、网上邻居、我的文档、回收站、IE 浏览器等。最下方有一个灰色的长方条,叫做“任务栏”。

1. 初识桌面

(1)任务栏的组成(见图 4-22)

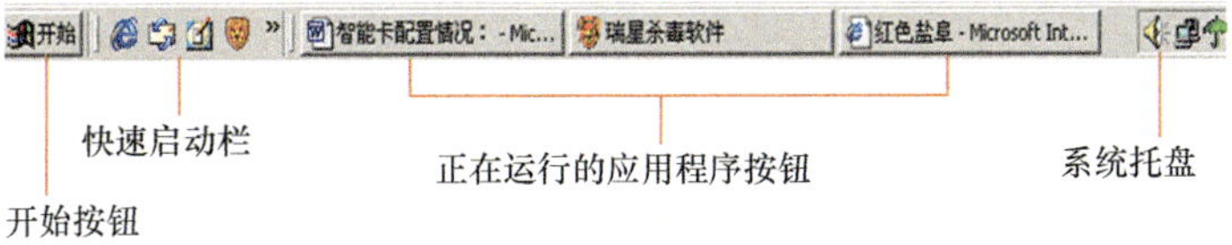


图 4-22 任务栏组成

开始按钮:启动程序、执行任务。如:[开始]→[程序]→[附件]→[写字板]。

快速启动栏:可以迅速地启动应用程序。如:IE 浏览器、显示桌面。

正在运行的应用程序按钮:显示当前已经运行的程序和打开的窗口,当我们打开程序、文档或窗口时,将在任务栏的中间区域出现相应的按钮,我们可以通过单击该按钮在已经打开的窗口间来回切换。

系统托盘:显示当前工作的状态。如:时间、输入法等。

(2)桌面图标

桌面上有一些不同图案的小图形,每个图形下面都有文字说明,这些小图形叫做“图标”,它是程序、文件的关联标志。在不同的电脑上,桌面图标的数量有所不同。图标的数量和系统安装的应用程序多少、桌面的设置有关。

(3)桌面图案

桌面上的图案称为“桌布”或“墙纸”。更换背景图片的方法:在桌面空白处右击打开菜单→在菜单中单击[属性]→单击[背景]选项卡→用鼠标单击背景图案文件进行选择,同时上方的预览框会显示出图案→单击右下角的[确定]键即可。

(4)启动应用程序

单击[开始]→[程序]→单击所要使用的程序。值得注意的是,当鼠标移动至菜单中的扩展箭头时,会打开一新的子菜单。

2. 窗口操作(见图 4-23)

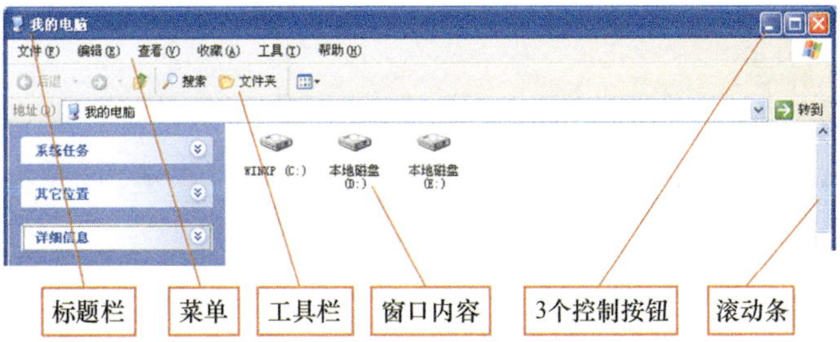


图 4-23 窗口示意图

(1)标题栏

标题栏的作用主要有:

① 显示当前窗口的名称。

② 移动窗口,方法是用鼠标指针移到标题栏中,按住鼠标左键并拖动,拖动到合适的位置后松手(窗口最大化时无法移动)。

③ 控制窗口，方法是用三个窗口控制按钮来操作。

[最小化]按钮：将窗口缩至最小，放到任务栏中，单击任务栏中对应的最小化图标可放大恢复。

[还原]按钮：将窗口还原到可调节大小的状态，单击后窗口改变的同时此按钮变为[最大化]按钮：将窗口放大到满屏幕。

[关闭]按钮：结束对窗口的操作即关闭当前窗口。也可以用键盘上的 Alt+F4 键来关闭当前窗口。

(2)窗口边框

可用鼠标拖动边框的方法来改变窗口的大小，方法是：把鼠标指针移动到窗口的边框线上，指针变成一个双向箭头如[←→]，可改变窗口的水平宽度，此时按住左键并拖动到合适位置，然后松开。窗口的四条边及四个角都可以移动。

(3)滚动条

当所显示的内容超出一屏时，窗口右部或底部会自动出现滚动条，滚动条的长短表示已显示部分占全部内容的比例。

可通过单击微调箭头或用鼠标拖动滚动条来调整窗口所显示的内容，也可以使用鼠标上的滚轮来进行调节。

3. 窗口切换

方法 1：当所需窗口被前面的窗口挡住时，可用鼠标单击窗口的任意一部分来激活该窗口。被激活的窗口的标题栏上为深蓝色，此时该窗口为当前窗口即可操作窗口。

方法 2：单击任务栏中的该窗口最小化按钮即可。

4. 文件及文件夹操作

(1)文件的保存

保存一个文本文件(以保存 Word 文档为例)，可以按如下步骤进行：打开 Microsoft Word 窗口→输入文字→在菜单栏中单击[文件]→[保存]→选择保存的地点→输入名称→[保存]。

(2)文件的删除

文件的删除步骤：鼠标左键选中目标文件→[右键]打开快捷菜单并单击[删除]→提示“是否删除”→单击[确定]。

(3)文件的还原

文件的还原步骤：打开[回收站]→选中目标文件→鼠标[右键]打开快捷菜单并单击[还原]。

(4)文件的复制

步骤：在目标文件上单击鼠标右键选择[复制]→打开所要保存到的文件夹→单击鼠标右键选择[粘贴]，这样就可以把一个文件(文件夹)复制到我们自己的文件夹中，而原来的位置仍然存在该文件(文件夹)。

(5)文件的重命名

如果对某个文件或文件夹的全称不满意，可以为其重新命名。

步骤：调出输入法→在目标文件上单击鼠标右键→选择[重命名]→当旧的名称为反白方式时输入新名称→按回车键。

(6)文件夹操作

由于电脑中的文件数目非常多，因此需要在电脑中创建“文件夹”，以便将文件分门别类地放入相应的文件夹中。

① 新建文件夹步骤：在所要新建文件夹的地方的空白处单击鼠标右键→[新建]→[文件夹]→输入名称并按回车确定。

② 把文件移动到文件夹中，方法是先剪切目标文件，然后在文件夹中进行粘贴。

步骤：在目标文件上单击鼠标右键→菜单中选择[剪切]→打开所要保存到的文件夹→单击鼠标右键选择[粘贴]。

注意：如果要移动的文件与目标文件夹在同一平面上时，可直接用鼠标拖动方法来移动。

③ 将文件夹保存到 U 盘：

a. 将 U 盘插入 U 口，可[复制]后[粘贴]，也可直接发送；

b. 在目标文件上单击鼠标右键→菜单中选择[复制]→打开[我的电脑]→打开 U 盘→单击鼠标右键→菜单中选择[粘贴]；

c. 在目标文件上单击鼠标右键→菜单中选择[发送到 U 盘]。

## 二、网络设备的基本操作

网络设备主要包括路由器、防火墙、交换机和服务器。路由器能够连接两个不同的网络或多个不同的网络，并且对数据包有过滤的作用。交换机则可以把计算机连接到网络，实现计算机与网络相连。

### (一)路 由 器

1. 路由器的接口

(1)辅助端口：用于调试路由器，通过 modem 来连接。

(2)控制端口(console)：用于调试路由器，是常用的端口。

(3)以太网口(ethernet)和快速以太网口(fastethernet)。

2. 路由器的配置途径

可以通过控制端口配置路由器：

(1)用控制线将路由器和计算机连接起来。控制线一端为 RJ-45 端口，另一端为 RS-232 端口。一端连接在路由器的控制端口上，另一端连接在路由器的串口上。

在连接之前确保路由器和计算机的电源是关闭状态。否则会烧毁路由器。

(2)连接好之后首先打开路由器电源，再打开计算机电源。

3. 路由器的几种配置模式

(1)用户模式

路由器的名字后面跟一个大于号“＞”：router＞。

(2)特权模式

路由器名字后跟一个“＃”：router＃。

由用户模式进入特权模输入的命令是：enable。

由特权模式退出到用户模式的命令是：disable。

(3)全局配置模式

路由器名字后面跟“(config)＃”：router(config)＃。

由特权模式进入到全局配置模式的命令：config terminal。

由全局配置模式退出到特权模式的命令：exit。

(4)局部配置模式

① 接口模式

路由器名字后面跟“(config-if)#”:router(config-if)#。

进入接口模式的命令是“interface 端口的类型 槽口号/端口号”:router(config)#interface ethernet 0/0。

退出该模式:exit。

② console 模式

路由器名字后加“(config-line)#”。

进入 console 的命令:

line console 0

router(config)#line console 0

router(config-line)#

退出该模式:exit。

③ 虚拟终端模式

路由器名字后面跟“(config-line)#”。

进入虚拟终端的命令:router(config)#line vty 0 4。

注:vty 是虚拟终端的命令,0 4 是从 0 到 4 一共五个端口。

4. 进入超级终端

开始⟶程序⟶附件⟶通讯⟶超级终端。

5. 密码的设置

用户密码的设置:

router(config)#line con 0

router(config-line)#password 密码

router(config-line)#login

用户密码的删除:router(config-line)#no password 密码

特权密码的设置 :router(config)#enable password 密码

特权密码的删除:router(config)#no enable password 密码

查看配置的命令:router#show run

设置加密的特权密码:router(config)#enable secret 密码

删除特权密码:router(config)#no enable secret 密码

设置虚终端密码:

router(config)#line vty 0 4

router(config-line)#password 密码

router(config-line)#login

6. 保存设置

(1)router#copy running-config startup-config

(2)router#write

7. 路由系统的备份

router#copy flash tftp //备份操作系统到 tftp。

router#copy run tftp //备份运行配置文件到 tftp。

router#copy start tftp //备份 nvram 里的内容到 tftp。

8. 一些错误提示信息

incomplete command //命令错误，后面没有跟正确的参数。

ambiguous command //命令错误。

invalid input detected at "^" marker //命令有错误，错误处在"^"处。

9. 设置 IP 地址

router(config)#interface f0/0

router(config-if)#ip address 地址 子网掩码

例：

router(config-if)#ip address 192.168.0.1 255.255.255.0

router(config-if)#no shutdown //激活端口或者叫打开端口。

router(config-if)#shutdown //关闭端口。

10. 查看端口的信息

router#show int f 槽口号/端口号

ethernet is up,line protocol is up //表示物理和数据层都没有问题。

ethernet is up,line protocol is down //表示物理没有问题，数据层有问题。

ethernet is down,line protocol is down //表示网线有问题。

ethernet is administratively down,line protocol is down //表示端口处于 shutdown 状态。

11. 路由器的配置方法示例

第一步：准备工作

(1)将配置线一头与计算机的串口相连，另一头与路由器的控制口相连。

(2)在计算机上启动超级终端，在进入"连接到"界面后，在"连接时使用"选择到连接的串口上，然后在属性一栏中："每秒位数"选择"9600"、"数据位"为"8"、"奇偶校验"选择"无"、"停止位"选择"1"、"数据流控制"选择"无"。

(3)进入界面后打开路由器电源

第二步：开始配置路由器

(1)当路由器启动完毕后，会进入用户级界面，如：route>；输入"enable"语句：

route>

route>enable

route#

(2)当进入管理员界面后要先进入配置界面，命令为"conf t"。例：

route#conf t

route(config)#

(3)开始配置。

(4)配置完成后，将配置考入闪存：

route(config)#exit

route#wr

确认配置已经写完后，重新启动路由器，并可以在管理员界面下用"sh start"语句进行测试。

第三步：进行连接并测试

将 DTE 线与广域网口连接好，在将以太口用网线与局域网连接好或和单个计算机直连，并确定通信通道是否已和 modem 或转换器连接好。

在进行测试时可以在局域网上用 ping 语句看是否连通，也可在路由器下进行测试。

（二）交 换 机

1. 进入特权模式

Switch>enable

Switch#

2. 返回用户模式

Switch#exit

Switch>

3. 配置模式

全局配置模式[主机名(config)#]：配置交换机的整体参数。

(1)进入全局配置模式下

Switch#configure terminal

Switch(config)#exit

Switch#

(2)进入线路配置模式

Switch(config)#line console 0

Switch(config-line)#exit

Switch(config)#

(3)进入接口配置模式

Switch(config)#interface fastEthernet 0/1

Switch(config-if)#exit

Switch(config)#

(4)从子模式下直接返回特权模式

Switch(config-if)#end

Switch#

4. 交换机操作帮助命令

① 支持命令简写(按 TAB 键将命令补充完整)。

② 在每种操作模式下直接输入"?"显示该模式下所有的命令。

③ 命令空格 "?"显示命令参数并对其解释说明 。

④ 字符"?"显示以该字符开头的命令 。

5. 命令历史缓存

(Ctrl+P)显示上一条命令，(Ctrl+N)显示下一条命令。

6. 交换机显示命令

① 显示交换机硬件及软件的信息：Switch#show version

② 显示当前运行的配置参数：Switch#show running-config

③ 显示保存的配置参数：Switch#show configure

## 思考题

1. 计算机的基本组成包括哪几个部分？
2. 如何实现中文输入法的切换操作？
3. 交换机操作帮助命令有哪些作用？

## 复　习　题

1. 如何制作网线？
2. 掌握 2M 误码测试仪的使用方法。
3. 网络设备主要包括哪些设备？
4. 路由器有哪几种配置模式？如何完成密码设置？

# 第五章　高速铁路控制中心信号设备操作

高速铁路控制中心设备利用现代科学技术，为铁路信号的网络化、综合化、智能化奠定坚实的基础，而且以其强大的功能，为铁路运输的变革创造条件，减轻行车指挥人员的劳动强度。因此，掌握其操作程序，从人机界面获得各种信息，快速处理各种设备故障对信号维护人员来说是当务之急。

## 第一节　调度集中（CTC）设备操作

目前，在我国铁路运用的 CTC 系统主要有 FZk-CTC、FZt-CTC 及京津城际上使用的西门子 CTC 等三种型号的 CTC。本节将以 FZk-CTC 为例介绍调度集中系统的设备操作。

### 一、CTC 行调终端的操作

行调终端又叫运行图终端，是 CTC 系统中重要的一部分，是行车调度组织工作的重要工具。负责列车运行图的辅画生成与调整，各类施工封锁的安排与调整，生成阶段计划下达到车站后，由车站值班员根据实际情况安排进路，或由车站自律机按计划排路。

运行图终端作为调度台软件的组成部分，需要通信服务器、TG 服务器以及对外的接口服务器的配合，必须在网络畅通的条件下方可运行全部功能，网络中断时，可以提供有限制的离线操作功能。

（一）操作界面简介

主要由本班实际图、日班计划图、基本图、施工计划、历史图、邻台图、车次场次（列车径路）等几个操作界面组成。由主菜单中的“功能”菜单进行切换，并以分页的方式同时显示在主窗口中，可以通过左侧的分页进行切换，如图 5-1 所示。

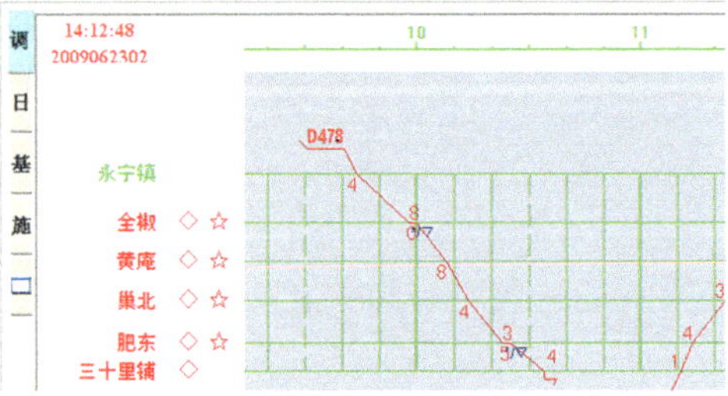


图 5-1　行调终端操作界面

1. 本班实际运行图

本班实际运行图又叫调整计划，显示本班 12 h，上一班 12 h，再向后延长 6 h，共 30 h 范围内的运行图，如图 5-2 所示。

（1）界面中央区域：蓝色的竖线表示当前时间，当前时间左面的运行图显示深灰色底色表示为实际运行图，再向左，还有一块更深的灰色区域，是指上一班的运行图。蓝色竖线右侧，窄

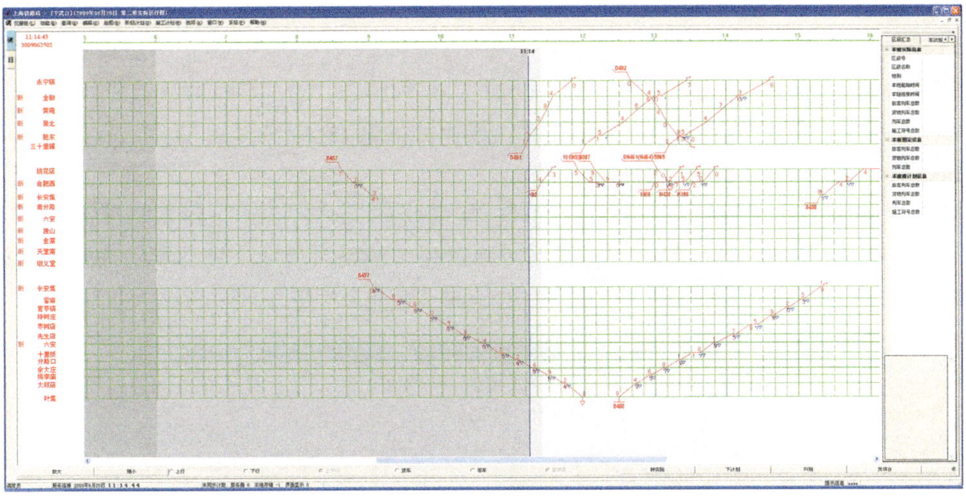

图 5-2　本班实际运行图

窄的一条灰色区域，代表当前时间向后 10 min 内的计划。再向右侧，浅灰色的区域是已经下达的 3 h 阶段计划范围。再右侧的白色部分是 3 h 以后范围的计划。

(2)界面右侧：属性栏，单击运行图上的不同的运行线或施工符号，在属性栏中显示相关的信息，并可以提供快速而精确的调整手段。

(3) 界面左侧：主要包含了以下信息：车站站名、当前通信的状态、是否按图排路（CTC 系统功能）、当前分散自律的控制模式（CTC 系统功能）、公里标、阶段计划下达后的签收状态。在"图"字处单击鼠标右键，则可以显示当前的进路状态和控制模式。

(4) 界面下侧：工具条用于控制运行的显示比例，对运行线的筛选，以及最常用到的操作，及与各种接口系统之间的通信互动，画线的开始与结束等。

2. 日班计划图

通过 TD 结合从计划台获取当天调度员的运行计划信息，由计划台辅画后通过接口服务器发送过来，行调可以直接以计划台提供的日班计划图生成本班实际运行图，大大减轻了劳动强度。

3. 基本图

基本图分为常用基本图和预览基本图两个调阅画面。

(1)常用基本图是实际生效的基本图，即调度员通过日班计划，基本图加车增加列车的源，只读不可修改。

(2)预览基本图是常用基本图修改时的抄稿，维护人员通过修改预览基本图修改基本图，当修改完毕，确认无误后，通过换图，生成生效的常用基本图。一般情况下，修改基本图后，调度台程序需要重启动，以获取当前最新基本图。

4. 施工计划

通过 TD 结合从计划台获取的当天调度员的施工计划信息，并可自动获取施工计划相关的调度命令信息，并与调度命令模块互动，使调度命令模块自动取得和选中与此施工计划相关的调度命令，进行下一步核对和下达操作。

5. 历史图

选中功能菜单中的历史图，弹出如图 5-3 所示对话框，选择班次确定，即可查看以往班次的运行图。当历史图界面已存在时，可以通过交接班历史图，切换到其他班次历史图。

6. 邻台图

选中功能菜单中的邻台运行图，弹出邻台选择对话框，选中邻台，然后选择班次确定，即可查看邻台的运行图。

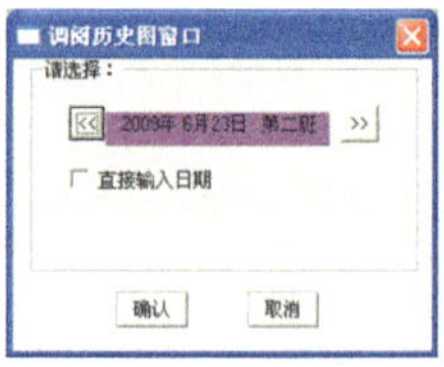


图 5-3 调阅历史图窗口

7. 车次场次(列车径路)

选中功能菜单中的车次场次(列车径路)，弹出列车径路对话框。该功能用来管理径路，如图 5-4 所示。

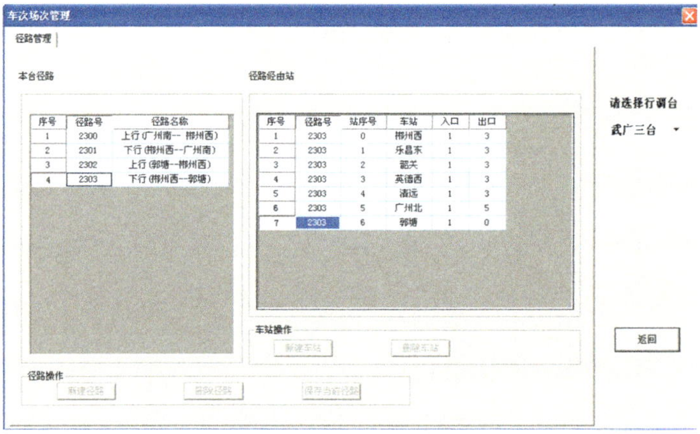


图 5-4 车次场次管理窗口

(二)操作方式详解

下面以调度员日常使用时的操作习惯为顺序，详细介绍使用方式。

1. 日班计划相关操作

(1)登录与交接班：为了保证正确的班次信息和当前调度员的信息和权限控制，要求每一班调度员接班后，进行交接班登录操作。

(2)日班计划信息的获取：在屏幕左侧单击“日”，进入日班计划界面，单击“获取车次”，出现“选择班别”对话框，根据情况选择当前班或者下一班，单击确定则开始接收。

(3)接收调整计划：当计划台或者客调台下达调整计划时，单击“接收计划”按钮，出现接收调整计划的窗口。

(4)日班计划加车：在“阶段计划”下拉菜单中单击“日班计划加车”，在弹出的“生成图定计划窗口”对话框中，选中是基本图还是日班计划，单击“读取列表”即可。

(5)由图定计划加车：由图定计划的指定时间段内的运行线，自动添加到本班实际运行图上。

(6)记事栏：单击菜单项“记事栏”则自动显示与当前运行图中车次相关的信息，自动生成记事信息，并提供常用词汇，以便调度员进行进一步的修改。编辑完成后，必须保存。

(7)阶段记事：阶段记事是与当前阶段计划中列车运行情况相关联的注意事项。

(8)下达计划：运行图调整后，通过下达计划，把当前的信息下发到各车站，分别由车站自律机和车务终端接收，用于车站行车组织和自动排路卡控参考。

(9)邻台计划：邻台计划交换现在有两种模式：本台主动请求邻台计划和邻台通知接收邻

台计划。

模式1:本台主动请求邻台计划,可以通过单击“收邻台”进行申请。

模式2:邻台通知接收邻台计划,邻台单击菜单中的邻台计划,发邻台。通知计划接收台,计划接收台收到通知后,收邻台按钮红闪,本台单击收邻台按钮接收邻台计划。

2. 施工计划相关操作

(1)施工计划信息的获取:在日班计划界面下方的工具条中选择“获取施工”按钮,出现“选择班别”对话框。根据情况选择施工日期,可以选择一天或者二天,然后单击“确定”,则施工符号将自动添加到日班计划图中,同时,在施工计划界面中将形成施工列表。

(2)导入日班计划施工符号:可由施工计划台接收指定时间范围内的施工计划以及相关的调度命令等一系列信息。

在“选择日班计划施工符号”对话框内,选择合适的时间段,然后单击“读取列表”,则日班计划中的施工信息将出现在列表中,然后单击“确认”,则施工符号将自动添加到调整实际图。

(3)施工计划表:进入施工计划界面,屏幕左上方是施工列表,右上方是施工计划详细信息,右中部是施工揭示命令,下方是施工调度命令。在施工计划列表中选中特定的一项施工计划,则相关信息自动显示在相应位置,如果没有信息,则右键选择获取,重新从施工台接收信息。

(4)与调度命令的联动操作:在施工计划列表中选中某一条施工计划,单击右键,弹出的菜单内容包括:

①“符号上图”:可由此施工计划,在运行图上自动生成施工符号。

②“获取施工信息”:可以向施工计划台再次申请施工相关的信息。

③“获取施工命令”:可以向施工计划台申请本次施工相关的,由计划台划草拟的调度命令,显示在界面的下方表格中。

④“获取施工揭示”:可以取得相关的揭示信息。可以随施工计划信息一并下达给车站。

⑤“调度命令待发”:可将当前由计划台获取的施工调度命令置入调度命令的缓存列表,并驱使调度命令终端刷新。

⑥“选中关联调度命令”:可驱使调度命令终端自动将与当前施工计划相关联和所有调度命令高亮显示(显示为黄底黑字),以提示用户查看或下达相关的调度命令。

3. 运行图的绘制

(1)计划线:

a. 按径路生成多条计划线:选择计划线或使用快捷键F2,弹出“生成计划线窗口”对话框。先输入站名、车次号,然后选择是报到点还是报发点、在起始车站是始发还是接入、在结束车站是终到还是交出,并在径路下拉菜单中选择自动选径路或其他已知径路(系统将用户在径路管理中建立的径路显示在下拉菜单中供选择使用,径路管理菜单选项在后面将作介绍),单击增加后新的计划线在已输入的列车中被列出,最后单击确定。

b. 自由画线:指定车次以及起始和终到车站的接入和交出属性,以生成不同的终到符号。画线完成后,单击鼠标右键即可完成画线操作。同时,可以在右侧的属性栏中,看到本次列车的相关信息,并可以通过属性栏进行精确的调整。

(2)区间封锁:描述区间封锁情况。在“绘制”子菜单中选择区间封锁。在要封锁的区间或车站的开始封锁时间处点一下,选择封锁开始时间。移动鼠标,在封锁结束时间处点一下,选择结束时间。此时将画出一条“区间封锁符号”，选中“区间封锁符号”，在右键菜单中选择“属性”，将弹出“区间禁用”窗口，在弹出的窗口中可以编辑封锁范围，封锁原因等。选择右键菜单中的“删除”，将取消区间禁用。

(3)区间慢行：描述区间慢行情况。操作方法与“区间封锁”一致，只是要编辑的内容不同。

(4)电网检修、综合维修天窗：封锁天窗操作方法与“区间封锁”一致，只是要编辑的内容不同。

(5)区间变更闭塞方式：绘制图示指明区间变更闭塞方式。操作方法与“区间封锁”一致，只是要编辑的内容不同。

(6)其他：描述区间其他绘制情况。操作方法与“区间封锁”一致，只是要编辑的内容不同。

(7)站内封锁：描述站内股道封锁情况。操作方法与“区间封锁”一致，只是要编辑的内容不同。

(8)站内慢行：描述站内股道缓行情况。操作方法与“区间封锁”一致，只是要编辑的内容不同。

(9)站内天窗修：描述天窗修情况。操作方法与“区间封锁”一致，只是要编辑的内容不同。

(10)股道占用：描述股道占用情况。操作方法与“区间封锁”一致，只是要编辑的内容不同。

(11)文字注释：用于在图上记载文字信息。在“绘制”菜单中选择“图表注解”。用方框确定信息要记载的位置，单击鼠标，则弹出“文字注解”窗口。选择“文字注解”或“重点注解”，在“内容”中输入注解内容。

(12)记事注解：用于在图上记载数字标记，而将具体内容填入记事栏。操作方法与“文字注解”一致，只是要编辑的内容不同。

(13)区间作业(前行)：绘制区间作业运行线。选择“区间作业(前行)”，弹出“区间作业(前行)”对话框。输入车次号后左键单击“确定”，光标上方会显示出当前位置对应的时间。然后上下移动光标到需要区间作业的车站，再左右移动光标到正确的时间，单击左键后运行图上显示相应运行线。

(14)区间作业(折返)：绘制区间作业运行线。操作方法与“区间作业(前行)”一致，只是要编辑的内容不同。

(15)区间作业(至区间)：绘制区间作业运行线。操作方法与“区间作业(前行)”一致，只是要编辑的内容不同。

(16)区间作业(从区间开回)：绘制区间作业运行线。操作方法与“区间作业(前行)”一致，只是要编辑的内容不同。

(17)合并车次：在某一车站合并两列列车。先选择一列要合并其他列车的列车，并指定两车开始合并的车站，在“绘制”菜单中选择“合并车次”，在运行图上单击某一被合并的列车。

(18)救援列车：在某一区间救援列车。先选择一列要救援其他列车的列车，选中该列车并且选中救援开始车站。在“绘制”菜单中选择“救援列车”；在运行图上单击某一被救援的列车。

(19)分解列车：用于将一辆列车分解为两辆列车，或是将两辆列车合并为一辆列车。例如，如果要将 T12 分解为 T1 和 T2 两辆列车，在运行图上选中 T12 要分解列车所在车站，绘图菜单选择分解列车后，输入 T1 和 T2，单击确定，即分解成功。

(20)组合列车：用于将两辆列车组合成一辆列车。例如，如果要将 T1 和 T2 两辆列车组合成 T12，在运行图上选中 T1、T2 要组合列车所在车站，绘图菜单选择组合列车后，输入 T12，单击确定，即组合成功。

(21)常用词汇维护：用于在更改各个图形属性时候，可以选择改图形的属性，不用重复输入。在“绘制”菜单中选择“常用词汇维护”，则弹出“常用词汇维护”窗口。

4. 运行图的调整

运行图要根据实际车流及线路运用情况进行不断的调整，为了方便调度员操作，提供了多种对运行图上诸多元素的灵活调整手段。

对于运行图上的每一根线，都代表了一趟列车，包含了在各站的到发点，营业信息，避让关系，超限等级，优先等级，军运等级，特运信息(毒品、爆炸品等)，牵引动力类型，接发车股道，禁会车种，以及计划信息等诸多方面的全面信息。这些信息，有些会直接影响自动排路操作，因此非常重要，必须保证正确有效。对运行线的调整，最常用的是变更其运行时分，其次是变更其各项属性。以下一一进行介绍。

(1)拖动运行线：拖动运行线上的点，可以改变列车在该车站的到发时间。

(2)修改自动触发标记：双击区间的列车运行线，即可弹出该次列表的自动触发标记。

(3)修改计划线参数：可以通过次功能修改列车到开区间、方向、时间以及是否允许自动调整。

(4)接入与终到：可以变更列车在该站的接入或始发、终到或是交出，可以看到运行线的始端和终端形状的变化。

(5)继续画线：为本站已终到的列车继续开行安排计划。

(6)通过与到开：蓝色的“ * ”号，表示按计划发车，如果没有这个“ * ”号，则表示按避让关系发车，一般用于货车。客车默认是按计划发车，如图 5-5 所示。

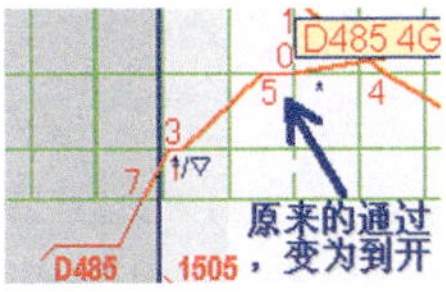


图 5-5　运行图

通过变到开，自动生成技术停点，并且自动变更正线股道为侧线股道。到开变通过时，系统会检查本站的营业时间及技术停点，要求输入确定密码。

(7)运输信息：供用户输入车站和区间信息。

(8)查询确报：选择某一列车的车站节点，单击右键菜单“查询确报”，弹出“确保查询”对话框，可以查看本次列车在该站的到达编组和发车编组以及相关的统计信息。

(9)作业信息：显示指定列车的作业信息，包括甩挂、客/特运调命令、营业信息等。并可以根据需要进行修改。

(10)列车禁会：选择右键菜单中的“列车禁会”菜单项，弹出“列车禁会编辑”对话框。设定在指定的区间禁会的车种后，单击增加即可。可以指定在不同的区间禁会某一类型的列车。

(11)早晚点统计：配合显示选项中的显示正晚点信息，在运行线上，统计列车运行在各站的正晚点情况。

(12)区间/机外停车：用于在运行线上设置或取消区间停车和机外停车的标记。

(13)改股道：如果需要更改某站的股道，则右击运行线在该站的交点，在弹出菜单中选择股道即可。

(14)改到发股道：可以更改该车次在本站的到发股道。

(15)改车次：在必要时，为用户提供修改车次的快捷手段，此时该列车在各站车次均变为新车次。

(16)改戴帽车次:指定戴帽车站某列车,按图定另一列车的计划到发点执行。

(17)改折返车次:指定列车在某个车站改变车次,从该站接入时是原有车次,从该站开出使用新的车次。这一操作对同一列车在多个站进行变更。

(18)牵引/附挂机车:可以为列车指定牵引机车的类型,并可以附挂补机。指定电力机车牵引后,可以看到运行线外侧包络黄色细线,代表电力牵引。

(19)机车号位置:在“选项”菜单中,选择“显示机车号”。运行线上会将当前列车的机车号显示出来,可以通过机车号位置菜单控制机车号的显示位置。

(20)列车详细信息:显示列车在该区段中各站的到发计划时间、股道、正晚点情况、出入口、车次变化等信息。

(21)列车属性:显示列车的各项属性,包括种类、运行等级起始站发点是否需要锁定,超限等级、超长等级、重点车等级、军运等级、速度限制等。可由用户修改,并实时变更运行线显示情况。

(22)删除列车:单击“删除列车”菜单项或直接按键盘上的 “Delete”键,提示用户是否要删除选定的列车运行线,确认后,即可删除这一车次。

(23)复制列车:单击右键菜单中的“复制列车”后,产生一趟相同车次的列车,用户可以在这一车次上进行修改,以更快的产生新的车次,便于快速加车。

(24)发车时机:指定列车“按照计划”发车或“按钮避让关系”发车,这一参数会影响发车进路的自动触发时机,需要根据列车类型妥善考虑各种因素后设定。默认是“按照计划”发车。

(25)技术停点:技术停点用于避让其他列车。选中某一列车运行线,在某站节点上单击右键,在菜单中选中或取消技术停点,此时,会要求用户使用“确定密码”,密码为“1234”。确定后,运行线的外观并不会发生变化

(26)属性窗的操作:在界面右侧的属性窗口中,以分页的方式显示了当前选定的列车的各项属性,用户可以修改这些属性,修改后,运行图上相应的运行线也会发生改变,同样的,如果你拖动调整了运行线,其改变也会实时显示在属性列表窗口中。

(27)施工计划线调整:

a. 对于运行图上的施工标记,也可以进行拖动调整,也有对应的右键菜单可以改变其各项属性。

b. 拖动施工标记的节点,可以调整相关作业的开始和结束时间。

c. 通过“复制标记”菜单项,可以横向或向上向下复制一个施工标记,然后用户再在这一标记的基础上调整,用来快速生成施工计划。

d. 通过“删除”菜单项,可以删除当前选定的施工标记。

(28)关联调度命令:选中“关联调度命令”可驱使调度命令终端自动将与当前施工计划相关联和所有调度命令高亮显示(显示为黄底黑字),以提示用户查看或下达相关的调度命令。

(29)获取作业信息:在运行图上选定一个施工标记,单击其右键菜单中的“获取作业信息”,自动切换到施工计划界面,显示其作业信息。

(30)显示属性信息:显示当前选中的施工标记的属性,可以在这一窗口中进行修改。

(31)其他快捷操作方式:

a. 快速查找列车。提供在运行图上快速查找列车的功能。

b. 在运行图上快速选中指定的列车。设置多计划删除标志后,可以在运行图上用鼠标框

选多个车次。

(32)电力臂管理:设置供电臂有电或无电,这一操作直接影响调监站场图上的显示,停电的供电臂涉及的范围股道线条变为绿色,并且作为安全卡控条件,不允许为电力机车牵引的列车开放到无电区段的进路。

(33)选项设定:选项菜单中,主要是控制运行图显示相关的一些参数,如图 5-6 所示。

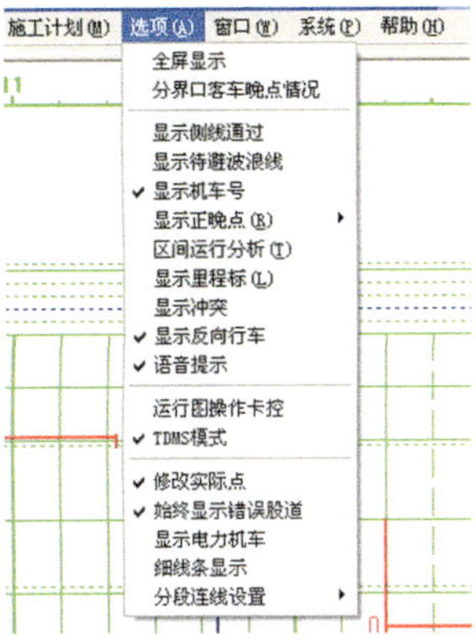


图 5-6　选项菜单

5. 列控命令管理

该功能仅对于 CTCS-2 级和既有列控系统适用,CTCS-3 级不可用。

“列控命令”窗口显示指定车站的列控中心当前正在生效的列控限速命令,并可以查询由中心下达的限速命令和已执行完成的历史命令。

(1)对正在生效的“列控实时命令”,可以进行取消操作。在“列控实时命令”列表中,单击需要取消的限速,单击鼠标右键,在弹出菜单中选择“生成[取消限速]调度命令”,则自动会在调度命令模块中弹出取消限速的对话框,并已自动填入相应内容,用户核对后,再次进行输入校验,即可通过调度命令模块下发取消限速的命令。

(2)对未下达到列控中心的“中心命令”,可以控制其立即发送。如果车站列控中心停电检修完成或是从故障中恢复,需要单击“初始化完成”,以使 CTC 系统与列控系统重新联接同步,如果列控系统当前工作正常,则不要重复进行初始化操作。

## 二、CTC 助调终端的操作

助理调度员(简称助调),是分散自律 CTC 系统所特有的工种,负责监督列车进路的自动排列情况,必要时进行人工干预(如手工排列进路或取消进路等)。对于无人车站,助调还负责编制调车作业通知单,并监督调车进路的排列,必要时进行人工干预(如手工排列调车进路或取消进路)。

### (一)操作界面简介

1. 主界面

站场图的主界面主要分为区段画面和单站画面,程序启动后默认显示在区段画面上,无论是区段画面还是单站画面,可分为以下部分:标题栏与菜单栏、主工具条、站选条、站场图显示、CTC 系统操作按钮条、进路序列,如图 5-7 所示。

(1)在站名下面有状态表示灯,默认显示是灰色,状态表示时是绿色,如图 5-8 所示。

分散自律文字上面的三个灯分别表示中心控制、分散自律、车站控制,灯亮为绿色时表示车站处在相应的控制模式下。非常站控灯亮红时表示当前站处于非常站控状态,当处于非常站控时 CTC 系统无法操作站场设备。同一时刻,控制模式灯最多只能一个灯亮。

自律机通信灯表示自律机本身的状态,当自律机状态良好时,此灯会闪烁。当此灯长时间不闪烁时,表明系统故障,请及时与维护人员联系。

按图排路灯为绿时表示按图排路,为黄时表示手工排路,当处于手工排路时无法产生进路序列,进路需要人工办理。

计划控制灯为绿时表示调车进路需要和列车进路计划做冲突检查比较,为灰时表示不比较。

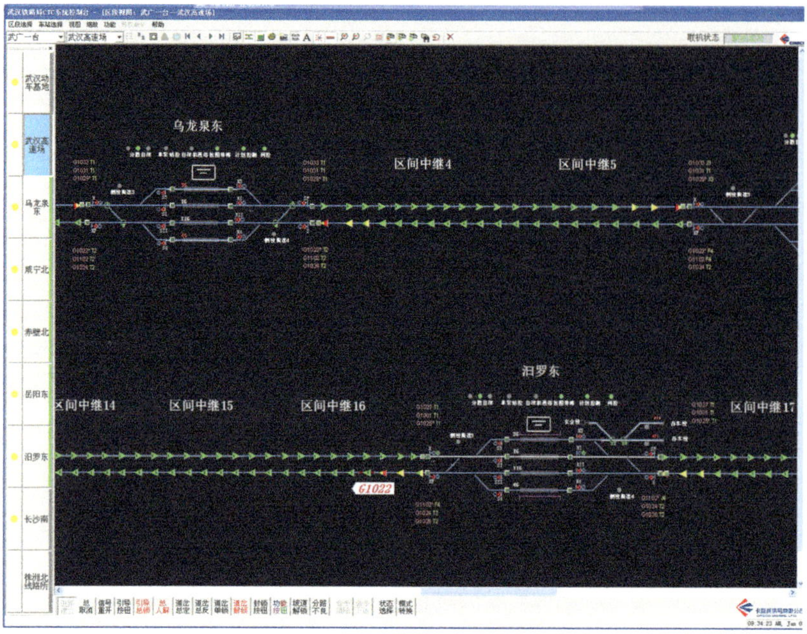


图 5-7　助调台主界面

图 5-8　状态表示灯

(2)在车站的出入口有四个进路窗，分别表示即将要办理的上下行方向的进路序列。

进路窗中计划第一趟办理的列车有“＊”标识，并且如果是自触则后面的接发车股道为黄色，如果没有自触则接发车股道为红色，进路已经触发的列车接发车股道为绿色，列车占用进路解锁后进路窗中的车次自动消失。

当车站状态处于站死状态时，站名下的状态表示灯均不亮(暗灰色)，同时股道、道岔、信号机等均为暗灰色。

(3)单站画面与区段画面中的车站站场图略有区别，在单站画面的站名下面，也有一些状态表示灯，如图 5-9 所示。

中心通信灯表示本机(助调台)与车站自律机的通信状态，当通信良好时，此灯每隔一小段时间就闪烁一下，颜色为绿色。

允许转回灯亮黄色时表示车站可从非常站控转到分散自律，否则在车站无法从非常站控转入 CTC 系统控制。

在单站画面的车站出入口处有接发车方向和辅助改方方框，如图 5-10 所示。

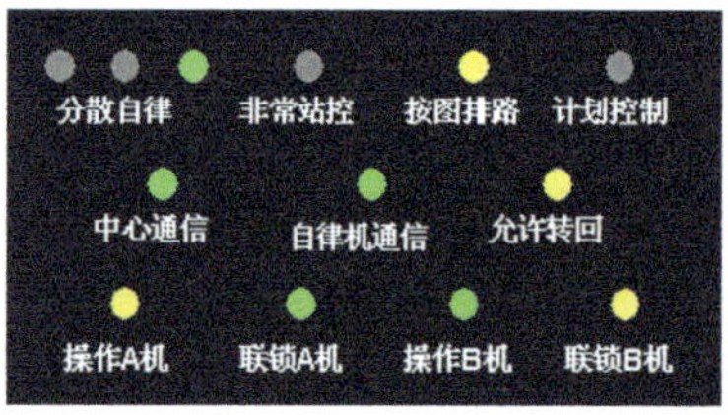


图 5-9　状态表示灯

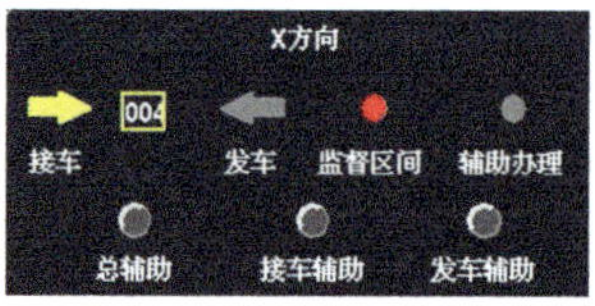


图 5-10　接发车方向和辅助改方方框

(4)站场图下部所示的是各类报警灯和特殊按钮,引导按钮上面黄框为定时器,下面黄框为计数器。总人解和引导总锁只有计数器,如图 5-11 所示。

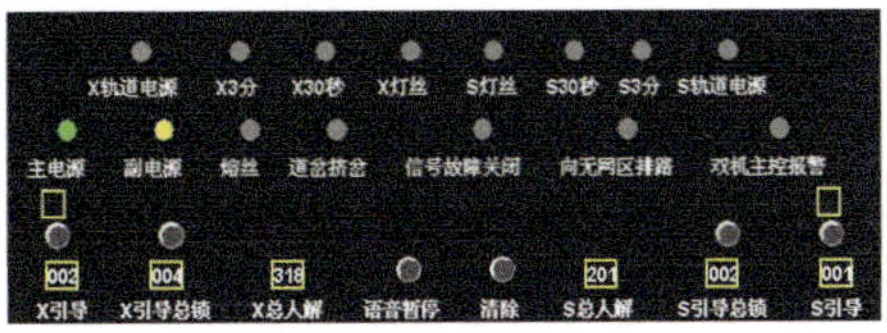


图 5-11　各类报警灯和特殊按钮

(5)在高速客专 CTC 系统中,对于区间不设通过信号机的区段,区间闭塞分区除了具有占用空闲状态显示之外,还具备有显示闭塞分区低频码的功能。在区间闭塞分区中间采用三角的显示方式,如图 5-12 所示。

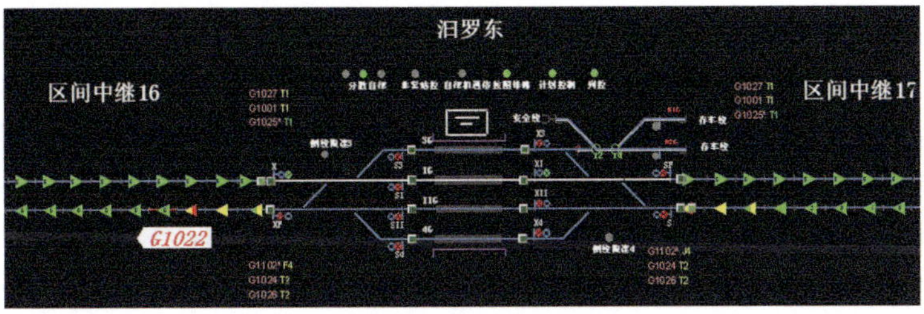


图 5-12　区间低频码显示

(6)客运专线下当列车由 CTCS-3 级列控系统控车时,在站场图上可显示对应该列车的 MA 信息,在轨道区段外侧以灰色外包线绘制,如图 5-13 所示。

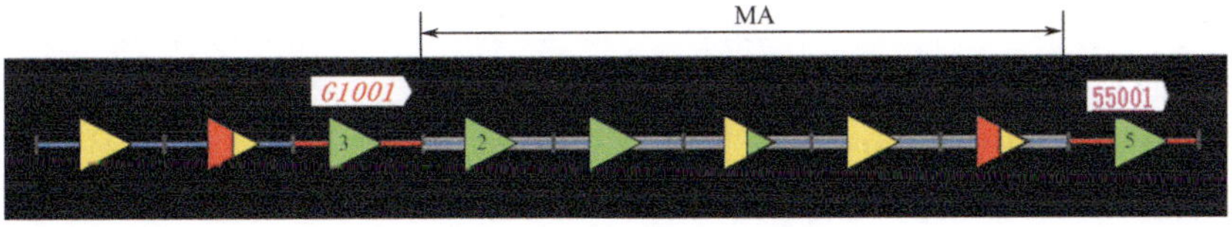


图 5-13　MA 站场表示

2. 标题栏与菜单栏

主界面顶部蓝色的为标题栏,显示此站场图的一个标题。下面是一个菜单选择栏,其中包括:区段选择、车站选择、视图、功能等菜单选项。

(二)操作方式详解

下面以调度员日常使用时的操作习惯为顺序,详细介绍使用方式。

1. 系统登录

启动助调操作程序时,出现“登录”窗口,输入正确的代码和口令。在班别中确认日期和班次是否正确。单击确定,系统就会自动进入到站场图显示画面。

2. 功能

(1)站场图回放:单击此菜单则会出现输入回放始末时间的对话框。输入开始时间和结束时间,时间差不能超过 2 h。单击“回放”(或回车)后开始下载回放文件,成功后则出现回放控制窗,此时站场图显示进入回放状态,即站场图上显示的画面为回放时刻的画面,如图 5-14 所示。

此时站场图显示进入回放状态，即站场图上显示的画面为回放时刻的画面。“＞”键表示正向时间方式回放，即前进；“＜”键表示逆向时间方式回放即，后退；“＋＋”键表示回放加速；“——”键表示回放减速；“连续”键表示连续方式回放；“单步”键表示人工步进式即非连续方式回放；“暂停”键表示回放暂停；“结束”键表示终止回放，站场图进入实时显示状态。

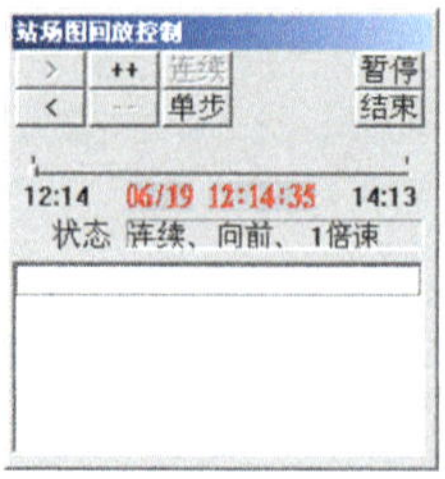


图 5-14　站场图回放控制

如果以单步方式回放，则回放控制框中会多出两个按钮。“下一变化”键表示前进或后退到站场图的下一个状态变化；“下一时间”键表示前进或后退到下一个时间点，跨越的时差与回放速度有关。

(2)查找车次窗：单击此菜单则出现“查询特定列车”对话框，其中罗列了当前区段或当前站的所有车次。用鼠标选中所要查找的车次后，单击确认就可以找到此车次所在的画面。

(3)进路终端按钮提示：办理进路时，按下始端按钮后，终端按钮是否闪烁提示。

(4)操作需确认：此选项打钩则表示当调度员人工操作站场设备时，如办理进路需要列车调度员确认。若无需确认则可去掉此选项前的勾。

(5)早晚点显示：是否显示列车的早晚点情况，车次号尾部跟的数字表示早晚点时分。蓝色表示列车晚点，数字表示晚点多少时间。红色表示列车早点，数字表示早点多少时间。

3. 主工具条

在菜单栏的下面是主工具条，主工具条作为菜单选项的快捷方式，如图 5-15 所示。

图 5-15　主工具条

在站场图的左面一个站选条，此条上显示的是当前区段中的所有车站，单击某个车站的按钮，站场图即会显示所选车站的画面，同时选中车站的按钮变为浅蓝色。按钮右面竖条的颜色表示车站的状态和控制模式，如图 5-16 所示。

| 颜　色 | 控制模式 |
|---|---|
| 红 | 站死 |
| 绿 | 分散自律（车站调车方式） |
| 蓝 | 中心控制（集控站方式） |
| 黄 | 车站控制（大站方式） |
| 灰 | 非常站控（联锁控显机控制） |
| 白 | TDCS车站或状态无权获取 |

图 5-16　车站的状态和控制模式的颜色

4. 车次号操作

一般情况下，每个红光带上均有一个车次窗，用来指示正在运行列车的车次及早晚点时分，同时带有上下行方向，CTC 系统可实现车次号自动跟踪，如图 5-17 所示。

红色“1405”表示正在运行列车的车次号，紧跟车次号的红背景“00:02”表示本次车的早晚点时分。箭头表示列车运行方向。一般情况下，箭头向左表示上行，向右表示下行。

通常情况下，车次号为红色时，表示本车次为客车，蓝色表示为货车（或单机等）。早晚点为蓝背景表示本次车晚点，红背景表示早点。车次号中出现 E 开头（俗称“假车次”）的时候，

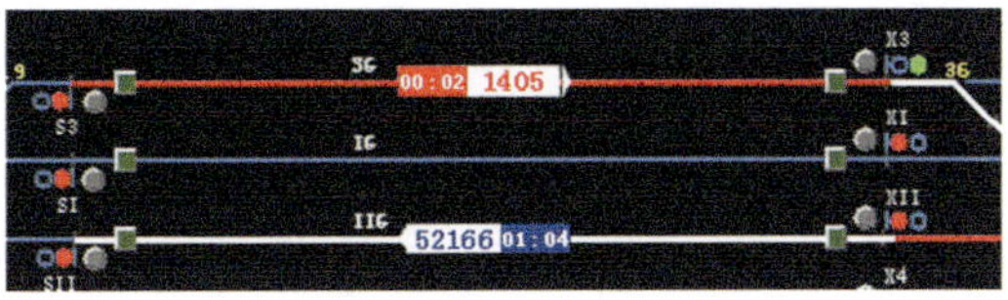


图 5-17　车次窗

表示本次车号是由系统随机产生的，不是经过无线车次号校核或调度员输入的，需要人工及时修正。

(1)车次窗操作

无论是在单站画面下，还是在区段画面下，均可以对站场图中的车次号进行操作。将鼠标移动到任何一个车次窗位置时，鼠标变为“手型”，单击鼠标右键，出现菜单选项。

① 删车次号，单击确认后，完成车次号删除。

② 车次号确认，在车次号确认或更改对话框的下(上)面有一个软键盘，在新车次号的输入框中输入车次号，并单击确定。如果新旧车次号相同，表示车次号确认，否则表示车次号更改。

③ 修正车次号，完成和车次号确认一样的功能。

④ 变更车次号，弹出的对话框和车次号确认一样，但是其原理却不同，变更车次号操作是先将原车次号删除，然后再添加一个新的车次号。

⑤ 更改车次属性，填入相应的机车速率、机车号后，如果是电力机车，则将“电力牵引”的选择框选中单击确定。电力机车车次号呈现绿色背景。

⑥ 如果需要人工添加(预加)车次号时，需要将鼠标移至股道或区间上，当鼠标变为小手时，单击鼠标右键，其中的第一项菜单便是“加车次号”，单击此菜单，出现“加车次号”界面，此时将车次填入车次号框中，如果是电力机车，则选中“电力牵引”框，单击“确定”完成添加车次操作。

(2)设置列车停稳和启动

① 设置列车停稳：当列车进入股道后，系统根据列车完全进入股道的时间判断列车是否停稳。调度员或值班员在确认列车已停稳后也可人工设置“列车停稳”状态。

② 设置列车启动：正常情况下，系统认为列车启动时间计算公式为：列车出站时压过出站信号机时刻减去附加时分，把这个时刻作为列车启动时刻同时报出站点。当调度员或值班员确认列车已启动时也可人工设置“列车启动”状态，选择“设置车次启动”选项。

(3)CTCS-3 级列车显示

高速客专下，当列车由 RBC 授予行车许可时，即列车处于 CTCS-3 级运行模式下，在 CTC 界面上将列车车次以斜体字表示，以区分非 RBC 控制的列车，如图 5-18 所示，“*G1001*”为 C3 列车，而“55001”则不是。

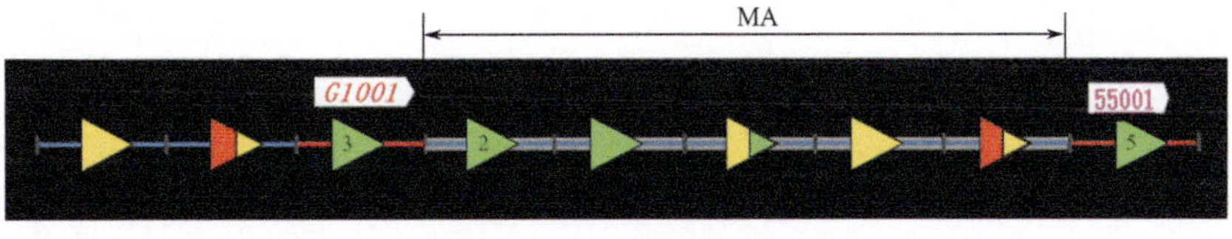


图 5-18　C3 列车显示

5. CTC 工具条和 CTC 操作

在站场图下面有一个工具条，如图 5-19 所示。

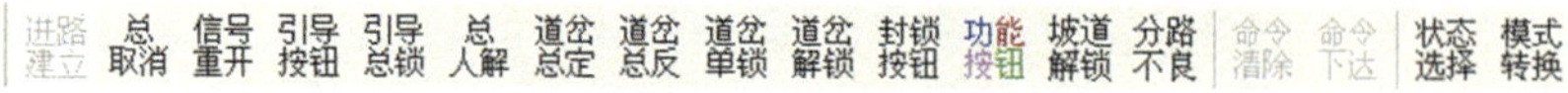


图 5-19 站场图下工具条

CTC 系统具备两种命令操作方式：左键操作方式和右键操作方式。

左键操作方式与控制台完全相同，通过鼠标左键来完成命令。先用左键在 CTC 工具条上选择操作命令，如“总取消”，然后在站场图上选择相应的设备，鼠标左键点一下设备，如该设备被成功点中，设备将以明显不同的方式显示。最后单击 CTC 工具条上的“命令下达”按钮来下发操作命令。“命令清除”是对操作命令进行清除，重新回到缺省的“进路建立”命令状态下。对于左键方式，“命令下达”和“命令清除”还可以通过在站场图上（任何位置）单击鼠标右键弹出一个菜单来实现。“命令”指的是命令下达，“清除”指的是命令清除。

右键操作方式是对左键操作方式的改进，避免了鼠标左键“选择命令→选择设备→命令下达”操作方式的大范围鼠标移动。右键方式下，可以直接在站场图上找到要操作的设备，单击鼠标右键，弹出命令菜单，罗列了可以对该设备进行操作的所有命令。在菜单上选择需要的命令，左键单击，就会完成该设备的命令下发。需要注意的是：只有当鼠标移到设备上，设备颜色变为高亮（青色）时，才能有右键操作菜单，当鼠标移到道岔上时，道岔变为青色，此时单击右键就会有操作菜单。

（1）进路建立

通过进路的始终端按钮实现手工排进路。列车按钮、调车按钮或通过按钮，必须至少操作两个或以上按钮。

进路始终端按钮按下，道岔定反位操作到位，进路锁闭信号机开放。在排进路过程中，道岔动作时道岔文字闪烁。

① 左键操作方式：选择“进路建立”按钮，然后将鼠标移至需要办理进路的始端按钮上，单击鼠标左键，系统自动找到能办理进路的终端按钮（变更按钮）且变为黄色闪烁。将鼠标移到终端（变更）按钮上，按下鼠标左键，单击 CTC 工具条上的“命令下达”按钮来办理这条进路，命令下达后，在始端按钮的附近弹出输入车次号的窗口。输入接发车次号单击确定。

② 右键操作方式：将鼠标移到需要办理进路的信号机灯位上，在右键中有“办理进路”这一项，因为有些信号机兼作调车信号机，所以它同时具备列车和调车两种不同的菜单项。单击所要办理的进路选项，接下来的操作与上述左键方式一致。

（2）进路取消

① 左键操作方式：选择“总取消”按钮，选中命令后将鼠标移到进路的始端按钮，单击鼠标左键，此时 CTC 工具条上的“命令清除”和“命令下达”这两个按钮都可以选择。

② 右键操作方式：同样，进路取消操作也可以不用单击 CTC 工具条上的“总取消”按钮，直接通过鼠标右键菜单实现。

（3）信号重开

① 左键操作方式：选择“信号重开”按钮，再移到进路的始端按钮上，按下进路的始端按钮，然后命令下达即可。

② 右键操作方式：将鼠标移到信号机的灯位，单击右键，选择右键中的“信号重开”菜单实现此项任务。

(4)引导按钮(密码)

当进站信号机(或进路信号机)因故不能正常开放时,可开放引导信号。

① 左键操作方式:此项功能只有在单站画面中使用,在单站画面的下部分别有对应进站信号机(或出站信号机)的引导按钮,选择“引导按钮”,此时系统会弹出一个密码输入的对话框,从软键盘上输入密码,输入完后单击“确定”按钮。此时将鼠标移到要办理引导的引导按钮上。按下鼠标左键。单击“命令下达”按钮,将命令发送至联锁。

② 右键操作方式:选中进站信号机后右键弹出菜单,选择“引导”菜单项,单击“确定”后弹出密码输入框,密码输入正确后发送命令至联锁。

(5)引导总锁(密码)

在得不到道岔表示时(即进路上道岔失表示)或向不是接车进路的编组线上接车时,只能用引导总锁的方式引导接车。这时由车站值班员保证行车安全。

单站画面站场图的左右两个角下,分别有两个按钮:“X 引导总锁”和“S 引导总锁”。选择“引导总锁”按钮,此时系统需要校对密码两次,密码输入框会出现两次,将鼠标移到单站站场图的“引导总锁”按钮上,鼠标变为十字形,同时按钮变为高亮(青色)。单击选择“命令下达”。

(6)总人解(密码)

① 左键操作方式:选择“总人解”按钮,此时弹出密码校对对话框,输入密码正确无误后,将鼠标移到进路的始端按钮上。单击选择“命令下达”。也可以在站场图上单击鼠标右键,出现“命令下达”选项,单击后,如果成功解锁,则白光带消失。

② 右键操作方式:将鼠标移到始端信号机的灯位,信号机的灯位名称呈高亮(青色),单击鼠标的右键,选择此右键菜单的“总人解”命令,系统弹出询问对话框,单击“确定”。如果成功解锁,则白光带消失。

(7)道岔总定/总反

道岔未锁闭(锁闭包括进路锁闭、引导总锁闭和单锁)时,可进行道岔的单独操纵。当道岔处于定位时,道岔名称呈绿色;当道岔处于反位时,道岔名称呈黄色。

① 左键操作方式:以“道岔总定”为例。选择“道岔总定”按钮,将鼠标移到站场图上需要操作的道岔上,此时单击鼠标左键,选择“命令下达”。

② 右键操作方式:将鼠标移到需要动作的道岔上(或道岔名称),单击右键“反操”菜单,系统弹出询问对话框,单击“确定”。

(8)道岔单锁

单独锁定道岔,单锁后道岔岔心有绿色小圈。

① 左键操作方式:选择“道岔单锁”按钮,将鼠标移到需要操作的道岔(或其名称)上,通过 CTC 工具条上的“命令下达”、“命令清楚”实现“命令下达”和“命令清除”功能。

② 右键操作方式:将鼠标移到需要操作的道岔(或道岔名称)上,选中“单锁”选项,系统弹出询问对话框,单击“确定”。

(9)道岔解锁(密码)

① 左键操作方式:选择“道岔解锁”按钮,此时系统会弹出密码输入框,输入密码准确,将鼠标移到需要解锁的道岔(道岔名称)上,系统会自动判别哪些设备能做此操作,按下鼠标左键,通过 CTC 工具条上的“命令下达”、“命令清楚”这两个按钮,分别实现是“命令下达”和“命令清除”的功能。

② 右键操作方式:将鼠标移到需要操作的道岔(或其名称)上,单击鼠标右键,选择“单解”选项,系统弹出密码输入框,再输入了正确的密码后,系统下发这个命令。

(10)封锁按钮(密码)

① 左键操作方式:选中“封锁按钮”后,弹出密码输入框,输入密码后,将鼠标移至所需要办理封锁操作的对象上,股道、区间、区段或其文字,信号机的按钮。按下鼠标左键,通过选择CTC 工具条上的“命令下达”、“命令清除”这两个按钮,分别实现是“命令下达”和“命令清除”的功能。

② 右键操作方式:以鼠标右键封锁道岔为例。将鼠标移到所要操作道岔,单击鼠标右键,在此菜单中选择“封锁(解锁)”选项。

(11)功能按钮(密码)

把所有特殊联锁的操作都归到“功能按钮”这一命令内,“特殊联锁”包括闭塞操作(辅助改方)、上电解锁按钮、允许改方、尖轨、芯轨,等等。

以人工辅助接发车(辅助改方)操作为例说明。

首先选择工具条上的“功能按钮”,将鼠标移至站场图的功能按钮上,按下鼠标左键,通过CTC 工具条上的“命令下达”、“命令清除”这两个按钮,分别实现“命令下达”和“命令清除”的功能。

(12)上电解锁(密码)

此功能只有在单站画面中使用,并且只能由 CTC 工具条的方式实现。在单站画面中的左右角上有两个按钮:“X 上电解锁”和“S 上电解锁”。

(13)坡道解锁(密码)

当确认列车已经停稳,需要提前解锁延续进路时,可人工选择“坡道解锁”按钮,系统弹出密码输入框,输入正确的密码,然后选择站场图上延续进路的列车按钮,按压后下发命令即可。

(14)轨道分路不良(确认空闲)

分路不良的道岔或区段被一条细细的粉红色(或白色)线包围。道岔的岔前、定位、反位的分路不良是分开显示的,标志了分路不良的区段。

道岔分路不良各种情况如图 5-20 所示。

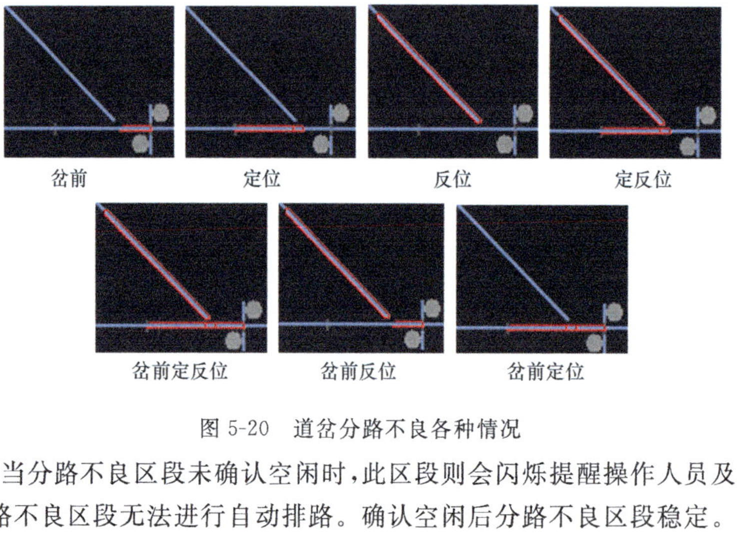


图 5-20　道岔分路不良各种情况

确认空闲:当分路不良区段未确认空闲时,此区段则会闪烁提醒操作人员及时确认。未经确认空闲的分路不良区段无法进行自动排路。确认空闲后分路不良区段稳定。

① 左键操作方式:选择“分路不良”按钮,然后选择站场图上的道岔或区段。如果选择的

是道岔，左键操作方式只能设置岔前分路不良。

② 右键操作方式：右击道岔或区段，弹出分路不良操作菜单。

(15)状态选择

CTC 工具条上的“状态选择”是对进路控制模式的选择。单击“状态选择”，出现对话框，此对话框中列出了当前区段中所有车站状态为活的车站。

其中的“计划控制”是指自律机是否将收到的列车运行计划作为检查调车进路冲突的依据。如果此项前面打钩，即表示自律机将收到的列车运行计划作为检查调车进路冲突的依据。如果有计划控制，则站场图上车站站名下的“计划控制”表示灯亮绿色，否则不亮灯。

按图排路：表示自律机根据列车运行计划和调车作业计划生成进路序列指令，并自动触发执行。

手工排路：表示自律机只执行人工直接按钮操作，计划和进路序列失效。

(16)模式转换

模式转换表示车站控制模式的转换，单击“模式转换”→“模式申请”菜单，选择需要转换的车站和控制模式，单击“确定”。

(17)信号机室外点灯灭灯操作(灭灯需密码)

在高速客专上，进出站信号机常态为灭灯，如开行未安装 ATP 车载设备或车载设备故障的列车时，应首先将对应信号机转为室外点灯状态，并按站间闭塞运行。

当列车信号机处于室外灭灯状态时，信号机的灯为打“X”；当列车信号机处于室外开灯的状态时，信号机灯位显示与既有线一致。

首先将鼠标移到需要开关灯的信号机上，此时信号机名称呈高亮状并且周围出现虚框，此时说明信号机可以有右键操作，右击鼠标选择“点灯”菜单，系统弹出询问对话框，单击确定。

灭灯操作也是类似于上述操作，灭灯操作需要输入操作密码正确后才能下达命令。

(18)进路序列调整

进路序列调整窗在站场图下方，操作员可以直接对计划进路进行修改或安排新的调车或接车进路，也可以察看进路在站场图中的模拟显示。

① 列车进路调整窗：列车进路调整窗主要接收运行图下发到自律机的计划进路。

“自触”表明进路是自动触发的还是需要人工触发，“类型”表明进路是接车进路、发车进路还是通过进路。“状态”表明进路是等待触发还是已触发完成。进路的状态用不同的颜色表示：其中：计划进路用黄色，正在办理和已经办理好的进路用绿色表示，已经出清的进路用灰色表示。

一般情况下，车站的所有列车进路都会列出，可通过选择进路的上下行方向只列出上行进路、下行进路或上下行进路。

单击区段和车站按钮则可以选择相应车站的进路列表。

单击车站按钮选择车站。

② 进路调整：单击“自触”列选择框，改变进路的触发类型。

右击鼠标进路行，将会弹出一个菜单，“删除”是指删除当前选中的进路。“人工触发”是指向 CTC 系统发出办理当前进路的指令，如果成功，则在站场图上相应车站的进路位置出现一条白光带。“明细”描述了进路的详细信息。

## 三、电务维护机的操作

电务维护机用于监视车站子系统的运行状况，对所有操作控制命令、设备运用情况、故障报警信息和车站网络运行状态等进行分类存储、查询和打印。

1. 车站自律机日志查询

自律机的运行日志保存于各车站的电务维护机上，记录了自律机的重要操作、系统事件和故障情况等。维护人员通过查询日志，可了解自律机的系统行为，寻找故障原因。

2. 自律机日志目录结构

自律机日志主目录是各车站电务维护机的“C:\log”，其下有三个子目录，分别保存不同类型的日志：

C:\log\sys：系统日志，记录自律机系统运行信息，包括主备切换、通信中断与恢复等。

C:\log\train：行车日志，记录行车相关的信息，包括自律机执行的站场设备操作，自动排路进路信息，行车过程中的报警信息等。

C:\log\debug：调试信息，自律机运行过程的详细记录，供技术人员分析使用。

维护人员需重点掌握系统与行车日志。

3. 日志文件说明

自律机日志逐日分别保存，其文件名规则如下：

系统日志：“sys. 车站编号．日期．log”，例如 2006 年 4 月 16 日高密站（编号 10）的系统日志文件名为“sys. 10. 060416. log”。

行车日志：“train. 车站编号．日期．log”，例如 2006 年 4 月 16 日高密站（编号 10）的行车日志文件名为“train. 10. 060416. log”。

查询日志需将相应的日志文件复制到本地计算机上，复制可使用工具 pcAnywhere，也可以直接映射到车站电务维护机上。

4. 日志查询范例

日志查询需使用文本搜索工具软件，推荐使用 UltraEdit。表 5-1、表 5-2 是常用的查询范例。

**表 5-1　系统日志查询**

| 查询目的 | 搜索关键字 | 结　　果 |
|---|---|---|
| 自律机通信中断与恢复情况 | 通信 | 自律机与中心、车务终端、热备自律机、采集板、微机联锁系统的通信状况 |
| 自律机主备切换 | 主备 | 自律机发生主备切换的时刻 |

**表 5-2　行车日志查询**

| 查询目的 | 搜索关键字 | 结　　果 |
|---|---|---|
| 自动报点 | 自动采点 | 本车站所有的系统自动报点 |
| 车次号操作 | 车次号 | 本车站所有的车次号操作记录 |
| 自动办理的列车进路 | 自动触发 | 本站自律机自动办理的列车进路及其办理时刻 |
| 某车次的所有相关信息 | 该车次的车次号 | 所有与该车相关的记录，包括自动采点、车次号操作和进路办理信息等 |

续上表

| 查询目的 | 搜索关键字 | 结　果 |
| --- | --- | --- |
| 人工操作站场设备 | 人工排列进路 | 助调或车站信号员在 CTC 终端上人工办理进路的记录 |
| | 人工取消进路 | 助调或车站信号员在 CTC 终端上人工取消进路的记录 |
| | 人工引导进路 | 助调或车站信号员在 CTC 终端上人工办理引导进路的记录 |
| | 道岔 | 人工操作道岔的记录，包括道岔单操、单锁、解锁 |
| | 信号机 | 人工重新开放信号的记录 |
| | 引导总锁 | 人工办理引导总锁的记录 |
| | 总人解 | 人工办理总人解的记录 |
| | 封锁 | 人工封锁与解锁站场设备的记录，包括道岔、信号机、股道与区间的封锁与解锁 |
| | 进路单锁 | 人工将调车进路道岔单锁的操作记录 |
| | 试排进路 | 人工试排进路的记录 |
| | 分路不良 | 人工设置设备分路不良的记录 |
| | 功能按钮 | 人工按下功能按钮的记录 |
| | 自通 | 人工将信号机设置为自通模式的记录 |
| 人工触发进路 | 人工触发 | 助调或车站信号员在进路序列界面中人工触发进路的记录(包括列车与调车) |
| 自律机自动发送的进路预告 | 进路预告 | 自律机自动向 GSMR 系统发送的进路预告信息(发送成功或失败) |
| 车站控制模式切换 | 车站控制模式 | 自律机的车站控制模式在非常站控、分散控制、车站控制和中心控制间切换的记录 |
| 进路控制模式切换 | 进路控制模式 | 自律机的进路控制模式在手工与按图排路间切换的记录 |
| 自律机收到的调车作业单 | 调车作业单 | 本站自律机收到的调车作业单记录 |

## 四、CTC 主、备倒机，软件重启的方法及注意事项

### (一)中心机房设备倒机及软件重启

1. 手工连接 CTC 数据库判断数据库服务是否正常

telnet x. x. x. x (登录 CTC 应用服务器)

login:ctc

password:ctcctc

db2 connect to ctc_db user cc using cc　//手工连接数据库

如果成功，则继续下一步，否则判断数据库服务器故障。

2. 手工连接 CTC 数据库后，尝试从数据库读出数据以及读出数据的效率

db2 list tables

db2 "select count( * ) from work_schedule"

如果成功，则判断数据库服务器正常，然后运行。

db2 connect reset　// 退出数据连接

如果通过上述两步判断数据库故障，首先检查数据库网络连接情况：ping 数据库服务器主机 IP 地址。

如果网络状态良好，则用一下步骤重启数据库服务。

3. 重启数据库操作步骤

telnet 数据库服务器主机 IP 地址(注意是数据库服务器地址)。

login:cc // 切记，必须使用 cc 登录，否则可能会停掉其他系统的数据库

password:cc

db2stop force //停掉数据库

db2start //重启数据库

(二)车站自律机基本操作

自律机基本操作方法，包括远程登录、查看进程、远程重启、查看目录以及同步时间等。

1. 远程登录(Telnet)

所有自律机的基本维护操作均需通过 Telnet 远程登录到自律机上方可进行，登录步骤如下：

(1)在系统维护台上打开 DOS 命令行窗口。

(2)在命令行窗口中运行 telnet 命令(telnet + ip 地址)，ip 地址根据登录的目标车站，查看系统 ip 地址表得到，如：telnet 172.22.17.2。

(3)出现"login"提示后，输入用户名"root"。

(4)出现"Password"提示后，输入登录口令"root"。

(5)若出现提示符"bash-2.05 #"，表示登录成功(# 前的提示可能略有不同)；若出现"Login incorrect"提示，表示登录失败，可能是输入错误，需重新输入登录口令。

2. 退出登录

操作完成后，必须退出远程登录，运行命令"exit"：

bash-2.05 # exit

成功后将回到 DOS 提示符"C:\"。

3. 重启系统

运行命令：

bash-2.05 # reboot

4. 查看进程

运行命令：

bash-2.05 # ps x

执行此命令后，窗口中将列出正在运行的进程。

必须确认正在运行的进程中同时包括通信主程序与逻辑处理主程序。如果两者任一没有在列表中列出，则说明自律机程序运行不正常，必须重启系统。

注：一个窗口中无法列出所有进程，可拖动右侧的滚动条查看所有进程。

5. 查看目录与文件

改变当前目录："cd" + 目标目录

例如：

bash-2.05 # cd /root/ctc/bin

列出当前目录下的文件：ls

例如：

bash-2.05 # ls // 查看文件名

bash-2.05＃ ls -l　// 查看文件详细信息，包括大小、日期等

6. 检测通信状况

通过 ping 命令可检测自律机与目标地址的通信状况。

运行命令："ping" ＋ ip 地址

例如：

bash-2.05＃ ping 172.22.7.18

如果通信正常，则窗口中不断滚动出现：

64 bytes from 172.22.7.141：icmp_seq＝4 ttl＝249 time＝7.493 msec

如果通信中断，则不会有上述提示。

注意，运行 ping 命令后，必须键入"Ctrl＋C"手工终止，否则系统不会自动退出 ping 状态。

7. 查看系统时间与同步时间

时间是 CTC 系统中的重要参数。自律机的系统时间必须与中心应用服务器的时间保持一致。通过"date"命令可查看自律机的当前系统时间：

bash-2.05＃ date

如果发现时间不一致，则可通过 synctm 脚本进行同步：

bash-2.05＃ /root/ctc/synctm

同步后，可再次运行"date"命令进行确认。

## 五、识别各种板卡面板工作表示灯状态

自律机内部模块采用 CPCI 接口方式，实现板卡之间无线缆连接。自律机系统包含两套 CPCI 计算机系统（A 系统和 B 系统）及一套切换单元（STBY）。

该系统采用双机冗余的方式与外部装置连接协同工作，正常情况下两套计算机系统同时运行，完成相同的任务、处理相同的数据，切换单元会指定其中一台作为主机。当其中一台发生故障时，切换单元会给出切换信号，通知无故障的计算机系统切换为主机，以此保证系统正常运行。

1. CPU 模块

包含 Intel 嵌入式 Dothan CPU，1G 主频，512M 内存，板载 1 个 10/100 M，1 个 10/100/1 000 M 以太网卡，2 个 RS-232 串口，两个 USB 接口，显示器、键鼠接口。使用 CF 卡作为存储器。CF 卡安装在 CPU 的后走线板上。

2. 串口板

串口模块四个串口 COM1 到 COM4 都可以运行在 RS-232、RS-422、RS-485 三种模式下，后走线板上带有光电隔模块。

## 六、临时限速命令编辑、下达、校验、激活及执行流程

1. 列控限速命令的编辑、下达

调度员在 CTC 调度命令终端拟定列控限速调度命令，输入限速的基本参数（需二次输入校核确认），开始和结束里程按线路正方向顺次拟定。系统根据参数自动产生调度命令正文，同时自动添加 TSRS 作为受令设备，调度员可在受令单位处选择限速调度命令的接收车站。对于无人值守车站，调度员可不选择无人站作为限速调度命令的接收车站。

调度员单击“命令下达”按钮后，CTC 系统将限速命令发送至 TSRS 进行校验，TSRS 反馈校验成功并存储限速命令，CTC 系统自动将限速调度命令下发至调度员选择的受令车站，车站值班员应及时签收。若 TSRS 反馈校验失败，调度员根据反馈信息可修改或重新拟定限速命令。

2. 临时限速命令校验、激活及执行

参数输入时，调度员输入了限速开始时间和结束时间，则当限速开始时间临近时，TSRS 发送提示信息，CTC 系统将提示调度员有限速命令需要执行，调度员根据情况择机进行限速命令执行操作。

调度员调出 CTC 系统的限速命令管理界面，浏览 TSRS 中保存的已拟定的限速命令，选择需要执行的限速命令，单击界面中的“激活校验”按钮，此时激活命令发送至 TSRS，TSRS 反馈激活结果。

TSRS 反馈激活校验成功后，调度员选中需要执行的限速命令单击界面中的“执行”按钮，此时执行命令发送至 TSRS，TSRS 反馈执行结果。

3. TSRS 限速状态初始化

当 TSRS 发生故障恢复需要初始化时，TSRS 会发送报警信息，CTC 系统提示调度员进行 TSRS 限速状态初始化操作。

调度员应确认本调度台内所有应设置限速命令的完整性及执行状态正确后按压“初始化”按钮。若存在限速命令不完整或执行状态不正确，调度员应对有关限速命令执行相应操作后，再按压“初始化”按钮。

## 思考题

1. 简述行调操作终端运行图的绘制。
2. 简述助调终端进路序列的操作。
3. 简述临时限速命令的拟定、下达、校验、执行流程。
4. 简述中心机房各种服务器应用程序员的重启。

## 第二节　临时限速服务器(TSRS)的操作

### 一、终端应用程序的重启

(一)LKX-T 型临时服务器终端应用程序的重启

1. TSR 设备启动与关闭

设备电源接通之后，TSR 设备的启动应按照以下步骤进行：

① 逐个开启 TSR 机柜中的所有服务器。

② 使用 Prtscr 键在各服务器的人机界面间切换，确认各设备均已正常启动。

③ 登录 TSR 维护终端，检查设备运行状态是否正常。

④ 如果由于外部供电中断导致设备关闭，在供电恢复之后 TSR 设备将自动启动，程序也将自动运行，无需人工开启，此时只需要检查系统运行状态即可。

⑤ 持续按下一台服务器电源按钮 10 s，可以关闭该服务器。

2. TSR常用操作命令

以下操作适用于linux操作系统。

(1)登录：

在username中输入用户名，按“Enter”键，在password中输入密码，按“Enter”键，登录系统。

(2) 关闭服务器：

① 单击屏幕左上角“Actions”→Log Out。

② 选“Shut down”，单击“OK”，关闭服务器。

(3)重启应用程序：service vpu restart，此指令在VPC_C中执行，同系的A、B机也将被触发自动重启。

(4)关闭应用程序：service vpu stop，在VPC_C中执行。

(5)关闭任意一台服务器：shutdown -h now。

(6)重启任意一台服务器：reboot。

(7)临时限速服务器系统启动之后，应用程序将自动运行，如果因为调试、维护等原因而停止了应用程序，结束之后应通过重启命令启动程序(停止命令即：service vpu stop，现场一般已设成自动重启程序。如未设置成自动启动，重启后还需人工输入启动程序命令：service vpu start方可启动程序)。

3. TSR设备操作说明

LKX-T型TSR机柜中VPC_A、VPC_C、TSR-CTC和TSRM均为IBM X系列服务器，目前采用的型号为X3550，VPC_B则采用IBM P系列服务器，目前采用的型号为P510。

各服务器采用的操作系统分别为：

① VPC_A：FreeBSD。

② VPC_B：Redhat Linux，命令行模式。

③ VPV_C、TSR-CTC：Redhat Linux，图形界面模式。

④ TSRM：Windows 2003。

(二)LKX-H型临时限速服务器终端应用程序的重启

设备电源接通之后，TSRS设备的启动步骤：

(1)逐个开启TSRS机柜中的所有电源开关和TSRS服务器，顺序不做要求。

(2)使用钥匙开关在各服务器的人机界面间切换，确认各设备均已正常启动。

(3)登录TSRS维护终端，检查设备运行状态。(具体检查方法参见下文。)

(4)如果由于外部供电中断导致设备关闭，在供电恢复之后TSRS主控设备将自动启动，程序也将自动运行，无需人工开启，此时只需要检查系统运行状态即可；TSRS维护终端需要人工重启。

临时限速服务器上电复位或通信中断恢复时，应获取TCC、RBC报告的线路限速状态。临时限速服务器根据自身存储的正在执行的临时限速命令与所获取的限速状态进行比较，不一致应向临时限速操作终端和CTC报警，提示调度员确认，并重新设置或取消临时限速命令。

临时限速服务器上电复位或通信中断恢复时，应将待执行、提示执行限速命令发送到临时限速操作终端、CTC，请求调度员确认，并更新对应的临时限速列表。

在TSRS与TSRS维护台均被关闭时，应在启动TSRS维护台后再启动TSRS，然后由

CTC 端进行刷新操作，当 CTC 调度台与 TSRS 维护终端限速显示不一致时，应通过 CTC 调度台人工刷新临时限速命令。

## 二、主、备机倒机方法及注意事项

(一)LKX-T 型临时限速服务器主、备机倒机方法及注意事项

1. 主、备机倒机方法

主备机倒机相当于重启任意一台服务器，只要在主用服务器上输入"reboot"命令，主用服务器将被重启的同时切换至备用服务器工作，这就完成了主备服务器的切换。

2. 注意事项

(1)TSRS 设备故障重启：当系统发生故障导致重启，或者人工重启时，应用程序都将停止运行，此时系统会自动将最后的运行状态信息保存下来，并以"crashInfo. tar. gz. x"($x$ 取 1～5)的名称保存在 VPC_C 机器下的"/opt/TSR/crashInfo"目录下，通过查看该信息创建时间，确认下载相应文件到磁盘中，以备技术人员分析。因每次最多显示 5 条记录，超出时将采用滚动覆盖的方式，因此每次发生系统故障之后应及时下载文件并保存。

(2)在进行主备机倒机时先必须确认备机工作正常，面板指示灯均正常。

(3)非设备维护时间系统正常运行时，不得将 U 盘插在 VPC_A/B/C 中，维护期间如果插入过 U 盘，应在工作完成之后，拔除 U 盘并重启应用程序。

(二)LKX-H 型临时限速服务器主、备机倒机方法及注意事项

1. 主、备机倒机方法

切换开关安装在切换模块的面板上，切换面板用于指示系统主备运行状态，并配置切换钥匙，在两系运行无故障时，一般将钥匙放在自动位置，由系统根据自身运行状态自己确定主备系。也可以使用钥匙指定主备系，如图 5-21 所示。

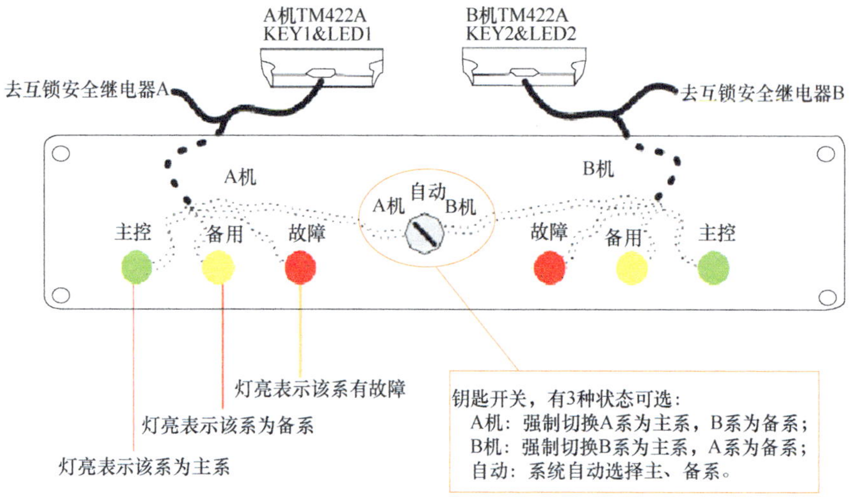


图 5-21 切换面板表示含义

2. 注意事项

当临时限速服务器倒机时，应在天窗点内进行，同时停止在 CTC 调度台向临时限速服务器下发限速命令。

临时限速服务器内部为 2×2 取 2 系统，单系保证了系统的安全性，双系保证了系统的可靠性。系内两个 CPU 各自采集通道数据、进行逻辑运算然后同步比较一致后输出。当一个系故障时，另一个系能够自动升为主系继续工作，系统能够实现系间无缝隙切换。

## 三、识别板卡面板上工作表示灯状态

（一）LKX-T 型临时限速服务器板卡面板上表示灯状态

TSR 机柜中 VPC_A、VPC_C、TSR-CTC 和 TSRM 均为 IBM X3550 系列服务器，如图 5-22所示。

图 5-22　IBM X3550 系列服务器

1. 服务器信息面板

服务器信息面板如图 5-23 所示。

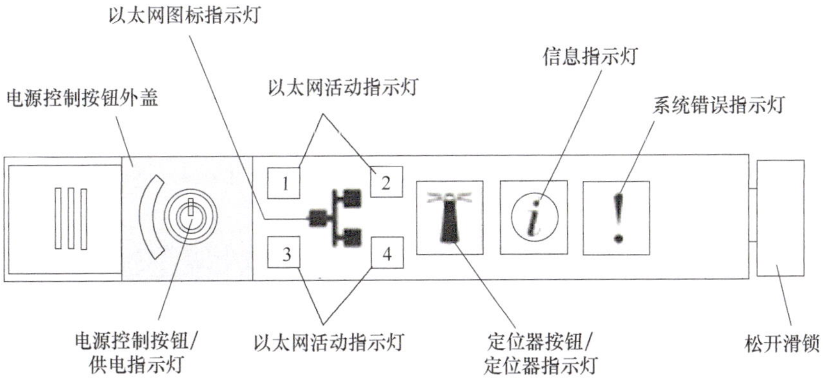


图 5-23　服务器信息面板

(1)电源控制按钮外盖：将此外盖滑动到电源控制按钮上方可防止服务器被意外关闭。

(2)电源控制按钮：按下该按钮可手动开启和关闭服务器。

(3)供电指示灯：如果该指示灯点亮并且不闪烁，表示服务器已开启；如果该指示灯闪烁，表示服务器已关闭并且仍然连接到交流电源；如果该指示灯熄灭，表示没有交流电源或者电源(或指示灯)本身出现故障。

注：如果该指示灯熄灭，并不表示服务器中没有电源。该指示灯可能已烧毁。要切断服务器的所有电源，必须从电源插座中拔出电源线。

(4)以太网图标指示灯：此指示灯可点亮以太网图标。

(5)以太网活动指示灯：如果这些指示灯闪烁，表示在它们指示的端口处存在服务器和网络之间的活动。

(6)定位器指示灯:使用该指示灯可以用肉眼在众多服务器中找到目标服务器。可以使用IBM Director远程点亮该指示灯,也可以按下定位器按钮手动点亮该指示灯。在启动期间该指示灯也会点亮。在多节点配置中,如果该指示灯闪烁,表示与它对应的服务器是主节点。如果该指示灯持续点亮,表示与它对应的服务器是辅节点。

(7)定位器按钮:按此按钮可以手动打开或关闭定位器指示灯。在多节点配置中,按该按钮可以打开或关闭配置中所有节点的定位器指示灯。

(8)信息指示灯:如果该指示灯点亮,表示服务器中有某个方面未达到最佳状态,同时光通路诊断会亮起另外一个指示灯,以帮助找出问题。只有在解决了此问题或按了提醒按钮后,该指示灯和光通路诊断面板上的指示灯才会熄灭。

(9)系统错误指示灯:如果该指示灯点亮,表示发生了系统错误。光通路诊断面板上的一个指示灯也会点亮,以帮助找出此错误。

2. 光通路面板

光通路面板示意如图5-24所示。

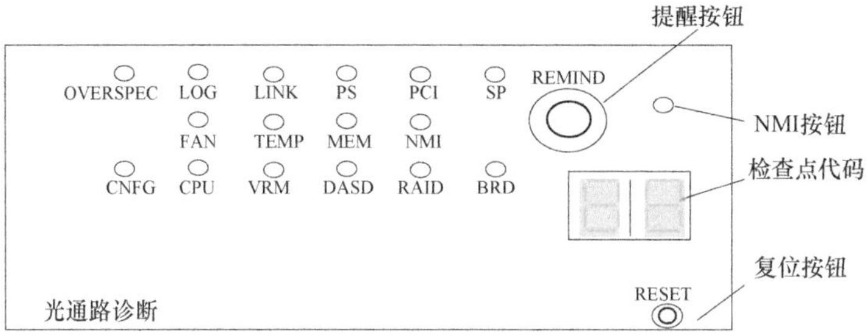


图5-24 光通路面板

(1)提醒按钮:该按钮将前面板上的系统错误指示灯置为提醒方式。在提醒方式下,系统错误指示灯每2 s闪烁一次,直至问题得到纠正、系统重新启动或发生新的问题。通过将系统错误指示灯置为提醒方式,可确认操作人员已知道发生的上一个故障,但暂时不立即采取措施来纠正问题。提醒功能由IMM控制。

(2)NMI按钮:按下该按钮以强制微处理器发生不可屏蔽中断。它允许操作人员使服务器出现蓝屏并进行内存转储(仅当由IBM服务支持人员指导时,才可使用该按钮)。

(3)检查点代码屏幕:该屏幕提供检查点代码,表明系统在引导块和POST期间会在该点停止。检查点代码是由UEFI生成的字节值或字值。该屏幕不提供错误代码或建议要更换的组件。

(4)复位按钮:按下该按钮可重置服务器并运行开机自检(POST)。可使用笔尖或拉直的回形针的末端来按该按钮。复位按钮位于光通路诊断面板的右下角。

(5)OVER SPEC指示灯:当此指示灯发亮时,表明对电源的需求超过了指定的电源供应。

(6)LOG指示灯:当此指示灯发亮时,表明事件日志有报错,应该查看事件日志。

(7)LINK指示灯:当此指示灯发亮时,网卡出现故障。

(8)PS指示灯:当此指示灯发亮时,表明电源出现故障。

(9)PCI指示灯:当此指示灯发亮时,表明某个PCI总线发生错误。

(10)SP指示灯:当此指示灯发亮时,表明流处理器遇到错误(SP的作用就是处理由CPU传输过来的数据,处理后转化为显示器可以辨识的数字信号)。

(11)FAN:当此指示灯点亮时,表明散热风扇或电源风扇出现故障或运行太慢。风扇发生故障还会导致 temp 指示灯发亮。

(12)TEMP 指示灯:当此指示灯发亮时,表明系统温度过高。

(13)MEM 指示灯:当此指示灯发亮时,表明发生内存错误。

(14)NMI 指示灯:当此指示灯发亮时,表明出现一个不可屏蔽中断(NMI)。

(15)CNFG 指示灯:当此指示灯发亮时,表明 BIOS 配置错误。

(16)CPU 指示灯:当此指示灯发亮时,表明某个微处理器出现故障。

(17)VRM 指示灯:当此指示灯发亮时,表明微处理器托盘上的某个 VRM 出现故障。

(18)DASD 指示灯:当此指示灯发亮时,表明某个热插拔硬盘驱动器出现故障。

(19)RAID 指示灯:当此指示灯发亮时,表明阵列卡故障。

(20)BRD 指示灯:当此指示灯发亮时,表明某个连接的 I/O 扩展单元出现故障。

(二)LKX-H 型临时限速服务器(TSRS)板卡面板工作表示灯状态

LKX-H 型临时限速服务器(TSRS)板卡面板工作表示灯状态见表 5-3。

**表5-3　LKX-H 型临时限速服务器(TSRS)板卡面板工作表示灯状态**

| | | | | | | | | | | | | |
|---|---|---|---|---|---|---|---|---|---|---|---|---|
| 1 | 临时限速服务器柜 | | | | | | | | | | | |
| 2 | 电源 | 状态 | 确认 | | | | | | | | | |
| 3 | ON | 绿 | | | | | | | | | | |
| 4 | 倒机单元 | 状态 | 确认 | | | | | | | | | |
| 5 | 主 | 绿 | | | | | | | | | | |
| 6 | 备 | 黄 | | | | | | | | | | |
| 7 | CPU 模块 A 系 | | | | | | | | | | | |
| 8 | TM425 ICU | 状态 | 确认 | TM425 ICU | 状态 | 确认 | TM426 TOMM | 状态 | 确认 | TM427 SCM | 状态 | 确认 |
| 9 | RUN | 闪绿 | | RUN | 闪绿 | | RUN | 绿 | | RUN | 绿绿 | |
| 10 | ERROR | 灭 | | ERROR | 灭 | | ERROR | 灭 | | ERROR | 灭灭 | |
| 11 | CNET | 闪黄 | | CNET | 闪黄 | | COMM485 | 灭 | | CNET | 黄黄 | |
| 12 | SYNCH | 黄 | | SYNCH | 黄 | | COMM485A | 黄 | | A/B | 绿绿 | |
| 13 | STANDBY | 黄 | | STANDBY | 黄 | | COMM485B | 黄 | | SYNCH | 绿绿 | |
| 14 | RNETA | 闪黄 | | RNETA | 闪黄 | | RNETA | 灭 | | STANDBY | 灭灭 | |
| 15 | RNETB | 闪黄 | | RNETB | 闪黄 | | RNETB | 灭 | | | | |
| 16 | SNETA | 闪黄 | | SNETA | 闪黄 | | SNETA | 灭 | | | | |
| 17 | SNETB | 闪黄 | | SNETB | 闪黄 | | SNETB | 灭 | | | | |
| 18 | SNETC | 闪黄 | | SNETC | 黄 | | SNETC | 灭 | | | | |
| 19 | CPU 模块 B 系 | | | | | | | | | | | |
| 20 | TM427 SCM | 状态 | 确认 | TM425 ICU | 状态 | 确认 | TM425 ICU | 状态 | 确认 | TM426 TOMM | 状态 | 确认 |
| 21 | RUN | 绿绿 | | RUN | 绿 | | RUN | 绿 | | RUN | 绿 | |
| 22 | ERROR | 灭灭 | | ERROR | 灭 | | ERROR | 灭 | | ERROR | 灭 | |
| 23 | CNET | 黄黄 | | CNET | 闪黄 | | CNET | 闪黄 | | COMM485 | 灭 | |
| 24 | A/B | 灭灭 | | SYNCH | 黄 | | SYNCH | 黄 | | COMM485A | 黄 | |
| 25 | SYNCH | 绿绿 | | STANDBY | 黄 | | STANDBY | 黄 | | COMM485B | 黄 | |
| 26 | STANDBY | 绿绿 | | RNETA | 闪黄 | | RNETA | 闪黄 | | RNETA | 灭 | |
| 27 | | | | RNETB | 闪黄 | | RNETB | 闪黄 | | RNETB | 灭 | |
| 28 | | | | SNETA | 闪黄 | | SNETA | 闪黄 | | RNETA | 灭 | |
| 29 | | | | SNETB | 闪黄 | | SNETB | 闪黄 | | RNETB | 灭 | |
| 30 | | | | SNETC | 黄(闪) | | SNETC | 黄(闪) | | SNETC | 灭 | |

续上表

| | | | | | | | | | | | | | | | | | | |
|---|---|---|---|---|---|---|---|---|---|---|---|---|---|---|---|---|---|---|
| 31 | 通信模块 A 系 | | | | | | | | | 通信模块 B 系 | | | | | | | | |
| 32 | INPUT | 状态 | 确认 | 通信板 1 | 状态 | 确认 | 通信板 2 | 状态 | 确认 | 通信板 3 | 状态 | 确认 | 通信板 4 | 状态 | 确认 | INPUT | 状态 | 确认 |
| 33 | FAULT | 灭 | | USER | 灭 | | USER | 灭 | | USER | 灭 | | USER | 灭 | | FAULT | 灭 | |
| 34 | POWER | 绿 | | CPUB | 灭 | | CPUB | 灭 | | CPUB | 灭 | | CPUB | 灭 | | POWER | 绿 | |
| 35 | | | | CPUA | 红 | | CPUA | 红 | | CPUA | 红 | | CPUA | 红 | | | | |
| 36 | | | | PMC1 | | 确认 | PMC1 | | 确认 | PMC1 | | 确认 | PMC1 | | 确认 | | | |
| 37 | | | | 0-100 | 绿 | | 0-100 | 绿 | | 0-100 | 绿 | | 0-100 | 绿 | | | | |
| 38 | | | | 0-LINK | 绿 | | 0-LINK | 绿 | | 0-LINK | 绿 | | 0-LINK | 绿 | | | | |
| 39 | | | | 0-ACT | 闪绿 | | 0-ACT | 闪绿 | | 0-ACT | 闪绿 | | 0-ACT | 闪绿 | | | | |
| 40 | | | | 1-100 | 灭 | | 1-100 | 绿 | | 1-100 | 灭 | | 1-100 | 绿 | | | | |
| 41 | | | | 1-LINK | 灭 | | 1-LINK | 绿 | | 1-LINK | 灭 | | 1-LINK | 绿 | | | | |
| 42 | | | | 1-ACT | 灭 | | 1-ACT | 闪绿 | | 1-ACT | 灭 | | 1-ACT | 闪绿 | | | | |
| 43 | | | | 2-100 | 灭 | | 2-100 | 灭 | | 2-100 | 灭 | | 2-100 | 灭 | | | | |
| 44 | | | | 2-LINK | 灭 | | 2-LINK | 绿 | | 2-LINK | 灭 | | 2-LINK | 绿 | | | | |
| 45 | | | | 2-ACT | 灭 | | 2-ACT | 闪绿 | | 2-ACT | 灭 | | 2-ACT | 闪绿 | | | | |
| 46 | | | | 3-100 | 灭 | | 3-100 | 绿 | | 3-100 | 灭 | | 3-100 | 绿 | | | | |
| 47 | | | | 3-LINK | 灭 | | 3-LINK | 绿 | | 3-LINK | 灭 | | 3-LINK | 绿 | | | | |
| 48 | | | | 3-ACT | 灭 | | 3-ACT | 闪绿 | | 3-ACT | 灭 | | 3-ACT | 闪绿 | | | | |
| 49 | | | | PMC2 | | 确认 | PMC2 | | 确认 | PMC2 | | 确认 | PMC2 | | 确认 | | | |
| 50 | | | | 0-100 | 灭 | | 0-100 | 绿 | | 0-100 | 绿 | | 0-100 | 绿 | | | | |
| 51 | | | | 0-LINK | 灭 | | 0-LINK | 绿 | | 0-LINK | 绿 | | 0-LINK | 绿 | | | | |
| 52 | | | | 0-ACT | 灭 | | 0-ACT | 闪绿 | | 0-ACT | 闪绿 | | 0-ACT | 闪绿 | | | | |
| 53 | | | | 1-100 | 绿 | | 1-100 | 绿 | | 1-100 | 灭 | | 1-100 | 绿 | | | | |
| 54 | | | | 1-LINK | 绿 | | 1-LINK | 灭 | | 1-LINK | 灭 | | 1-LINK | 灭 | | | | |
| 55 | | | | 1-ACT | 闪绿 | | 1-ACT | 灭 | | 1-ACT | 灭 | | 1-ACT | 灭 | | | | |
| 56 | | | | 2-100 | 绿 | | 2-100 | 绿 | | 2-100 | 绿 | | 2-100 | 绿 | | | | |
| 57 | | | | 2-LINK | 绿 | | 2-LINK | 绿 | | 2-LINK | 绿 | | 2-LINK | 绿 | | | | |
| 58 | | | | 2-ACT | 闪绿 | | 2-ACT | 闪绿 | | 2-ACT | 闪绿 | | 2-ACT | 闪绿 | | | | |
| 59 | | | | 3-100 | 灭 | | 3-100 | 绿 | | 3-100 | 灭 | | 3-100 | 绿 | | | | |
| 60 | | | | 3-LINK | 绿 | | 3-LINK | 绿 | | 3-LINK | 绿 | | 3-LINK | 绿 | | | | |
| 61 | | | | 3-ACT | 闪绿 | | 3-ACT | 闪绿 | | 3-ACT | 闪绿 | | 3-ACT | 闪绿 | | | | |
| 62 | 维护机 | 状态 | 确认 | | | | | | | | | | | | | | | |
| 63 | POWER1 | 红 | | | | | | | | | | | | | | | | |
| 64 | POWER2 | 灭 | | | | | | | | | | | | | | | | |
| 65 | | 1 | 确认 | 2 | 确认 | 3 | 确认 | 4 | 确认 | 5 | 确认 | 6 | 确认 | | | | | |
| 66 | LINK | 灭 | | 黄 | | 黄 | | 黄 | | 黄 | | 黄 | | | | | | |
| 67 | ACT | 灭 | | 灭 | | 闪绿 | | 闪绿 | | 闪绿 | | 闪绿 | | | | | | |
| 68 | | 1 | 确认 | 2 | 确认 | 3 | 确认 | 4 | 确认 | 5 | 确认 | 6 | 确认 | | | | | |

续上表

| | | | | | | | | | | | | | | | | | | |
|---|---|---|---|---|---|---|---|---|---|---|---|---|---|---|---|---|---|---|
| 69 | RX | 灭 | | 灭 | | 灭 | | 灭 | | 灭 | | 灭 | | | | | | |
| 70 | TX | 灭 | | 灭 | | 灭 | | 灭 | | 灭 | | 灭 | | | | | | |
| 71 | HDD | 闪绿 | | | | | | | | | | | | | | | | |
| 72 | RUN | 绿 | | | | | | | | | | | | | | | | |
| 73 | 路由器 1 | 状态 | 确认 | 路由器 2 | 状态 | 确认 | | | | | | | | | | | | |
| 74 | SYS PWR | 绿 | | SYS PWR | 绿 | | | | | | | | | | | | | |
| 75 | AUX/PWR | 灭 | | AUX/PWR | 灭 | | | | | | | | | | | | | |
| 76 | SYS ACT | 闪绿 | | SYS ACT | 闪绿 | | | | | | | | | | | | | |
| 77 | CF | 灭 | | CF | 灭 | | | | | | | | | | | | | |
| 78 | 交换机 1 | 状态 | 确认 | | | | | | | | | | | | | | | |
| 79 | RUN | 闪绿 | | | | | | | | | | | | | | | | |
| 80 | | G1 | 确认 | G2 | 确认 | | | | | | | | | | | | | |
| 81 | DPX | 灭 | | 灭 | | | | | | | | | | | | | | |
| 82 | LINK | 灭 | | 灭 | | | | | | | | | | | | | | |
| 83 | | 1 | 确认 | 2 | 确认 | 3 | 确认 | 4 | 确认 | 5 | 确认 | 6 | 确认 | 7 | 确认 | 8 | 确认 | |
| 84 | 10M/100M | 灭 | | 绿 | | 灭 | | 灭 | | 灭 | | 灭 | | 灭 | | 灭 | | |
| 85 | LINK/ACT | 灭 | | 闪绿 | | 灭 | | 灭 | | 灭 | | 灭 | | 灭 | | 灭 | | |
| 86 | | 9 | 确认 | 10 | 确认 | 11 | 确认 | 12 | 确认 | 13 | 确认 | 14 | 确认 | 15 | 确认 | 16 | 确认 | |
| 87 | 10M/100M | 灭 | | 绿 | | 灭 | | 灭 | | 灭 | | 灭 | | 灭 | | 灭 | | |
| 88 | LINK/ACT | 灭 | | 闪绿 | | 灭 | | 闪绿 | | 灭 | | 闪绿 | | 灭 | | 灭 | | |
| 89 | | 17 | 确认 | 18 | 确认 | 19 | 确认 | 20 | 确认 | 21 | 确认 | 22 | 确认 | 23 | 确认 | 24 | 确认 | |
| 90 | 10M/100M | 绿 | | 灭 | | 绿 | | 灭 | | 灭 | | 灭 | | 灭 | | 灭 | | |
| 91 | LINK/ACT | 闪绿 | | 灭 | | 闪绿 | | 灭 | | 灭 | | 灭 | | 灭 | | 灭 | | |
| 92 | 交换机 2 | 状态 | 确认 | | | | | | | | | | | | | | | |
| 93 | RUN | 闪绿 | | | | | | | | | | | | | | | | |
| 94 | | G1 | 确认 | G2 | 确认 | | | | | | | | | | | | | |
| 95 | DPX | 灭 | | 灭 | | | | | | | | | | | | | | |
| 96 | LINK | 灭 | | 灭 | | | | | | | | | | | | | | |
| 97 | | 1 | 确认 | 2 | 确认 | 3 | 确认 | 4 | 确认 | 5 | 确认 | 6 | 确认 | 7 | 确认 | 8 | 确认 | |
| 98 | 10M/100M | 灭 | | 绿 | | 灭 | | 灭 | | 灭 | | 灭 | | 灭 | | 灭 | | |
| 99 | LINK/ACT | 灭 | | 闪绿 | | 灭 | | 灭 | | 灭 | | 灭 | | 灭 | | 灭 | | |
| 100 | | 9 | 确认 | 10 | 确认 | 11 | 确认 | 12 | 确认 | 13 | 确认 | 14 | 确认 | 15 | 确认 | 16 | 确认 | |
| 101 | 10M/100M | 灭 | | 绿 | | 灭 | | 灭 | | 灭 | | 灭 | | 灭 | | 灭 | | |
| 102 | LINK/ACT | 灭 | | 闪绿 | | 灭 | | 闪绿 | | 灭 | | 闪绿 | | 灭 | | 灭 | | |
| 103 | | 17 | 确认 | 18 | 确认 | 19 | 确认 | 20 | 确认 | 21 | 确认 | 22 | 确认 | 23 | 确认 | 24 | 确认 | |
| 104 | 10M/100M | 绿 | | 灭 | | 绿 | | 灭 | | 灭 | | 灭 | | 灭 | | 灭 | | |
| 105 | LINK/ACT | 闪绿 | | 灭 | | 闪绿 | | 灭 | | 灭 | | 灭 | | 灭 | | 灭 | | |

## 四、TSRS维护终端(TSRM)的操作

### (一)LKX-T型临时服务器维护终端(TSRM)的操作

电务维护人员可通过TSRM维护终端,获取TSR系统的实时状态及历史运行信息。因TSRM使用Windows系统,所以为用户广泛使用。

1. 登录界面

默认登录用户名:wh ,密码:1。

登录成功后,将初始载入站场图形显示界面。

2. 初始化状态确认

电务人员对限速状态初始确认的操作的完成情况可根据TSRM的界面显示情况进行确认。TSRM将实时监测TSRS当前连接设备(不包括连接中断的设备)的初始化状态,若有任一设备处于未初始化状态,将当前站场图背景置为灰底色;若全部设备均已初始化,则将当前站场图背景置为黑底色。

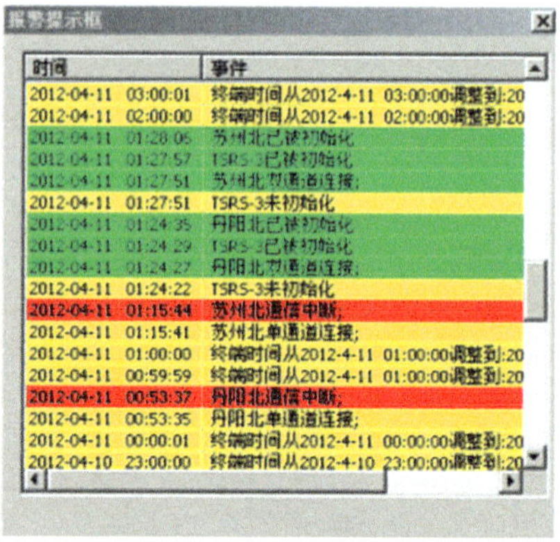


图5-25 实时报警列表

3. 命令状态表示

当命令处于不同状态下,将在站场图上给出不同颜色的线框显示。可将鼠标移至该限速框内时,将自动浮现出命令内容的提示框。

4. 报警状态

当有报警事件产生时,TSRM将立即弹出报警对话框,给出相应的报警内容列表,如图5-25所示。报警事件与表示颜色规定见表5-4。

**表5-4 报警事件与表示颜色约定**

| | |
|---|---|
| TSRS工作状态指示 | 单机:黄色<br>双机:绿色<br>停机:红色 |
| TSRS的各外部设备连接状态 | 通道全断:红色<br>单通道连接:黄色<br>双通道连接:绿色 |
| 某设备初始化状态 | 未初始化:黄色<br>已初始化:绿色 |
| 需调度员处理的限速命令 | 存在部分执行的TSR命令:黄色<br>存在超时未设置的TSR命令:黄色 |

也可通过点击“命令集中管理列表”中“TSRS状态”属性页查看TSRS的当前工作。

状态指示,如图5-26所示。指示灯颜色含义规定:红色表示故障、黄色表示警告、绿色表

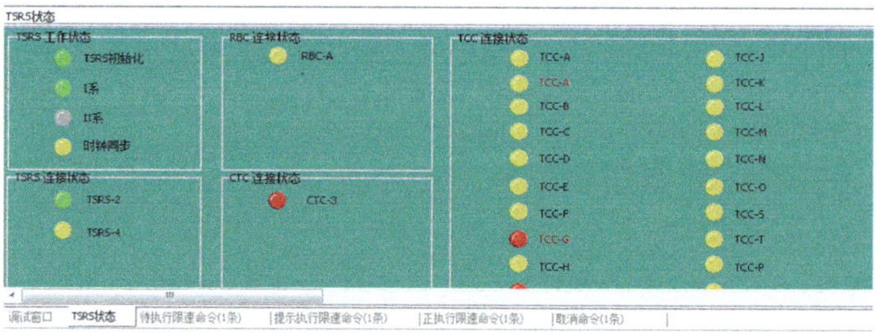


图5-26 设备连接状态查看

示正常、灰色表示未配置。

电务人员应根据报警内容，采取相应的措施。若 TSRS 主机双系均有发生重新上电复位时，则需电务人员在完成 TSR 设备复位后，还应通过车务值班员来告知中心调度员下达限速状态初始确认的操作，TSR 系统设备方能正式投入运行。

5. 历史记录查询

电务人员还可调阅历史记录信息，如图 5-27 所示，分为对命令的历史记录管理，对区间方向信息的历史记录管理和对闭塞分区状态的历史记录管理。如果想要查看指定的一条历史记录，可以在内容和字段框中输入一定的内容和字段进行查询。如果是按时间查询，点击读取数据库，在弹出的对话框中选择指定的时间进行查询。查询结果如图 5-28 所示。

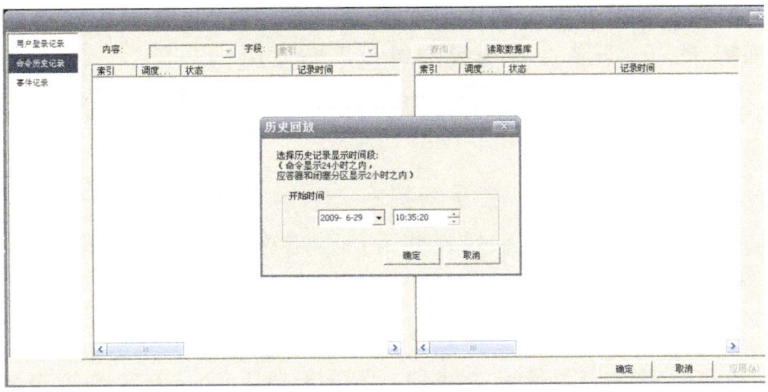


图 5-27 历史事件查看

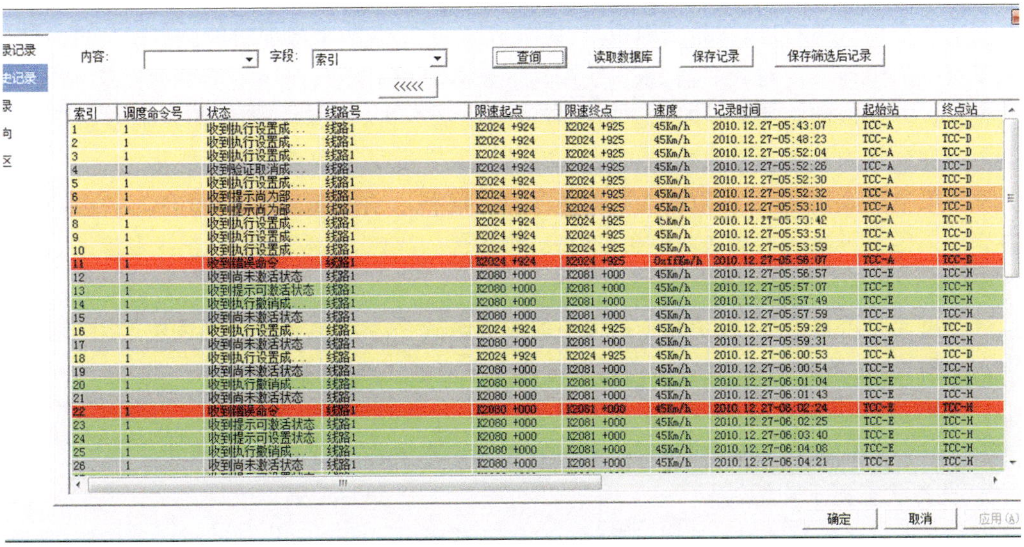


图 5-28 命令记录查询结果示意

（二）LKX-H 型临时限速服务器（TSRS）护终端（TSRM）的操作

1. 站场静态显示功能

维护终端软件运行之后，在屏幕上显示 TSRM 主界面。

在主界面上方，依次为菜单栏、工具栏、状态栏（系统时间和通信状态），中间是站场图，站场图下方是滚动条，通过拖动滚动条可以浏览整条线路的站场图。

2. 轨道区段表示功能

TSRM 根据从临时限速服务器获取的区段状态值，在站场图中表示各个轨道区段，其中轨道区段为粗线：蓝色光带表示区段空闲基本图形；红色光带表示轨道区段有车占用；轨道区段故障或未收到对应轨道区段占用情况的通信数据(所在 TCC 未初始化或故障)。

3. 限速表示功能

TSRM 从临时限速服务器获取限速状态值，正线限速区表示为在原线宽度的基础上，上、下各 2 个像素的单色平行实线，与原线区偏离 2 个像素。当鼠标移至该区域时，应弹出提示框，标出具体限速位置和限速数值。各侧线限速分区分别对应设置一个圆形限速表示灯。

单击菜单栏上的站场显示按钮，选择 TSR 管理按钮，或点击工具栏上的 TSR 管理按钮(工具栏上从左向右第三个按钮)，弹出“临时限速信息”对话框，可以查看临时限速信息。

假设此时 TSRT 拟订了一条限速命令，则在“临时限速信息”对话框的提示列表中出现该限速命令，在未激活限速列表中也出现该限速命令，限速命令背景色为绿色；在站场图中，该正线限速区不断闪烁提示，上、下各 2 个像素的单色平行实线为灰色。

提示消失后，提示列表中该限速命令消失，站场图中正线限速区的闪烁提示也消失，未激活列表中的限速命令背景变为灰色。

间隔一段时间，如果仍未做处理，会重新提示。

限速命令激活后，限速命令在提示列表和待执行限速列表中有显示，背景颜色为绿色。

在站场图中，该正线限速区不断闪烁提示，上、下各 2 个像素的单色平行实线分别为绿色和灰色。

提示消失后，提示列表中该限速命令消失，站场图中正线限速区的闪烁提示也消失，待执行列表中的限速命令背景变为灰色。间隔一段时间，如果仍未做处理，会重新提示。

限速命令确认执行后，在站场图中，正线限速区上、下各 2 个像素的单色平行实线为黄色。如果没有取消限速命令对其取消，该正线限速区永久有效。

先拟定一条取消限速命令对以上所设置的限速命令进行取消。取消限速命令拟定后，该取消限速命令加入未激活限速列表和取消命令列表，TSRM 主界面不发生变化。

取消限速命令验证后，要取消的限速命令加入准备取消限速列表，背景色为黄色，取消限速命令加入待执行限速列表和取消命令列表，背景色为灰色，在站场图中，正线限速区上、下各 2 个像素的单色平行实线分别为绿色和黄色。

取消限速命令执行后，取消命令列表中的取消限速命令和准备取消列表中的限速命令都从列表中消失，在站场图中，准备取消的限速命令对应的正线限速区消失。

4. 运行方向表示功能

TSRM 从临时限速服务器获得区间方向，根据列车实际运行方向，有两种显示。

5. 设备状态显示功能

点击菜单栏里的站场显示按钮，选择系统状态，或者是点击工具栏的系统状态按钮(工具栏上从左向右第二个按钮)，或者使用快捷键 Ctrl＋S，将弹出界面的子对话框，对话框中使用标签页来分类各种设备，共有三类标签页，分别为：TSRS 系统状态、TCC 系统状态和 RBC 系统状态，TSRS 系统状态标签页中包含 TSRS 工作状态、TSRT 工作状态和 CTC 工作状态。当 TSRM 接收到的设备状态消息有更新时，可以通过界面的该子对话框将指定设备状态表示出来。

6. 报警信息显示功能

TSRM 检测收到的设备状态信息的发生变化，或收到 TCC/RBC 返回限速命令执行失败的错误回执后，判断报警级别、报警类型、报警标志等，生成报警信息，在通信模块向集中监测报警，同时，在界面以弹出子窗口的形式进行报警，如图 5-29 所示。

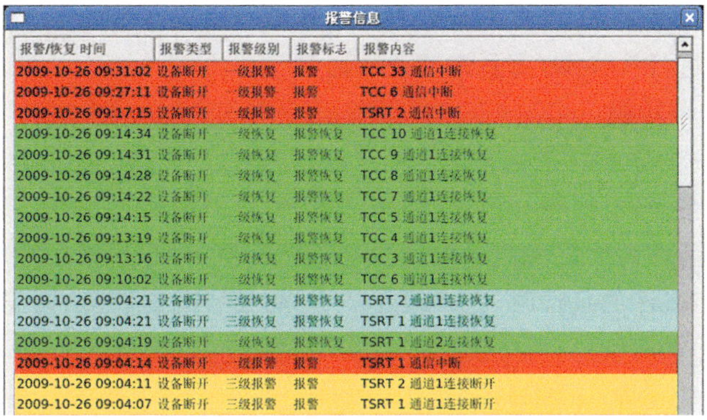


图 5-29　报警信息显示

报警级别共分一、二、三级报警和一、二、三级报警恢复六个等级，关于何种条件产生何种报警的详细信息，请参考《CTCS-3 级列控系统 TSRS-CSM 接口协议(V0.5)》。

在界面的报警子窗口中显示报警信息(用于显示报警的列表最多同时显示 500 条报警记录，显示的数量达到 500 条后，自动清空报警显示列表，继续显示新产生的报警)。显示方式为：

在报警子窗口中，根据不同的报警级别和报警标志，以不同的颜色和文字显示各种报警(一、二、三级报警在列表中显示的背景色依次为红色、品红、黄色，一、二、三级报警恢复在列表中显示的背景色依次为绿色、蓝色、青色)。

报警信息子窗口可以关闭，如果再把它打开，可以点击菜单栏上的软件帮助按钮，选择系统报警，或者点击工具栏的系统报警按钮(工具栏上从左向右第 11 个按钮)，就会弹出报警信息子窗口。

7. 通信状态显示功能

在主界面的状态条处，根据 TSRM 获得的网络通信状态，显示了 TSR 维护终端与 TSR 服务器四个通信信道(A1、A2、B1、B2)以及与集中监测通信信道的连接状态。

以 A1 为例，通信正常时显示，通信断开时显示。

在软件刚启动时，默认显示的是主系的通信状态，谁为主系是 TSRM 从服务器获得的。比如，如果 TSRM 从服务器获得 A 为主系，如果 A1、A2 两个信道都正常，则站场图默认显示的是 A1 信道的通信状态，只有 A1 信道不正常时，才显示 A2 信道的通信状态。

8. 监控系别显示功能

点击菜单栏上的站场显示按钮，选择实时监测，根据弹出的子菜单中显示的系别或信道(主系、备系、A1 系、A2 系、B1 系、B2 系)，或者点击工具栏上的实时状态切换按钮(工具栏上从左向右第一个按钮)，选择要监控的系别或信道。选择之后，在状态条上会突出显示正在监控的系别。

以 A1 为例，被选中且通信正常时显示，被选中且通信断开时显示，被选中时的显示情况为通信显示功能中描述的显示方式；同时以所选中系别的通信数据实时更新站场图。

9. 通信数据记录功能

以本地时间为顺序，将每个物理端口收到的 TSR 服务器通信数据写入文件，进行记录；数据记录文件的同时，将该信息包在数据文件中存储时的地址偏移，连同该信息包的包头部分写入每天数据文件对应的索引文件中。数据记录文件是每天存一个文件，索引文件是每四个小时存一个文件，从 index_0 到 index_5。

TSRM 会检测是否存在日期早于 30 天的数据记录，如果有，删除 30 天以前的数据记录文件；TSRM会检测磁盘可用空间，若剩余空间低于整个磁盘容量的10%，将已保存的最早一天的数据删除，重复进行该检测，直到满足条件。

10. 报警信息记录功能

TSRM检测收到的设备状态信息发生变化，或收到TCC/RBC返回限速命令执行失败的错误回执后，判断报警级别、报警类型、报警标志等，生成报警信息，将生成的报警信息在通信模块向集中监测报警、在界面以弹出子窗口的形式进行报警，并放入相应的报警信息缓冲区，当符合写入报警日志文件的条件时，先将超过30天的报警信息清除，再将缓冲区中的数据写入报警日志记录文件。

11. 通信数据查询功能

单击菜单栏中记录查询按钮，选择接口数据查询，弹出接口原始数据查询对话框，或者单击工具栏中的接口数据查询按钮（工具栏上从左向右第九个按钮），或者使用快捷键Ctrl+I，就可以查询指定时间范围内符合条件的数据记录，如图5-30所示。

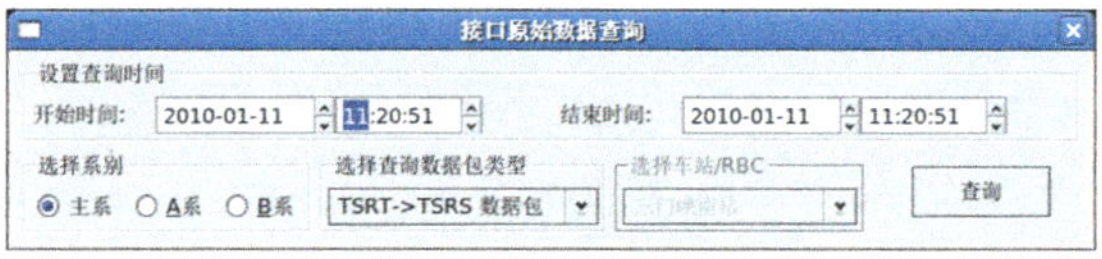


图5-30 通信数据查询1

在该子对话框中，设置查询的时间（起始时间和结束时间），查询的系别，然后选择查询数据包类型（分别为TSRS→RBC数据包、RBC→TSRS数据包、TSRT→TSRS数据包、TSRS→TSRT数据包、TSRS→TCC数据包、TCC→TSRS数据包、CTC→TSRS数据包、TSRS→CTC数据包、状态信息数据包），点查询按钮，就可以查询到指定时间范围内符合条件的数据记录，包括记录的原始数据（右侧显示部分）和解析出的内容（左侧显示部分），如图5-31所示。

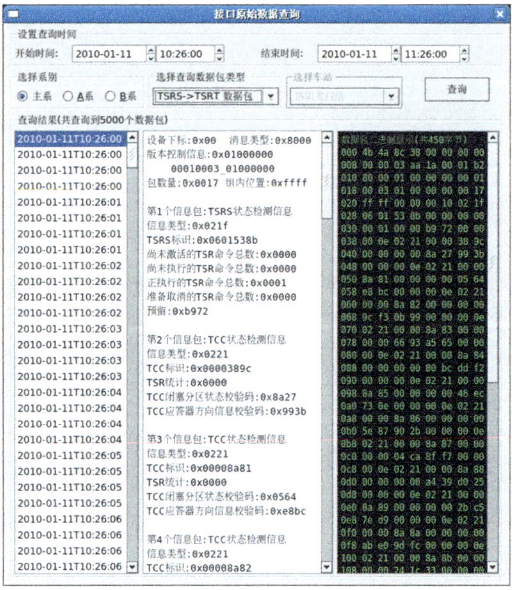


图5-31 通信数据查询2

设置开始时间和结束时间需要注意，结束时间不能早于开始时间，不能查询30天以前的数据，结束时间和开始时间之前的间隔不能大于1天，不能查询未来的数据，否则会弹出错误提示。

需要注意的是，查询TSRS→RBC数据包或RBC→TSRS数据包，需要选择RBC；查询TSRS→TCC数据包或TCC→TSRS数据包需要选择车站。

查询结果最多同时显示符合查询条件的前5 000条结果记录，当查询结果多于5 000条记录时，弹出对话框提示用户返回结果数量超过限制。

如果结果中没有需要的数据，也会弹出对话框提示，可调整查询范围重新查询。

12. 报警记录查询功能

单击菜单栏中记录查询按钮，选择报警记录查询，弹出报警信息查询对话框，或者单击工具栏中的报警记录查询按钮(工具栏上从左向右第十个按钮)，或者使用快捷键Ctrl+R，就可以查询指定时间范围内的报警记录，如图5-32所示。

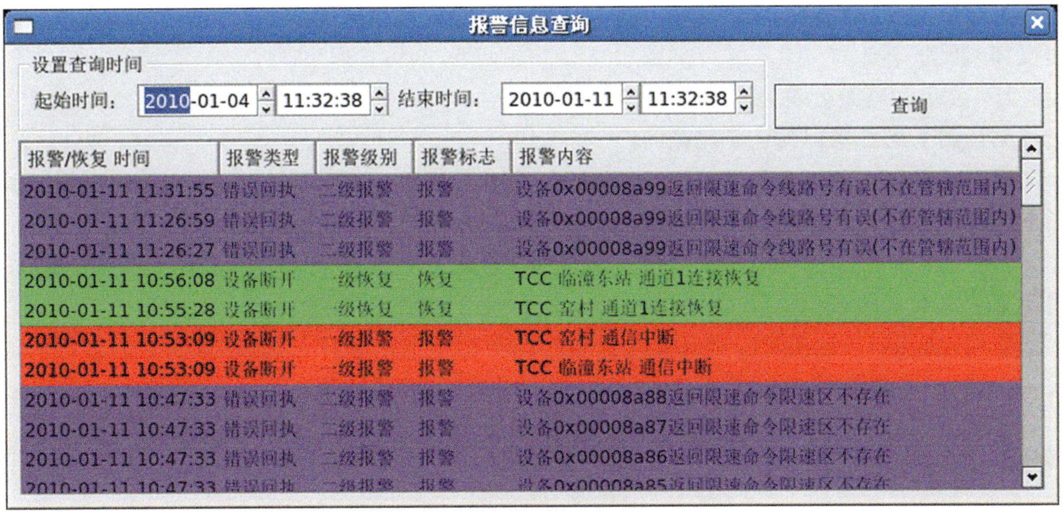


图5-32　报警信息查询

在该子对话框中，设置查询的时间(起始时间和结束时间)，单击查询按钮，就可以查询到指定时间范围内的报警记录，显示在对话框的下方，最多同时显示500条查询返回的记录。

设置开始时间和结束时间需要注意，结束时间不能早于开始时间，不能查询30天以前的数据，不能查询未来的数据，否则会弹出错误对话框。

13. 报警功能

TSRM检测收到的设备状态信息的发生变化，或收到TCC/RBC返回限速命令执行失败的错误回执后，判断报警级别、报警类型、报警标志等，生成报警信息，将生成的报警信息在通信模块向集中监测报警、在界面以弹出子窗口的形式进行报警，并放入相应的报警信息缓冲区，以备存入报警记录文件。

14. 回放功能

单击菜单栏上的站场显示按钮，选择回放，或者单击工具栏上回放按钮(工具栏上从左向到右第七个按钮)，或者使用快捷键Ctrl+P，会弹出回放数据选择子对话框，如图5-33所示。

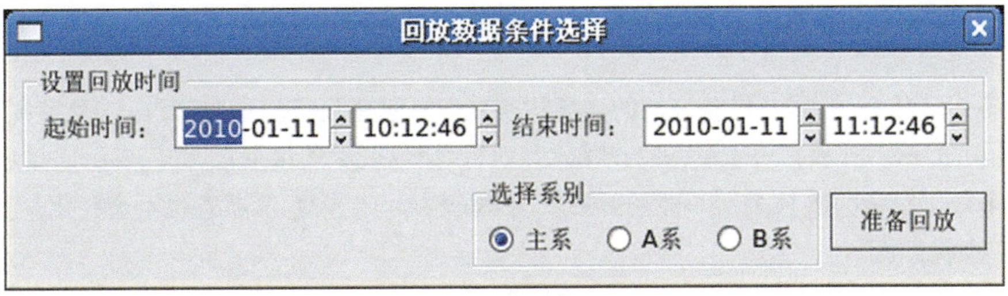


图5-33　回放数据选择

首先设置回放时间(起始时间和结束时间),然后选择系别,单击准备回放按钮后,出现开始回放的界面。

设置开始时间和结束时间需要注意,结束时间不能早于开始时间,不能查询 30 天以前的数据,结束时间和开始时间之前的间隔不能大于 4 h,不能查询未来的数据,否则会弹出错误对话框。

通过单击回放、停止、前进、后退、加速、减速按钮,来控制回放过程,前进和后退按钮分别代表快进和快退 1 min,单击停止按钮就会退出回放界面。

进度条随着回放的进度而移动。同时显示了回放的开始时间、当前时间、终止时间、当前速度和回放状态。

15. 显示和隐藏公里标功能

站场图上的公里标默认是隐藏的。

单击菜单栏上的站场显示按钮,选择显示/隐藏公里标,或者单击工具栏上回放按钮(工具栏上从左到右第八个按钮),或者使用快捷键 F9,站场图上会显示公里标。

再单击菜单栏上的站场显示按钮,选择显示/隐藏公里标,或者单击工具栏上回放按钮(工具栏上从左到右第八个按钮),站场图上的公里标又会隐藏。

使用快捷键 Ctrl+Q 时,TSRM 软件和看门狗都将退出运行,这时正常的关闭软件的方式,其他的方式都是不正常的,不正常的关闭软件将引起机器的重启。

## 思考题

1. 熟悉 LKX-T 型临时服务器终端应用程序的重启。
2. 掌握 LKX-T 型临时限速服务器主、备机倒机方法及注意事项。
3. 掌握 LKX-H 型临时限速服务器主、备机倒机方法及注意事项。
4. 熟悉 LKX-T 型临时服务器板卡面板上表示灯状态。

## 第三节　无线闭塞中心(RBC)设备的操作

### 一、RBC 维护终端的使用和信息查看

(一)LKR-T 型 RBC 维护终端的使用和信息查看

1. 基本操作说明

双击桌面的“维护终端”的快捷方式启动维护终端界面。

维护终端的操作界面由 3 个部分组成:设备连接状态图、列表信息窗口、线路运行图。

(1) 设备连接状态图

在设备连接状态图上,各设备之间的连接状态是由显示在设备上的状态灯,以及设备之间的连线表示的,如图 5-34 所示。对于设备的连接状态而言,绿色表示连接正常,红色表示连接断开,灰色表示状态未知。白色的线只表示一种逻辑关系,不代表实际的连接,其状态也不会变化。

① 总体状态图

设备连接状态图分为两部分,总体状态图和 RBC 连接状态图。平时显示的是第一部分,总体状态图,包括:

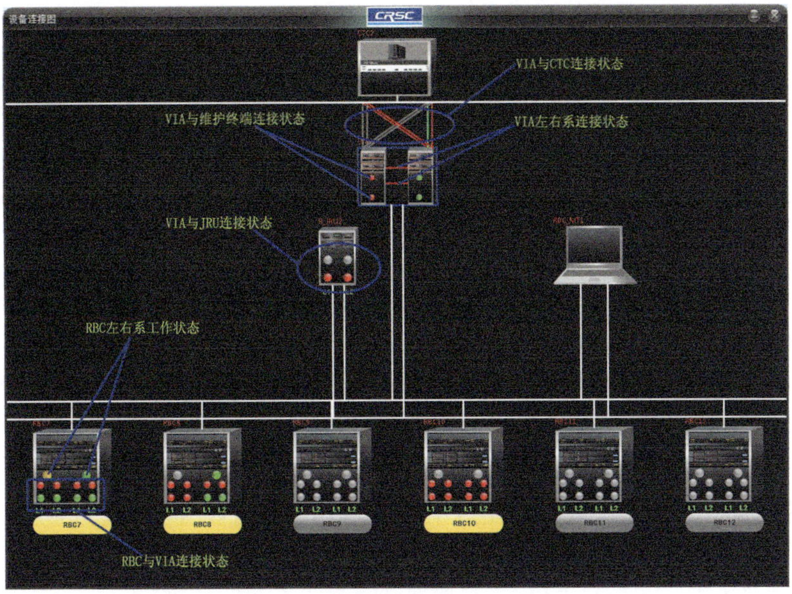


图 5-34　总体状态连接关系示意图

a. 各 RBC 双系的状态(由 RBC 最上方两个状态灯表示,绿色表示为主系,黄色表示为备系、红色表示未运行,灰色表示状态未知);

b. 各 RBC 与 VIA 之间的连接(由 RBC 上的下面的 8 个状态灯表示);

c. 各 VIA 左右系之间的连接(由其左右系之间的连线表示);

d. 各 VIA 与 R-JRU 之间的连接(由 R-JRU 上的状态灯表示);

e. 各 VIA 与 CTC 之间的连接(由两者之间的连线表示);

f. 各 VIA 与维护终端之间的连接(由 VIA 上的各个状态灯表示)。

单击任意一个状态灯或连接线,会有提示显示,说明它表示的是哪一条连接通道的状态,如图 5-35 所示。

在每个 RBC 下方有一个按钮,上面写着该 RBC 的名字,用于提示 RBC 与 IL、TSRS 以及 ISDN 服务器等设备之间的连接的状态,如图 5-35 所示。

该按钮显示绿色,说明该 RBC 工作完全正常;

若为黄色,表明这些连接中有工作状态不正常的;

若为红色,则表示该 RBC 与所有连接均断开,无法正常工作;

若显示为灰色,表示该 RBC 的 T 机与维护终端的连接断开,无法获取到该 RBC 的工作状态。

单击此按钮,将弹出一个选择菜单,如图 5-36 所示。

单击第一个选项“版本信息”,将会向 RBC 发出软件版本查询,当 RBC 将自身软件版本发回后,会在界面上以对话框的方式显示。

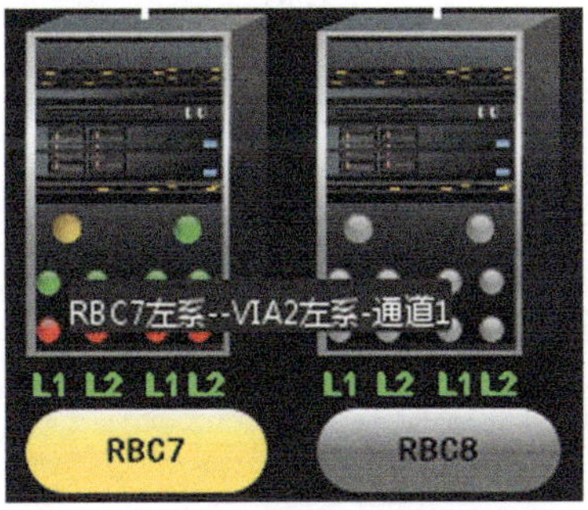


图 5-35　点击状态灯显示连接关系提示

单击第二个选项“详细信息”,将会关闭总体状态图,显示该 RBC 自身的连接状态图。

② RBC 连接状态图

RBC 连接状态图显示的是 RBC 内部各部分,以及 RBC 与各外界设备之间的连接状态

(除与 VIA 的连接显示与总体状态图中)，如图 5-37 所示。

图 5-37 的左半部分，按照从上到下、从左到右的顺序，显示的设备分别为：RBC(左右系)、R-JRU、四个 ISDN 服务器、RBC 的 T 机以及维护终端机。

由图 5-37 可见，该图的左半部分主要显示 RBC 内部各连接的状态，包括：

a. RBC 左右系之间的连接(由左右系之间的连线表示)；

b. RBC 与 ISDN 服务器之间的连接(由 ISDN 服务器上的各个状态灯表示)；

c. ISDN 卡的状态(由 ISDN 服务器上的方块表示，绿色表示正常，红色表示工作不正常，灰色表示未知)；

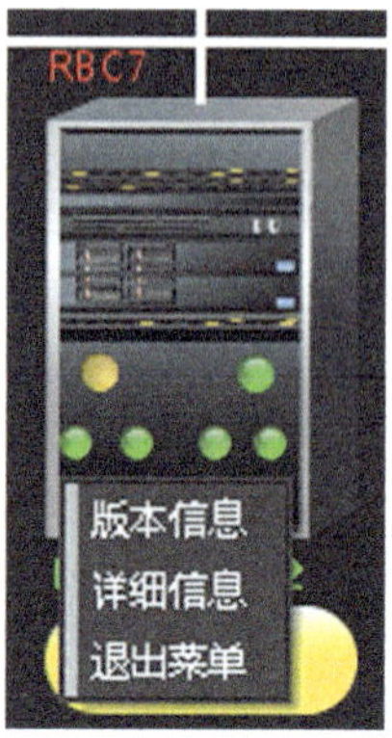


图 5-36 RBC 状态查看菜单

d. RBC 的 T 机与 ISDN 服务器之间的连接(由 T 机与 ISDN 服务器之间的连线表示)；

e. RBC 的 T 机与维护终端之间的连接(由 T 机与维护终端之间的连线表示)；

f. RBC 与 R-JRU 之间的连接(由 R-JRU 与 RBC 之间的连线表示)。

图 5-37 的右半部分显示该 RBC 与各地面安全设备之间的连接(包括 IL、TSRS、NRBC)，具体连接状态由各设备上的状态灯表示。

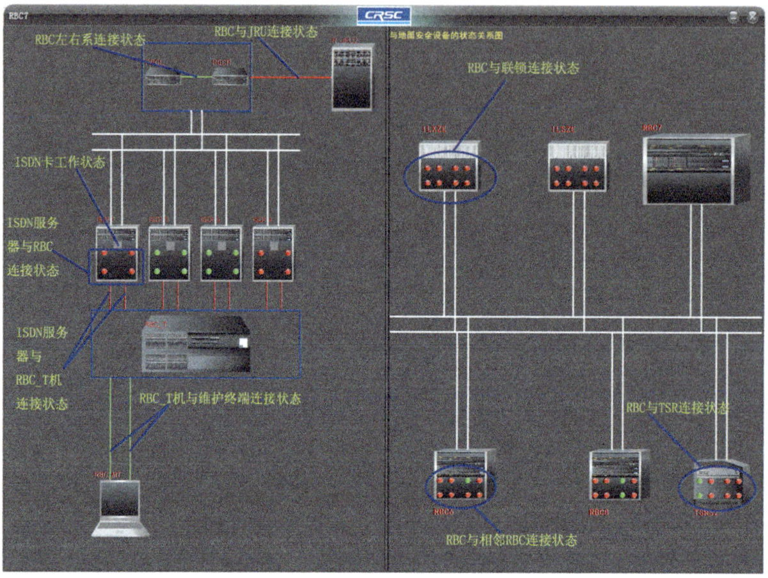


图 5-37 RBC 连接关系示意图

单击表示连接状态的各状态灯或连线，同样会显示连接的提示。

关闭 RBC 连接状态图，即可回到总体状态图界面。

(2)列表信息

列表信息包括三个部分：列车信息、事件信息、警告信息，分别由 3 个 Tab 页面表示，如图 5-38所示。单击某一个 Tab 页面的提示部分，即可显示该列表。

① 列车信息

列车信息显示的是当前注册到 RBC 上运行的列车的如 CTCSID、车次号、列车等级、模式、速度、无线

图 5-38 列表信息 Tab 页面

通信状态、授权状态、列车长度、前方（信号点或道岔）、距离前方信号点或道岔的距离、所属RBC等各种信息，如图5-39所示。

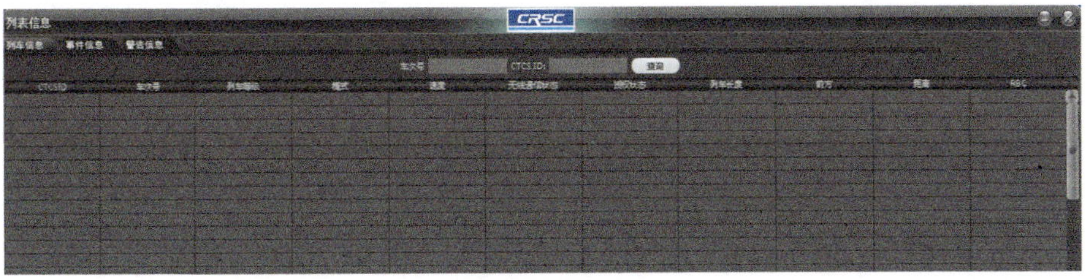


图 5-39　列车列表信息

在列表框的上方还有两个搜索框，可以通过输入车次号或者CTCSID，然后单击查询按钮，从而在列表框中定位该列车。

② 事件信息

事件信息本身分为“实时数据”和“历史数据”两部分，也分别由两个Tab页表示。其中，实时数据列表框显示最近更新的数据；历史数据可根据时间段等进行筛选，最多显示72 h内的历史数据。

a. 事件信息实时消息

图5-40为事件信息实时数据列表。

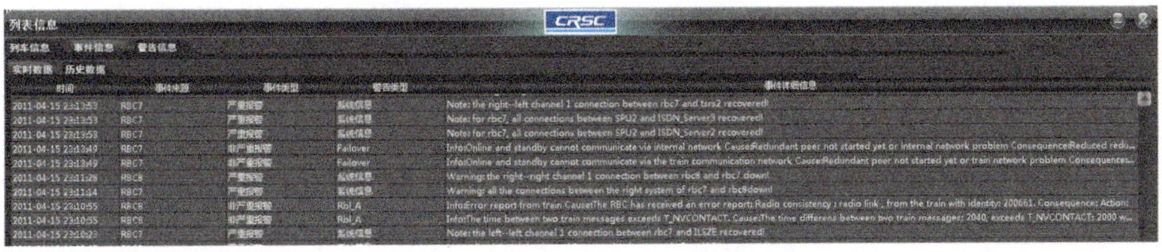


图 5-40　事件信息实时数据列表

事件信息实时数据列表主要显示事件的时间、事件消息的来源、事件类型、警告类型、事件详细信息。

事件详细信息内容可能较多，直接在列表中可能不能显示完全。双击事件信息的某一行，可以查看该事件详细信息的完整内容，如图5-41所示。

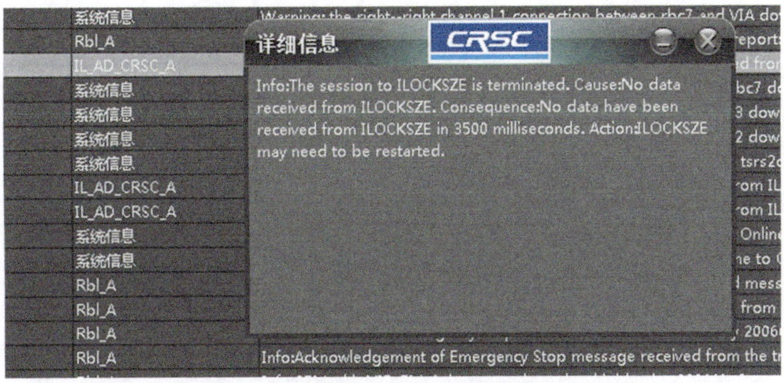


图 5-41　查看事件信息实时消息详细内容

b. 事件信息历史数据

如果要检查历史数据，可以通过单击“历史数据”，打开历史数据的Tab页面，如图5-42所示。历史数据主要显示事件的时间、事件来源、事件类型、警告类型、事件详细信息等内容。

图 5-42 事件信息历史数据列表

对历史数据的查询功能由列表框上方的各组合框、文本框以及按钮构成。可以设定需要查询的时间范围，事件的来源（如来自哪个 RBC），以及关键字（在详细信息右侧的文本框中写入关键字）来进行查询。

单击“查询”按钮后，将在列表框中显示查询结果，由于每页显示的条目数量有限，因此在列表框的下方有用于翻页的功能。

历史数据具有导出到 excel 功能。单击数据导出按钮，可以将当前页面的信息导出到excel文件中，如图 5-43 所示。

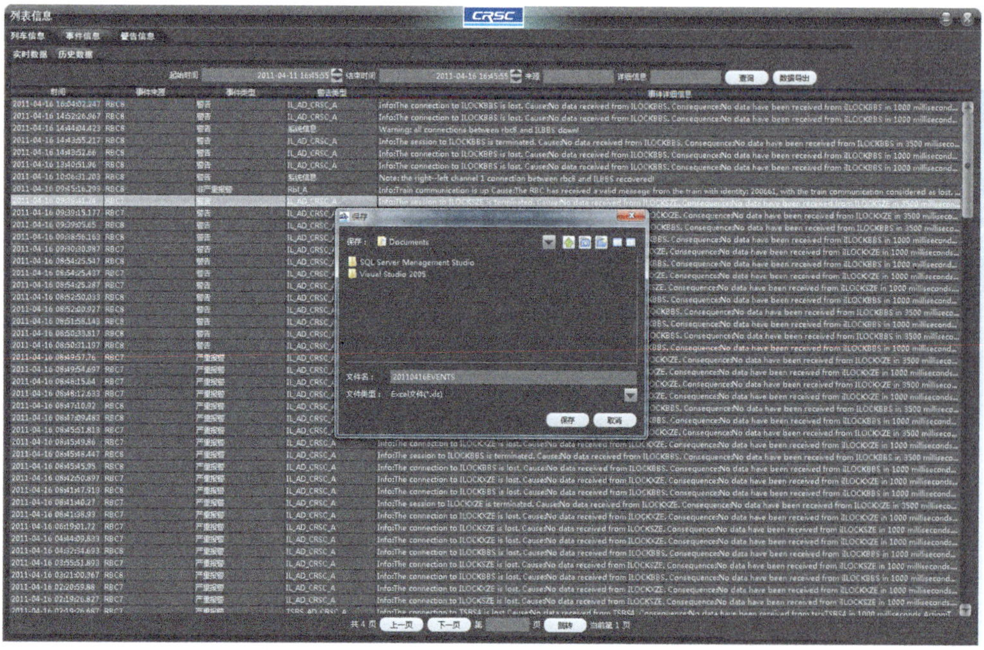


图 5-43 导出当前页面数据到 excel 文件

双击事件历史信息的某一行，可以查看该事件详细信息的完整内容。

③ 警告信息

警告信息与事件信息类似，也分为“实时数据”和“历史数据”两部分。其中，实时数据列表框显示最近更新的数据；历史数据可根据时间段等进行筛选，最多记录和显示 72 h 内的历史数据。

a. 警告信息实时数据

实时数据的列表框分为两个部分，上半部分用于严重警告的显示，下半部分用于普通警告的显示，如图 5-44 所示。

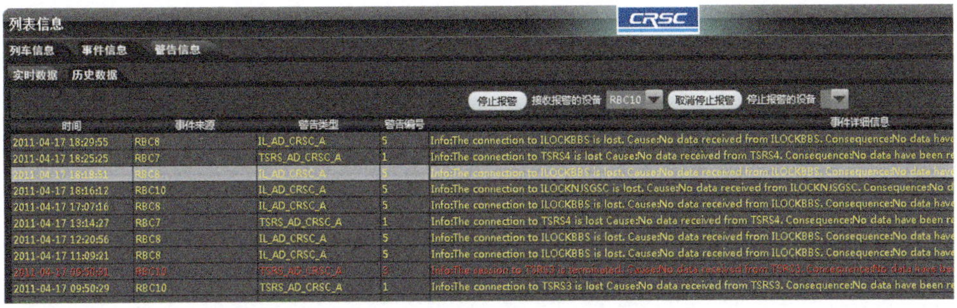


图 5-44　警告信息实时数据列表

在严重警告部分显示的内容中，红色表示严重警告，黄色表示次严重警告，绿色表示某个严重警告的状态解除。非严重警告部分的内容均以白色显示。

当出现红色警告之后，维护终端会议蜂鸣器发出声音报警，在报警列表上右键单击，选择弹出菜单项“确认报警”能够停止声音，否则声音将持续 3 min，如图 5-45 所示。

红色警告一般是指出现了可能会影响运营的故障，例如 RBC 与某个联锁的 8 个通道都断开，终止了通信会晤。黄色警告是指出现了故障，但不一定影响运营，例如 RBC 与某个联锁断开了一个通道，但依然保持着通信会晤。绿色是指严重警告解除，例如某个断开的通道重新恢复了连接。这一类警告通常都与设备连接图上的连接状态有对应关系。

列表框的上方有停止某个设备的警告的功能，该功能是用于对设备进行维护时，避免发出过多的干扰性报警。每次单击某设备的停止报警，可以停止该设备的报警 10 min，10 min 后，停止报警自动取消，如图 5-46 所示。

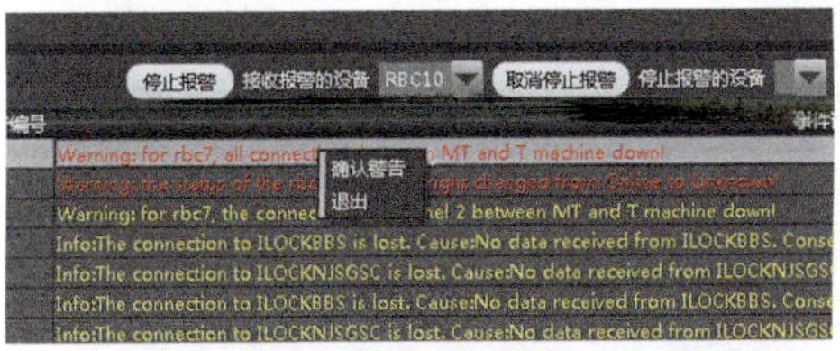


图 5-45　通过确认警告停止声音报警

图 5-46　查看警告信息完整内容

警告信息详细信息内容可能较多，直接在列表中可能不能显示完全。双击警告信息的某一行，可以查看该警告详细信息的完整内容。

b. 警告信息历史数据

历史数据部分与事件信息的历史数据相同，如图 5-47 所示。

对历史数据的查询功能由列表框上方的各组合框、文本框以及按钮构成。可以设定需要查询的时间范围，事件的来源（如来自哪个 RBC），以及关键字（在详细信息右侧的文本框中写

图 5-47 警告信息历史数据

入关键字)来进行查询。

单击“查询”按钮后,将在列表框中显示查询结果,由于每页显示的条目数量有限,因此在列表框的下方有用于翻页的功能。

历史数据具有导出到 excel 功能。单击数据导出按钮,可以将当前页面的信息导出到excel文件中。

双击事件历史信息的某一行,可以查看该事件详细信息的完整内容。

(3)线路运行图

线路运行图用于显示当前线路状况以及运行于线路上的列车的状态,如图 5-48 所示。线路运行图窗口主要分为左边栏部分和运行图部分。

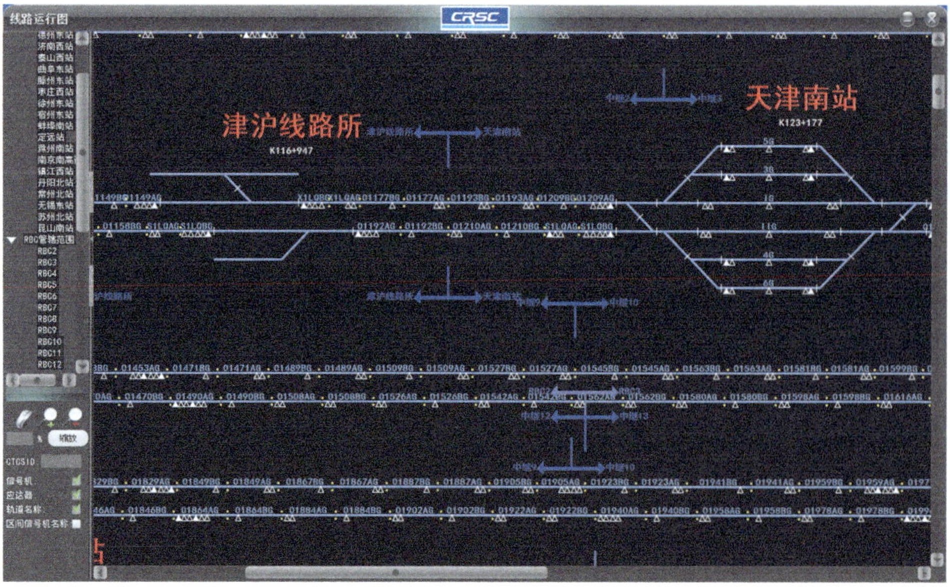


图 5-48 线路运行图

① 左边栏

在运行图的左部的左边栏提供一些选择信息。当需要大屏显示运行图时，往往不希望显示边栏，此时边栏可以通过单击边栏中部如下所示部位来确定是否显示左边栏，如图 5-49 所示。

左边栏的上半部分用于迅速定位到运行图的某一部分（包括以车站定位和以 RBC 管辖范围定位），如图 5-50 所示，单击某一个站名或某一个 RBC，即可定位到其大致的管辖范围。

在定位功能下方是缩放和手形拖动功能，该功能由 4 个图标按钮（从左到右分别为：离开缩放功能、放大功能、缩小功能和手形拖动功能），一个文本框和一个“缩放”按钮构成，如图 5-51所示。单击手形拖动功能，可以再运行图上用手形拖动移动运行图界面。单击放大或缩小的图标，将鼠标放到运行图上单击，可以获得每次 10%的缩放，单击离开缩放功能的图标将回复正常功能。为了获得更精细的缩放控制，可以在文本框中输入 10～400 中的任何数字作为缩放的百分比，然后单击“缩放”按钮即可，如图 5-51 所示。

图 5-49 显示/隐藏左边栏

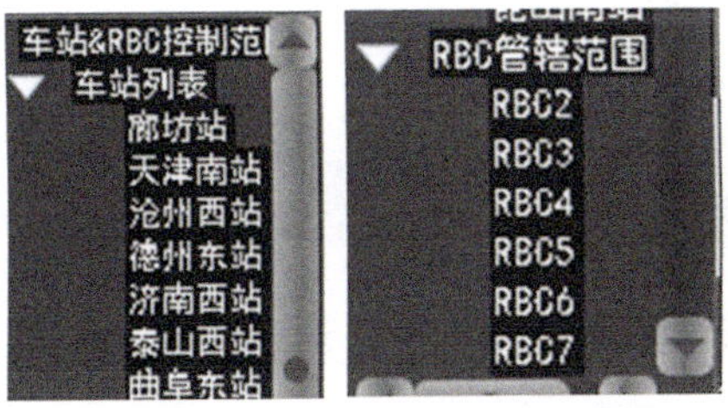


图 5-50 车站 &RBC 管辖范围

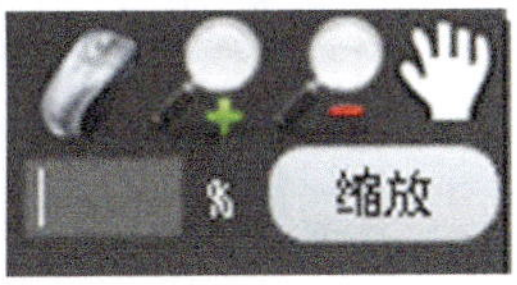


图 5-51 缩放和手形拖动功能

缩放功能下方是列车查询定位功能：通过输入列车的 CTCSID，并按回车键，可以迅速定位到某一列车，如图 5-52 所示。

列车查询定位功能下方是一些信息是否显示的选择框，通过勾选或去除勾选，可以显示或取消显示如轨道单元名称、信号点名称等信息，如图 5-53 所示。

图 5-52 列车查询定位

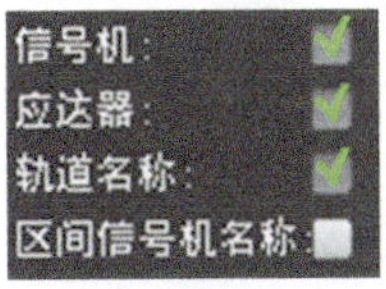


图 5-53 显示/隐藏相关设备/名称

② 运行图

运行图中，显示线路的静态数据，以及列车信息、MA 状态、进路状态、灾害区等动态信息。红色的轨道表示红光带，如图 5-54 所示。

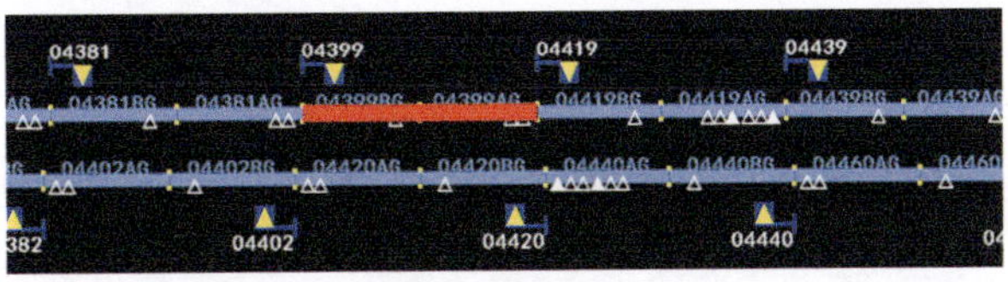


图 5-54 红光带显示

每列车由如下一个列车图标表示，车顶部的小红旗显示的是车次号，当列车与 RBC 无线超时后，红旗将变为灰色。列车前方的绿色线条表示该车当前的行车许可(MA)，MA 的末端显示为一个箭头。由于列车所在的轨道自身处于被占用状态(红光带)，因此该段轨道显示为红包绿的颜色，如图 5-55 所示。

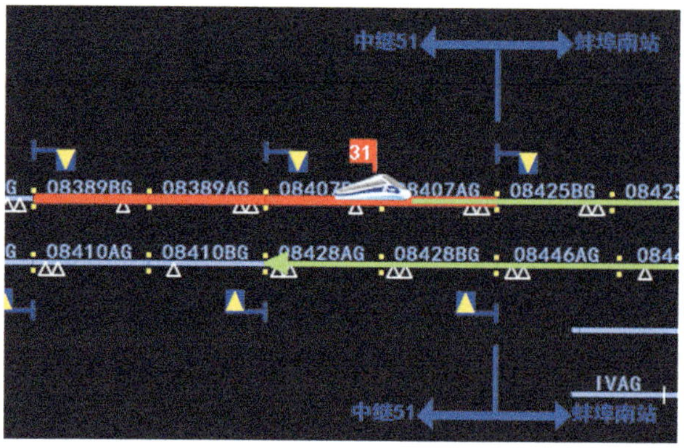


图 5-55　列车的动态显示

单击列车会出现一个小框，显示该车的主要状态数据，如图 5-56 所示。

灾害区显示平时为黄色，表示未被激活，激活后显示为红色，如图 5-57、图 5-58 所示。

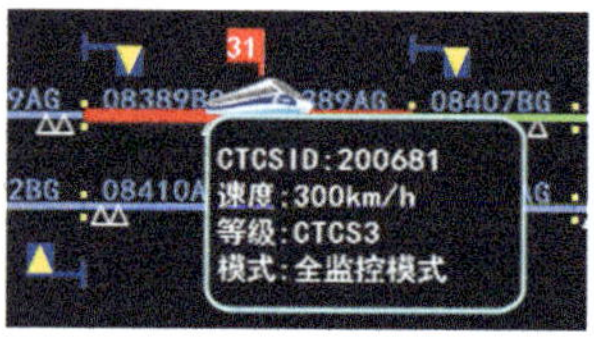


图 5-56　列车状态数据显示

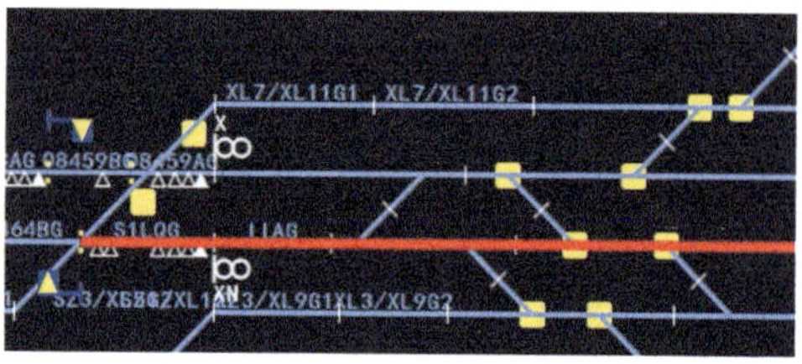


图 5-57　未激活状态下的灾害区

当维护终端与某个 RBC 的 T 机连接断开，该 RBC 的管辖范围会显示为灰色，如图 5-59 所示。

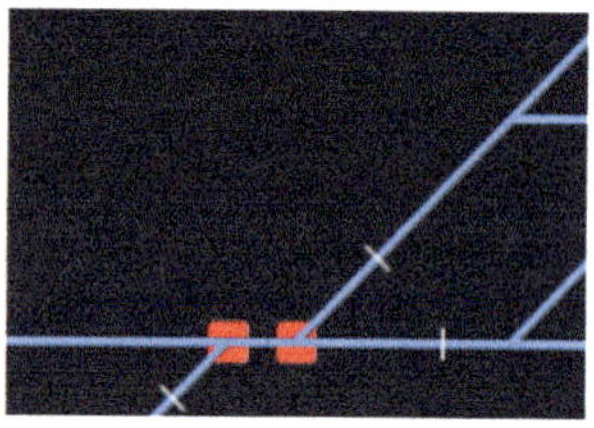

图 5-58　激活状态下的灾害区

2. 日志回放

回放需要启动两个程序：回放工具、回放界面。

回放所需的日志分别位于两处：当前正在记录的日志为 D:\Program files\RBCMT 下以 Msg_前缀开头的文件，其余历史记录的日志均存放于 D:\Program files\RBCMT\log\Messages 下。

(1)回放工具

首先双击桌面“ReplayTool”的快捷方式，启动回放工具，如图 5-60 所示。

单击“读入 Log 文件”，可以选择要回放的消息日志，再单击播放按钮就开始了回放的准备。

此外，需要回放日志的起始终止时间、播放速度、消息类型的筛选也可以通过相关的按钮进行相应的配置。

(2)回放界面

双击桌面的快捷方式“回放界面”，启动回放界面，该回放界面与维护终端的界面相同，但会在背景以及标题栏上注明是回放模式，并且会显示回放日志的时间。其余使用方式与维护终端界面相同。

启动之后如果没能与回放工具建立连接，或是回放工具尚未开始播放，回放界面显示为灰

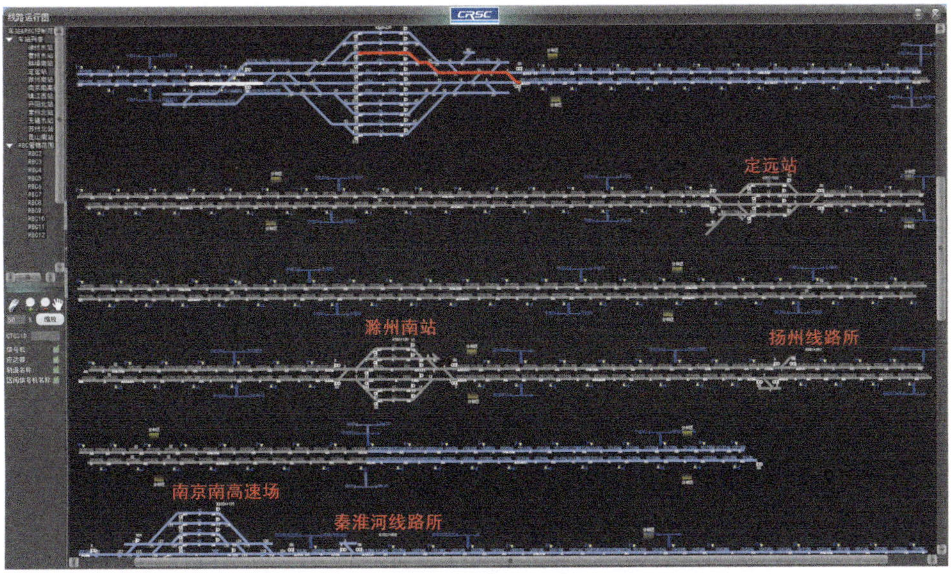


图 5-59　某 RBC 管辖范围内显示为灰色

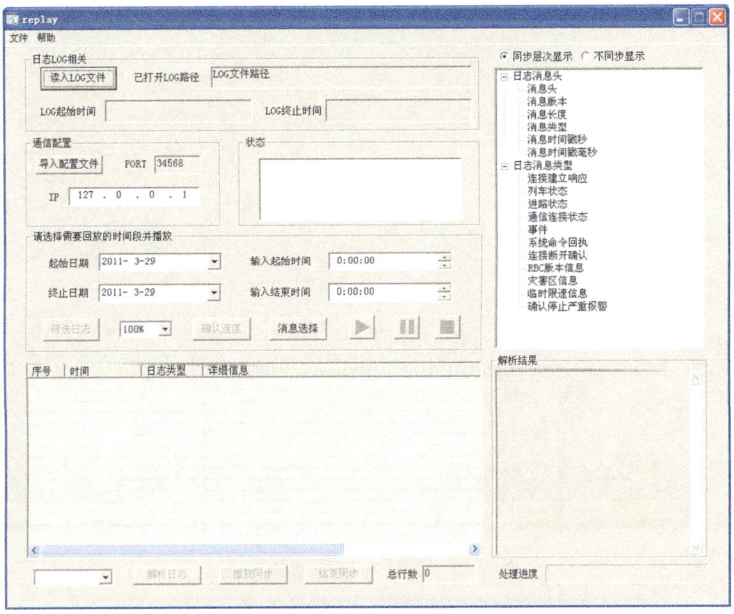


图 5-60　回放工具界面

色。当与回放工具建立连接开始回放日志之后，回放界面会将该消息日志文件所记录的警告信息、事件信息、列车运行信息均按照所选择的播放速率进行回放，如图 5-61 所示。

在回放界面下，运行图左上方显示日志消息播放的时间。界面中间部分，显示“回放模式”四个大字。具体静态、动态信息与维护终端正常模式下的运行图界面显示相同，如图 5-62 所示。

在回放模式下，设备连接关系图中间会有“回放模式”四个大字。具体内容与操作和维护终端正常模式下设备连接图一致，如图 5-63 所示。

回放模式下，列表信息左上角会显示“列表信息－回放模式”。回放模式列表数据不会存入数据库中，因而对于事件信息历史数据以及警告信息历史数据的查询是无效的。回放模式

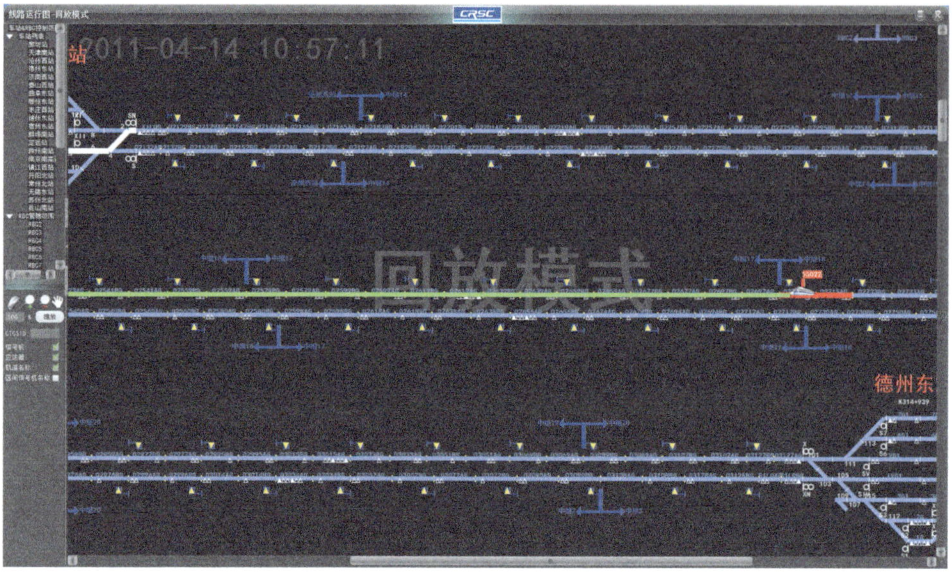


图 5-61　回放模式运行图

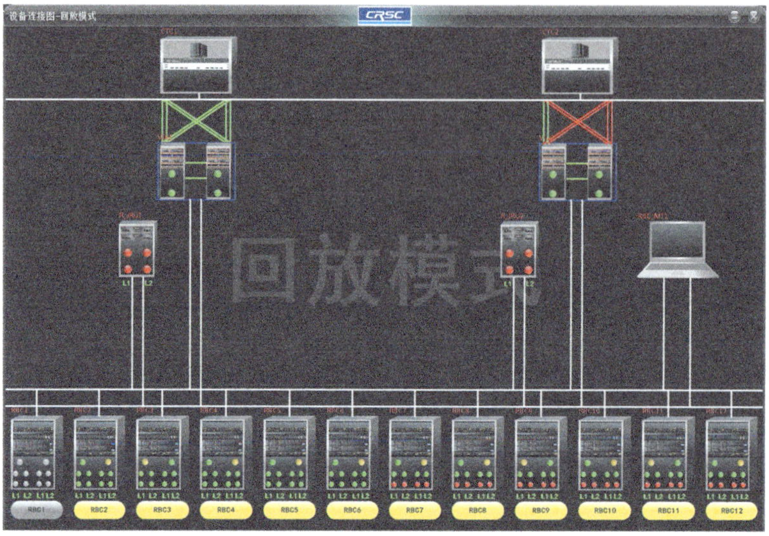


图 5-62　回放界面设备连接图

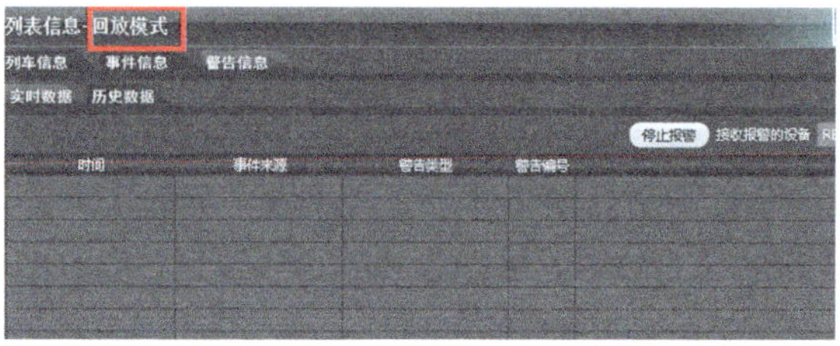


图 5-63　回放界面列表信息

的实时数据不会存入数据库，当界面关闭的时候，报警信息数据也会清空。

（二）LKDR-S 型 RBC 维护终端的使用和信息查看

LKDR-S 型 RBC 操作终端的界面如图 5-64 所示。

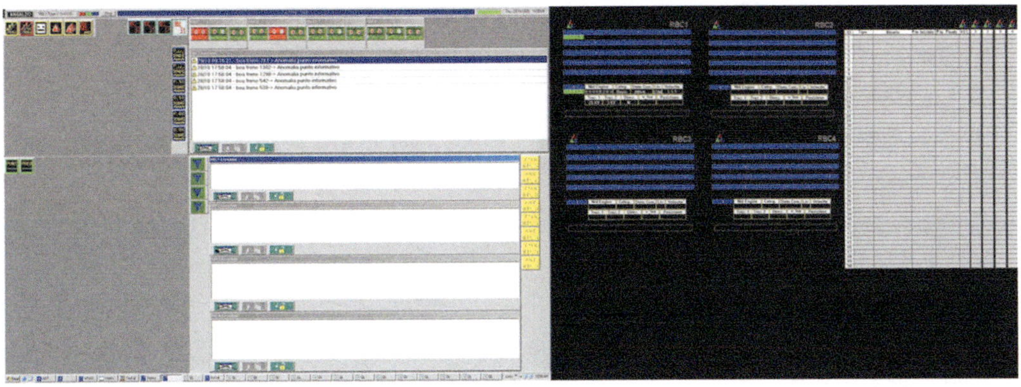

图 5-64　RBC 操作终端示意图

1. 列车数据显示表

指令终端含有四个 RBC 连接的列车数据汇总表，如图 5-65 所示，显示了四个 RBC 连接列车数据的汇总表。

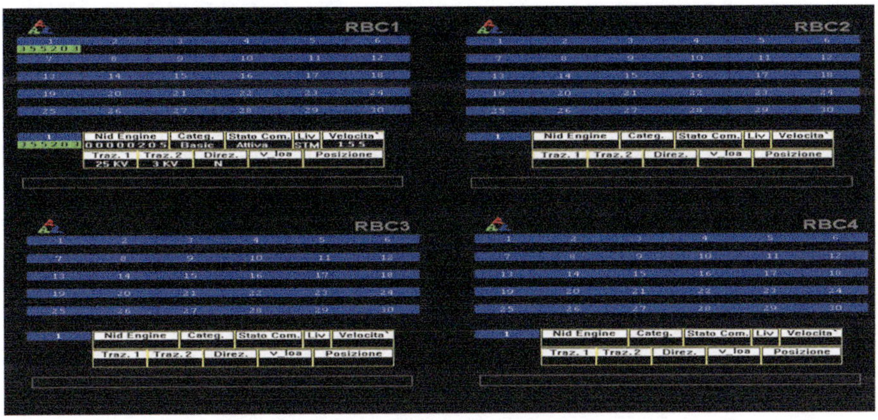


图 5-65　RBC 连接的列车数据汇总表

列车数据表栏内显示的编号与 RBC 控制的连接相对应。

当列车与 RBC 连接时，在相应的列车数据表内，列车连接编号对应栏下面的区域的颜色取决于 SSB 工作模式。将显示 NID_ OPERATIONAL。

用鼠标选择数据表栏上对应的车，该 连接的列车的相关数据将会显示在下方的列车数据表中，详细如图 5-66 所示。

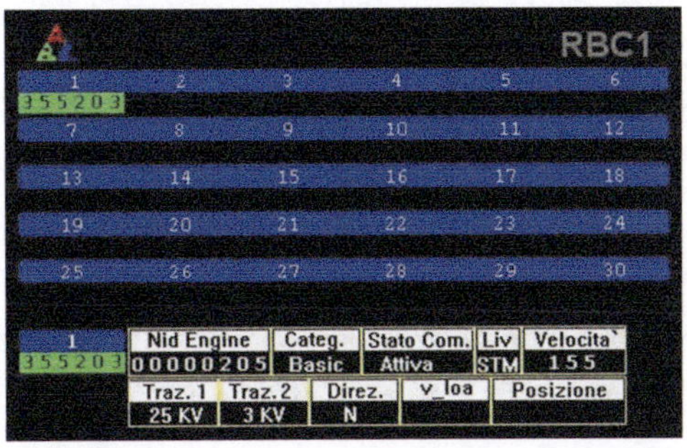


图 5-66　单个 RBC 显示的列车数据表

与每个单独列车相关的数据表含有下述内容：

① Nid_Engine:设备号。

② Categ. :类别。

③ Stato Com. :连接状态。

④ Liv:等级。等级显示 2 说明列车是 C3 等级;显示 STM 说明列车是 C2 等级。

⑤ Velocita:速度。

⑥ Direz. :方向。"N"是与当前轨道正向同向,"R"是与当前轨道正向反向。

⑦ Posizione:位置。

2. 临时限速显示

列车和限速显示区,该区包括列车数据显示窗口、激活的限速命令显示窗口和综述限速和列车数据的指令窗口。

TSR 参数显示表如图 5-67 所示,包括如下各栏:

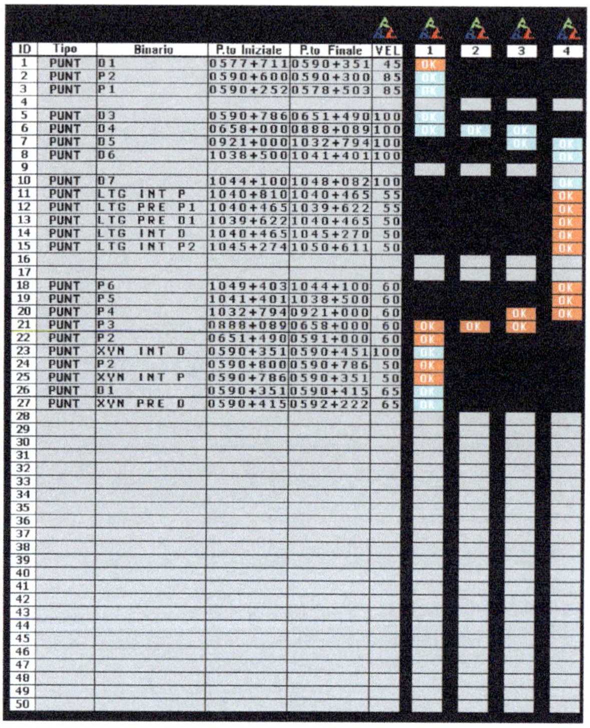

| ID | Tipo | Binario | P.to Iniziale | P.to Finale | VEL | 1 | 2 | 3 | 4 |
|---|---|---|---|---|---|---|---|---|---|
| 1 | PUNT | D1 | 0577+711 | 0590+351 | 45 | OK | | | |
| 2 | PUNT | P2 | 0590+600 | 0590+300 | 85 | OK | | | |
| 3 | PUNT | P1 | 0590+252 | 0578+503 | 85 | OK | | | |
| 4 | | | | | | | | | |
| 5 | PUNT | D3 | 0590+786 | 0651+490 | 100 | OK | | | |
| 6 | PUNT | D4 | 0658+000 | 0888+089 | 100 | OK | OK | OK | |
| 7 | PUNT | D5 | 0921+000 | 1032+794 | 100 | | | OK | OK |
| 8 | PUNT | D6 | 1038+500 | 1041+401 | 100 | | | | OK |
| 9 | | | | | | | | | |
| 10 | PUNT | D7 | 1044+100 | 1048+082 | 100 | | | | OK |
| 11 | PUNT | LTG INT P | 1040+810 | 1040+465 | 55 | | | | OK |
| 12 | PUNT | LTG PRE P1 | 1040+465 | 1039+622 | 55 | | | | OK |
| 13 | PUNT | LTG PRE D1 | 1039+622 | 1040+465 | 50 | | | | OK |
| 14 | PUNT | LTG INT D | 1040+465 | 1045+270 | 50 | | | | OK |
| 15 | PUNT | LTG INT P2 | 1045+274 | 1050+611 | 50 | | | | OK |
| 16 | | | | | | | | | |
| 17 | | | | | | | | | |
| 18 | PUNT | P6 | 1049+403 | 1044+100 | 60 | | | | OK |
| 19 | PUNT | P5 | 1041+401 | 1038+500 | 60 | | | | OK |
| 20 | PUNT | P4 | 1032+794 | 0921+000 | 60 | | | OK | OK |
| 21 | PUNT | P3 | 0888+089 | 0658+000 | 60 | OK | OK | OK | |
| 22 | PUNT | P2 | 0651+490 | 0591+000 | 60 | OK | | | |
| 23 | PUNT | XVN INT D | 0590+351 | 0590+451 | 100 | OK | | | |
| 24 | PUNT | P2 | 0590+800 | 0590+786 | 50 | OK | | | |
| 25 | PUNT | XVN INT P | 0590+786 | 0590+351 | 50 | OK | | | |
| 26 | PUNT | D1 | 0590+351 | 0590+415 | 65 | OK | | | |
| 27 | PUNT | XVN PRE D | 0590+415 | 0592+222 | 65 | OK | | | |
| 28 | | | | | | | | | |
| 29 | | | | | | | | | |
| 30 | | | | | | | | | |
| 31 | | | | | | | | | |
| 32 | | | | | | | | | |
| 33 | | | | | | | | | |
| 34 | | | | | | | | | |
| 35 | | | | | | | | | |
| 36 | | | | | | | | | |
| 37 | | | | | | | | | |
| 38 | | | | | | | | | |
| 39 | | | | | | | | | |
| 40 | | | | | | | | | |
| 41 | | | | | | | | | |
| 42 | | | | | | | | | |
| 43 | | | | | | | | | |
| 44 | | | | | | | | | |
| 45 | | | | | | | | | |
| 46 | | | | | | | | | |
| 47 | | | | | | | | | |
| 48 | | | | | | | | | |
| 49 | | | | | | | | | |
| 50 | | | | | | | | | |

图 5-67　临时限速显示实例

(1)TSR ID:选定的 TSR ID 编号。该栏内的每条线都显示可能的 TSR ID,且无动画形式。

(2)轨道 :TSR 轨道指示。

(3)起点:准时 TSR 的 TSR 初始距离(km);预定义 TSR 的 TSR 初始线路道岔。

(4)终点:准时 TSR 的 TSR 最终距离(km);预定义 TSR 的 TSR 最终线路道岔。

(5)速度:TSR 速度。

数据的相关性:TSR 参数显示表中所示数据通过与来自所有 RBC 单元的数据对比获取:如果对比结果为正(也就是说 RBC 单元提供的数据相同),TSR 参数将显示在表格的对应线上;如果对比结果为负,则不一致的 TSR 参数将显示为紫色。

TSR 参数显示表表现的颜色如下:

灰色——当系统中的 TSR 未加载时;

灰色、带黑色字符——TSR 被装载到系统内,有不一致的数据;

绛红色——来自所有 RBC 单元的数据未更新；

紫色——待显示的接收数据之间有分歧；

短紫色——由于不同 RBC 系统不同步导致的状态过渡当中的规则操作。

TSR 状态显示表含有线路 RBC 单元要求的足够多的表栏，每个表栏显示单元的 TSR 状态，具体含义见表 5-4。

**表 5-4　TSR 状态显示表**

| 图　　元 | 说　　明 | 具体情况 |
|---|---|---|
| 灰色 | TSR 未装载到系统内 | |
| 黑色 | TSR 已装载到系统内，但不受单元管辖 | |
| 绿色 | TSR 已装载到系统内，且可执行(设置) | AT |
| 橘黄色，带白色字符 | TSR 已装载到系统内，已执行(已激活)；TSR 速度为 30 km/h＜$v$≤60 km/h | OK |
| 橘黄色，带黑色字符 | TSR 已装载到系统内，已执行(已激活)；TSR 速度 $v$≤30 km/h | OK |
| 蓝色，带黑色字符 | TSR 已装载到系统内，已执行(已激活)；TSR 速度 $v$＞60 km/h | OK |
| 红色 | TSR 已装载到系统内，待删除/撤销(设置撤销) | |

3. 异常信息查看区域

任何到来的消息都通过异常窗口激活键状态的改变来突出显示，如图 5-68 所示。

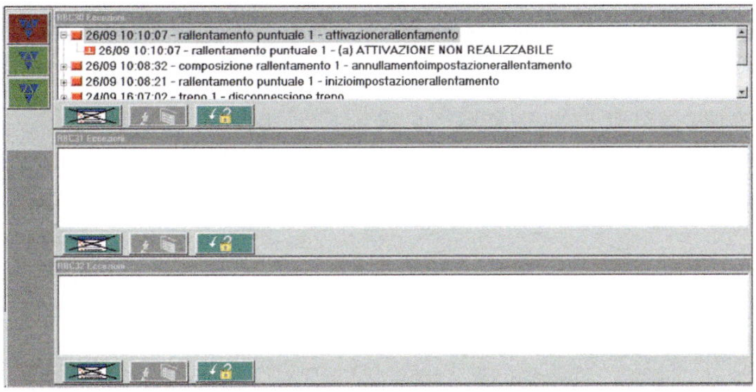


图 5-68　异常信息查看区域

当无消息时，异常窗口激活键具有固定的绿色背景，如图 5-69 所示。

当有消息时，异常窗口激活键背景将交替闪烁，显示两种具体情况(亮红色和暗红色)，如图 5-70 所示。

在异常窗口内，图 5-71 中所示符号识别每个新的消息，其字符串含有事件的日期和时间及相关编号。

图 5-69　异常窗口激活键

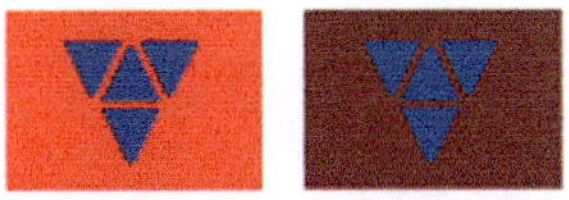

图 5-70　异常警告激活

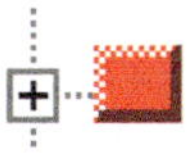

图 5-71　异常窗口新消息图标

点击图 5-71 红色方块左边的“＋”可以查看到详细的错误原因，值班人员需要对此异常信息进行记录，以便对此信息做出反馈。

清除异常消息，有如下的步骤，先点对相应的 RBC 的报警窗口进行解锁；再单击清除相应的错误报警信息。

4. QL 显示区域

图 5-72 为 QL 显示的站场图。每个 QL 显示大屏代表了该 RBC 控制范围的区域，QL 可以显示的内容为：

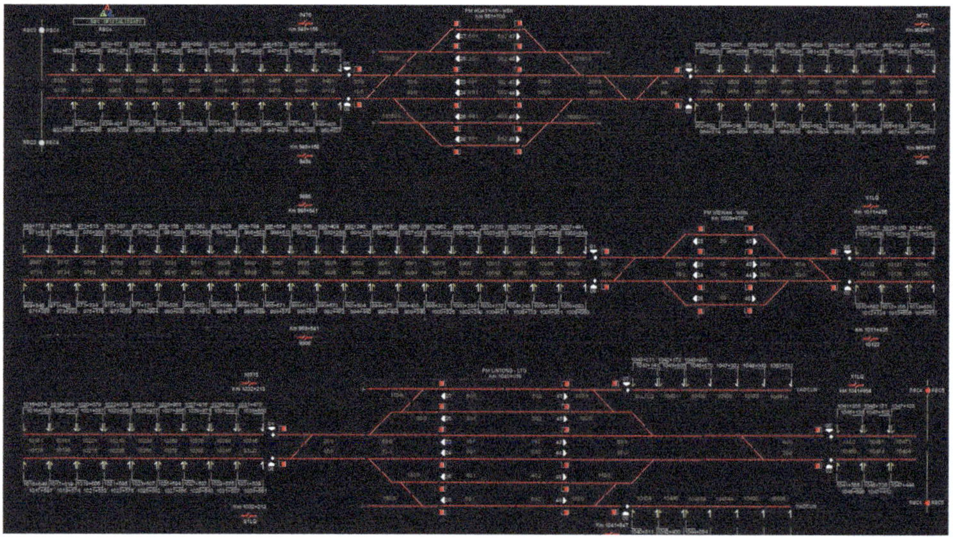

图 5-72　QL 显示

线路的静态数据，包括线路的分相区、进路标记及进路的可用性、EoA 显示、轨道电路和区间编号、无线闭塞分区状态、信号显示等。

(1)MA 相关显示，包括 MA 的显示、MA 的缩短和延伸。

(2)TSR 显示。

(3)设备状态显示，包括连接的安全性、初始化状态。

(4)车载模式及等级的显示。

(5)RBC-RBC 交权状态的显示。

TC 和 EoA 编号激活/去激活按钮如图 5-73 所示，前面两个图标用来激活轨道电路编号：分别为下行轨道和上行轨道编号激活键。后面四个图标用来激活 EoA 编号，从左至右为：

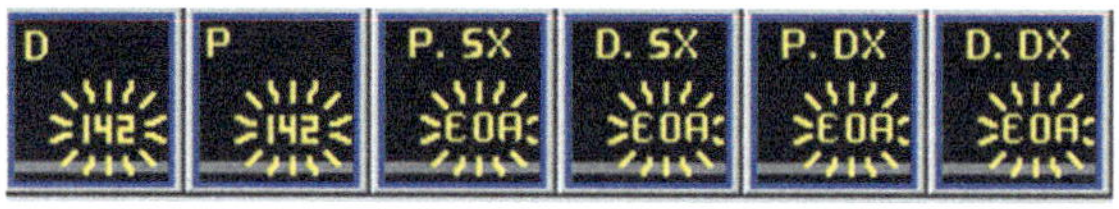


图 5-73　TC 和 EoA 编号激活/去激活图标

① 上行方向轨道 EoA；

② 下行方向轨道 EoA；

③ 上行相反方向轨道 EoA；

④ 下行相反方向轨道 EoA。

5. 报警区域显示

报警区域包含系统的报警信息；D&M 操纵台需要获得 ART 发出的设备和设施诊断数据。

通过此功能可以图形方式显示：与沿路子系统之间连接的状态；电源诊断；温度和风扇诊断；ART 和 TMP 子系统诊断。

① 应答器和应答器组的报警

操作终端的报警区还向操作员显示由于应答器和 BG 故障导致的报警，如图 5-74 所示。

所有报警都是通过改变键的状态来显示的，具体表现为键的背景是亮红色和暗红色交替闪烁。故障清除后汇总的报警信号将被恢复到休息状态。

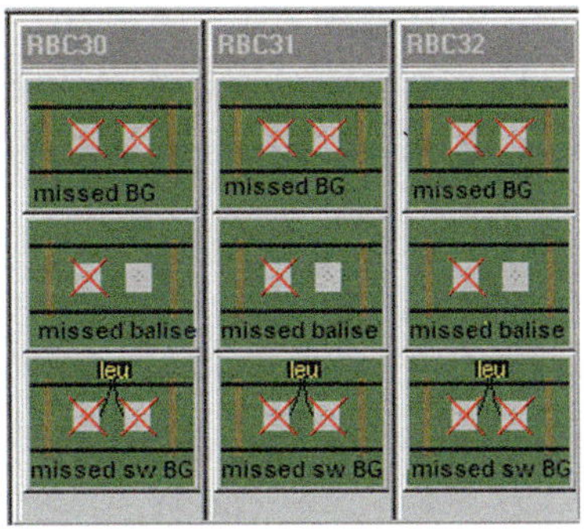


图 5-74　应答器和 BG 报警图标

② ART 和 TMR 报警区域(见图 5-75)

| | |
|---|---|
|  | TMR 单元，TMR 逻辑，ART/TMR，ART/操作员工作台导致的报警 |

图 5-75　报警区图标

任何到来的报警都应通过改变键的状态来突出显示，键的背景交替闪烁，具体有两种情况(如果是严重故障报警，则为亮红色和暗红色，如果是轻微故障报警，则为淡黄色和深黄色)，如图 5-76 所示。

利用鼠标选择的汇总报警键将停止闪烁，直到新的报警。故障消除后汇总报警信号将恢复到休息状态。

6. 故障显示

典型的故障显示有如下所示的几种：

① 列车断开与 RBC 的连接，列车数据汇总表中连接注册的信息会消失。

图 5-76　报警区图标闪烁

② RBC 与联锁断开连接，该站联锁范围内闭塞分区显红。

③ 联锁与 TCC 断开连接，该 TCC 管辖范围内区段显红，区间闭塞方向消失。

④ RBC 宕机，该 RBC 的 QL 显示屏全部显示为粉红色。

## 二、识别板卡面板上工作表示灯状态

参见本书第二章第三节的相关内容。

## 思考题

1. 掌握每个菜单的操作过程和内容。
2. RBC 维护终端能显示哪些报警信息？
3. 临时限速状态在 RBC 维护终端的显示含义。
4. 如何下载工作日志？
5. 如何登录测试终端？

## 复 习 题

1. 如何判断数据库服务器工作是否正常?
2. 熟悉 TSRM 终端使用方法。
3. 如何查看异常信息或事件信息?

# 第六章　高速铁路控制中心信号设备维护

为满足高速铁路运输生产的需要，加强高速铁路信号设备的维护管理工作，规范高速铁路信号设备的专业技术管理，提高高速铁路信号设备维护质量，铁道部制定了《高速铁路信号维护规则》，对 CTC/TDCS 中心、RBC、TSRS 设备维修工作项目及标准做出了明确要求。

为进一步加强高速铁路信号维护工作，规范高速铁路信号设备巡检、检修作业的内容、程序、步骤和方法，保障高速铁路行车安全，各铁路局结合现场实际，参照指导意见，进一步制定了各设备的单项作业指导书。

## 第一节　调度集中(CTC)设备维护

### 一、CTC 设备日常养护

1. 作业目的

发现并克服设备缺点及隐患，确保运用质量符合技术标准。

2. 作业流程图

CTC 设备日常巡检作业流程图如图 6-1 所示。

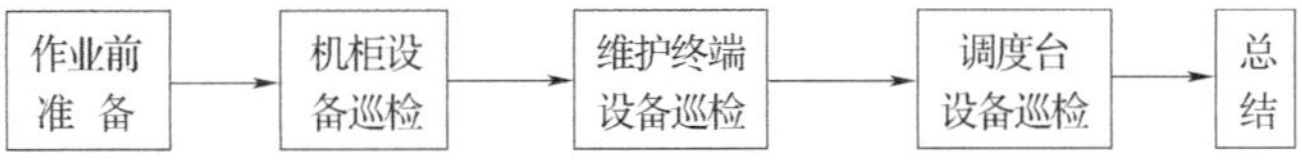


图 6-1　CTC 设备日常巡检作业流程图

3. 巡检作业程序、项目、内容及技术标准

(1)作业前准备

① 作业准备会上，工长或巡检负责人布置巡检任务，明确工作内容，开展安全预想，布置针对性措施。

② 按规定着装，携带《巡检记录本》。

(2)机柜设备巡检

① 检查机柜内无异常温升、无异声、无异味。

② 检查前置机、接口机、数据库、自律机等服务器工作状态良好，程序运行正常，无报警。

③ 检查防火墙、防病毒、口令认证、漏洞评估等网络安全设备工作状态良好，程序运行正常，无报警。

④ 检查路由器、交换机、协议转换器、通道质量监督等网络设备工作状态良好，指示灯显示正确。

⑤ 机柜内各风扇运转正常、通风良好。

⑥ 填写《巡检记录本》。

(3)维护终端设备巡检

① 检查维护终端及显示器工作状态良好。

② 查看故障告警提示并分析处理。

③ 查看 CTC 网络通道通信连接正常。

④ 查看 CTC 与 TSR、RBC 临时限速一致性。

⑤ 无异常发热器材、无异声、无异味。

⑥ 填写《巡检记录本》。

(4)调度台设备巡检

① 访问使用人员,了解设备运用情况。

② 观察行车调度员终端、助理调度员终端显示及程序运行正常,站场信息显示正确。

③ 打印机、绘图仪状态良好。

④ 填写《巡检记录本》。

(5)总结

① 巡检人员汇报任务完成情况和设备质量情况。

② 工长填写工作日志,安排待修缺点克服计划。

4. 安全控制措施

① 严格执行"三不动"、"三不离"、"三不放过"、"三预想"和"七严禁"安全制度。

② 认真执行机房管理制度,严格卡控网络安全,未经允许,严禁外人进入机房。

## 二、CTC 设备集中检修

1. 作业目的

发现并克服设备缺点及隐患,确保设备正常运用。

2. 作业流程图

CTC 设备集中检修作业流程图如图 6-2 所示。

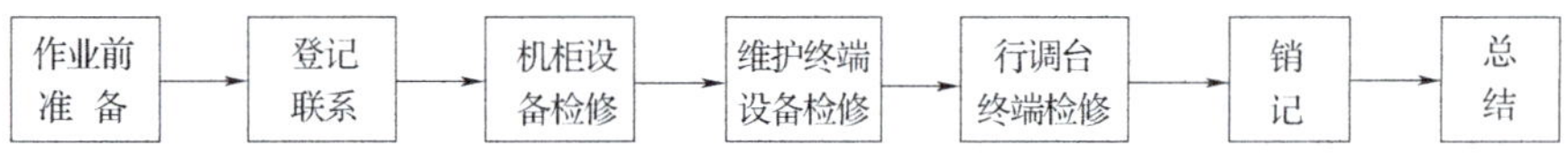


图 6-2 CTC 设备集中检修作业流程图

3. 检修作业程序、项目、内容及技术标准

(1) 作业前准备

① 作业准备会上,工长或负责人布置检修任务,明确工作内容。

② 组织开展安全预想,布置针对性措施。

③ 按规定着装。

④ 工具材料准备:联络工具(试验良好)、照明灯具、扳手、克丝钳、螺丝刀、麂皮,毛刷、校线仪、网线钳、万用表。

(2)登记联系

① 联络员携带上岗证和联络工具到调度台联系,经调度所调度员同意后开始工作。

② 联络员到调度台登记,经调度员签认后开始工作。

③ 联络员必须按照《铁路技术管理规程》(简称《技规》)、《行车组织规则》(简称《行规》)、《铁路信号维护规则》(简称《维规》)有关要求,在《行车设备检查登记簿》(运统 46)内登记。

(3)机柜设备检修

① 检查机柜内无异常温升、无异声、无异味。

② 检查前置机、接口机、数据库、自律机等服务器工作状态良好，程序运行正常，无报警，检查硬盘空间，清除过期日志文件。

③ 检查防火墙、防病毒、口令认证、漏洞评估等网络安全设备工作状态良好，程序运行正常，无报警。

④ 检查路由器、交换机、协议转换器、通道质量监督等网络设备工作状态良好，指示灯显示正确。

⑤ 机柜内各风扇运转正常、通风良好，过滤网清洗。

⑥ 机柜安装正直稳固，无倾斜，标牌清晰正确，柜门开关灵活，无卡阻。

⑦ 检查机柜各板卡、接口螺丝紧固。

⑧ 检查机柜接地线完整，紧固良好。

⑨ 检查机柜内设备的网线、同轴电缆、光缆、电源线等连接紧固、绑扎整齐、标牌清晰完整，光纤(尾纤)绑扎无死弯。

⑩ 各类外接输入端口加封良好。

⑪ 机柜内部检查清扫，无灰尘。

⑫ 检查机柜电源空气开关状态无异常，无发热。

⑬ 主、备机切换、KVM 切换器切换正常。

⑭ 各设备重新启动试验正常，A、B 机工作状态正确；重启前对现有限速进行记录、重启后检查程序运行正常，限速与重启前一致；各系统间接口信息交换正常。

⑮ 填写检修卡片。

(4)维护终端检修

① 检查维护终端及显示器工作状态良好。

② 查看故障告警提示并分析处理。

③ 查看 CTC 网络通道通信连接正常。

④ 查看 CTC 与 TSR、RBC 临时限速一致性并记录。

⑤ 无异常发热器材、无异声、无异味。

⑥ 主机各类外接输入端口加封良好。

⑦ 检查网线、电源线、输入输出等各种接口连接紧固、绑扎整齐、标牌清晰完整。

⑧ 对维护终端、键盘、鼠标、机桌等设备进行清扫。

⑨ CTC 系统时钟一致性核对。

⑩ 检查车次跟踪正常。

⑪ 查看病毒服务器日志记录，定期进行病毒库升级。

⑫ 填写检修卡片。

(5)调度台终端设备检修

① 访问使用人员，了解设备运用情况。

② 检查行车调度员终端、助理调度员终端显示及程序运行正常，各种信息显示正确。

③ 无异常发热器材、无异声、无异味。

④ 主机各类外接输入端口加封良好。

⑤ 检查网线、电源线、输入输出等各种接口连接紧固、绑扎整齐、标牌清晰完整。

⑥ 对维护终端、键盘、鼠标、机桌等设备进行清扫。

⑦ 打印机、绘图仪及行调台设备各项功能测试良好。
⑧ 对调度台终端、键盘、鼠标、机桌等设备进行清扫。
⑨ 填写检修卡片。
(6)销记
检修完毕，联络员会同调度员确认设备良好后按标准用语销记。
(7)总结
① 检修人员汇报任务完成情况和设备质量情况。
② 工长填写工作日志。
4. 安全控制措施
(1) 严格执行“三不动”、“三不离”、“三不放过”、“三预想”和“七严禁”安全制度。
(2)所有检修作业内容必须在天窗点内进行，未经联系同意，不准作业。
(3)未经同意，不得擅自拆卸板卡等硬件器材。
(4)认真执行机房管理制度，严格卡控网络安全，未经允许，严禁外人进入机房。

## 思考题

1. 熟悉 CTC 设备日常养护的作业流程。
2. 理解 CTC 设备巡检作业程序、项目、内容及技术标准。
3. 熟悉 CTC 设备集中检修的作业流程。
4. 理解 CTC 设备集中检修作业程序、项目、内容及技术标准。
5. 理解 CTC 设备检修的安全控制措施。

# 第二节 临时限速服务器(TSRS)设备维护

## 一、TSRS 日常养护

(一)LKX-T 型临时限速服务器巡检作业内容
1. 作业目的
① 巡视各个 TSR 的运行状态，同时安排数据分析，掌握 CTCS-3 级列控设备的运行状态。
② 发现设备缺点及隐患，并做相应处置，掌握 CTCS-3 级列控设备的运行状态，确保全线 C3 列控设备的运用质量符合技术标准。
2. 巡检作业程序、项目、内容及技术标准
(1)作业前准备
① 召开交班会，当班人员听取前一天值班情况，并根据情况通报，做相应的工作布置。
② 准备工具、联络工具(试验良好)、明确作业要求等。
③ 准备材料：清扫工具及存储工具等。
④ 穿戴好劳防用品。
(2)状态巡视
① 按照作业标准进行巡视、环境检查。

② 按照作业要求进行好相应记录。

注意事项：不能进行任何影响设备使用的作业。

(3)设备巡查

① 收集信息：

a. 每天询问铁路局中心工区来自调度所的C3运行信息；

b. 每天询问车载车间来自列车运行状态的C3运行信息；

c. 每天和通信核心网机房沟通关于无线设备运行情况。

② 机房内设备巡视：

a. TSR等服务器硬件状态检查：

(a)检查服务器是否安装牢固；

(b)观察CPU风扇、机壳风扇是否运转正常；

(c)检查有无异常声音、有无过热现象，有无异味；

(d)PDU安装是否牢固、固定铁架是否有下沉现象。

b. TSR-M、KVM等设备状态检查：

(a)显示器、键盘、触摸板作用良好；

(b)双击“Ctrl”、“↑”、“↓”键试验切换功能正常，各个服务器状态查看功能良好；

(c)检查TSR-TSRM的状态栏和限速情况栏：查看TSR与车站列控的连接与初始化情况是否正常，TSR与相邻TSR连接、TSR与CTC连接、TSR与RBC连接是否正常。限速执行情况是否正常，站场图是否正常显示限速黄框；查看报警栏：确认报警信息是否异常。

c. 通信网络部分：

(a)检查各通信接头端子、通信连接线是否连接牢固；

(b)检查路由器、光交换机、网络交换机各种指示灯是否正常；

(c)检查网络柜内设备连接、防雷模块是否正常；

(d)检查网络交换机上的网线插接是否牢固，网线固定是否良好；

(e)检查各通信设备有无过热、有无异味、设备间散热是否良好；

(f)各种标签是否齐全。

d. 电源部分：

(a)电源屏电源工作指示灯、模块指示灯显示正常；

(b)电源屏间无异常声音和异味；

(c)电源屏状态显示正常，报警无异常；

(d)UPS良好，电源工作指示灯、负载指示灯、电池指示灯等正常；

(e)测试UPS输出电压，是否稳压，电压是否超标。

e. 终端部分及空调：

(a)终端机柜各部件连接正常；

(b)终端自身无异常声音、无异味；

(c)终端显示设备显示正常，备用视频线、鼠标线检查正常；

(d)各个终端运行程序运行正常；

(e)通信设备连接正常、无不良报警；

(f)空调运行正常，无异常报警。

f. 外部清扫，清洁无尘：

(a)机房环境清洁;

(b)机柜外露部分、服务器风扇口、网线口、传输通道口、UPS网罩无尘。

3. 安全控制措施

严格执行“三不动”、“三不离”、“三不放过”、“三预想”、“七严禁”等基本安全制度。

(二)TSRS-hs型临时限速服务器巡视作业内容

1. 作业目的

发现并克服设备缺点及隐患,确保运用质量符合技术标准。

2. 作业流程图(见图6-3)

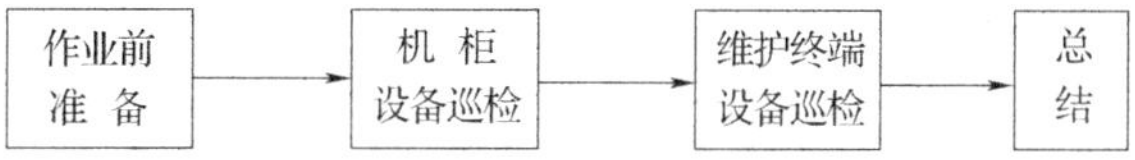


图6-3 TSRS-hs型临时限速服务器巡视作业流程图

3. 巡检作业程序、项目、内容及技术标准

(1) 作业前准备

① 作业准备会上,工长或负责人布置巡检任务,明确工作内容,开展安全预想,布置针对性措施。

② 按规定着装,携带巡检记录本。

(2)机柜设备巡检

① 检查机柜内无异常温升、无异声、无异味,各风扇运转正常,通风良好。

② 检查电源模块面板显示正常、指示灯状态正确。

③ 检查TSRS的倒机单元切换手柄在自动位置,主、备机工作状态及指示灯显示正确。

④ 检查各板卡工作状态、指示灯显示正确、显示器显示正常。

⑤ 检查交换机、路由器等网络设备状态指示灯显示正常。

⑥ 主机程序运行正常。

⑦ 填写巡检记录本。

(3) 维护终端设备巡检

① 检查维护终端及显示器状态良好。

② 应用程序运行正常,站场等信息显示正确。

③ 查看是否有故障告警提示,显示主备状态、通信状态是否与实际状态一致。

④ 查看临时限速服务器与列控中心、RBC、CTC双通道通信连接正常。

⑤ 查看TSR与RBC、CTC临时限速一致性并记录。

⑥ 无异常温升、无异声、无异味。

⑦ 填写巡检记录本。

(4) 点评

① 巡检人员汇报任务完成情况和设备质量情况。

② 工长填写工作日志,安排待修缺点克服计划。

(5)安全控制措施

① 严格执行“三不动”、“三不离”、“三不放过”、“三预想”和“七严禁”安全制度。

② 认真执行机房管理制度，严格卡控网络安全，未经允许，严禁外人进入机房。

## 二、TSRS 集中检修

（一）LKX-T 型临时限速服务器集中检修

TSR 设备集中检修计划必须预先经过铁路局批准，并在高速场运转室登记、要点，由调度员、电务段调度批准并接收双调度命令后方可进行 TSR 设备集中检修。

1. 按规定穿戴劳防用品，并对人身进行放静电。

2. 对服务器进行整治，具体步骤如下：

(1)确认当前 TSR 服务器主备系为正常工作状态。

(2)检查 TSR 服务器在机柜背面各线缆的标签清晰、完好。一旦发现破损，应该立即补齐。

(3)检查计划要整治的一系服务器是主系还是备系，若是备系，无需切换；若是主系则将其切换为备系，在 VPC_C 机输入“service vpu restart”命令关闭该系（VPC_A 机、VPC_B 机、VPC_C 机），并确认均为关闭状态。

(4)拔下对应服务器的电源线、网络线以及连接 KVM 的数据线。

(5)从机柜内导轨上取下对应服务器。

(6)擦拭服务器表面灰层，并打开服务器上盖板。

(7)检查各插部件接触良好、无松动。

(8)使用工具对服务器内部进行除尘。

(9)确认设备无异常，盖合服务器上盖板，并安装回对应导轨。

(10)连接服务器电源线、网络线、数据线，确保接触良好。

(11)当前该系服务器均整治完毕后，启动电源检查程序运行正常后进行切系试验，确认整治后各服务器工作正常。

(12)在设备检修记录上签名。

(13)所有进行检修服务器均试验良好，恢复正常后在车站《行车设备检查登记簿》内销记，并向调度员、电务段调度汇报，交付使用。

3. TSRS 服务器切系具体步骤如下：

(1)确认当前机柜二系均为正常工作状态。

(2)在当前主系 C 机上输入“service vpu restart”命令将该系重启（含 A 机、B 机、C 机均实现重启）。

(3)切换后确认原备系成功切换为主系，通过 TSRM 机器检查其与各设备连接端口正常。

(4)待备系恢复正常工作后，确认双系工作均正常，在设备检查簿上进行记录。

（二）TSRS—hs 型临时限速服务器集中检修作业内容

1. 作业目的

发现并克服设备缺点及隐患，确保设备正常运用。

2. 作业流程图（见图 6-4）

3. 检修作业程序、项目、内容及技术标准

(1)作业前准备

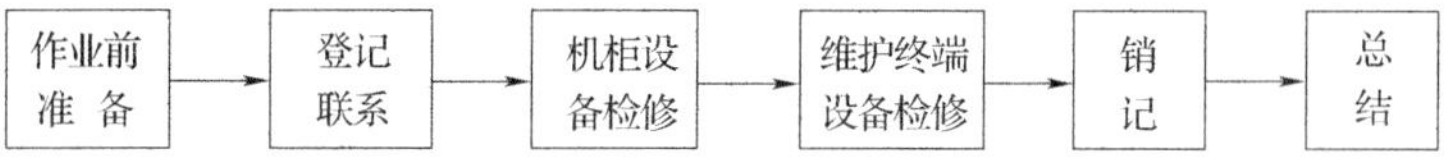


图 6-4 TSRS-hs 型临时限速服务器检修作业流程图

① 作业准备会上，工长或负责人布置检修任务，明确工作内容。

② 组织开展安全预想，布置针对性措施。

③ 按规定着装。

④ 工具材料准备：联络工具(试验良好)、照明灯具、扳手、克丝钳、螺丝刀、麂皮、毛刷、校线仪、网线钳、万用表。

(2)登记联系

① 联络员携带上岗证和联络工具到调度台联系，经调度所调度员同意后开始工作。

② 联络员到调度台登记，经调度员签认后开始工作。

③ 联络员必须按照《技规》、《行规》、《维规》有关要求在《行车设备检查登记簿》(运统 46)内登记。

(3)机柜设备检修

① 机柜安装正直稳固，无倾斜，标牌清晰正确，柜门开关灵活，无卡阻。

② 检查各板卡、接口螺丝紧固。

③ 检查网线、同轴电缆、光缆、电源线等各种接口连接紧固、绑扎整齐、防护良好、无破皮、标识清晰完整，光纤(尾纤)绑扎无死弯；检查各风扇运转正常，通风良好，过滤网清洗；内部检查清扫，无灰尘。

④ 检查各设备接地线完整，紧固良好。

⑤ 各类外接输入端口加封良好。

⑥ 检查电源空气开关状态无异常，无发热，防雷元件无劣化。

⑦ 检查单系电源模块供电时，系统工作正常。

⑧ 各设备重新启动试验正常，A、B 机工作状态正确；重启前对现有限速进行记录、重启后检查程序运行正常，限速与重启前一致。

⑨ 检查电源模块工作状态、指示灯显示正确。

⑩ 检查各板卡工作状态、指示灯显示正确、显示器显示正常。

⑪ 检查交换机、路由器等网络设备状态指示灯显示正常。

⑫ 查看 TSR 与 RBC、CTC 临时限速一致性。

⑬ 查看是否有故障告警提示，显示主备状态、通信状态是否与实际状态一致。

⑭ 查看临时限速服务器与列控中心、RBC、CTC 双通道通信连接正常、通道质量测试良好。

⑮ 填写检修卡片。

(4)维护终端设备检修

① 检查网线、电源线等各种接口连接紧固、防护良好、无破皮、绑扎整齐、标牌清晰完整。

② 维护机、键盘、鼠标、机桌等设备进行清扫，无灰尘。

③ 与 CTC 系统时钟一致性核对。

④ 主机各类外接输入端口加封良好。

⑤ 检查维护终端及显示器工作状态良好。

⑥ 查看是否有故障告警提示，显示主备状态、通信状态是否与实际状态一致。

⑦ 查看临时限速服务器与列控中心、RBC、CTC 双通道通信连接正常、通道质量测试良好。

⑧ 查看 TSR 与 RBC、CTC 临时限速一致性并记录。

⑨ 无异常温升、无异声、无异味，风扇运转正常，通风良好。

⑩ 查看应用程序运行正常。

⑪ 填写检修卡片。

(5)销记

检修完毕，联络员会同调度员确认设备良好后按标准用语销记。

(6)点评

① 检修人员汇报任务完成情况和设备质量情况。

② 工长填写工作日志。

4. 安全控制措施

(1)严格执行“三不动”、“三不离”、“三不放过”、“三预想”和“七严禁”安全制度。

(2)所有检修作业内容必须在天窗点内进行，未经联系同意，不准作业。

(3)未经同意，不得擅自拆卸板卡等硬件器材。

(4)认真执行机房管理制度，严格卡控网络安全，未经允许，严禁外人进入机房。

### 思考题

1. TSRS 设备维修包括哪些工作项目？

2. 在 TSRS 设备日常检修作业中，有哪几个关键环节？

3. 在 TSRS 设备电源检修过程中，重点做好哪几方面的工作？

4. 在 TSRS 设备日常检修过程中，要执行哪些安全控制措施？

## 第三节　无线闭塞中心(RBC)设备维护

### 一、RBC 设备日常维护

(一)LKR-T 型 RBC 设备日常维护

1. 作业目的

① 巡视各个 RBC 的运行状态，同时安排数据分析，掌握 CTCS-3 列控设备的运行状态。

② 设备巡检并发现设备缺点及隐患，做相应处置，掌握 CTCS-3 列控设备的运行状态，确保全线 C3 列控设备的运用质量符合技术标准。

2. 巡检作业程序、项目、内容及技术标准

(1)作业前准备

① 召开交班会，当班人员听取前一天值班情况，并根据情况通报，并做相应的工作布置。

② 准备工具、联络工具(试验良好)、明确分析作业要求等。

③ 准备材料：清扫工具及存储工具等。

④ 穿戴好劳防用品。

(2)巡视分析

① 按照作业标准进行巡视、环境检查。

② 按照作业要求、分析要求进行分析,并做好相应分析记录。

③ 工长根据需要召集工区人员进行内部讨论分析,如果问题能够解决,则填入分析报告,不能,则进入汇报和厂家问询程序。

注意事项:不能进行任何影响设备使用的作业。

(3)设备巡查

① 收集信息:

a. 每天询问铁路局中心工区来自调度所的 CTCS-3 运行信息。

b. 每天询问车载车间来自列车运行状态的 CTCS-3 运行信息。

c. 每天和通信核心网机房沟通,关于无线设备运行情况。

② 机房内设备巡视:

a. RBC 等服务器硬件状态检查:

(a)检查服务器是否安装牢固。

(b)观察 CPU 风扇、机壳风扇是否运转正常。

(c)检查有无异常声音、有无过热现象,有无异味。

(d)PDU 安装是否牢固、固定铁架是否有下沉现象。

(e)服务器网口及 ISDN 卡网络显示是否正常。

b. RBC-T、KVM 等设备状态检查:

(a)显示器、键盘、触摸板作用良好。

(b)双击"Ctrl"、"↑"、"↓"键试验切换功能正常,各个服务器状态查看功能良好。

(c)检查 RBC 的 SPU1 和 SPU2 的状态,包括"home"、"alarm"、"nodestatus"、"dump handling"等四项;逐个切换 ISDN1～ISDN4 服务器,打开 shell 终端命令输入窗口,通过输入"capicfg"命令打开通道测试程序,单击"diagnose"按钮测试通道连接是否异常。正常会弹出"ok"对话框。

(d)检查 VIA、JRU 的运行状态;JRU 的磁盘空间检查(半个月检查一次)。

c. 通信网络部分:

(a)检查各通信接头端子、通信连接线是否连接牢固。

(b)检查路由器、光交换机、网络交换机各种指示灯显示是否正常。

(c)检查网络柜内设备连接、防雷模块是否正常。

(d)检查网络交换机上的网线插接是否牢固,网线固定是否良好。

(e)检查各通信设备有无过热、有无异味、设备间散热是否良好。

(f)各种标签是否齐全。

d. 电源部分:

(a)电源屏电源工作指示灯、模块指示灯显示正常。

(b)电源屏间无异常声音和异味。

(c)电源屏状态显示屏正常,报警无异常。

(d)UPS 良好,电源工作指示灯、负载指示灯、电池指示灯等正常。

(e)测试 UPS 输出电压是否稳压,电压是否超标。

e. 终端部分及空调:

(a)终端机柜各部件连接正常。

(b)终端自身无异常声音、无异味。

(c)终端显示设备显示正常,备用视频线、鼠标线检查正常。

(d)各个终端运行程序运行正常。

(e)通信设备连接正常、无不良报警。

(f)空调运行正常,无异常报警。

f. 外部清扫,清洁无尘:

(a)机房环境清洁。

(b)机柜外露部分、服务器风扇口、网线口、传输通道口、UPS 网罩清洁无尘。

3. 内部分析讨论

巡视、分析后,发现某些问题确需集合讨论,由工长组织,大家共同讨论,讨论后形成分析报告,报主管工程师备案。

4. 安全控制措施

严格执行"三不动"、"三不离"、"三不放过"、"三预想"、"七严禁"等基本安全制度。

(二)LKDR-hs 型 RBC 设备日常维护

1. 作业目的

发现并克服设备缺点及隐患,确保运用质量符合技术标准。

2. 作业流程图(见图 6-5)

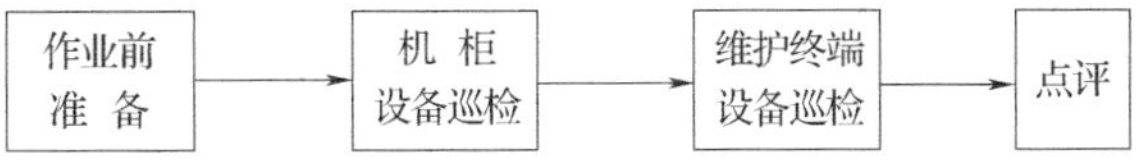


图 6-5　LKDR-hs 型 RBC 设备巡视作业流程图

3. 巡检作业程序、项目、内容及技术标准

(1)作业前准备

① 作业准备会上,工长或负责人布置巡检任务,明确工作内容;开展安全预想,布置针对性措施。

② 按规定着装,携带巡检记录本。

(2)机柜设备巡检

① 检查机柜内无异常温升、无异声、无异味,各风扇运转正常,通风良好。

② 检查电源适配器、电源模块面板显示正常、指示灯状态正确,输入、输出电压符合标准。

③ 检查各板卡工作状态、指示灯显示正确、显示器显示正常。

④ 检查交换机、路由器等网络设备状态指示灯显示正常。

⑤ 各类外接端口加封良好。

⑥ 程序运行正常。

⑦ 填写巡检记录本。

(3)维护终端设备巡检

① 检查操作台、维护终端及显示器状态良好。

② 应用程序运行正常,站场等信息显示正确。

③ 查看是否有故障告警提示并进行分析处理。

④ 查看 RBC 与外部接口(RBC-IXL、TSR、CTC、GSM-R)网络连接正常。
⑤ 查看 RBC 与 CTC、TSR 临时限速一致性。
⑥ 无异常温升、无异声、无异味,风扇运转正常,通风良好。
⑦ 各类外接端口加封良好。
⑧ 填写巡检记录本。
4. 总结
① 巡视人员汇报任务完成情况和设备质量情况。
② 工长填写工作日志,安排待修缺点克服计划。
5. 安全控制措施
① 严格执行“三不动”、“三不离”、“三不放过”、“三预想”和“七严禁”安全制度。
② 认真执行机房管理制度,严格卡控网络安全,未经允许,严禁外人进入机房。

## 二、RBC 设备集中检修

(一)LKR-T 型 RBC 设备检修作业

1. 作业目的

① 停机检修各个 RBC 的结构和重启能力,同时安排巩固工区作业人员对设备网络结构的掌握程度,掌握 RBC、电源屏的硬件结构。

② 设备巡检并发现设备缺点及隐患,并做相应处置,掌握 CTC3-级列控设备的运行状态,确保全线 C3 列控设备的运用质量符合技术标准。

2. 检修作业程序、项目、内容及技术标准

(1)作业前准备

① 召开作业准备会,工长布置检修任务,明确作业地点、任务、作业人。

② 组织开展安全预想,由安全员布置劳动和行车安全针对性措施。

③ 准备工具:联络工具(试验良好)、螺丝刀、镊子、尖嘴钳、斜口钳、网线测试仪、网线钳、万用表、测电笔等。

④ 准备材料:清扫工具及存储工具等。

⑤ 穿戴好劳防用品。

(2)登记联系

① 驻所联络员携带《上海铁路局安全防护驻站联络派遣单》提前 40 min 到调度所登记,经调度员签认后开始工作;在值台联系过程中必须认真执行《驻站联络员作业标准》,时刻掌握列车安排情况。

② 驻所联络员必须按照《技规》、《行规》、《维规》有关要求,在《行车设备施工登记簿》(运统 46 施工)内登记。

注意事项:检修作业前,作业人员应联系路局中心,同时向段调度汇报,严格执行“双调度命令”制度,在停用设备后开始作业。

(3)设备检查

① RBC 的 I(Ⅱ)系

a. 停电打开机箱,按照原来巡视发现的情况检查风扇、显卡、网卡、内存条、ISDN 卡等接插件是否接插牢固,接触良好;

b. CPU 风扇、机壳风扇防尘罩、叶片清扫;

c. 检查机箱内外各连接电缆是否安装牢固；

d. 确认单系的A、B、C机均已检查完毕，安装良好，PDU确认正常；

e. 打开电源，观察CPU风扇、机壳风扇是否运转正常；

f. 通电后，检查有无异常声音、有无过热现象，有无异味。

g. 等整机运行正常后，查看A、B、C机均已正常开机、查看所布置的程序，运转正常，进行倒机试验，包括检修机倒回在用机。

② 网络设备检修

a. 停电检修RBC柜内的交换机；

b. 清扫交换机风扇口，保证清洁；

c. 打开电源，启动交换机，检查网口显示是否正常；

d. 双击“Ctrl”、“↑”、“↓”键试验切换功能正常，各个服务器状态查看功能良好判断网络工作正常；

e. 查看路由器和光交换机显示，根据灯光显示，确认正常；

f. 检查各通信网络设备有无过热、有无异味、设备间散热是否良好。

③ 电源屏检修

按照电源屏检修标准，正常检修，停机检修。

④ 软件升级

a. 确认软件更换程序是否齐全，包括软件修改审批单、厂家进机房联系单、施工组织方案(包含接口试验表格、限速试验表格等)等；

b. 施工点出来，配合厂家在备份好既有软件后，进行软件更换，更换良好后，重启，进行倒机试验。

c. 厂家试验良好后，我们进行接口试验和其他配合试验工作。

d. 进行软件应用评价，厂家会同配合人员进行签字确认。同时，厂家进行24 h值守工作，确保设备运行良好。

e. 联系首趟列车添乘人员，软件已经更换完毕，可以进行试验。

(4)运行状况复查

a. 检查RBC的SPU1和SPU2的状态，包括“home”、“alarm”、“nodestatus”、“dump handling”等四项。

b. 检查TSR-TSRM的状态栏和限速情况栏：看TSR与车站列控的连接与初始化情况是否正常，限速执行情况是否正常；查看报警栏：确认报警信息是否异常。

c. 机房检修试验良好，会同路局中心值守人员和调度员确认CTCS-3级列控系统设备良好，相关临时限速正常。

(5)销记

检修试验良好，作业人员联系驻所联络员，确认设备良好后按标准用语销记。

(6)点评

作业完毕，由施工组织人组织召开碰头会，检修人员汇报任务完成情况和设备质量情况，大家评议后，由施工组织人进行总结点评。

(7)添乘评估

根据需要，安排厂家和车载车间人员进行添乘评估，并对设备状况进行验证性评判。RBC接班人员需对当天的数据进行详细分析；车载车间加强当天列车状态的实时巡查工作。

3. 安全控制措施

① 严格执行“三不动”、“三不离”、“三不放过”、“三预想”、“七严禁”等基本安全制度。

② 作业前必须确认设备原始状态。

（二）LKDR-hs 型 RBC 设备检修作业

1. 作业目的

发现并克服设备缺点及隐患，确保设备正常运用。

2. 作业流程图（见图 6-6）

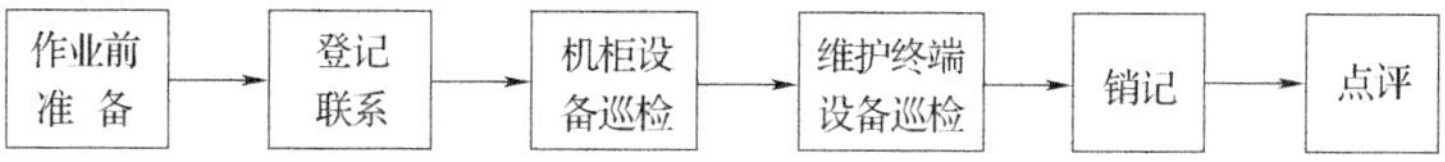


图 6-6　LKDR-hs 型 RBC 设备检修作业流程图

3. 检修作业程序、项目、内容及技术标准

(1)作业前准备

① 召开作业准备会，工长或负责人布置检修任务，明确工作内容。

② 组织开展安全预想，布置针对性措施。

③ 按规定着装。

④ 工具材料准备：联络工具（试验良好）、照明灯具、扳手、克丝钳、螺丝刀、麂皮、毛刷、校线仪、网线钳、万用表。

(2)登记联系

① 联络员携带《上岗证》和联络工具到调度台联系登记，经调度员签认后开始工作。

② 联络员必须按照《技规》、《行规》、《维规》有关要求，在《行车设备检查登记簿》（运统 46）内登记。

(3)机柜设备检修

① 机柜安装正直稳固，无倾斜，标牌清晰正确，柜门开关灵活，无卡阻。

② 检查各板卡、接口螺丝紧固。

③ 检查网线、同轴电缆、光缆、电源线等各种接口连接紧固、绑扎整齐、防护良好、无破皮、标识清晰完整，光纤（尾纤）绑扎无死弯。

④ 内部检查清扫，无灰尘。

⑤ 检查机柜内无异常温升、无异声、无异味，各风扇运转正常，通风良好，过滤网清洗。

⑥ 检查单系电源模块供电时，系统工作正常。

⑦ 检查 RBC 单系工作正常。

⑧ 检查 ART 双机工作正常，信息记录一致。

⑨ 各设备重新启动试验正常，A、B 机工作状态正确；重启前对现有限速进行记录、重启后检查程序运行正常，限速与重启前一致。

⑩ 各类外接端口加封良好。

⑪ 检查电源适配器、电源模块面板显示正常、指示灯状态正确，输入、输出电压符合标准。

⑫ 检查各板卡工作状态、指示灯显示正确、显示器显示正常。

⑬ 检查交换机、路由器等网络设备状态指示灯显示正常。

⑭ 填写检修卡片。

(4)维护终端设备检修

① 检查网线、电源线等各种接口连接紧固、防护良好、无破皮、绑扎整齐、标牌清晰完整。
② 对操作机、维护机、键盘、鼠标、机桌等设备进行清扫，无灰尘。
③ 与 CTC 系统时钟一致性核对。
④ 无异常温升、无异声、无异味，风扇运转正常，通风良好。
⑤ 检查操作台、维护终端及显示器状态良好。
⑥ 应用程序运行正常，站场等信息显示正确。
⑦ 查看故障告警提示并分析处理。
⑧ 查看 RBC 与外部接口（RBC-IXL、TSR、CTC、GSM-R）网络连接正常。
⑨ 查看 RBC 与 CTC、TSR 临时限速一致性。
⑩ 主机各类外接输入端口加封良好。
⑪ 填写检修卡片。

4. 销记

检修完毕，联络员会同调度员确认设备良好后按标准用语销记。

5. 总结

① 检修人员汇报任务完成情况和设备质量情况。
② 工长填写《工作日志》。

6. 安全控制措施

(1)严格执行“三不动”、“三不离”、“三预想”和“七严禁”安全制度。
(2)所有检修作业内容必须在天窗点内进行，未经联系同意，不准作业。
(3)未经同意，不得擅自拆卸板卡等硬件器材。
(4)认真执行机房管理制度，严格卡控网络安全，未经允许，严禁外人进入机房。

## 思考题

1. RBC 设备维修包括哪些工作项目？
2. 在 RBC 设备日常检修作业中，有哪几个关键环节？
3. 在 RBC 设备电源检修过程中，重点做好哪几方面的工作？
4. 在 RBC 设备日常检修过程中，要执行哪些安全控制措施？

# 第四节　软件修改与功能试验

## 一、按照软件更换控制流程配合厂家更换软件

1. 作业前准备

(1)召开作业准备会，工长或负责人布置更换作业，明确作业地点、任务、作业人和防护人。
(2)召开开展安全预想，安全员布置安全针对性措施和应急预案。
(3)按规定着装。
(4)准备工具材料：联络工具（试验良好）、照明工具、扳手、螺丝刀、校线一、网线钳、万用表、笔记本电脑、跳线。

2. 登记联系

(1)联络员必须携带《上岗证》和联络工具到调度台联系，经调度所调度员同意后方可开始工作。

(2)联络员到调度台登记，经调度员签认后开始工作。

(3)联络员必须按照《技规》、《维规》、《行规》有关规定，在《行车设备检查登记簿》(运统46)内登记。

(4)联络员与通信部门、GSM-R部门联系，确定更换时间、影响范围、作业内容，对需要配合的作业内容提前沟通。

3. 软件更换

(1)厂家出示数据更换审批表、试验表。

(2)核对数据换装审批表与软件换装通知的内容是否一致。

(3)登记要点后，作业人员配合厂家人员做好原程序的备份。

(4)作业人员配合厂家技术人员进行数据更换。

(5)换装完毕，按照试验表项目试验。

(6)试验完毕会同厂家人员共同签字。

4. 销记

检查设备运用状态，会同调度员共同确认设备良好后按照标准用语销记。

5. 总结

作业完毕，召开总结会，作业人员汇报数据换装的作业情况，填写软件变更记录本，安排值班人员的观察时限，做好设备运用记录。

## 二、CTC、RBC、TSRS等系统软件更换后的相关功能试验

该部分内容按照铁运〔2010〕149号《铁路信号联锁试验暂行办法》中的有关规定执行。在CTC系统和TSRS系统更换软件后，根据更换软件内容，进行相应的功能试验。

(一)CTC系统相关联锁及功能试验

1. 客运专线CTC系统调度中心、车务终端与车站联锁关系核对内容：

分别在调度中心、车务终端上按照联锁进路表对进路进行试验，主要内容包括进路正常开放信号、重复开放信号、随时关闭信号、取消进路、人工延时解锁；引导信号开放及取消；长调车进路办理及取消；坡道延续进路及解锁等。

2. CTC系统调度中心、车务终端各种按钮功能和表示信息检查：

(1)道岔操作及表示信息核对。

(2)站内信号机操作及表示信息核对。

(3)站内轨道电路操作及表示信息核对。

(4)区间信号机和轨道电路表示信息核对。

(5)其他表示信息核对。

(6)其他各种功能按钮试验。

3. 分散自律调度集中系统控制模式试验：

(1)分散自律向非常站控转换。

(2)非常站控模式，车务终端(调度中心)控制不起作用。

(3)非常站控向分散自律转换。

(4)分散自律模式下，车站联锁控制台除非常站控按钮其他所有操作不起作用。

(5)分散自律模式下，车务终端不得取消或解锁调度中心办理的列车、调车进路或关闭信号；调度中心不得取消车站办理的列车、调车进路或关闭信号。

4. 在分散自律控制模式下，停站列车根据运行图计划整列进入股道，在不具备列车停稳信息条件时，应能延时后自动开放出站信号。

5. 对于双线自动闭塞车站，在分散自律控制模式下，通信中断且未转为非常站控模式，此时应可继续执行剩余列车运行调整计划。

6. 具有平面调车区集中联锁作业功能的车站，原联锁控制台平面溜放的所有功能按钮必须纳入调度集中的车务终端；溜放按钮采用1层密码方式设置。

7. 临时限速：分别以调度命令形式下达试验和直接限速形式下达试验。

8. CTC系统车站运输试验。

(二)RBC软件更换后的功能试验

目前，RBC软件升级的功能试验在工厂完成，相关单位派人与设计人员按照生产厂家制定的试验内容，配合做好功能试验。

(三)TSRS软件更换后的功能试验

(1)限速命令设置操作流程验证。

(2)限速命令删除操作流程验证。

(3)应答器单方向管辖范围内多条限速验证。

(4)限速命令参数有效性验证。

(5)TSRS提示时机验证。

(6)限速命令自动补发及线路限速状态初始确认验证。

(7)TSRS系统重启验证。

(8)TSRS与TCC通信通道冗余验证。

(9)TSRS系统两系切换验证。

(10)TSRM记录验证。

(11)TSRM回放验证。

## 思考题

1. 配合生产厂家更换软件有哪几个步骤？
2. 配合生产厂家更换软件的主体是谁？
3. TSRS联锁关系检查试验的内容有哪些？
4. CTC系统调度中心各种按钮检查的内容有哪些？

## 第五节　网络安全病毒库升级及病毒扫描

### 一、防病毒客户端程序安装

第1步：在SAV服务器端或客户端安装SAV服务器控制台软件，所有的安装步骤都选择默认的设置，安装完成后必须重启才能够开始运行。

选择执行 SSC 文件夹下的 SETUP. EXE 文件，然后根据向导在每一步骤选择默认值安装继续下一步，安装完成后按要求重启即可。

第 2 步：SAV 服务器控制台安装好之后在“程序—symantec 系统中心控制台”可以启动 SAV 控制台；找到“工具”菜单的“搜索服务”。

第 3 步：搜索服务属性里在“高级”标签里配上搜索范围，此范围是 SAV 服务器的地址范围，如图 6-7 所示。

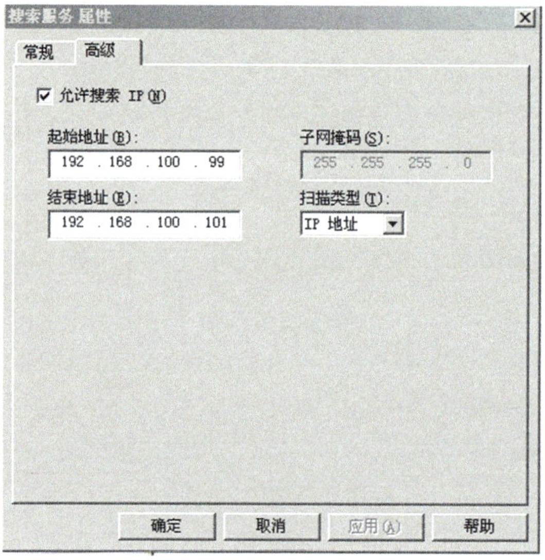


图 6-7 搜索范围设置

第 4 步：在“常规”标签业内，先选择“本地搜索”，再选择“开始运行搜索”。

第 5 步：如果搜索成功，在左下角的消息提示框内会显示找到的服务器，如本例中的“找到了服务器 CASCO—SERVER”，并且在“系统等级”下显示出来，如图 6-8 所示。

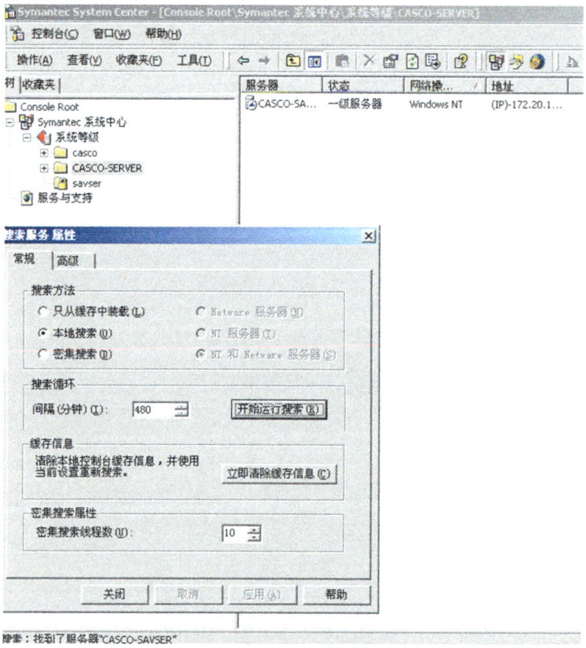


图 6-8 搜索成功的界面

第 6 步:为了能在远程控制台上显示各组相应的客户端,按下面几步配置,找到“工具”菜单的“SSC 控制台选项”,如图 6-9 所示。

图 6-9　SSC 控制台选项

在 SSC 控制台选项属性窗口内的“客户端过滤”标签页里选择“查看组时显示客户机”,然后确定,在弹出的提示窗口选择“是(Y)”,如图 6-10 所示。

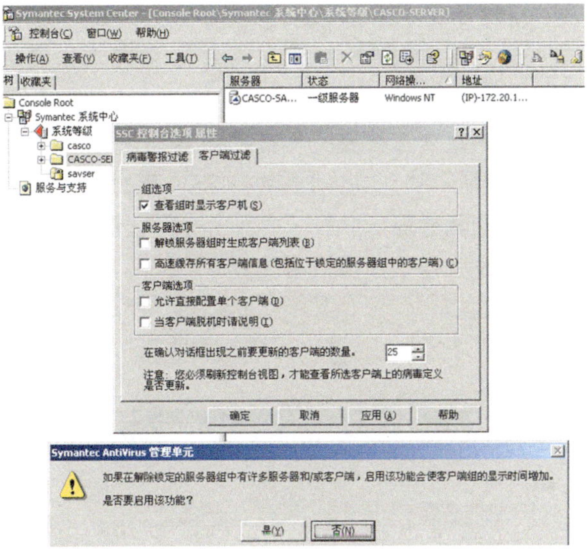


图 6-10　客户端过滤

完成后就可以在 SAV 控制台进行客户端管理工作,如图 6-11 所示。

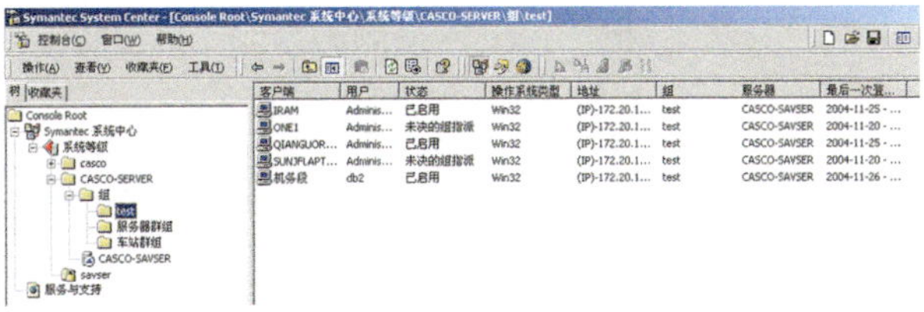

图 6-11　客户端管理

## 二、病毒库软件升级

计算机病毒不是一成不变的,它会在原来的病毒基础上发展变种,也会被一些心怀叵测或是有其他目的的人制造出来,所以病毒库更新工作就尤为重要。

在 SAV 网络防御系统中的病毒库升级分两个步骤:首先是将 SAV 服务器的病毒库更新;其次,由服务器预先定制好的策略来实施对 SAV 客户端的定期病毒库更新。

因为客户端的更新是自动的,而服务器则需要管理员每隔一段时间手动更新一次,如果有新的、影响较大的病毒出现的话，就需要马上进行对服务器和客户端的病毒库的升级。

SAV 防病毒客户端一般不需要手动升级，它可以自动到 SAV 服务器上下载最新的病毒定义，但是 SAV 服务器必须手动升级。

现在，防病毒数据库一般由安全网络公司人员从铁道部远程更新。

手动升级防病毒公司的服务器，防病毒公司每周都会邮寄过升级光盘来，把 xxx. xdb 文件拷贝到 C:\Program Files\Symantec AntiVirus 文件即可。

## 三、各终端病毒的扫描和查杀

1. SAV 控制台的登录

第 1 步：SAV 服务器控制台安装好之后在“程序—symantec 系统中心控制台”可以启动 SAV 控制台。

第 2 步：登录到 SAV 控制台后，用鼠标右击打开 CASCOSERVER 等级组的功能菜单，选择“解除服务器组的锁定”；然后在密码栏内输入访问密码，接着单击确认即可管理控制台。

2. 进行病毒扫描

第 1 步：从服务器建立的群组内选择要手动扫描的客户端，可以依据 IP 地址或者主机名来识别，然后右击该客户端，按图示找到“启动手动扫描”功能。

第 2 步：进入第一个扫描配置界面(如图 6-12 所示)后，选择需要扫描的硬盘分区，然后选择右侧一列按钮中的“选项”，进入详细扫描策略配置。

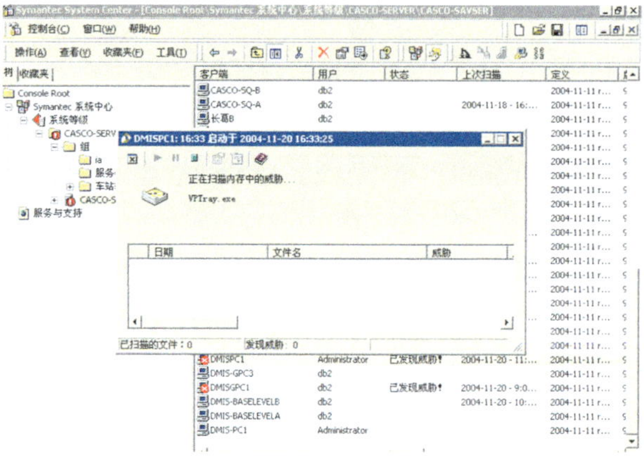

图 6-12　扫描配置界面

第 3 步：在“扫描选项”窗口中根据需求可以由管理员自己定义，如果需要进一步的配置可以进入“高级”选项。

第 4 步：扫描高级选项提供了更进一步的配置，不过采用默认的配置即可。

第 5 步：确定保存后可以开始进行扫描。在扫描窗口中会提供扫描的文件数量和发现威胁的数量，扫描结束后会提供一个病毒处理情况报告。

## 思考题

1. 如何安装防病毒客户端程序？
2. 在 SAV 网络防御系统中，如何对病毒库升级？
3. 如何登录到 SAV 控制台？

4. 对病毒如何进行手动扫描?

## 复　习　题

1. 熟悉 CTC 系统设备维修工作项目及周期。
2. TSRS设备对日常巡视的周期是如何规定的?
3. RBC设备对日常巡视的周期是如何规定的?
4. CTC系统调度中心、车务终端与车站联锁关系核对哪些内容?
5. 防病毒数据库是如何更新的?

# 第七章　高速铁路控制中心信号设备故障处理及应急处置

为降低设备故障及事故损失，压缩故障延时，铁路各级组织必须制定各项设备的应急处置方案，以保证准确、迅速地处理信号设备故障及事故，尽快恢复设备正常使用，减少对铁路运输生产的影响。

## 第一节　调度集中(CTC)设备故障处理及应急处置

### 一、非正常情况下的应急处置

(一)非正常接车作业

进路锁闭状态下，进站信号机因故不能开放时，系统应能及时报警(语音和文字提示)，由调度员人工办理接车作业。

由于轨道区段故障导致进路无法建立，由调度员在判明轨道电路故障条件下，人工开放引导信号。

道岔无表示时，必须现场人工确认并采取相关安全措施，由调度员办理引导总锁闭，开放引导信号；经现场人工确认列车整列到达后，取消引导总锁闭或转为非常站控模式后，由车站办理引导接车。

如果进站信号机内方第一区段故障，由调度员办理引导接车，引导信号应保持开放，列车头部越过故障区段后自动关闭引导信号。

进路正常情况下，在列车整列进入股道后，在分散自律控制模式下人工实施引导进路解锁。

区段故障情况下，经调度员和司机确认列车整列到达后，调度员人工实施引导进路解锁。

对于分散自律车站操作方式的车站，由车站值班员比照上述方法进行接车作业。

(二)非正常发车作业

发车进路因故无法排列时，系统应自动报警，由调度员人工办理非正常发车作业。对于分散自律车站操作方式的车站，由车站值班员人工办理非正常发车作业。

(三)非正常解锁

由于轨道电路故障导致进路中的轨道区段不能正常解锁，分 3 种情况。

1. 接车进路：调度员和司机确认列车整列到达或通过后，调度员人工解锁遗留接车进路。

2. 发车进路：调度员和司机确认列车整列出站后，调度员人工解锁遗留发车进路。

3. 调车进路：原则上由办理调车进路的人员，负责人工解锁该凋车进路的遗留进路。调度中心、车站均应具备在分散自律控制模式下的调车进路人工解锁手段。

轨道电路停电恢复时，在人工确认机车停稳后，由调度员(或车站值班员)按压轨道电路停电恢复按钮,分咽喉一次性解锁。

系统在分散自律控制模式下,车站的操作不得解锁调度中心办理的列车进路或关闭列车信号,调度中心的操作不得解锁车站办理的调车进路或关闭调车信号。进路正常情况下,系统在列车整列进入股道后,在分散自律控制模式下人工实施引导进路解锁。区段故障情况下,经调度员和司机确认列车整列到达后,调度员人工实施引导进路解锁。

对于分散自律车站操作方式的车站,由车站值班员办理非正常解锁。

(四)区间设备故障时的非正常办理

当区间为自动站间闭塞且区间故障不能正常复原时,需调度员人工确认区间空闲后,调度中心人工办理事故复原操作。

当自动站间闭塞区间检查设备为计轴设备,出现轴数不符且计轴设备处于区间占用状态,或者计轴设备检修及停电复原时,需调度员人工确认区间空闲后,中心人工办理计轴复零操作。

在自动站间闭塞区段的区间空闲检查设备故障停用时,调度员通过列车运行调整计划以及实际运行图,并与列车司机无线通信联系,人工确认列车整列到达、区间空闲后,人工办理闭塞行车。

对于分散自律车站操作方式的车站,由车站值班员进行非正常办理。

(五)系统故障降级处理措施

当车站自律机与中心子系统网络通信中断后(以下简称通信中断),系统应立即自动报警。

对于双线自动闭塞区段无人车站,在通信中断且未转为非常站控模式前,调度员不得改变该站来车方向列车运行调整计划设定的车序,由车站自律机按已收到的列车运行调整计划和列车实际运行情况继续自动执行。列车运行调整计划执行完毕后,通信仍未恢复正常时,系统应将该站设置为自动通过状态。

对于单线自动闭塞区段无人车站,在站间自动闭塞正常工作情况下,通信中断且未转为非常站控模式前,调度员不得改变该站来车方向列车运行调整计划设定的车序,由车站自律机按已收到的列车运行调整计划和列车实际运行情况继续自动执行,直到列车运行调整计划执行完毕。

对于有人车站,在通信中断后可,参照上述条款执行,也可及时转为非常站控模式组织接发列车。

## 二、CTC行调台设备常见故障分析处理

(一)调度台软件常见问题及处理

1. 运行图只有一部分车

解决:查看是否选择了只显示上行车,或者只显示下行车,或者只显示了客车或者货车。

2. 手工绘制的时候在图上不显示当前正在绘制的车

解决:查看是否选择了只显示上行车,或者只显示下行车,或者只显示了客车或者货车。应该选择成显示上下行车和显示客货车。

3. 需要的列车无法选中

解决:由于在当前点有很多列车经过,造成选中的列车不是调度员希望的列车,可以使用查找列车功能进行查找,或者选择上行、下行、客车、货车分开显示。

4. 每次自动报点后在运行图上每站都生成新车

解决:看站场图车次和运行图上铺画的计划线车次是否一致,如“0”和“O”容易混淆,看运

行图车次前后是否有空格，可以把错误的车次改正即可。

5. 自动报点以后在运行图上面没有生成新车

解决：一般为在当前报点时间 8 h 以内有相同车次的列车。可以通过铺画后面开行列车的计划线来解决。

6. 数字输入不了

解决：小键盘是否按下了 Numlock 键，如果当前在中文输入法状态，请查看是否使用了全角输入。

7. 打印机不能使用

解决：把打印机电源开关关掉以后重新打开。

8. 行调台输入法调不出来，汉字输入不上

解决：用 Ctrl＋空格切换至上次的输入法，或者用 Ctrl＋Shift 切换至要用的输入法，如果 Ctrl＋Shift 无效，使用 Alt＋Shift 进行切换，如果还无效，可以关闭新开的窗口后重新打开。

（二）CTC 中心故障分析

1. 调度台日班计划或者调度命令下达失败

故障原因：网络堵塞或通道质量低下造成。

处理方法：重新下达，如果个别车站通信中断，只有先电话下达再通知通信段有关部门处理。

2. 调度台工作站设备死机且重启无效

故障原因：调度台工作站设备故障。

处理方法；更换备用设备，执行安装程序。

3. 调度台列车运行信息画面显示滞后或错误

故障原因：网络堵塞或通道质量低下造成，如果个别车站产生这种原因，重点检查车站向铁路局传输信息的通道或通信设备的状况。

处理方法：通知通信段有关部门检查通道并处理。

4. 车次号无法追踪

故障原因：如果是所有的列车车次跟踪都发生问题(停止不动). 则可能是应用服务器中车次跟踪程序运行不正常。如果车次跟踪功能在各站正常，只是发生某个站车次跟踪有问题，则说明车站自律机程序运行不正常。

处理方法：关掉相应程序，再重新启动该程序。

5. 无法与服务器相连

故障原因 1：若某个工作站与服务器 ping 不通，则该工作站网卡故障或所连的网线损坏。

处理方法：更换网卡或所连网络线。

故障原因 2：若干个工作站与服务器 ping 不通，则可能是某交换机故障。

处理方法：更换故障的交换机。

（三）车站故障分析

1. 车站站场图上看不到其他站的信息

故障原因：该站通信故障。

处理方法：用 ping 命令查看路由器是否与网络连通，若判断为设备问题时检查交换机是否正常及网线插头是否松动，与通信段联系。

2. 车站采集信息错误

故障原因：采集板或采集线故障。

处理方法：通过电务维护终端，可以判断故障出在哪一块采集板或哪一根采集线，更换相应的采集板或检查相应的采集线。

3. 车站计算机程序死机

故障原因：可能是软件故障或硬件故障。

处理方法：重新启动程序或计算机，如果依然死机，说明操作系统或硬件出现问题，可更换计算机硬件，如果不死机了，说明软件有故障，与研制单位联系解决。

4. 车站计算机无法启动

故障原因：硬件有问题。

处理方法：建议更换计算机。与维护中心(工区)或研制单位联系解决。

5. 车务终端黑屏

故障原因；有可能是显示器故障或显示器信号线脱落或者是计算机显卡故障。

处理方法；如果确认显示器无故障，肯定是计算机显卡故障，可更换计算机显卡。

6. 车务终端鼠标和键盘失效

故障原因：可能是操作系统故障或鼠标、键盘与计算机的连线脱落。

处理方法：重新启动计算机或检查鼠标、键盘与计算机的连线。

(四)网络故障分析方法

1. show interface

一般网络的硬件问题主要有：路由器接口接插不牢靠，检查如电源线、V. 35 线、连接交换机的网线、铜轴电缆线等。路由器本身硬件问题主要集中在接口控制器、RAM 模块、路由器处理器及路由器风扇上。检查路由器接口的一种方法是使用 show interface 命令，如果接口及协议是激活的(up)，则接口应没有问题；如果接口在 show interface 命令中不可用状态，则接口控制器未起作用。如果接口没有问题(up)，但线路协议失效(down)，则问题与配置或同轴电缆接线有关，与硬件无关。

2. ping

ping 是发送一个数据包到特定目标的应用程序，用来测试网络的连贯性及数据包丢失。ping 发送的数据包请求从目标节点返回一个响应，目标节点收到每次请求后便发送 1 个响应数据包给请求的源点。

3. show ip route

当使用 telnet 命令登录到网络上某个节点后，可以使用 show ip route 命令显示现有路由表的内容。路由表是获悉路由器当前如何路由数据包的唯一途径。接口启用或关闭时，路由将自动加入到路由表或从路由表中删除。每行开头的字母说明该路由是直接连接到路由器(C)、静态路由(S)、OSPF(O)或者是外部 EIGRP(EX)。如果路由是直接连接的，它还说明是哪个接口连接到哪个网络上。如果路由是静态的，它将说明目的网关。如果路由是通过动态协议进行学习的，它将说明目的网关、上次更新的时间、指向目的网关的接口等信息。

所有的行都以××× ×××. ××× ×××/yy 的形式显示路由和网络掩码，其中，×××. ×××. ×××. ×××是 IP 地址标识的网络位置，yy 是网络掩码的比特数。

4. telnet

远程测试工具 telnet 命令允许选择连接到远程系统的端口，可以访问 CTC 网络中的任意一个节点(包括路由器、变换机、计算机等)。维护人员通过 CTC 网络可以远程登录计算机设备,对设备直接进行状态查看、配置管理等操作,是常用的远程网络管理技术手段。

## 三、CTC 中心机房设备常见故障分析处理

CTC 中心机房设备主要由数据库服务器、应用服务器、CTC 通信前置服务器、TDCS 通信前置服务器、TD 通信服务器、分界口通信服务器、铁道部通信服务器、日志服务器、其他接口服务器、电源设备等组成。

1. 调度台工作站故障,首先查看工作站与中心交换机双网状态是否正常,重启工作站是否有提示报警音,若是硬件故障不能立即修复时应更换备用工作站。

2. CTC 中心电源系统故障,立即通知电力维护单位处理。同时采取如下措施:

(1)若遇外电两路网断电,应尽可能停用非主要设备,延长 UPS 电源供电时间。

(2)若转换屏输入转换部分故障,尽快确定故障位置,改为单路供电使用。

(3)若两路 UPS 电源故障,可改为直供方式供电。直供时应重点关注服务器的工作状态,避免出现反复突然断电情况。

3. 网络通道中断时,应立即通知通信段,安排技术人员到 CTC 中心共同分析处理。同时通知相关单位赶赴故障地点。值班人员应利用网管系统,在现场工区的配合下作进一步的测试分析,在确定故障地点和范围后,通知相关技术人员,并指导其进行故障处理。

4. 网络安全设备故障造成通信中断,通过 ping 测试确认防火墙故障时,应立即甩开防火墙保持系统通信畅通。值班人员应立即通知有关技术人员对防火墙进行软、硬件检测和故障排查,修复后恢复其网内工作。

5. 无线 GSM-R 网故障或信息传递缺失重要信息时,中心值班人员应对与通信 GRIS 服务器相连的 G 网通道进行检测,查看实时握手信息等协议状态,并同时通知通信段调度或相关单位查找处理。

6. CTC 通信前置机、应用服务器、数据库等服务器故障影响到设备正常使用时,立即登记停用 CTC 系统,并向主管部门汇报,通知有关技术人员。同时观察机器工作状态指示灯是否正常,程序运行状态是否正常:

(1)若判断设备故障,可进行主备机切换;

(2)若应用程序运行不良,可退出程序后重启操作;

(3)若设备故障,程序异常一时不能恢复时,立即通知有关厂家,要求提供技术支持,并速派技术人员前来处理。

## 四、协调配合现场进行故障应急处置

1. 当 CTC 设备的故障影响正常使用时,由运输部门(车站为车站值班员或助理值班员,调度所为调度员)及时通知电务部门。电务部门接到 CTC 设备故障通知后立即组织修复。电务部门确认设备故障后,要办理故障设备登记停用手续。登记停用时在《行车设备检查登记簿》上写清楚设备故障时间、地点、设备名称、影响范围、项目内容等。设备修复,经使用部门核对确认设备正常后,办理销记手续。登记停用及恢复使用,使用和维护人员双方须在《行车设备检查登记簿》上共同签字确认。

2. 设备检修作业影响 CTC 正常使用时,也必须办理登记和销记手续。

在分散自律控制模式下,电务人员进行信号设备天窗修、信号施工、CTC 设备检修,故障

处理等作业，工作过程中需要扳动道岔和进行信号联锁试验时，可向调度人员申请将 CTC 转到非常站控模式，以便于电务人员进行作业。

3. 电务人员进行信号设备巡视、电气特性测试等作业，不需要扳动道岔及信号联锁试验时，可在分散自律控制模式下进行。

4. 轨道电路分路不良的处理除执行集中联锁车站轨道电路分路不良处理的有关规定外，根据 CTC 设备特点，增加以下内容：电务段信号工区定期对轨道电路分路不良区段按照规定进行检查、测试（更换道岔、成段换轨立即测试），对分路不良的区段进行登记，由车站确认后在控制台进行明示化，同时在 CTC 维护终端进行明示化设置。设置完成后，与车站车务终端、控制台及《行车设备检查登记簿》进行一致性核对，并与 CTC 维护中心（工区）联系，共同配合完成 CTC 中心调度台终端设备一致性核对。每次核对完成后，CTC 维护中心（工区）做好记录建档。在办理经过分路不良区段的列车或调车连路时，必须由调度员和车站值班员人工确认该区段空闲。

5. 故障处理原则和分工：

CTC 设备属重要的行车设备，设备发生故障应立即修复。不能立即全部修复时，尽可能缩小故障影响范围，减少故障停用设备数量。故障处理按照分级处理，逐级指挥，先通道、后单项设备，先 CTC 中心设备、后车站设备等的原则进行，以确保行车调度指挥的畅通。服务器或其他设备同时故障时先处理服务器故障；网络通道或单项设备同时故障时应先处理网络通道故障。技术复杂的设备故障或核心设备故障，设备维护单位难以解决时，应及时通知研制单位，由其协助解决。

6. 故障抢修处理程序：

发现故障后，应先确定故障地点、影响范围，然后立即进行故障原因查找，及时排除故障，并及时汇报本单位调度人员，按规定办理故障设备登记停用手续。遇到涉及通信部门或其他部门的故障时，应及时联系和通知相关单位进行故障处理。通道故障时，CTC 维护中心（工区）应先通知通信部门的维护工区，再汇报本单位调度人员，并积极配合通信部门进行故障处理，以缩短故障处理时间。各级电务调度要及时掌握管内 CTC 设备运用状态，积极主动协调各相关单位或部门进行故障的处理。对故障影响较大，或停用设备延时较长的故障，要立即向上级主管部门和主管领导汇报情况。

网络防火墙发生故障时，可采用应急措施，跳开防火墙，临时恢复系统运行，并通知安全网络公司派人处理。网络防火墙故障修复后，及时恢复防火墙接入系统。

通信部门应将 CTC 通道和无线车次号校核系统纳入一级行车设备进行维护和管理，并制定完善的维护管理办法。通信设备进行维护作业，影响通信设备或通道正常使用时，必须提前通知电务段调度，电务段做好相关准备。CTC 通道发生故障时，通信部门应立即派人处理故障，尽快恢复通道畅通。影响 CTC 通道正常使用的日常维护和施工必须提报申请计划，经铁路局批准后方可进行。

7. 设备故障登记和销记制度：

车站车务终端为双机热备机制，其中一套设备故障不影响系统使用时，登记办理故障设备停用手续时注明：停用其中一套故障设备但不影响使用。通信通道故障但有迂回或冗余不影响使用，不在《行车设备检查登记簿》上登记。设备故障修复后，电务段 CTC 工区除与相关单位办理相关手续外，还需在本单位的故障登记簿和值班日志上记录设备故障相关内容（包括时间、地点、设备名称、影响范围、原因等）。

## 五、CTC与其他设备接口常见故障分析处理

1. CTC与计算机联锁接口(见图7-1)

CTC与计算机联锁通信采用交叉互连串行通信接口方式(RS-422),采用四芯串口线组成四条冗余通道,在自律机一侧通过光电隔离模块进行隔离。实现由自律机向计算机联锁控显机传送进路操作指令及获取由计算机联锁控显机传送的表示信息。

2. CTC与列控中心接口(见图7-2)

CTC与列控中心采用交叉互连串行通信接口方式(RS-422),采用四芯串口线组成四条冗余通道,在自律机一侧通过光电隔离模块进行隔离。实现CTC向列控发送临时限速命令,并接收列控命令的回执。

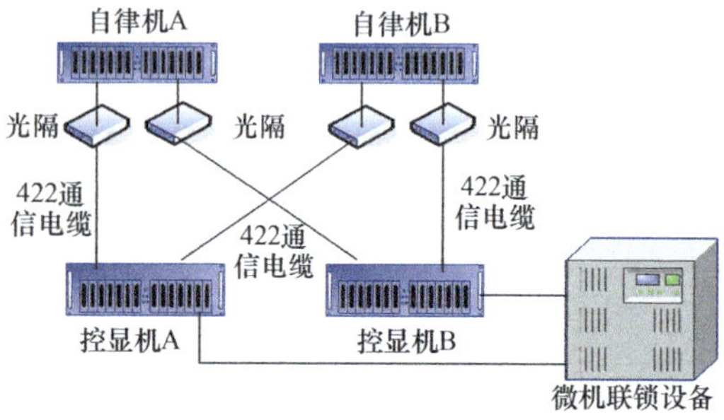


图7-1　CTC与计算机联锁接口

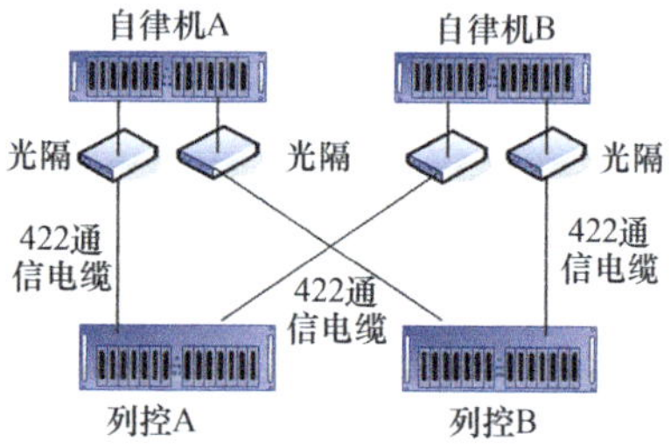


图7-2　CTC与列控中心接口

通过电务维护机可以查出CTC与联锁、列控的连接状态,如发现有连接中断,及时通知现场处理,重点检查光电隔离模块、现场光电隔离模块损坏较多。

## 六、CTC通道常见故障分析处理

(一)通道故障检测方法

1. 车站与车站之间通道(见图7-3)。

2. 车站到车站通道故障检测步骤:

和检测车站到中心的通道故障一样,也有使用通道检测仪和登陆到相应路由器查看两种方法。通道调测示意图如图7-4所示,通道调测流程如图7-5所示。

(二)信号机械室内部网络设备故障检测

如果从通信机械室向外的通道没问题,通道故障就很可能出在信号机械室内部的网络设备上,这时就需要对机械室内部的网络设备进行故障检测,一般采用替换法,即用正常的设备替换可能有故障的设备,逐步找出故障所在。因为每个信号机械室至少有两条通道,所以可以采用此方法。

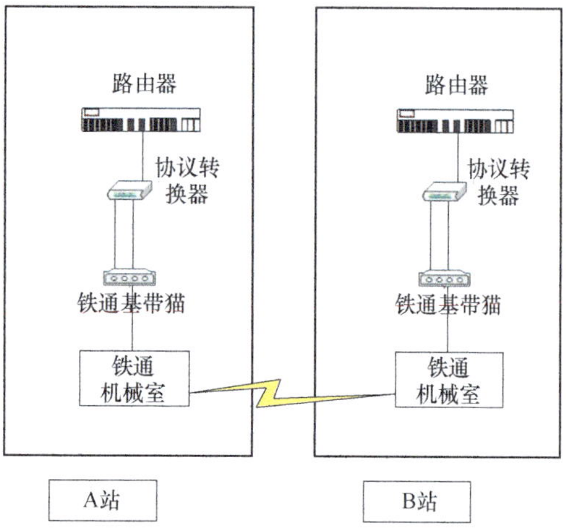


图7-3　车站与车站之间通道连接示意图

信号机械室内部网络设备故障检测示意图如图7-6所示,故障检测流程图如图7-7所示。

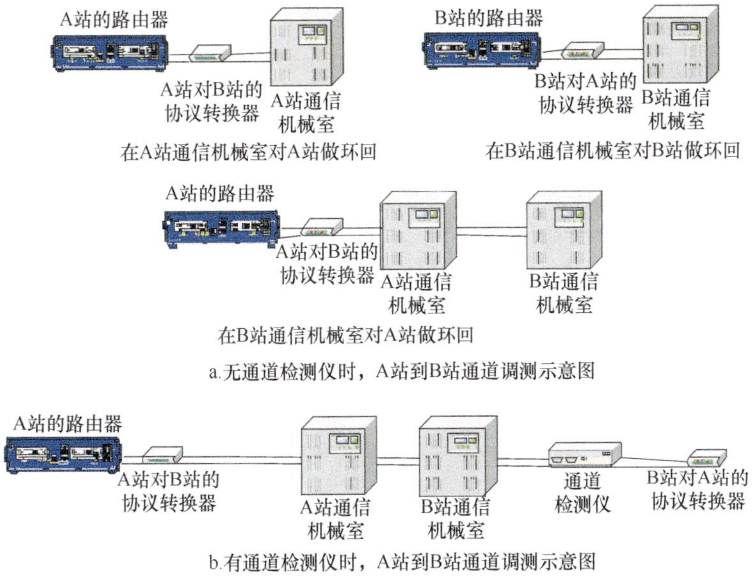


图 7-4　通道调测示意图

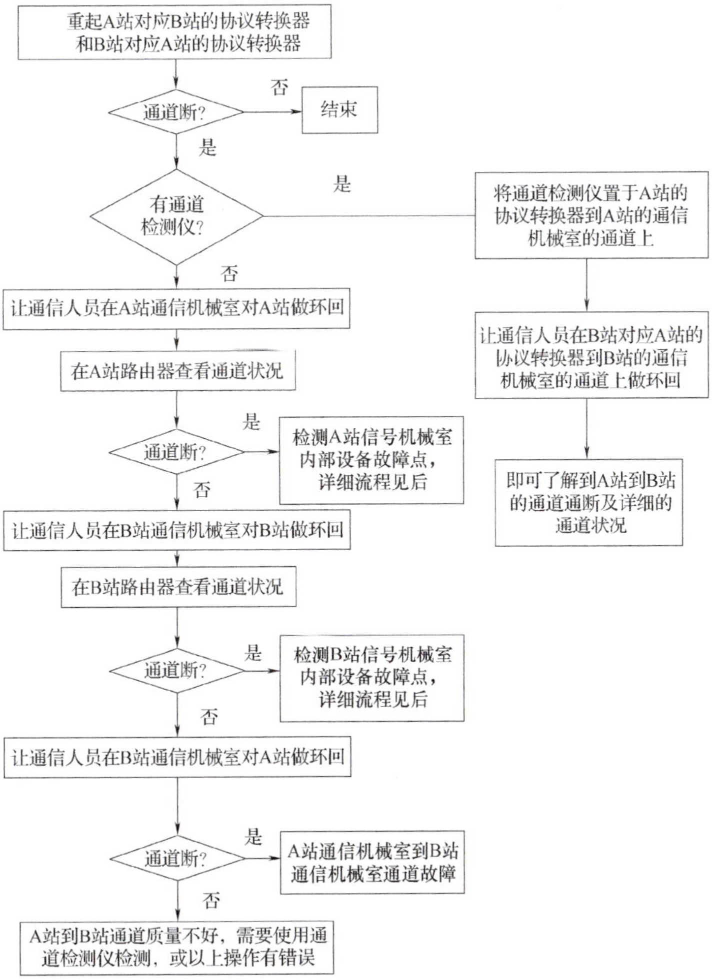


图 7-5　通道调测流程图

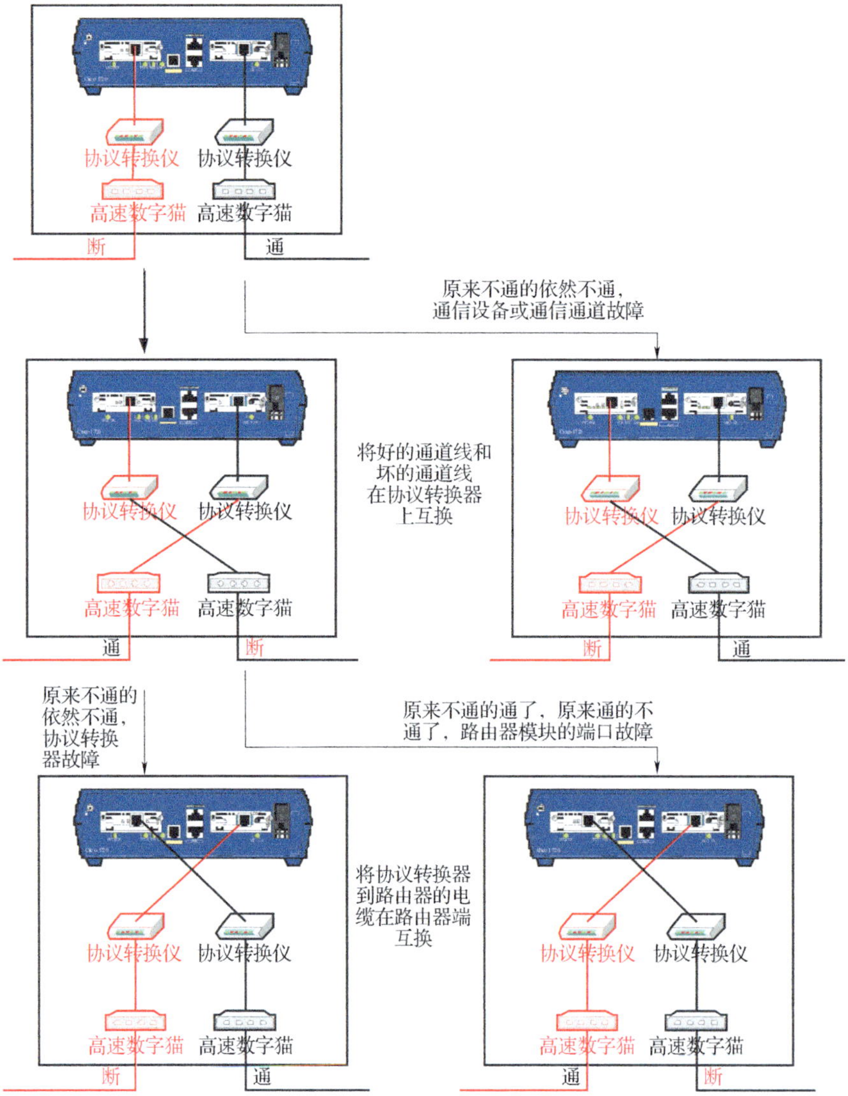


图 7-6　信号机械室内部网络设备故障检测示意图

(三)用路由器查看 2M 数字通道情况的步骤

1. 在 DOS 窗口下输入命令“telnet 172.26.15.6”(见图 7-8)。

172.26.15.6 为路由器的 IP 地址。

2. 输入正确的密码“casco”

User Access Verification

Password：casco

Router＞

//进入特权状态。

Router＞en

Password：casco

Router＃

以上输入小写密码“casco”时，屏幕不显示输入的字符。

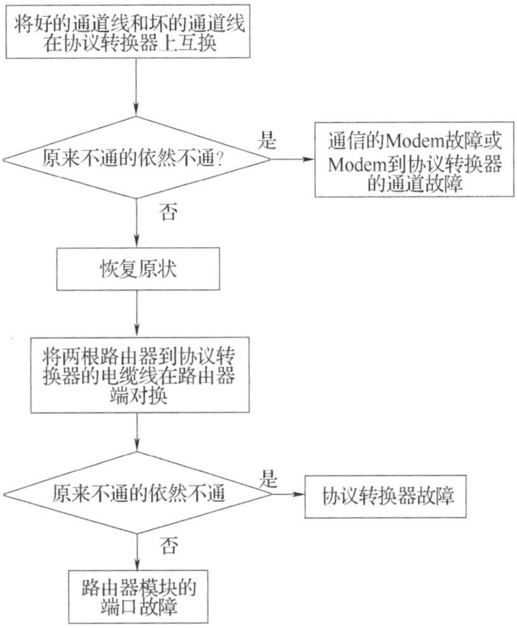


图 7-7　信号机械室内部网络设备故障检测流程图

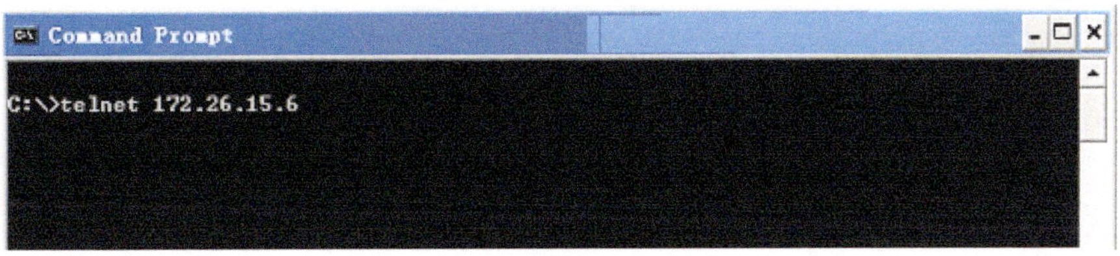


图 7-8　telnet 命令

查看端口状态：

Router＃sh int s0/0

(四)端口显示的内容和通道情况

1. 以下显示表示通道正常

Router＃sh int s0/0

Serial0/0 is up, line protocol is up //请重点注意这一行提示信息，从这里可以判断
//通道工作情况

2. 以下显示表示打环部分的通道正常

Router＃sh int s0/0

Serial0/0 is up, line protocol is up (looped)//请重点注意这一行提示信息，从这里
//可以判断通道工作情况，就看(looped)

Hardware is PowerQUICC Serial

Internet address is 172.28.1.118/30

MTU 1500 bytes, BW 1544 Kbit, DLY 20000 usec,

reliability 254/255, txload 1/255, rxload 1/255

3. 以下显示表示通道断

```
Router#sh int s0/0
Serial0/0 is down, line protocol is down //请重点注意这一行提示信息,从这里可以
                                         //判断通道工作情况
Hardware is PowerQUICC Serial
Internet address is 172.28.1.118/30
MTU 1500 bytes, BW 1544 Kbit, DLY 20000 usec,
reliability 252/255, txload 1/255, rxload 1/255
Encapsulation HDLC, loopback not set
```

4. 以下显示也表示通道断

```
Router#sh int s0/0
Serial0/0 is up, line protocol is down //请重点注意这一行提示信息,从这里可以判
                                       //断通道工作情况
Hardware is PowerQUICC Serial
Internet address is 172.28.1.118/30
MTU 1500 bytes, BW 1544 Kbit, DLY 20000 usec,
reliability 252/255, txload 1/255, rxload 1/255
```

## 思考题

1. 简述 CTC 系统的故障降级处理措施。
2. 简述 CTC 系统故障处理原则和分工。
3. 简述 CTC 系统故障抢修处理程序。
4. 熟悉 CTC 通道常见故障的处理。

# 第二节 临时限速服务器(TSRS)设备故障处理及应急处置

## 一、非正常情况下的应急处置

若临时限速服务器发生故障时,各 TCC、RBC 仍可维持原限速信息内容,原现场施工项目可正常进行。电务人员应迅速赶往 TSRS 所在地,进行故障性质确认。若有新的限速需求且须下达的,可采用人工调度指挥限速方式。

电务人员应根据报警内容,采取相应的措施。若 TSRS 主机双系均有发生重新上电复位时,则需电务人员在完成 TSR 设备复位后,还应通过车务值班员来告知中心调度员下达限速状态初始确认的操作,TSR 系统设备方能正式投入运行。

(一)LKX-T 型临时限速服务器设备

1. 处置原则

(1)不影响系统正常工作的先做好记录,在维护时间再处理,必要时与设备提供商技术人员联系。

(2)TSRS 双系故障等影响正常运营的,简单记录故障现象,重启单系,保证正常运营,及时与设备提供商技术人员联系。

(3)故障自动恢复的，在维护时间段下载 log 并与设备提供商技术人员联系。

(4)故障 log 下载方法：

① TSRM 的历史记录：打开 TSRM 软件中的“历史记录”菜单，查寻故障时间段内的事件记录与命令历史记录，分别导出保存成文本格式。

② TSRS 的历史记录：从 TSRM 上打开 IE 浏览器，若在 URL 地址中输入 ftp://opt:opt@TSRS-IP 地址即可下载 crashInfo 目录下重启日志；若在 URL 地址中输入 ftp://evlog:evlog@TSRS-IP 地址即可下载日常运行日志；具体 TSRS-IP 地址参见 TSRM 软件的帮助菜单。

2. TSRS 设备故障应急处理

(1) 若 TSRS 发生故障不能恢复，该调度台范围内的限速命令需转为人工调度管理。

(2) 若 TSRS 所连接的 TCC、RBC 通道中断，导致限速命令无法设置时，应取消该限速计划或转为人工调度管理；当通道恢复时，调度员应及时补办下达该列控限速。

(3) 电务人员对限速状态初始确认的操作的完成情况可根据临时限速服务器系统 TSRM 的界面显示情况进行确认。临时限速服务器系统 TSRM 将实时监测临时限速服务器系统当前连接设备(不包括连接中断的设备)的初始化状态，若当前连接中存有某列控设备尚未初始化情形则为灰色背景；若当前连接的所有列控设备均已初始化情形则为黑色背景，如图 7-9 所示。

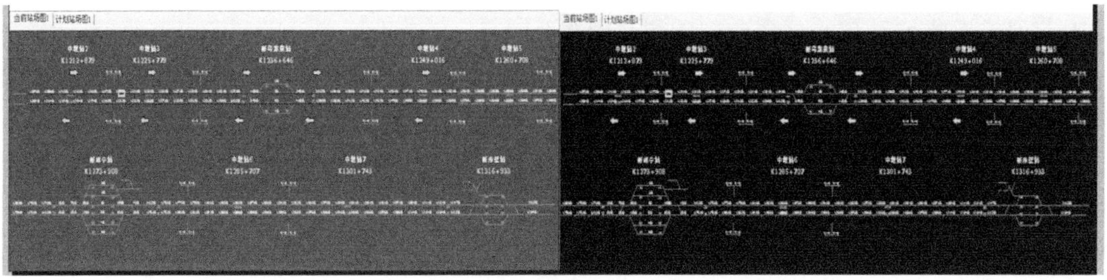

图 7-9　TSRS 设备初始化前后对照图

(4)电务人员应根据报警内容，采取相应的措施。若临时限速服务器系统主机双系均发生重新上电复位时，电务人员在完成临时限速服务器系统设备复位后，还应通过车务值班员来告知中心调度员下达限速状态初始确认的操作(要求中心执行初始化操作，完成对各站列控和 RBC 的初始化)(初始化操作前需提醒调度员确认该临时限速服务器系统管辖范围内有无临时限速，如有临时限速必须先下达临时限速命令)，临时限速服务器系统系统设备方能正式投入运行。

(5)电务人员还可调阅历史记录信息，分为对命令的历史记录管理，对区间方向信息的历史记录管理和对闭塞分区状态的历史记录管理。如果想要查看指定的一条历史记录，可以在内容和字段框中输入一定的内容和字段进行查询。如果是按时间查询，点击读取数据库，在弹出的对话框中选择指定的时间进行查询。

(6)有关临时限速服务器系统的其他操作手册说明，可通过点击“帮助”菜单，即可查阅临时限速服务器系统版本信息及相应的操作。

(7)若临时限速服务器发生故障时，各 TCC、RBC 仍可维持原限速信息内容，原现场施工项目可正常进行。电务人员应迅速赶往临时限速服务器系统所在地，进行故障性质确认。若有新的限速需求且须下达的，可采用人工调度指挥限速方式。

(8)若临时限速服务器系统与 CTC 通道故障，电务人员还应定期协助车站值班员向中心调度员报告当前限速命令状态信息。

(9)临时限速服务器的主要功能是旨在保证临时限速设置的安全性，具体有：

① 可对限速命令参数进行可执行性校验，有利于保证限速计划的有效性。

② 能够对限速命令提供激活提示与设置提示功能，有利于保证限速生效的及时性。

③ 能够同时设置和取消 CTCS-2 级与 CTCS-3 级限速命令，有利于保证两种控车制式的一致性。

④ 能够存储列控限速命令参数，有利于保证限速命令的完整性，即时发生设备断电重启，仍不丢失。

⑤ 能够对限速命令执行状态进行综合判定功能，已正确指导调度员限速命令的有效性。

⑥ 能够对 TCC、RBC 自动补发限速命令和初始化命令，有利于保证限速命令的完整性，并提高列控系统可用性。

(二)LKX-H 型临时限速服务器设备

(1)电务人员对限速状态初始确认的操作的完成情况可根据 TSRM 的界面显示情况进行确认。TSRM 将实时监测 TSRS 当前连接设备(不包括连接中断的设备)的初始化状态，若有设备处于未初始化态，将当前站场图背景置为灰底色；若全部设备均已初始化，则将当前站场图背景置为黑底色。当前连接中存有某列控设备尚未初始化情形则为灰底色背景。当前连接的所有列控设备均已初始化情形则为黑色背景。

(2)电务人员还可调阅历史记录信息，分为对命令的历史记录管理，对区间方向信息的历史记录管理和对闭塞分区状态的历史记录管理。如果想要查看指定的一条历史记录，可以在内容和字段框中输入一定的内容和字段进行查询。如果是按时间查询，点击读取数据库，在弹出的对话框中选择指定的时间进行查询。

(3)有关 TSR 系统的其他操作手册说明，可通过点击“帮助”菜单，即可查阅 TSR 系统版本信息及相应的操作。

(4)若 TSRS 与 CTC 通道故障，电务人员还应定期协助车站值班员向中心调度员报告当前限速命令状态信息。

## 二、TSRS 板件故障处理

(一)LKX-T 型临时限速服务器硬、软件故障处理(见表 7-1、表 7-2)

**表 7-1　LKX-T 型临时限速服务器硬件故障及处理**

| 序号 | 故障类型 | 故障现象 | 处理措施 |
|---|---|---|---|
| 1 | TSRS 服务器掉电 | (1)TSRM 显示对应的 TSRS 模块状态为灰色(离线)；<br>(2)服务器电源指示灯熄灭 | 如果多个服务器同时掉电，则首先检查柜内电源开关是否正常，然后检查电源屏输出是否正常；<br>若单个服务器显示掉电，首先打开显示界面检查服务器是否确实停止工作，如设备正常工作，那么现象原因为指示灯显示有误，此时不宜立即采取操作，应另申请时间进行检查；<br>发生其对应的电源接口是否松动，如不能判断，应使用万用表测量服务器一端，如判断对服务器供电正常则转入 2 |
| 2 | TSRS 服务器发生不可立即修复的硬件故障 | (1)服务器不能启动；<br>(2)服务器工作不正常、死机 | (1)记录服务器信息面板的报警信息；<br>(2)采用备用设备对故障设备进行替换 |

续上表

| 序号 | 故障类型 | 故障现象 | 处理措施 |
|---|---|---|---|
| 3 | 无法对服务器进行操作 | 无法通过鼠标键盘对指定的设备进行操作 | 检查指定服务器和 KVM 之间的连线接口是否正常，然后通过 KVM 开关按钮人工关闭 KVM，等待 5 s 左右再行开启 |
| 4 | 交换机故障掉电 | 交换机所有灯灭，网络中断 | （1）如果机柜内有多台设备掉电，检查电源；<br>（2）如果只有 1 台交换机掉电，检查其对应的电源接口是否松动，重插该电源线；<br>（3）使用万用表测量交换机端的电源线上是否有电，如没有，检查 PDU 端，如果有，交换机硬件故障 |
| 5 | 交换机硬件故障 | 网络中断 | （1）检查是否掉电；<br>（2）检查交换机指示灯状态；<br>（3）检查交换机端口灯是否闪烁 |
| 6 | KVM 故障 | 显示器没有显示 | （1）检查是否掉电；<br>（2）重启 KVM 电源开关 |

**表 7-2　LKX-T 型 TSR 软件系统异常处理**

| 序号 | 故障类型 | 故障现象 | 处理措施 |
|---|---|---|---|
| 1 | TSRS 单系重启 | （1）TSRM 显示对应的 TSRS 模块状态为灰色（离线）；<br>（2）检查机柜内服务器显示系统重启 | 等待重启完成，启动完成之后程序将自动运行，如果不符合预期结果则转入 2。<br>重启完成后在 VPC_C 下载 crashInfo. tar. gz. 1 |
| 2 | TSRS 重启后应用程序没有启动 | （1）TSRM 显示对应的 TSRS 模块状态为灰色（离线）；<br>（2）对应 VPC_A\B\C 显示操作系统已完成启动 | 等待 3 min，如果一直保持非正常状态，则人工重启所有对应的 A/B/C 机，如果重启之没有解决则需要专业人员进行检查。<br>重启完成后在 VPC_C 下载 crashInfo. tar. gz. 1 |
| 3 | TSRS 双系重启 | （1）TSRM 显示对应的 TSRS 模块双系状态均为灰色（离线）；<br>（2）检查机柜内服务器显示双系重启 | 等待重启完成，启动完成之后程序将自动运行，如果不符合预期结果则转入 1，如果启动后单系工作则执行 1 的操作，并检查系统是否经过 CTC 初始化，如不是则转入接口异常 1。<br>重启完成后在 TSRM 维护终端下载 crashInfo. tar. gz. 1 |
| 4 | 系统无法关闭 | 重启系统时发现设备等待/停止在关闭状态 | 人工关闭服务器，然后再人工开启设备 |
| 5 | 服务器操作系统故障 | 通过 TSRS 机柜的显示器观察到操作系统无法正常启动，处于挂起状态 | 人工重启该服务器，如人工重启后仍处于故障状态则转入 6 |
| 6 | 服务器操作系统崩溃 | 服务器无法启动，一直显示完全黑屏或者花屏状态 | 检查该服务器对 KVM 的连接是否正常，如正常则认为系统损坏，应重新安装操作系统和软件 |
| 7 | 单系 VPC_A/B/C 服务器操作系统崩溃 | | 首先执行本表第 1 步的操作，然后重新对故障服务器安装操作系统和应用软件 |
| 8 | TSRS 双系出现操作系统崩溃 | | 采用备用设备对一系设备进行替换，同时对替换下的服务器进行软件重新安装 |

（二）LKX-H 型临时限速服务器板件故障处理

（1）查看维护终端及显示状态。

（2）查看应用程序是否运行正常。

（3）查看是否有故障报警提示，显示主备状态、通信状态是否与实际一致。

（4）查看与列控中心、RBC/CTC 通道通信连接正常。

（5）有无异常温升、异常声音、异味。

## 三、TSRS与其他接口故障处理

(一)LKX-T型TSRS与其他接口故障处理(见表7-3)

表7-3 LKX-T型TSRS与其他接口故障处理

| 序号 | 故障类型 | 故障现象 | 处理措施 |
|---|---|---|---|
| 1 | TSRS未经过CTC初始化 | TSRM上显示系统未初始化 | 通知调度员对TSRS执行初始化操作 |
| 2 | 单个TSRS与TCC通信中断 | TSRM的状态页面显示对应的TCC通信中断 | 检查是否可以ping通对应TCC的IP地址,如果不能则执行以下操作:<br>(1)通过交换机端口显示灯、检查TSRS至TCC的线缆连接是否正常,如不正常则人工进行恢复;<br>(2)检查安全网通信是否正常,可同时检查RBC对联锁的连接状态;<br>(3)如果时间超过3 min没有恢复,则认为短时间内不能恢复,先人工重启TSRS备系,待其重启完成后再人工重启TSRS主系,完成后再检查接口状态 |
| 3 | 多个TSRS与TCC通信中断 | TSRM的状态页面显示对应的TCC通信中断 | 检查安全网通信是否正常,可同时检查RBC对联锁的连接状态 |
| 4 | TSRS与RBC通信中断 | TSRM的状态页面显示对应的RBC通信中断 | 检查是否可以ping通对应RBC的IP地址,TSRS对RBC的物理连接、以及RBC是否工作正常 |
| 5 | TSRS与CTC通信中断 | TSRM的状态页面显示对应的CTC通信中断 | 检查是否可以ping通对应CTC的IP地址,TSRS对CTC的物理连接、以及TSRI是否工作正常;<br>通道尚未恢复期间,电务人员还应定期协助车站值班员向中心调度员报告当前限速命令状态信息 |

(二)LKX-H型TSRS与其他接口故障处理

1. 与CTC接口

临时限速服务器需要接收临时限速命令并反馈临时限速状态信息,因此需要与CTC进行通信。

临时限速服务器使用通信与CTC进行通信,采用RJ-45网口连接至支持E1端口的路由器,并由路由器将网口信息转换为E1协议与CTC通信,中间的连接采用同轴电缆进行。

在TSRS与TSRM均被关闭时,应在启动TSRM后再启动TSRS,然后由CTC端进行刷新操作,当CTC调度台与TSRM限速显示不一致时,应通过CTC调度台人工刷新临时限速命令。

2. 与RBC接口

临时限速服务器需要将临时限速命令进行验证并执行,RBC要将命令的验证结果和执行状态上报临时限速服务器,因此临时限速服务器需要与RBC进行通信。

临时限速服务器使用通信机与RBC进行通信,采用双通道冗余通信,接口为标准RJ-45网口。

3. 与TCC接口

临时限速服务器需要将临时限速命令进行验证并验证,车站列控中心TCC要将命令的验证结果和执行状态上报临时限速服务器,因此临时限速服务器需要与TCC进行通信。

临时限速服务器使用通信机与TCC进行通信,采用双通道冗余通信,接口为标准RJ-45网口,接入列控的安全环网,与全线路所有TCC进行通信。TSRS对外接口均采用安全冗余的连接，某条通道中断不影响设备的正常运转，但如果出现通道中断的情况，应尽快联系厂家；如果为物理通道损坏，需要更换线缆，如果为软件故障，则需要发给厂家分析。

### 四、TSRS 限速命令下达失败常见故障原因分析

1. 限速里程超出临时限速服务器管辖范围

原因：临时限速服务器都有一定的管辖范围，只有在管辖范围内设置临时限速，服务器才能将该临时限速进行正确的拆分，并下达至相应的车站 TCC 和 RBC。

2. 临时限速设置区线路选择错误

原因：临时限速服务器会根据实际线路情况将其管辖的正线及联络线限速区域划分为 8 个线别，每个线别对应不同的线路。

3. 限速公里标起始点选择错误

原因：临时限速服务器在处理临时限速命令时，根据线路上、下行线的方向顺序，识别起始公里标。

4. 限速区域有重叠

原因：当新拟定的限速与已存在的临时限速区域有重叠时，必须先取消原有限速，按重新计算后的公里标重新拟定后再下达。

RBC 对执行命令操作间隔有限制，至少要大于 3 s，所以要求下达验证和执行命令时间间隔至少大于 10 s；在验证成功 10 s 后再下达执行命令，验证不成功，则不能下达执行命令。

在遇到连续 3 次均未成功的情况下，则需撤销该命令，并重新拟定、验证和执行操作。

在 TSR 侧出现部分执行命令时，且在连续 3 次补发均未成功的前提下，可将该限速命令取消，执行取消后可重新拟定。

当对临时限速服务器软件或数据进行升级时，需取消临时限速服务器管辖范围内的所有限速命令，待升级完成后恢复既有限速。

### 五、协调配合现场进行故障应急处置

参见本节应急处置的有关内容。

### 思考题

1. TSR设备系统异常处理的原则是什么？
2. 无法对 TSRS 服务器进行操作时，应如何处理？
3. TSRS与其他接口故障有哪几种？
4. TSRS板件故障后应如何处理？

## 第三节　无线闭塞中心(RBC)设备故障处理及应急处置

### 一、非正常情况下的应急处置

(一)LKR-T 型 RBC 设备非正常情况下的应急处置

(1)不影响系统正常工作的先做好记录，在维护时间再处理，必要时与设备方技术人员

联系。

(2)RBC 双系故障等影响正常运营的，简单记录故障现象，重启单系，保证正常运营，及时与设备方技术人员联系。

(3)故障自动恢复的，在维护时间段下载 log 并与设备方技术人员联系。

(二)LKDR-H 型 RBC 设备非正常情况下的应急处置

1. 软件锁闭后的操作

当 RBC 软件启动后，出现软件锁闭的情况，可以通过以下操作来解锁并禁用锁闭功能：

第一步：登录到调试终端，使用安萨尔多提供的软件 teraterm 和调试数据线；运行 teraterm 软件：设置串口参数为速率 115 200，其他为默认。

第二步：重新对锁闭的单位进行上电，在调试窗口看到：

“RBC BOOTER [MVME6100-BSP Version 03.01] …[Uncompressing executable …] READY”出现 booting 后，迅速按压空格键。

第三步：看到“[MMON] MENS-Self-configuring System Monitor V7.00 Build 07 [MMON] Activating user interface on console”后。

第四步：按压空格键进入菜单选项，具体操作如下：

第一种：

[MMON] V7.00 Build 07-Service Menu

Press the entry key number

1：Startup Functions

2：Run utility functions

3：IP Address

4：Monitor

5：Booter update

6：File dump

[MMON] >

第二种：通过键盘的操作在弹出来的选项中输入操作代码。

通过键盘选项“2”：Run utility functions；

选项“7”：Startup lock management；

选项“3”：Unlock。

回到主菜单后：

继续选项“2”：Run utility functions；

选项“7”：Startup lock management；

选项“2”：Disable。

再回到主菜单：

继续选项“2”：Run utility functions；

在子目录下继续选项“2”：Write NVRAM Checksum。

完成上述操作后，关掉该单元电源，等待 5 s 后，重新上电，3 min 后该单元可正常工作。

2. RBC 掉电

现象：

(1)本地终端对应的 RBC 信息缺失，站场图呈粉红色；

(2)诊断终端上有告警。

处理：

(1)检查电源输入，电源开关是否正常；

(2)检查电源线接头，接地等是否有短路现象；

(3)查看 RBC 机柜内各电源模块是否正常工作；

(4)重新对系统进行上电。

3. RBC 安全核心部件故障

现象：

(1)排除逻辑的运算输出指示灯异常；

(2)诊断维护终端出现告警信息。

处理：

(1)重启故障安全核心的电源开关；

(2)重启不能解决问题，则更换硬件板卡。

4. RBC 单系 CC 通信计算机故障

现象：

(1)联锁、TSRS、CTC 出现单系通信告警；

(2)与 MSC 连接通道出现告警；

(3)当前建立连接的列车通信中断。

处理：

(1)根据设备手册检查指示灯工作状态；

(2)断开电源开关 5 s 后，重新启动设备；

(3)故障不能恢复，更换硬件。

5. RBC 双系 CC 通信计算机故障

现象：

(1)与管辖内车站联锁通信中断，大屏红色显示；

(2)管辖范围内所有列车无法呼叫 RBC；

(3)与 CTC、TSRS 通信中断；

(4)与 MSC 连接通道出现告警；

(5)相邻 RBC 无法进行交权。

处理：

(1)根据设备手册检查指示灯工作状态；

(2)断开电源开关 5 s 后，重新启动设备；

(3)故障不能恢复，更换硬件。

6. 排除逻辑硬件故障

现象：排除逻辑的状态指示灯异常；

处理：拔出排除逻辑模块，等待 1 min 后重新插入。

7. 单系通信交换机故障

现象：

(1)与所有车站单系通信故障；

(2)与 CTC、TSRS 通信中断。

处理：

(1)检查电源输入，空开开关，确保电源正常；

(2)软件应用程序出错，断开电源开关，等待 5 s 后重新启动；

(3)硬件板卡故障，断开电源，更换板卡并重新烧制应用程序。

8. 双系通信交换机故障

现象：

(1)与所有车站双系通信故障；

(2)与 CTC、TSRS 通信中断。

处理：

(1)检查电源输入，电源开关，确保电源正常；

(2)软件应用程序出错，断开电源开关，等待 5 s 后重新启动；

(3)硬件板卡故障，断开电源，更换板卡并重新烧制应用程序。

9. RBC 单系 ART 故障

现象：

(1)诊断维护终端会出现告警信息；

(2)通信自动切换到另外一系；

(3)与集中监测系统单系通信中断。

处理：

(1)软件故障，则重新启动应用程序；

(2)硬件故障，通过电源开关重启系统，是否排除；

(3)故障仍然存在，则更换硬件。

10. RBC 双系 ART 故障

现象：

(1)诊断维护终端出现告警信息；

(2)大屏显示粉红色；

(3)与集中监测系统通信中断。

处理：

(1)检查电源，排除电源故障；

(2)软件故障，则重新启动应用程序；

(3)硬件故障，通过电源开关重启系统，是否排除，故障仍然存在，则更换硬件。

11. OT 故障

现象：大屏显示丢失。

处理：

(1)应用程序故障，根据手册重启应用程序；

(2)若是计算机故障，重装计算机系统，并安装应用程序。

12. 单系 Secap 供电单元故障

现象：

(1)设备故障告警，没有电源输出；

(2)不影响设备运行。

处理：

(1)检查该电源模块的输入状态,如果输入有问题,继续检查电源屏是否正常工作;

(2)若电源输入正常,则检查电源模块的告警菜单,若是硬件故障,则切断输入电源,对设备进行更换。

13. 双系 Secap 供电系统故障

现象:所有设备均出现告警,系统无法运行。

处理:检查电源屏的电源输出。

## 二、RBC 系统板件板件故障处理

### (一)LKR-T 型 RBC 系统硬件故障处理(见表 7-4)

**表 7-4　LKR-T 型 RBC 系统硬件故障处理**

| 序号 | 故障类型 | 故障现象 | 处理措施 |
| --- | --- | --- | --- |
| 1 | 无线闭塞中心(RBC)服务器掉电 | (1)无线闭塞中心(RBC)本地终端显示对应的无线闭塞中心(RBC)模块状态为红色;<br>(2)服务器电源指示灯熄灭 | (1)如果多个服务器同时掉电,则首先检查柜内电源开关是否正常,然后检查电源屏输出是否正常。<br>(2)若单个服务器显示掉电,首先打开显示界面检查服务器是否确实停止工作,如设备正常工作,原因为指示灯显示有误,因不影响设备正常工作,应在维护天窗内进行检查。<br>(3)检查其对应的电源接口是否松动,如不能判断,应使用万用表测量服务器一端,如供电正常则转入 2 |
| 2 | 无线闭塞中心(RBC)服务器发生不可立即修复的硬件故障 | (1)服务器不能启动;<br>(2)服务器工作不正常、死机 | (1)记录服务器信息面板的报警信息。<br>(2)立即联系设备方技术人员。<br>(3)采用备用设备对故障设备进行替换 |
| 3 | 无法对服务器进行操作 | 无法通过鼠标键盘对指定的设备进行操作 | 检查服务器和 KVM 之间的连线接口是否正常,然后通过 KVM 开关按钮人工关闭 KVM,等待 5 s 左右再行开启 |
| 4 | 交换机故障掉电 | 交换机所有灯灭,网络中断 | (1)如果机柜内有多台设备掉电,检查电源。<br>(2)如果只有 1 台交换机掉电,检查其对应的电源接口是否松动,重插该电源线。<br>(3)使用万用表测量交换机端的电源线上是否有电,如没有,检查 PDU 端,如果有,交换机硬件故障 |
| 5 | 交换机硬件故障 | 网络中断 | (1)检查是否掉电。<br>(2)检查交换机指示灯状态。<br>(3)检查交换机端口灯是否闪烁 |
| 6 | KVM 故障 | 显示器没有显示 | (1)检查是否掉电。<br>(2)重启 KVM 电源开关 |
| 7 | 本地终端故障 | 突然关机 | (1)检查是否掉电。<br>(2)重启计算机看是否有报警 |

### (二)RBC 系统软件故障处理(见表 7-5)

**表 7-5　LKR-T 型 RBC 系统软件故障处理**

| 序号 | 故障类型 | 故障现象 | 处理措施 |
| --- | --- | --- | --- |
| 1 | 系统单系工作 | 在无线闭塞中心(RBC)本地终端上显示对应的无线闭塞中心(RBC)模块一系为绿色,另一系为红色 | 维护人员在无线闭塞中心(RBC)设备的维护终端界面上确认系统单系工作(在 Home 页面下按压“Confirm cold standby”按钮) |
| 2 | 无线闭塞中心(RBC)单系重启 | (1)无线闭塞中心(RBC)本地终端显示对应的无线闭塞中心(RBC)模块状态为红色;<br>(2)检查机柜内服务器显示系统重启 | 等待重启完成,启动完成之后程序将自动运行,如果不符合预期结果则转入 3。<br>重启完成后在无线闭塞中心(RBC)维护终端下载 crashInfo. tar. gz. 1,送设备方技术人员分析 |

续上表

| 序号 | 故障类型 | 故障现象 | 处理措施 |
|---|---|---|---|
| 3 | 无线闭塞中心(RBC)重启后应用程序没有启动 | (1)无线闭塞中心(RBC)本地终端显示对应的无线闭塞中心(RBC)模块状态为红色；<br>(2)对应无线闭塞中心(RBC)的维护终端显示系统工作状态非"System is running" | 等待3 min，如果一直保持非正常状态，则人工重启所有对应的A/B/C机，如果重启之后没有解决则需要专业人员进行检查。<br>重启完成后在无线闭塞中心(RBC)维护终端下载crashInfo. tar. gz. 1，送设备方技术人员分析 |
| 4 | 无线闭塞中心(RBC)双系重启 | (1)无线闭塞中心(RBC)本地终端显示对应的无线闭塞中心(RBC)模块双系状态均为红色；<br>(2)检查机柜内服务器显示双系重启 | 等待重启完成，启动完成之后程序将自动运行，如果不符合预期结果则转入3，如果启动后单系工作则执行1的操作，并检查系统是否经过TSRS初始化，如不是则转入接口异常处理表7-6中第1步。<br>重启完成后在无线闭塞中心(RBC)维护终端下载crashInfo. tar. gz. 1，送设备方技术人员分析 |
| 5 | 系统无法关闭 | 重启系统时发现设备等待/停止在关闭状态 | 人工关闭服务器，然后再人工开启设备 |
| 6 | 服务器操作系统故障 | 通过无线闭塞中心(RBC)机柜的显示器观察到操作系统无法正常启动，处于挂起状态 | 人工重启该服务器，如人工重启后仍处于故障状态则转入7 |
| 7 | 服务器操作系统崩溃 | 服务器无法启动，一直显示完全黑屏或者花屏状态 | 检查该服务器与KVM的连接是否正常，如正常则认为系统损坏，应重新安装操作系统和软件 |
| 8 | 单系VPC_A/B/C服务器操作系统崩溃 | | 首先执行本表第1步的操作，然后重新在故障服务器中安装操作系统和应用软件 |
| 9 | 无线闭塞中心(RBC)双系出现操作系统崩溃 | | 采用备用设备对一系设备进行替换，同时对替换下的服务器进行软件重新安装 |
| 10 | ISDN服务器操作系统异常 | | 由于每个无线闭塞中心(RBC)机柜中存在四个ISDN服务器互为热备，因此单个ISDN故障暂时不会影响运营，此时应重新对故障服务器安装操作系统和应用软件 |
| 11 | 无线闭塞中心(RBC)冗余状态"Redundancy Status"不正常 | | 无线闭塞中心(RBC)的冗余状态"Redundancy Status"中"SPU"、"FSPU"项不是"OPEN"状态，应手动重启备系，然后再进行检查，如果故障依然存在，检查网络工作状态 |

(三)LKDR-H型RBC系统板件故障处理

(1)检查RBC系统的运用状态；

(2)检查需更换的板卡状态，并记录指示灯显示；

(3)检查将要更换的板件型号、插针、芯片、跳线正常；

(4)关闭需要更换的设备电源进行更换；

(5)打开相应的设备电源，观察面板工作灯显示正常；

(6)联系通信部门、GSM-R部门核对相关设备的工作状态；

(7)观察RBC系统的运行状态正常。

## 三、RBC与其他系统接口故障处理

(一)LKR-T型RBC与其他系统接口故障处理(见表7-6)

**表7-6 LKR-T型RBC系统接口异常处理**

| 序号 | 故障类型 | 故障现象 | 处理措施 |
|---|---|---|---|
| 1 | 无线闭塞中心(RBC)未经过TSRS初始化 | 无线闭塞中心(RBC)维护终端上显示系统未初始化 | 通知调度员对无线闭塞中心(RBC)执行初始化操作，如果通信故障导致无法初始化则转入4 |

续上表

| 序号 | 故障类型 | 故障现象 | 处理措施 |
| --- | --- | --- | --- |
| 2 | 单个无线闭塞中心（RBC）与联锁通信中断 | 无线闭塞中心（RBC）维护终端的 NodeStatus 页面显示对应的联锁通信中断 | 检查是否可以 ping 通对应联锁的 IP 地址，如果不能则执行以下操作：<br>（1）通过交换机端口显示灯，检查无线闭塞中心（RBC）至联锁的线缆连接是否正常，如不正常则人工进行恢复。<br>（2）检查安全数据网通信是否正常，可同时检查 TSRS 对 TCC 的连接状态。<br>（3）如果时间超过 3 min 没有恢复，则认为短时间内不能恢复，先人工重启无线闭塞中心（RBC）备系，待其重启完成后再人工重启无线闭塞中心（RBC）主系，完成后再检查接口状态 |
| 3 | 多个无线闭塞中心（RBC）与联锁通信中断 | 无线闭塞中心（RBC）维护终端的 NodeStatus 页面显示对应的联锁通信中断 | 检查安全网通信是否正常，可同时检查 TSRS 对 TCC 的连接状态 |
| 4 | 无线闭塞中心（RBC）与 TSRS 通信中断 | 无线闭塞中心（RBC）维护终端的 NodeStatus 页面显示对应的 TSRS 通信中断 | （1）所有与该 TSRS 连接的无线闭塞中心（RBC）通信中断，则应检查 TSRS 工作状态。<br>（2）只有单个无线闭塞中心（RBC）与 TSRS 通信中断检查是否可以 ping 通对应 TSRS 的 IP 地址，无线闭塞中心（RBC）对 TSRS 的物理连接是否正常，以及 TSRS 是否工作正常 |
| 5 | 多列列车无法呼叫无线闭塞中心（RBC）成功 | 得到通知 | （1）检查无线闭塞中心（RBC）工作状态是否正常，包括 ISDN 服务器。<br>（2）检查无线闭塞中心（RBC）是否经过 TSRS 初始化，如不是则转入本表第 1 步。<br>（3）检查该无线闭塞中心（RBC）的 ISDN 卡接口指示灯是否正常（显示为绿色），如果正常则表示 ISDN 线路正常。<br>（4）如果均正常则应可判断为无线闭塞中心（RBC）工作正常 |
| 6 | 列车呼叫无线闭塞中心（RBC）成功，但是一直无法获得移动授权 | 得到通知 | （1）检查无线闭塞中心（RBC）是否处于单系工作状态，若是则检查是否对设备单系工作进行了确认，参见表 7-5 中第 1 步。<br>（2）检查与联锁是否断开。<br>（3）检查联锁与列控中心是否断开 |
| 7 | 多列车在无线闭塞中心（RBC）管辖范围内同时因无线超时制动 | 得到通知 | （1）检查无线闭塞中心（RBC）设备（含 ISDN 服务器）是否发生故障或者重启。<br>（2）检查 ISDN 通信工作是否正常。<br>（3）检查无线闭塞中心（RBC）对联锁接口是否正常。<br>（4）如果均正常则可判断为无线闭塞中心（RBC）工作正常 |
| 8 | 多列车在无线闭塞中心（RBC）边界无线超时 | 得到通知 | （1）检查无线闭塞中心（RBC）设备（含 ISDN 服务器）是否发生故障或者重启。<br>（2）检查 ISDN 通信工作是否正常。<br>（3）检查无线闭塞中心（RBC）对联锁接口是否正常。<br>（4）如果均正常则在维护天窗时间内下载日志，报送设备方技术人员，分析是否为软件故障 |

(二)LKDR-H 型 RBC 与其他系统接口故障处理(见表 7-7)

表 7-7 LKDR-H 型 RBC 与其他系统接口故障处理

| 序号 | 故障类型 | 故障现象 | 处理措施 |
| --- | --- | --- | --- |
| 1 | RBC 与单个车站联锁通信中断 | 屏幕显示该车站信息丢失,车站范围内轨道电路全部占用 | (1)检查联锁通信机接口是否正常工作;<br>(2)检查安全网通信是否有异常 |
| 2 | RBC 与管辖内车站联锁通信中断 | (1)RBC 管辖内车站信息丢失,RBC 管辖内所有轨道电路全部占用;<br>(2)车站联锁显示双系通信告警 | (1)判断是否 CC 双系故障;<br>(2)检查 RBC 与安全网之间的连接是否正常 |
| 3 | 某一 RBC 与临时限速服务器通信中断 | (1)区域内临时限速无法下达;<br>(2)无法对 RBC 进行初始化 | (1)检查通信计算机是否正常工作;<br>(2)检查通信计算机与通信交换机之间的网线连接 |
| 4 | 所有 RBC 与临时限速服务器通信中断 | (1)全线临时限速无法下达;<br>(2)全线无法对 RBC 进行初始化 | (1)检查通信计算机是否正常工作;<br>(2)通信计算机正常工作,检查通信计算机与通信交换机之间的网线连接;<br>(3)检查临时限速服务器的通信接口及程序是否正常工作 |
| 5 | 某一 RBC 与 CTC 通信中断 | (1)该区域内列车信息和接口信息查询丢失;<br>(2)该区域内无法下达紧急停车信息和文本信息 | (1)检查通信计算机是否正常工作;<br>(2)通信计算机正常工作,检查通信计算机与通信交换机之间的网线连接 |
| 6 | 所有 RBC 与 CTC 通信中断 | (1)全线列车信息和接口信息查询丢失;<br>(2)全线无法下达紧急停车信息和文本信息 | (1)检查通信计算机是否正常工作;<br>(2)通信计算机正常工作,检查通信计算机与通信交换机之间的网线连接;<br>(3)检查 CTC 接口服务器的通信接口及程序是否正常工作 |
| 7 | 某一 RBC 与集中监测系统通信中断 | 集中监测无法获取该 RBC 设备的状态信息 | (1)从 RBC 所属 ART 上进行 ping 操作,检查 IP 是否通信;<br>(2)若通信正常,则对系统之间连线进行检查,是否松动;<br>(3)重新启动 ART 服务或者计算机,进行恢复 |
| 8 | 所有 RBC 与集中监测系统通信中断 | 集中监测无法获取所有 RBC 设备的状态信息 | (1)从 RBC 所属 ART 上进行 ping 操作,检查 IP 是否通信;<br>(2)若通信正常,则对系统之间连线进行检查,是否松动;<br>(3)重新启动 ART 服务或者计算机,进行恢复;<br>(4)重新启动集中监测采集终端,进行恢复 |

## 四、RBC 系统柜间通道故障处理

(一)LKR-T 型 RBC 系统柜间通道故障处理(见表 7-8)

表 7-8 VIA 及 J-JRU 故障处理

| 序号 | 故障类型 | 故障现象 | 处理措施 |
| --- | --- | --- | --- |
| 1 | VIA 服务进程崩溃 | (1)维护终端产生报警信息。<br>(2)RBC 与 VIA 通道显示红色 | (1)重新启动 VIA 服务器。<br>(2)在维护天窗时间下载相应日志,报送设备方技术人员分析 |

续上表

| 序号 | 故障类型 | 故障现象 | 处理措施 |
|---|---|---|---|
| 2 | 意外断电 | 维护终端所有 RBC 与 VIA 通道显示为红色 | (1)再次通电后，VIA 服务器会自动重新启动并且会随机启动 VIA 系统。<br>(2)本地终端需要登陆计算机并启动程序。<br>(3)R-JRU 需要登陆计算机并人工启动程序 |
| 3 | 运行迟缓 | 系统性能急剧下降 | 重启服务器 |
| 4 | VIA 服务器工作模式不是在线和待机模式 | VIA 维护终端显示不是一系在 ONLINE，另一系在 STANDBY 模式 | (1)查找没有启动的进程。<br>(2)在日志文件中查找没有启动的进程。<br>(3)在 SYSMAN 日志中检查消息。打开 SYSMAN 日志，双击 Windows 任务栏上的 ESM LOG 按钮。<br>(4)检查已经使用的磁盘空间。<br>(5)检查 VIA 服务器之间的局域网链接。<br>(6)使用 ping 命令检查局域网连接，检查的方法是在命令提示窗口中输入 ping 地址(Address)命令。Address＝被检查计算机的 TCP/IP 地址。<br>(7)重启相应的进程 |
| 5 | 与 R-JRU、维护终端、或 RBC 之连接中断 | 相应的通道、指示灯显示为红色 | (1)检查计算机中的线缆是否接好或已损坏。<br>(2)检查局域网中交换机的线缆链接是否接好或已经损坏。<br>(3)使用事件查看器(Event Viewe)查看事件：开始(Start)＝>程序(Programs)＝>管理工具(Administrative Tools)＝>事件查看器(Event Viewer)＝>系统日志(System Log)。<br>(4)使用 ping 命令，检查从 VIA L 到 VIA R、维护终端和所有 RBC 的连接。<br>(5)若以上都正常，则可能是某些硬件已经损坏需要进行更换 |
| 6 | 与 CTC 通信不正常 | 维护终端的设备连接状态图中相应通道和指示灯灰色或红色 | (1)在 VIA 中：<br>① 检查与 RBC 连接是否正常；<br>② 检查与 CTC 的网络连接。<br>(2)在通信柜中，检查路由器、交换机及 2M 通道的各连接是否正常，不良处理 |
| 7 | R-JRU 无法获取 VIA 日志 | | (1)检查网络，从 R-JRU 上 ping VIA 的 IP。<br>(2)在 VIA 中，需要将下列日志文件删除(应该在两台服务器上都删除这些文件)：<br>① C:\JruLogs\Events\目录中的 .csv 文件。<br>② C:\ EBIScreen\JingHu\Server\Events1 目录中的 .evh 文件。<br>③ C:\ EBIScreen\JingHu\Server\Events2 目录中的 .evh 文件。<br>注意 a. 如果删除的文件在将来调查中需要用到，请将这些文件复制存档(CD 或一些文件夹中)。<br>b. 在删除这些文件前请停止 VIA WDS_FE 服务，删除后请启动 VIA WDS_FE。<br>c. 删除这些文件时，其他的 VIA 服务器仍然可以运行(首先从待机的服务器中删除，对 VIA 进行转换然后从原来在线的服务器中删除这些文件) |
| 8 | R-JRU 无法获取 RBC 日志 | 得到通知 | R-JRU 无法获取 RBC 日志是由于 R-JRU 与 RBC 通信中断引起，请检查 RBC 与 R-JRU 之间的网络 |

(二)LKDR-H 型 RBC 柜间通道故障处理

测网线。

## 五、RBC系统机柜电源故障处理

测电源线、空开。

## 六、协调配合现场进行故障应急处置

（一）LKR-T型RBC系统

（1）当某一RBC与GSM-R通信中断时，首先观察RBC操作终端上是否有报警，若无报警，则：

① 检查RBC机柜中ISDN服务器的工作状态。

② 联系通信段检查RBC与MSC之间的通道。

（2）当所有RBC与GSM-R通信中断时，联系通信段检查通道以及GSM-R交换中心MSC状态。

（3）当所有RBC与联锁通信中断时，检查RBC与安全网之间的连接是否正常。

（二）LKDR-H型RBC系统

1. 检查RBC上通信计算机的状态。

2. 联系通信段检查RBC与MSC之间的通道。

3. 当所有RBC与GSM-R通信中断时，联系通信段检查通道以及GSMR交换中心MSC状态。

4. 当所有RBC与联锁通信中断时：

（1）判断是否CC双系故障；

（2）检查RBC与安全网之间的连接是否正常。

## 思考题

1. RBC系统非正常情况下如何处置？
2. 多列车在无线闭塞中心(RBC)边界无线超时应如何处理？
3. 在LKDR-H型RBC系统中，当某一RBC与CTC通信中断时，如何进行处理？
4. 在LKR-T型RBC系统中，当VIA服务进程崩溃时，如何进行处理？

# 第四节　信号传输数据网络故障处理

## 一、非正常情况下的应急处置

（一）交换机故障的判断处理

在网管程序主界面的拓扑图上我们可以看到网络的相关信息，各个站交换机的型号、名称、IP地址、站间的连接链路。交换机出现故障后，交换机的颜色从绿色变成红色，如果是交换机间的光线链路出现问题，交换机间的连接线会由绿色变为红色。

当网管界面显示网络设备出现出现故障时，在网管服务器的主界面事件栏中会显示相关的信息。在事件栏中会报告出最新发生的故障事件，故障事件为红色，其中包括故障的时间、类型和原因，如图 7-10 所示。从网管界面上发现交换机故障，按下列步骤进行处理：

（1）查看交换机的属性信息。如果交换机某个端口发生故障，该端口呈红色显示。将该端口上的线缆接到预留口上。

（2）如果不是交换机端口故障，单击设备图标，右键 ping 交换机设备，如果不能 ping 通设备，在天窗点重启该交换机，如果交换机设备状态和端口指示灯显示正常，网管界面的交换机图标变成绿色且在网管界面上能够 ping 通该设备，则故障解决。

（3）若重启不能解决故障，则更换交换机备件，上电之后配置交换机，如果交换机设备状态和端口指示灯显示正常，网管界面的交换机图标变成绿色且在网管界面上能够 ping 通该设备，则故障解决。

（4）做好出现故障时间、原因、故障类型的记录。

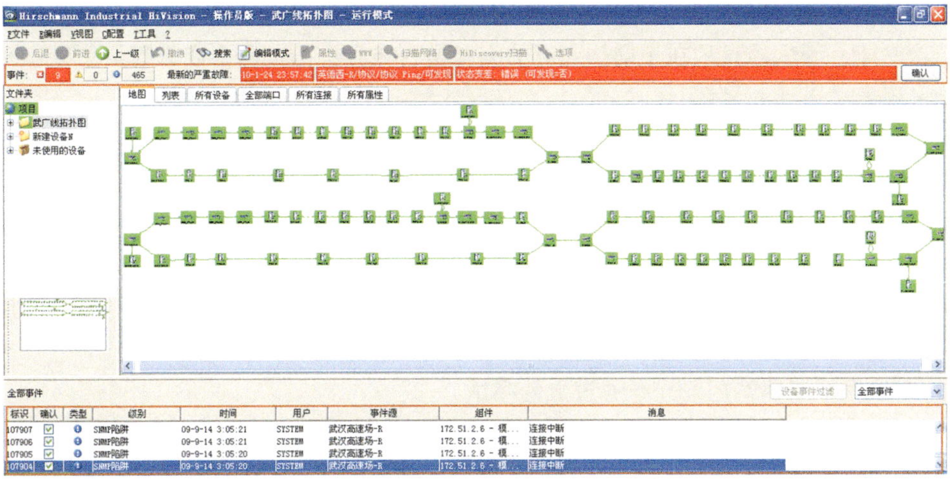


图 7-10　安全数据网网络界面

信号安全数据网维护人员在进入机械室进行交换机设备维护时，应填写相应的维护单据，对交换机的状态进行如实的记录，对异常状态进行尽量详细的现象描述，以便技术人员分析问题和解决。

（二）通信通道故障判断处理

通信通道故障包括了交换机之间光纤通道故障、交换机和网管服务器之间的通信故障，主要检查物理通道连接是否完好、相关网络设备工作是否正常，故障不能恢复则报修。

在网管服务器上的网管界面上，查看连接是否呈红色或者灰色，红色表示光纤通道目前处于断开状态，灰色表示通道曾发生过故障后来通道恢复正常。通道呈红色可能由通道本身故障和设备故障引起，若通道两端交换机确认正常，则光纤通道可能本身损坏或者衰耗过大导致不能正常通信。

网管服务器和路由器之间以及网管服务器和交换机之间的通道故障在网管的界面上没有显示，但是可以通过在网管终端上桌面“开始”→“运行”键入“cmd”出现如图 7-11 所示界面。

1. ping 网管服务器所在机械室的 TCC 维护机的网关。若能 ping 通，说明集中网络通信正常。

2. ping 和集中监测网络相连网管路由器的端口地址。若能 ping 通，说明路由器和网管终端通信正常。

3. ping 网管服务器地址。若能 ping 通，说明网管服务器和网管终端通信正常。

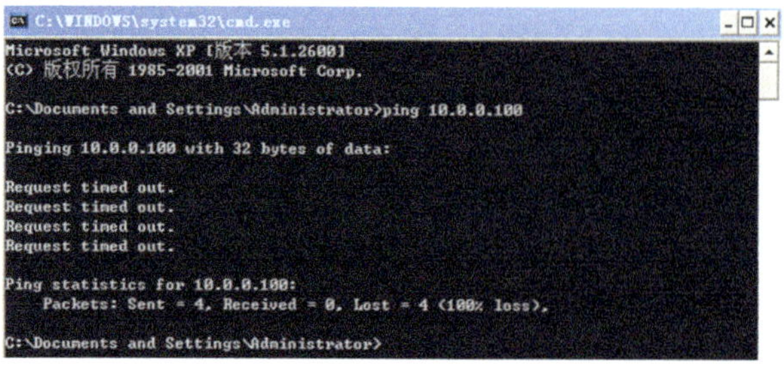


图 7-11 安全数据网网管界面

4. 若左网或者右网交换机全变成红色，如已经确认网管终端到网管服务器通信正常，则交换机和路由器之间双绞线松动或者接触不良。

如果光纤通道故障，需要对光纤进行测试，测试使用的仪器主要是 OTDR 测试仪、单模光源和光功率计。测试的目的在于确认光纤的衰耗是否在允许的范围内或者断点位置。光纤测试需要采用光功率计和光源。

5. 测试方法：

(1)对交换机设备端口测试

对 Tx 端口发出光功率的测试：拔下 Tx 端口尾纤，使用测试纤将该端口接入光功率计，计量读数。

对 Rx 端口接收邻站端口光功率的测试：拔下 Rx 端口尾纤，将拔下的尾纤接入光功率计，计量读数。

(2)本站尾纤至邻站尾纤光纤通道衰耗测试

① 对本站 Tx 端口：拔下 Tx 端口尾纤，将该尾纤端头接入 OTDR，计量读通道累计衰耗。

② 对本站 Rx 端口：拔下 Rx 端口尾纤，将尾纤端头接入 OTDR，同时通知邻站配合拔掉对应的 Tx 端子，计量读通道累计衰耗。两数相减就是光纤的衰耗。不同模块对于衰耗的标准不一样，其允许范围参见表 7-9 和表 7-10 所示。

**表 7-9 常用光模块的光纤通道允许衰减范围**

| 光模块名称 | 理论链路衰耗范围 |
| --- | --- |
| 赫斯曼 M-SFP-LX/LC | 0～10.5 dB |
| 赫斯曼 M-SFP-LH/LC | 8～20dB |
| 赫斯曼 MM2-2FXS2 | ＜16 dB |
| MOXA SFP-2GLXLC | 0～10.5 dB |
| MOXA IM-4SSC 和 IM-2SSC/2TX | 3～29 dB |

**表 7-10 光纤衰耗指标**

| 类型 | 链路衰耗 |
| --- | --- |
| M_SFP LX/LC | 0.4 dB/km |
| M_SFP LH/LC | 0.25 dB/km |
| 光纤接头 | 0.5 dB/个 |

6. 光纤断点查找方法：

在判断故障点时，如果光缆长度预先不知道，可先放在自动 OTDR，找出故障点的大体地点，然后放在高级 OTDR。

利用光缆上的米标就很容易找出故障点。利用米标查找故障时，光缆的长度和光纤的长度可能并不相等，光纤的长度大约是光缆长度的 1.005 倍，利用上述方法可成功排除多处断点和高损耗点。

在光纤通道故障查找过程中，需要进行光纤的对位测试。对位测试的目的是为了确认光纤接入信号 ODF 架上是否符合 ODF 架上的端子定义。

（三）路由器的故障处理

当从电务段网管终端上观察到安全数据网左右网的交换机全部为红色的时候，首先判断是否为网线中断或连接到路由上的 TP-LINK 8 口交换机是否损坏或电源掉电，如果 TP-LINK 交换机连接网线的接口均正常闪烁，且连接路由器左右网的网线均正常，可以确定为路由器损坏。

当机械室网管服务器上显示安全数据网左右网全部为红色的时候，首先判断是否为网线中断或路由器死机。如果网线没有问题，就关闭机械室内 CISCO 2801 在机柜后面的电源，然后重新打开，等待 5 min 路由重新启动，然后查看网管服务器，如果故障依旧，则确定为路由器故障，更换路由器。

（四）防火墙的故障处理

当路由器故障恢复后，机械室网管服务器和电务段的网管终端依然显示左右网全部红网，可以判断为防火墙故障，可将 CISCO 2801 上的 F0/0，F0/1 口（交换机最左下的 2 个口）的线拔出，再将防火墙上连接 WAN 口的线拔出，之后将防火墙 WAN 口的线直接连接在 CISCO 2801 上，让路由不通过防火墙直接连接集中监测网。

## 二、RBC/联锁安全数据通信以太网通道状态的监控，协调处理故障

1. 加强巡视，发现 RBC 有异常（闪断、中断、丢包、报警等）现象时，初步判断中心至故障发生的性质、地点和网络设备的范围，然后通信查看通道状态，结合通信回复及告警进一步确认故障的范围。

2. 天窗点开始后，通知通信部门和现场设备的管理单位，通过断开单向通道测试，分析判断通道不稳定的具体位置。

## 三、TCC（CTCS-2 级列控系统）安全数据网通道状态的监控，协调处理故障

1. 加强巡视，发现 TCC 有异常（闪断、中断、丢包、报警等）现象时，初步判断中心至故障发生的性质、地点和网络设备的范围，然后通信查看通道状态，结合通信回复及告警进一步确认故障的范围。

2. 天窗点开始后，通知通信部门和现场设备的管理单位，通过断开单向通道测试，分析判断通道不稳定的具体位置。

## 四、CTC 局域网、广域网通信通道状态的监控，协调处理故障

1. 网络通道中断时，应立即通知通信段，安排技术人员到 CTC 中心共同分析处理。

2. 同时通知相关单位赶赴故障地点。值班人员应利用网管系统，在现场工区的配合下作进一步的测试分析，在确定故障地点和范围后，通知相关技术人员，并指导其进行故障处理。

3. 网络安全设备故障造成通信中断，通过 PING 测试确认防火墙故障时，应立即甩开防火墙保持系统通信畅通。

4. 值班人员应立即通知有关技术人员对防火墙进行软、硬件检测和故障排查，修复后恢复其网内工作。

## 思考题

1. 如何判断交换机故障?
2. 判断为交换机故障后,如何进行处理?
3. 如何对光纤进行测试?
4. 如何查找光纤的断点?

# 第五节　网络安全防火墙应急处置

## 一、通过 DOS 命令 ping 防火墙内网、外网 IP 地址

ping 不仅仅是 windows 下的命令,在 unix 和 linux 下也有这个命令。ping 只是一个通信协议,是 IP、tcp/ip 协议的一部分。ping 在 Windows 系统下是自带的一个可执行命令。利用它可以检查网络是否能够连通。

应用格式:ping IP 地址。该命令还可以加许多参数使用。

ping (packet internet grope)(因特网包探索器)是用于测试网络连接量的程序。它是用来检查网络是否通畅或者网络连接速度的命令。ping 命令是必须掌握的 DOS 命令,它所利用的原理是这样的:利用网络上机器 IP 地址的唯一性,给目标 IP 地址发送一个数据包,再要求对方返回一个同样大小的数据包来确定两台网络机器是否连接相通,时延是多少,如图 7-12所示。

ping 指的是端对端连通,通常作为可用性的检查,但是某些病毒木马会强行大量远程执行 ping 命令抢占你的网络资源,导致系统变慢,网速变慢。严禁 ping 入侵作为大多数防火墙的一个基本功能提供给用户进行选择。通常情况下,如果不用作服务器或者进行网络测试,可以放心的选中它,保护你的电脑。

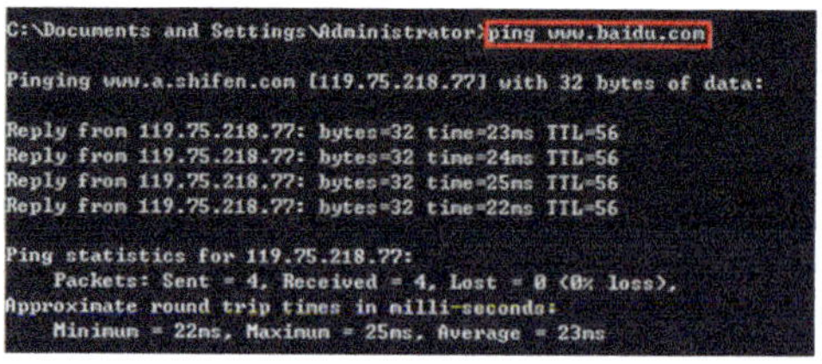


图 7-12　ping 的应用

具体方式是:开始-运行-cmd,在调出的 dos 窗口下输入 ping 空格 + ping 的网址,回车。比如"ping ×××网址"之后屏幕会显示类似信息:

ping ××× 网址[61.135.169.105] with 32 bytes of data:

Reply from 61.135.169.105: bytes = 32 time = 1244ms TTL = 46

Reply from 61.135.169.105: bytes = 32 time = 1150ms TTL = 46

Reply from 61.135.169.105: bytes = 32 time = 960ms TTL = 46

Reply from 61.135.169.105: bytes = 32 time = 1091ms TTL = 46

后面的 time=1244ms 是响应时间,这个时间越小,说明你连接这个地址速度越快。

1. ping 本机 IP

例如本机 IP 地址为:172.168.200.2,则执行命令 Ping 172.168.200.2。如果网卡安装配置没有问题,则应有类似下列显示:

Reply from 172.168.200.2 bytes = 32 time<10ms

Ping statistics for 172.168.200.2

Packets Sent = 4 Received = 4 Lost = 0% loss

Approximate round trip times in milli-seconds

Minimum = 0ms Maximum = 1ms Average = 0ms

2. ping 网关 IP

假定网关 IP 为:172.168.6.1,则执行命令 Ping 172.168.6.1。在 MS-DOS 方式下执行此命令,如果显示类似以下信息:

Reply from 172.168.6.1 bytes = 32 time = 9ms TTL = 255

Ping statistics for 172.168.6.1

Packets Sent = 4 Received = 4 Lost = 0%

Approximate round trip times in milli-seconds

Minimum = 1ms Maximum = 9ms Average = 5ms

则表明局域网中的网关路由器正在正常运行。反之,则说明网关有问题。

3. ping 远程 IP

这一命令可以检测本机能否正常访问 Internet。比如本地电信运营商的 IP 地址为:202.102.48.141。在 MS-DOS 方式下执行命令:Ping 202.102.48.141,如果屏幕显示:

Reply from 202.102.48.141 bytes = 32 time = 33ms TTL = 252

Reply from 202.102.48.141 bytes = 32 time = 21ms TTL = 252

Reply from 202.102.48.141 bytes = 32 time = 5ms TTL = 252

Reply from 202.102.48.141 bytes = 32 time = 6ms TTL = 252

Ping statistics for 202.102.48.141

Packets Sent = 4 Received = 4 Lost = 0% loss

Approximate round trip times in milli-seconds

Minimum = 5ms Maximum = 33ms Average = 16ms

则表明运行正常,能够正常接入互联网。反之,则表明主机文件(windows/host)存在问题。

参数说明:

-t:一直 ping 指定的计算机,直到从键盘按下 Ctrl+C 中断。

-a:将地址解析为计算机 NetBios 名。

-n:发送 count 指定的 ECHO 数据包数,通过这个命令可以自己定义发送的个数,对衡量网络速度很有帮助。能够测试发送数据包的返回平均时间,及时间的快慢程度。默认值为 4。

-l:发送指定数据量的 ECHO 数据包。默认为 32 字节,最大值是 65 500byte。

-f:在数据包中发送"不要分段"标志,数据包就不会被路由上的网关分段。通常你所发送的数据包都会通过路由分段再发送给对方,加上此参数以后路由就不会再分段处理。

-i:将"生存时间"字段设置为 TTL 指定的值。指定 TTL 值在对方的系统里停留的时间。同时检查网络运转情况的。

-v:tos 将"服务类型"字段设置为 tos 指定的值。

-r:在"记录路由"字段中记录传出和返回数据包的路由。通常情况下,发送的数据包是通过一系列路由才到达目标地址的,通过此参数可以设定,想探测经过路由的个数。限定能跟踪到 9 个路由。

-s：指定 count 指定的跃点数的时间戳。与参数-r 差不多，但此参数不记录数据包返回所经过的路由，最多只记录 4 个。

-j：利用 computer-list 指定的计算机列表路由数据包。连续计算机可以被中间网关分隔（路由稀疏源）IP 允许的最大数量为 9。

## 二、甩开防火墙网线，接上旁路网线方法

甩开防火墙网线，接上旁路网线方法，参见图 7-13。

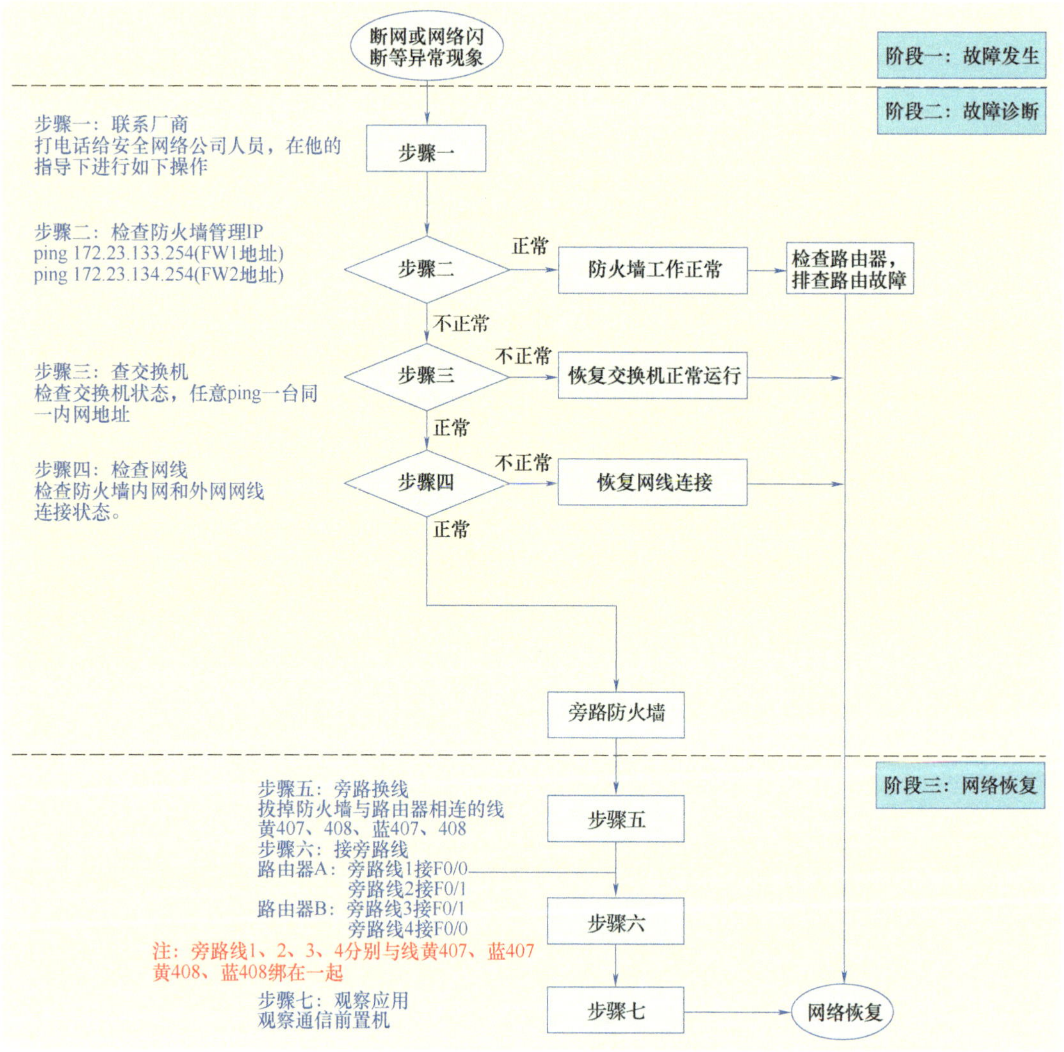


图 7-13 CTC 中心防火墙紧急预案流程图

## 思考题

1. 会通过 DOS 命令 ping 防火墙内网、外网 IP 地址。
2. 会通过 DOS 命令 ping 本机 IP。
3. 会通过 DOS 命令 ping 网关 IP。

4. 会通过 DOS 命令 ping 远程 IP。

## 复 习 题

1. 熟悉 CTC 端口的显示与通道内容。
2. TSRS限速命令下达失败常见故障原因有哪些?
3. 如何协调配合现场进行故障应急处置?
4. CTC局域网、广域网通道故障后应如何处理?
5. 熟悉甩开防火墙网线,接上旁路网线方法。

# 第八章　施工配合、联锁试验及功能验证

基建、更新改造工程施工电务段要提前介入，认真做好施工配合工作，加强施工过程控制，按照有关信号工程施工质量验收标准和相关专业验收标准规定，严把工程施工质量。

电务段应严格按批准的计划和方案组织施工，加强对施工全过程的控制。施工前应做好各项准备工作；施工中要严格执行技术标准、作业标准，落实安全措施，严禁超范围施工，杜绝违章作业，确保施工质量；设备开通前要进行彻底的联锁试验和联调联试，确保联锁关系正确。

## 一、管内设备安装工艺标准

室内电子设备板卡进行插拔操作时应采取防静电措施。

1. 控显设备

① 检查外观无损伤型号、规格与盘面显示符合设计要求。

② 各类操作按钮、表示灯安装牢固，动作灵活、接触良好。

③ 表示灯、仪表、计数器的规格、型号、位置符合设计要求，计数器计数准确；各种表示铭牌正确、齐全、字迹清晰。

④ 配件齐全。

⑤ 配线端子绝缘符合设计设计要求。

⑥ 安装位置应符合设计要求。

⑦ 计算机人机界面设备应显示清晰、鼠标、键盘连接良好，操作灵活方便。

⑧ 计算机柜及终端设备、电源设备应按照设计要求放置在防静电地板上，安装位置符合设计要求，安装后的垂直度符合设计要求。

⑨ 表示屏或背投设备应固定在基础角钢上，基础角钢与防静电地板等高且水平。

2. 机柜及柜内设备

(1)机柜的外包装及外观无损伤。

(2)质量证明文件及技术资料完整、正确。

(3)内部器件无损伤，安装牢固。

(4)机架无损伤、变形，规格尺寸符合设计要求。

(5)各系统设备的型号、规格、电气性能符合设计要求及产品标准的有关规定。

(6)各类机柜与底座、柜与柜之间、柜与走线槽、走线槽与走线槽间的连接螺栓连接牢固，底座着地不悬空。

(7)机柜安装横平竖直，每列柜在同一直线上，同类机柜高低在同一平面上，排间距离符合设计要求；机柜的门、侧面平整，无凸凹现象，漆层无损伤；机柜口清洁、通畅。

3. 电源

(1)电气元件连接良好，焊线无脱焊、虚焊。

(2)电源设备的安装位置符合设计要求。

(3)配线的规格、型号、敷设径路符合设计要求。

(4)防雷配电箱安装位置符合要求，进线盒出线应分开走线。

(5)电源模块插接、固定良好、配件及防松装置齐全。

(6)电源屏底部有固定设施，下面铺设绝缘垫防护，电源线引入、引出端子标明用途、去向。

(7)电源设备的所有器件与设计的规格一致，断路器或熔断器保险接触良好，容量与设计图物相符。

4. 电、光缆

(1)信号电、光缆的规格、型号应符合设计要求。

(2)信号电、光缆敷设在已预设的信号电缆槽内，与通信电缆通槽时，信号电缆应敷设在靠线路一侧。

(3)信号电、光缆在敷设前应会同相关单位对电、光缆线路预留的沟槽管井进行检查。电缆敷设前，应根据电缆的实际使用长度进行合理配盘，尽可能地减少电缆接头。

(4)信号电、光缆在敷设前应进行单盘测试，接续。配线前均应进行电气测试，电缆施工结束后进行综合测试，并做好详细测试记录。

(5)电缆绝缘外护套应确保完整。

(6)电缆弯曲半径应满足弯曲半径的要求(普通电缆不得小于电缆外径的 15 倍，数字电缆不得小于电缆外径的 20 倍)，且不得出现背扣、小弯现象。

(7)电缆在沟槽内布放时应有自然弯曲度，排列整齐、平顺，互不交叉。

(8)在室内引入口处应采用防火、防鼠材料封堵严密，防火、防鼠堵料及其施工应符合国家消防的有关标准。

(9)电缆引入室内时，室内与室外电缆的金属护套应进行屏蔽绝缘，电缆上挂电缆铭牌标明电缆的芯数、去向。

(10)内屏蔽数字信号电缆还应做成端防护。

5. 走线槽

采用与机柜同一型号的材料制成，走线槽底加绝缘防护，防雷要求在施工时同步进行，组合柜间有绝缘分割。

6. 配线

(1)室内布线全部采用阻燃型，与数据通信线共槽的线缆均应采用阻燃屏蔽线，线条不得有中间接头盒绝缘破损现象。

(2)室内布线不得出现环状，需要交叉时应垂直交叉，排列整齐。

(3)线把整齐，间隔均匀，表面线条和出线部位应顺直、美观。

(4)万可端子每个进线孔只进一根线。

(5)柜间安全地线采用 6 $mm^2$ 的铜线连接。

## 二、施工作业流程及注意事项

高速铁路信号电务施工主要项目包括：更换计算机联锁系统软件；更换 TCC、CTC/TDCS、RBC、TSRS 软件；服务器和终端设备更换及检修；应答器报文修改；更换地面应答器、LEU 及应答器尾缆；更换电源系统模块及电池组；更换各种板件、网络传输设备等器材；更换道岔转辙设备、外锁闭装置、密贴检查器、道岔融雪等；更换信号机及附属设备；更换站内、区间轨道电路设备；更换信号传输线路及箱盒；其他影响较大的施工作业。

（一）施工作业流程

1. 明确施工任务

(1)施工项目确定后，与建设管理单位(电务处、指挥部等)联系，了解有关施工概况，对相关图纸、设计说明等进行学习，确定施工内容和大致工作量。

(2)成立施工项目组。确定施工项目负责人(主管段长)，负责施工的组织、领导；各相关科室及车间指派专人(主管工程师)参加施工项目组，负责各部门任务的具体实施；主管工程师负责施工各专业间协调工作，根据施工需要设技术主管工程师。

(3)施工前期，由施工负责人组织召开各专业主管工程师参加的施工筹备会，明确各部门施工任务，商议确定电务段对本施工项目的目标要求，对施工前期存在和可能遇到的问题制定应对措施。

(4)建立施工资料保存机制。对施工全过程的通知、电报、纪要、协议、措施等各种资料由技术科建档留存。

(5)确定施工人员后，主管工程师组织施工技术人员对施工图纸进行核对，并进行细致的现场调查(若为外单位施工则应积极联系，了解施工前期调查和施工准备情况)。

(6)施工现场调查完成后及时进行材料、器具等的准备，有问题时及时协调解决。

(7)大型工程项目应根据施工内容制定施工组织设计。

2. 制订施工方案

(1)根据施工内容和工作量，充分考虑施工中各个环节的可能情况由技术科制定切实可行的施工方案，方案应包括施工组织、施工步骤、要点方案、联锁试验方案及项目等内容。

(2)施工方案制订后由科长(副科长)进行初步审核，审核后报主管段长。

(3)主管段长组织召开施工方案专题审查会，相关各部门均要派项目主管工程师参加，对施工方案的各个方面进行充分讨论和研究，细化和完善施工方案后上报铁路局有关部门。

3. 施工准备

(1)主管工程师负责起草施工请求电报，科长(副科长)审核。

(2)试验负责人提前制定试验方案，按规定程序审查批准后，整理相关试验表格。主管工程师按照施工方案、施工计划制定施工安全技术组织措施(过渡施工和开通施工要分别制定)。措施应包括施工组织、人员分工、应急方案、卡控措施(施工当天制定施工卡控表和施工安排时序表)、试验方案及项目等内容。

(3)由主管段长组织召开各相关部门科长(副科长)及主管工程师参加的施工安全技术组织措施专题审查会，通过讨论和研究，修订、完善施工安全技术组织措施，经相关科长(副科长)及主管段长会签后上报铁路局审批。

(4)措施制定时要对施工人员的组织、施工通信方式、后勤保障等方面有足够的重视，保证施工顺利进行。

(5)施工前联系设计单位和相关设备生产厂家，施工当日到现场，保证施工过程中有足够的技术支持。

(6)分步施工要按照每步施工内容的不同制定细化措施。

4. 施工实施

(1)天窗点前试验相关人员依据批准的联锁试验内容、项目提前熟悉设备位置、工作内容及联锁试验范围。备齐各种试验表格。

(2)经联系登记、给点后，由试验负责通知后方可进行试验。

(3)按照试验内容逐项进行试验。

(4)销点,设备恢复使用。

(5)试验结束后,有关人员应确认试验项目齐全后在试验记录上签字。

5. 施工总结

(1)施工项目结束后,主管工程师要及时整理施工电报、施工安全和技术协议、施工安全技术组织措施、施工工作票、联锁试验记录等技术资料,并装订成册。

(2)对重点施工项目由主管段长召开施工情况总结会,通过施工总结会上的汇报、讨论,总结施工中好的做法和不足之处,对较好的作法要在以后的施工项目中进行推广;对不足之处要查摆清楚并制定针对性措施。

(二)注意事项

(1)基建、更新改造工程施工电务段要提前介入,认真做好施工配合工作,加强施工过程控制,按照有关信号工程施工质量验收标准和相关专业验收标准规定,严把工程施工质量。

(2)基建、更新改造工程和结合部其他部门施工,施工单位必须与电务段签订施工安全协议书、施工质量协议书,明确施工安全、质量、配合注意事项和质量、工艺等方面的卡控重点。

(3)工程施工设计技术交底时,电务处、电务段要按照高速铁路信号技术装备政策、有关技术规范和标准,对施工设计文件进行严格审查。

(4)电务段应加强对基建、更新改造和结合部其他部门施工作业的监督和配合,加强施工全过程控制。

(5)凡涉及应答器报文和TCC、CTC/TDCS、RBC、TSRS、计算机联锁系统软件,以及系统数据参数修改的电务施工,由电务处负责协调相关单位,按有关规定编制工程数据表和制定修改方案。修改时,电务段应全过程监管和配合生产厂家进行修改和试验。

(6)电务施工按照施工作业项目内容,电务段应制定详细的施工方案、安全措施,经电务段相关科室审查,报电务处审查批准后方可组织实施。影响范围较大时,电务处组织有关单位,召开方案审查会议,对电务段制定的施工方案进行审查,审查通过后电务段方可组织实施。

(7)电务段应严格按批准的计划和方案组织施工,加强对施工全过程的控制。施工前应做好各项准备工作;施工中要严格执行技术标准、作业标准,落实安全措施,严禁超范围施工,杜绝违章作业,确保施工质量;设备开通前要进行彻底的联锁试验和联调联试,确保联锁关系正确。

## 三、配合进行联锁试验及功能验证

高速铁路信号设备联锁是在车站、区间设备联锁的基础上,将列控设备相互链接、信息交换并遵循规定协议,实现列控车载设备与地面信息传输而建立起来的相互关联关系。

信号维修、中修、大修及更新改造工作,设计单位、建设单位、施工单位、铁路局、电务段、生产厂家必须严格执行联锁及软件管理规定,保证联锁关系正确。

确保联锁关系正确是高速铁路信号设备设计、制造、施工、维护应遵循的基本原则。信号设备机械强度、电气特性和系统功能符合规定的要求是保证联锁关系正确的基本条件。

(一)临时限速服务器(TSRS)联锁关系检查试验

1. 限速命令设置操作流程验证

(1)TSRS对外接口通信正常,全部站场区段空闲。

(2)拟定合法限速命令。

(3)TSRS 返回拟定成功。

(4)对该限速下发验证命令。

(5)TSRS 返回验证成功。

(6)对该限速下发执行命令。

(7)TSRS 返回执行成功,相关 TCC 上确认该限速命令被执行。

(8)下发该限速的拟定取消命令。

(9)TSRS 返回拟定成功。

(10)下发该取消限速的验证命令。

(11)TSRS 返回验证成功。

(12)下发该限速的执行取消命令。

(13)TSRS 返回执行取消成功,相关 TCC 上确认该限速命令取消。

2. 限速命令删除操作流程验证

(1)删除拟定成功的限速命令,TSRS 返回删除成功。

(2)删除验证成功的限速命令,TSRS 返回删除成功。

(3)删除执行成功或部分执行成功的限速命令,TSRS 删除失败,返回执行中限速命令不能删除。

3. 应答器单方向管辖范围内多条限速验证

(1)TSRS 对外接口通信正常,全部站场区段空闲。

(2)应答器单方向管辖范围内分别设置 5 条正线限速,TSRS 全部返回执行成功。

(3)该范围内拟定第 6 条正线限速命令,返回拟定成功。

(4)对第 6 条限速命令进行验证,TSRS 返回验证失败。

(5)删除第 6 条限速命令。

(6)该范围内拟定侧线限速命令,TSRS 返回拟定成功。

(7)验证该侧线限速,返回验证成功。

(8)执行该侧线限速,返回执行成功。

4. 限速命令参数有效性验证

(1)拟定限速命令参数有效性验证在以下情况下,限速命令拟定失败:

① 拟定限速命令,“开始时间”早于“当前时间”。

② 拟定限速命令,“结束时间”早于“当前时间”。

③ 拟定限速命令,“开始时间”等于“结束时间”。

④ 拟定限速命令,“起始里程标”大于“结束里程标”。

⑤ 拟定限速命令,“线路号”与实际线路号不符。

⑥ 拟定限速命令,“起始里程标系”或“结束里程标系”与线路实际里程标系不符。

⑦ 拟定限速命令,“起始里程标”或“结束里程标”非本线路管辖范围内。

⑧ 拟定限速命令,限速值不在 45～450 km/h 范围内。

⑨ 拟定一条已经存在的限速命令。

(2)取消限速命令参数有效性验证。在以下情况下,取消限速命令拟定失败:

① 拟定取消正执行的限速命令,线路号不同。

② 拟定取消正执行的限速命令,里程系标志不同。

③ 拟定取消正执行的限速命令，起始/结束里程标不同。

④ 拟定取消一条已经存在的取消限速命令。

5. TSRS 提示时机验证

(1)拟定成功一条限速命令，开始时间距当前时间大于 30 min。TSRS 提前 30 min 提示激活；激活提示 1 min 后停止；9 min 后再提示激活 1 min，以此类推间隔 10 min 提示。

(2)验证成功一条限速命令，开始时间距当前时间大于 30 min。TSRS 提前 30 min 提示设置；设置提示 1 min 后停止；9 min 后再提示设置 1 min，以此类推间隔 10 min 提示。

(3)拟定成功一条限速命令，“结束时间”之前不进行执行操作，在“结束时间”之后 TSRS 给出“超时未设置”提示。

(4)验证成功一条限速命令，“结束时间”之前不进行执行操作，在“结束时间”之后 TSRS 给出“超时未设置”提示。

(5)临时限速设置时机检查范围的起点应为当前运行方向的临时限速起始描述应答器，终点应为当前运行方向的临时限速终点。临时限速设置时机范围内区段非空闲时，TSRS 不得给出设置时机提示。

(6)设置覆盖两个 TSRS 的限速命令，仅在下发限速命令的调度台对应的 TSRS 给出激活时机和设置时机提示。

(7)拟定或验证成功一条限速命令，与该限速命令相关的一个或多个 TCC 连接中断，TSRS 不给出激活时机和设置时机。

6. 限速命令自动补发及线路限速状态初始确认验证

(1)TSRS 及其管辖范围内 TCC 工作正常。执行成功一条限速命令，关闭一个或多个相关 TCC，TSRS 中该限速命令返回部分执行状态。打开关闭的 TCC，与 TSRS 通信正常后，TSRS 自动补发执行命令，该限速命令返回执行成功状态；TSRS 自动下发线路限速状态初始确认命令，新打开的 TCC 返回线路限速状态初始确认成功。

(2)TSRS 及其管辖范围内 TCC 工作正常。重启 TSRS 及其管辖范围内的某个 TCC。重启成功后，TSRS 不对该 TCC 下发线路限速状态初始确认命令，TSRS 及该 TCC 均为未完成线路限速状态初始确认。CTC 对 TSRS 下发线路限速状态初始确认命令后，TSRS 及该 TCC 返回线路限速状态确认成功。

7. TSRS 系统重启验证

(1)TSRS 两系处于同步工作状态，单系的重启不影响限速命令的正常执行。

(2)TSRS 两系处于同步工作状态，执行成功一条限速命令，重启 TSRS 双系及与该限速命令不相关的某个 TCC，TSRS 返回未完成线路限速状态初始确认，重启的 TCC 返回未完成线路限速状态初始确认，该限速命令保持执行成功状态。CTC 对 TSRS 下达线路限速状态初始确认命令后，TSRS 返回线路限速状态初始确认成功，重启的 TCC 返回线路限速状态初始确认成功。

(3)TSRS 两系处于同步工作状态，执行成功一条限速命令。重启 TSRS 及与该限速命令相关的某个 TCC。TSRS 重启后返回未完成线路限速状态初始确认，重启的 TCC 返回未完成线路限速状态初始确认，该限速命令状态变为部分执行。CTC 对 TSRS 下达线路限速状态初始确认命令，TSRS 返回线路限速状态初始确认失败。重新执行该限速命令，该限速命令返回成功执行状态。CTC 再对 TSRS 下达线路限速状态初始确认命令，TSRS 返回线路限速状态初始确认成功，发生重启的 TCC 返回线路限速状态初始确认成功。

8. TSRS与TCC通信通道冗余验证

(1)断开TSRS与TCC的所有通道,TSRS返回与该TCC通信中断;与该TCC相关的正在执行限速命令状态变为部分执行;通过验证的限速命令回退为尚未激活;正在处于提示状态的限速命令停止提示。TCC原限速命令维持不变。

(2)恢复TSRS与TCC通道,TSRS返回通道连接恢复;部分执行限速命令恢复正在执行;符合提示时机的限速命令恢复提示;原来回退到尚未激活的限速命令不会自动变化为通过验证。

(3)TSRS双系同步时,断开TSRS备系与TCC主系或TCC备系的通道,TCC限速命令维持不变,TSRS有相应的连接断开报警信息。

(4)TSRS双系同步时,断开TSRS主系与TCC备系的通道,TCC限速命令维持不变,TSRS有相应的连接断开报警信息。

9. TSRS系统两系切换验证

(1)TSRS两系同步,拟定成功一条限速命令,处于激活提示状态。

(2)使Ⅰ系故障,该限速命令保持不变。

(3)验证成功该限速命令,拟定成功第二条限速命令。恢复Ⅰ系,限速命令状态保持不变。

(4)使Ⅱ系故障,限速命令状态保持不变,执行成功第一条限速命令,删除第二条限速命令。

(5)恢复Ⅱ系,限速命令状态保持不变。

10. TSRM记录验证

(1)TSRM上能显示站场图形界面,包括:各限速命令状态、正线闭塞分区状态、区间运行方向及TCC临时限速管辖范围等。

(2)CTC操作终端上拟定、验证、执行、取消或删除限速命令,TSRSM上能对站场图进行同步的更新。

(3)闭塞分区状态变化,区间方向信息的变化能够在站场图界面上实时进行显示。

(4)TSRSM上能够查看与TSRS相连接的各通道状态、TSRS的工作状态及报警信息。

(5)TSRM上能够查看所有的交互事件和系统状态。

(6)TSRM上可以查看至少30天之内的记录。

11. TSRM回放验证

(1)TSRM可以读取规定时间段内的记录进行图形界面的回放。内容包括:各限速命令状态、正线闭塞分区状态、区间运行方向、各通道状态变化及各种报警等信息。

(2)TSRM记录回放时,用户能够快速定位到任意的时间点,并可调整回放速度。

(二)信号安全数据网

由于信号安全数据网采用双环网冗余配置,现场试验时,应做如下项目:

(1)左右环冗余测试:关闭本站及相邻站右环/左环交换机,列控中心站间信息传输不受影响,即边界轨道电路发码正确,区间改方正常。

(2)左环冗余测试:关闭本站及相邻站右环交换机,断开左环交换机的一侧通道,列控中心站间信息传输不受影响,即边界轨道电路发码正确,区间改方正常。

(3)右环冗余测试:关闭本站及相邻站左环交换机,断开右环交换机的一侧通道,列控中心站间信息传输不受影响,即边界轨道电路发码正确,区间改方正常。

（三）客运专线 CTC 系统试验

1. 客运专线 CTC 调度中心、车务终端与车站联锁关系核对

分别在调度中心、车务终端上按照联锁进路表对进路进行试验，主要内容包括进路正常开放信号、重复开放信号、随时关闭信号、取消进路、人工延时解锁；引导信号开放及取消；长调车进路办理及取消；坡道延续进路办理及解锁等。

其试验方法参照联锁试验。检查调度中心、车务终端和联锁显示屏（控制台）信号显示、光带显示、各类指示灯等含义应一致。

2. 分散自律调度集中系统控制模式试验

（1）分散自律向非常站控转换：转换正常、提示报警、状态表示正确、不影响已办理的列车和调车进路，不形成预排进路。

（2）非常站控模式，车务终端（调度中心）控制不起作用。试验时，在非常站控模式下，在调度中心或车务终端试排 1 条进路应不起作用。

（3）非常站控向分散自律转换：转换正常、提示报警、状态表示正确，不影响已办理的列车和调车进路，不形成预排进路。

（4）分散自律模式下，车站联锁控制台除非常站控按钮其他所有操作不起作用。试验时，自律模式下，在联锁控制台上试排 1 条进路应不起作用。

（5）分散自律模式下，车务终端不得取消或解锁调度中心办理的列车、调车进路或关闭信号；调度中心不得取消车站办理的列车、调车进路或关闭信号。试验时，分别在车务终端和调度中心办理进路后，在调度中心和车务终端应不能取消进路或关闭信号。

（6）分散自律模式转向非常站控模式不检查任何条件。试验时，可在自律模式下办理任一项操作，应能转向非常站控模式。

（7）非常站控模式转向分散自律模式检查条件：分散自律系统不正常不能转换；有正在执行的按钮操作不能转换。试验时，可分别在联锁界面上按下任一信号按钮和允许转回分散自律控制模式指示灯（黄灯）灭灯时，办理转自律操作应不起作用。

3. 临时限速

分别以调度命令形式下达试验和直接限速形式下达试验。

（1）一个闭塞分区范围内限速

内容：起止公里标、限速区段、各种不同限速等级、限速下达正确、限速取消正确，对于无限速服务器的客专区段，CTC 系统应可正确归挡限速范围。

（2）跨越两个及以上闭塞分区的限速

内容：限速区段范围、各种不同限速等级、限速下达正确、限速取消正确（从 2 个闭塞分区至本站管内一条线），对于无限速服务器的客专区段，CTC 系统应可正确归档限速范围。

（3）站内侧线

内容：侧线限速区、限速等级、限速下达正确、限速取消正确、与其他侧线限速区覆盖情况。

（4）临时限速特殊情况

① 一条限速下达后，另一线别的限速应能同时下达。试验时，在同一公里标范围内进行试验。

② 在规定区域内，同线别的限速应不能同时下达。

③ “初始化”正常：当列控中心与 CTC 建立连接之后，CTC 需向列控中心发送初始化命令。试验时，使列控中心重启并初始化，在 CTC 界面上检查列控中心状态显示正常，应能正常

发送限速命令。

## 复 习 题

1. 简述高速铁路信号施工的定义。
2. 理解高速铁路信号施工的注意事项。
3. 简述临时限速服务器(TSRS)联锁关系检查试验的内容。
4. 简述信号安全数据网的联锁试验项目。
5. 简述CTC系统试验内容。

# 第九章　数据下载分析

电务段、车间、工区三级应对各种监测、网管、维护终端记录的数据信息实时进行分析，并做好异常信息处理工作的跟踪管理和闭环控制。

## 一、下载分析临时限速编辑、下达、校验、激活、执行的信息记录

临时限速编辑、下达、校验、激活、执行信息的下载分析由厂家进行。

## 二、下载分析 TSRS 与 CTC、RBC、TCC 接口状态信息记录

TSRS 与 CTC、RBC、TCC 接口状态信息记录的下载分析由厂家进行。

## 三、下载分析 RBC 各种运行记录日志

（一）下载分析 LKR-T 型 RBC 各种运行记录日志

1. 获取 RBC-Event log 信息

RBC-Event log 是 RBC 设备在运行过程中所产生的日志信息，记录了各个 RBC 的工作状况及车地通信信息等。一般在 R-JRU 服务器上获取数据。

（1）在 R-JRU 服务器上打开 C:\Bombardier\PROTrace\Archive. exe 开启 R-JRU 用户存档程序，单击 User archive 选项卡，如图 9-1 所示。

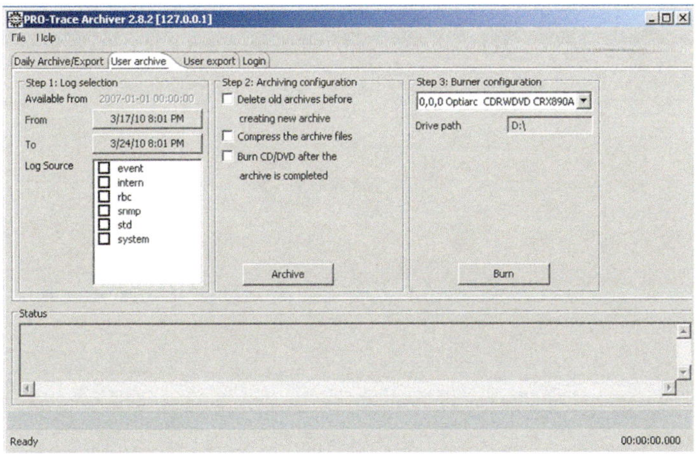


图 9-1　用户存档界面

（2）在 step1 中选择相应的时间段 From＊＊＊＊ to ＊＊＊＊，勾选 Log Source 下的 RBC 选项；在 step2 中勾选前两项，如图 9-2 所示，然后单击 Archive 即可开始保存相应的数据。

（3）数据保存完后进入图 9-3 所示的目录，即可看到对应的日志数据压缩文件，用专用 U

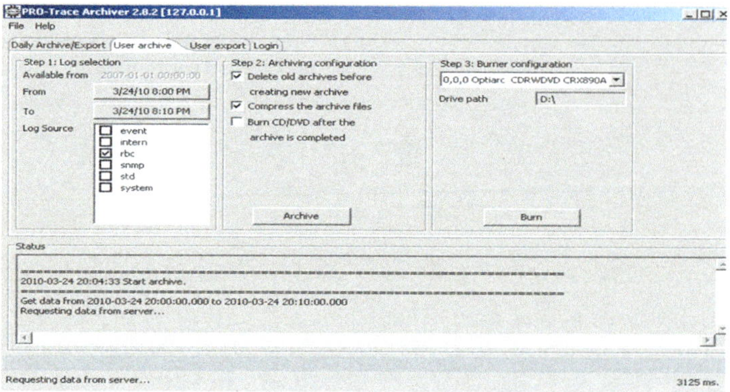


图 9-2　时间段及 RBC 选择截图

盘或光盘将文件拷贝下来。

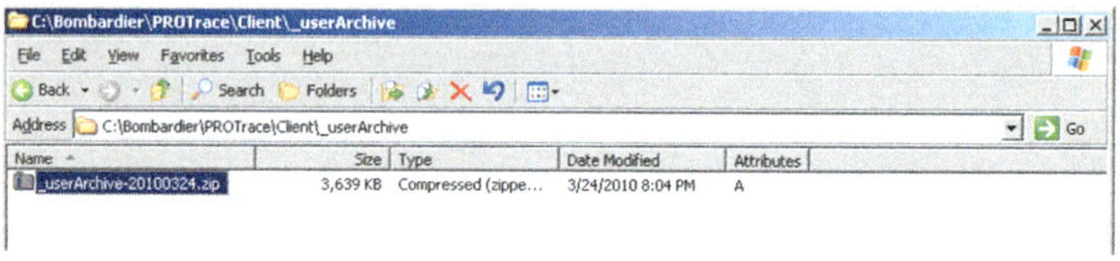


图 9-3　数据保存目录截图

2. RBC 日志文件解压缩

将从 R-JRU 上拷贝下来的数据压缩文件解压缩。

3. RBC 日志文件的解析

(1)日志文件的打开

① 运行 RBC 记录分析器应用程序，进入主界面，如图 9-4 所示。

图 9-4　程序主界面

② 选择“文件”→“打开”命令，进入 RBC 日志的文件目录，选择对应 RBC 的日志，以下以 RBC1 的 JRUlog 为例。

③ 如图 9-5 所示，在主界面下方“日志基本信息”标签中显示日志文件中第一条日志记录

和最后一条记录的时间，以及所打开的 RBC 日志的文件路径。在状态栏中的“当前操作”中显示 RBC 日志文件类型。

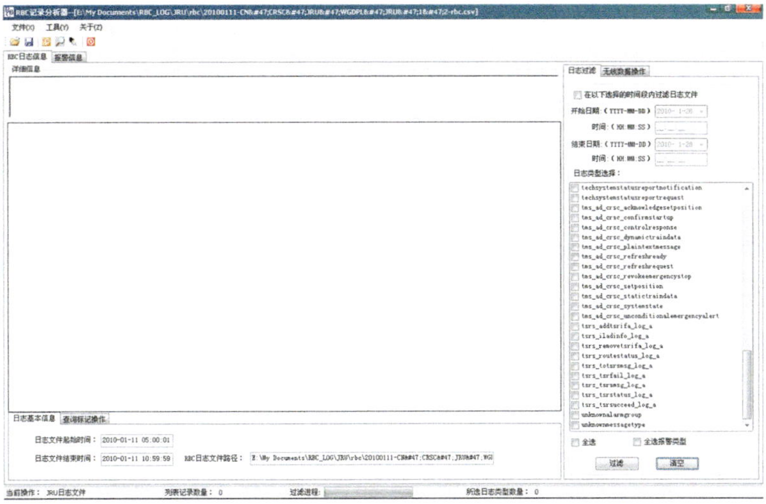

图 9-5　打开 RBC 日志

(2)日志类型的过滤

① 解析工具右侧的“日志过滤”标签可完成在一定时间范围内，根据所选择的日志类型，对打开的日志文件进行过滤。

② 如查看 01 月 11 日 RBC1 10:00:00 至 12:00:00 之间的所有报警类型的日志，所有无线消息的日志，所有 RBC 收到的联锁所发的进路信息，则在“在以下选择的时间段内过滤日志文件”前打钩，输入准确的日期时间，在“全选报警类型”前打钩，选择“iladcrscsam”类型(联锁信息)、“stpdatafromtrain”和“stpdatatotrain”类型(车地通信信息)，如图 9-6 所示。

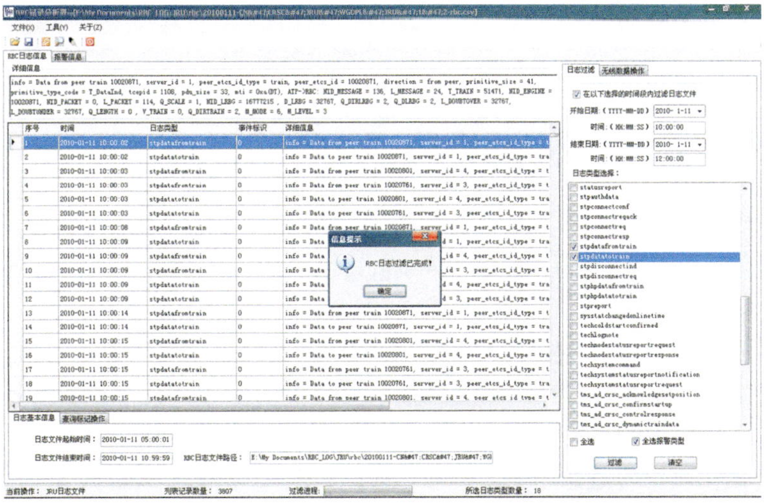

图 9-6　过滤日志

③ 单击“过滤”，解析工具将筛选出符合条件的日志记录，解析结束后自动弹出对话框提示解析已完成。

④ 单击“清空”按钮，则将“日志类型选择”中所有的类型置为不选择，并清空时间文本框

中的内容，方便用者重新填写时间范围和选择类型进行过滤。

⑤ 软件界面中，列表显示了所有解析结果的日志记录，包括序号、时间、日志类型、事件标识和日志记录的详细信息。在“详细信息”的文本框中显示列表中所选记录的“详细信息”栏中的内容。

(3)无线数据的操作查询

① 日志类型名称为“stpdatafromtrain”和“stpdatatotrain”的日志记录了 RBC 与不同列车之间无线消息的交互过程，进入“无线数据操作”标签，可对过滤后的日志记录进行再筛选查询，如图 9-7 所示。

图 9-7 无线消息查询操作

② 解析工具可以通过无线消息中包含的消息(Message)和信息包(Packet)，筛选出某一辆车的日志信息，根据查看需要可同时显示其他日志类型的日志记录信息。

③ 查询再筛选举例说明：

a. 如仅查看 87 车相关的无线消息，则在“车载设备标识号”中选择“10020871”，单击“查询”。

b. 如查看 RBC 给 87 车的 MA 消息，则选择“10020871”后，在“消息(Message)”中选择“3 行车许可”，单击“查询”。

c. 如查看所有列车与 RBC 通信会话开始(M155)和通信会话结束(156)的信息，则在“车载标识号”中选择“全部列车”，在“消息(Message)”中选择“155 通信会话开始”和“156 通信会话结束”，单击“查询”。

d. 如查看 87 车的列车位置信息(M136)并同时需查看来自联锁的进路信息，则在“车载设备标识号”中选择“10020871”，在“消息(Message)”中选择“136 列车位置报告”，在“选择需要显示的其他非无线消息日志类型”中选择“iladcrscsam”，单击“查询”。

e. 如只查看联锁发的进路信息“iladcrscsam”，则在“车载设备标识号”中选择“全部列车”，清空“消息(Message)”中选中的条目，在“选择需要显示的其他非无线消息日志类型”中选择“iladcrscsam”，单击“查询”。

f. 如查看该时间段内 RBC 所发的临时限速命令(P65)和取消临时限速命令(P66)，则选择“全部列车”，选择“信息包(Packet)”标签，在“65 设置临时限速”和“66 取消临时限速”前打钩，单击“查询”。

④ 单击“取消”，则将显示过滤后全部的记录，同时，设置“车载标识号”为全部列车，清除所有所选的条目。

(4)日志信息的标记

① 在显示的日志信息列表中，如需突出显示某一条日志记录，则可以将该条记录标记成红色或其他颜色，具体操作如下：

a. 双击该行数据，则该行数据显示红色，再双击该行，则标记取消。

b. 单击选中该行，右击选择标记的颜色，则可将选中行标记成对应的颜色。

c. 右击选择“取消标记”，则取消选择行的标记。

② 也可按照日志类型、NID_MESSAGE 和 NID_PACKET 信息对列表中的数据进行查找标记。

③ 如通过“无线消息操作”已经筛选出 87 车接收到的 MA(M3)和其所发的位置报告(M136)，同时包含了联锁进路信息，则可通过如下操作，对其中的日志信息进行标记。

a. 如需将日志记录列表中的联锁进路信息进行标记，则选择“日志类型查找标记”，在“选择要标记的内容”中选择“iladcrscsam”，在“标记颜色”选择一种颜色，单击“查找”，则日志列表中日志类型为“iladcrscsam”的日志记录，都将被标记，如图 9-8 所示。如单击“取消”，则将取消刚才的标记，并将颜色选择的内容置为“无”。

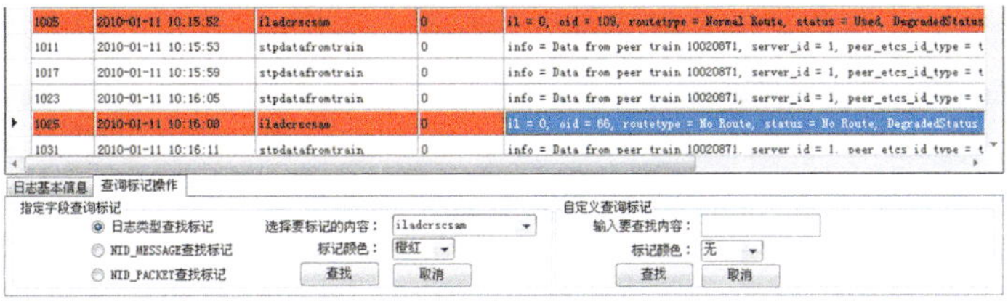

图 9-8　日志类型查找标记

b. 如要查看其中的 MA 信息，则选择“NID_MESSAGE 查找标记”，在“选择要标记的内容”中选择“3 行车许可”，选择标记颜色，则列表中所有 MA 信息即被标记，如图 9-9 所示。单击“取消”，则取消刚才所标记的记录。

图 9-9　NID_MESSAGE 查找标记

c. 可查找标记 NID_PACKET 信息，如标记等级转换包(P41)，则可按图 9-10 的操作执行。单击“取消”，则取消刚才所标记的记录。

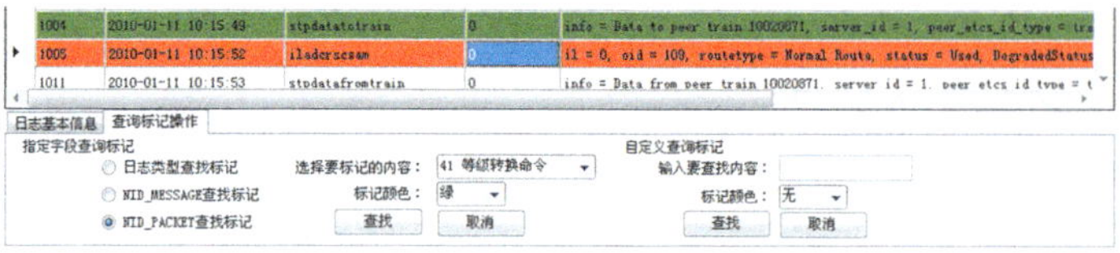


图 9-10　NID_PACKET 查询标记

d.“自定义查询标记”则查询标记所含查询内容的日志记录，如查询联锁编号 il=0，进路编号 oid=139 的日志记录，则在“输入要查找内容”中输入“il=0，oid=139，”，选择标记颜色，则相应的日志记录即被标记，如图 9-11 所示（注：自定义查找区分大小写）。

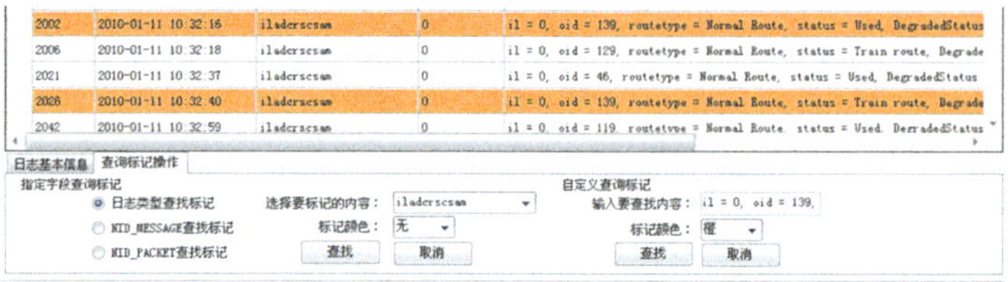


图 9-11　自定义查询标记

（5）日志记录的保存

① 对于过滤后或者查询后在列表中显示的日志记录数据可以以“. xls”的文件格式保存，选择“文件”—“保存”，在弹出的对话框中选择路径输入文件名，如图 9-12 所示。

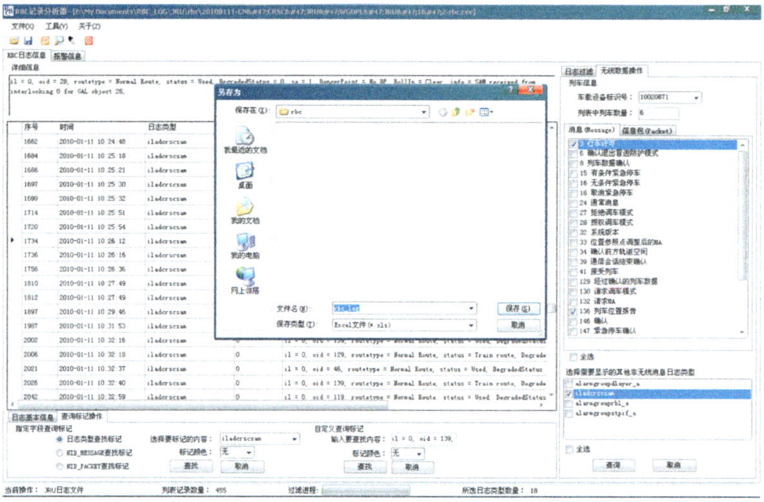

图 9-12　日志记录数据保存

② 单击保存，则将过滤后的记录数据自动写到 Excel 中，完成后弹出以下提示对话框，如图 9-13 所示。

图 9-13　保存成功提示

（二）下载分析 LKDR-S 型 RBC 各种运行记录日志

RBC 日志可分为通信日志和轨道占用日志，其中通信日志就可分为 CC 日志和 SS 日志，轨道占用日志分为 RCE 日志和控制日志。CC 中的日志记录了所发送消息的内容以及其与 G 网、IXL、TSRS 的接口状态和通信情况。通信日志又可分为 CC 日志和 SS 日志，CC 日志记录了车—地的通信信息，主要查看 L4 和 L3 日志；SS 日志则记录了 RBC 设备的硬件接口信息。

1. 下载和转换 CC 通信日志

（1）下载详细步骤

① 在 D&M 计算机上，打开 TTERMPRO 软件，如图 9-14 所示。

② 选择 HOST 地址，以 RBC3、CC1 为例，单击“OK”，日志将自动下载到 C:\dwnl6100 目录下，如图 9-15(a)所示。

各 HOST 地址的分配为：

10.20.1.4　　RBC1，CC1
10.20.1.5　　RBC1，CC2
10.20.2.4　　RBC2，CC1
10.20.2.5　　RBC2，CC2
10.20.3.4　　RBC3，CC1
10.20.3.5　　RBC3，CC2
10.20.4.4　　RBC4，CC1
10.20.4.5　　RBC4，CC2
10.20.5.4　　RBC5，CC1
10.20.5.5　　RBC5，CC2

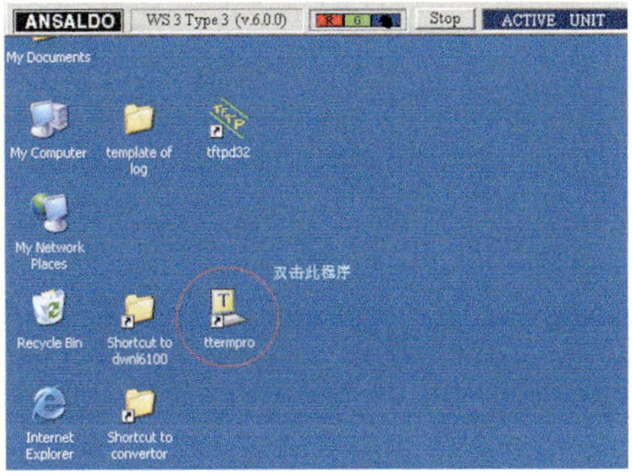


图 9-14　打开 TTERMPRO 软件

③ 日志下载过程如图 9-15(b)所示，下载完成后，该窗口会自动关闭。

④ 打开桌面上的“dwnl6100”文件夹，并双击打开对应日期的日志文件，如图 9-15(c)所示。

⑤ 进入日志压缩包内，打开“cc”文件夹→“L4”文件夹→“log”文件夹→选中显示的所有文件，如图 9-15(d)～(g)所示。

⑥ 将选中的文件拖动至“convector”中的“cc1”文件夹即可完成 RBC3、cc1 的下载，界面如图 9-15(h)、(i)所示。

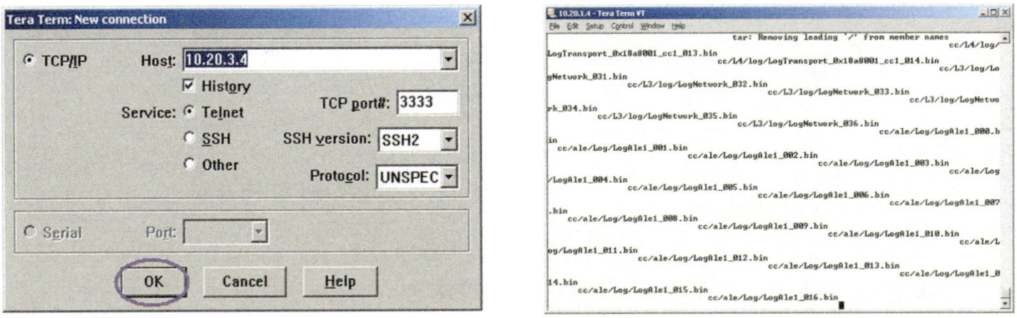


(a)　日志下载截图 1　　　　(b)　日志下载截图 2

图 9-15　日志下载

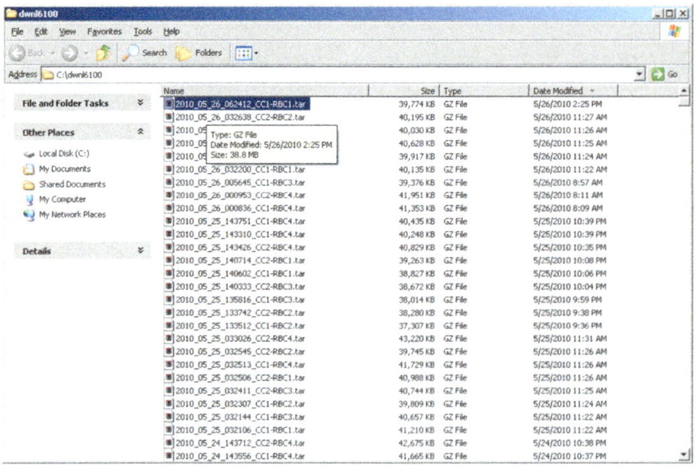


(c) 日志下载截图 3

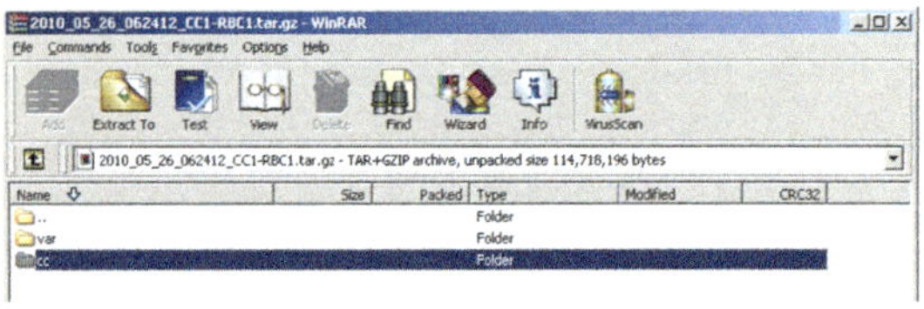


(d) 日志下载截图 4

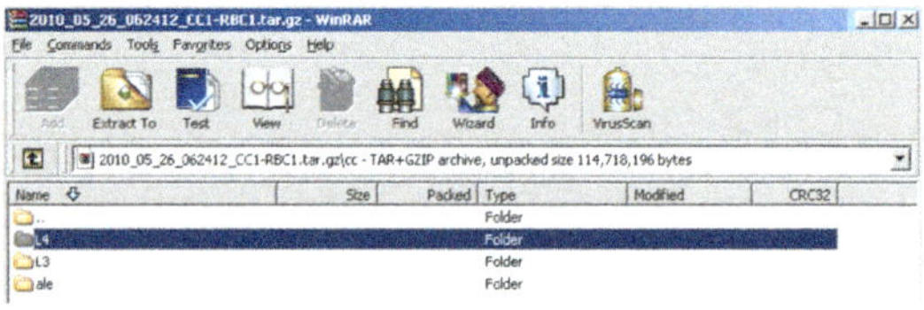


(e) 日志下载截图 5

(f) 日志下载截图 6

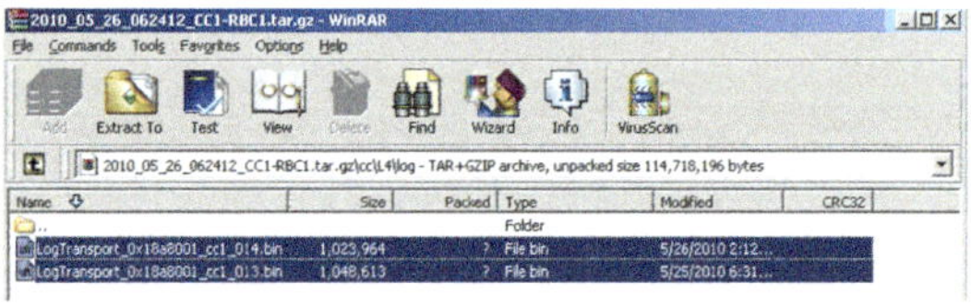


(g) 日志下载截图 7

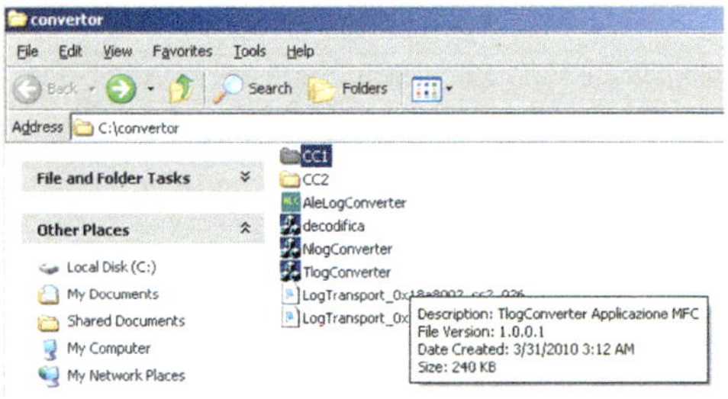


(h) 日志下载截图 8

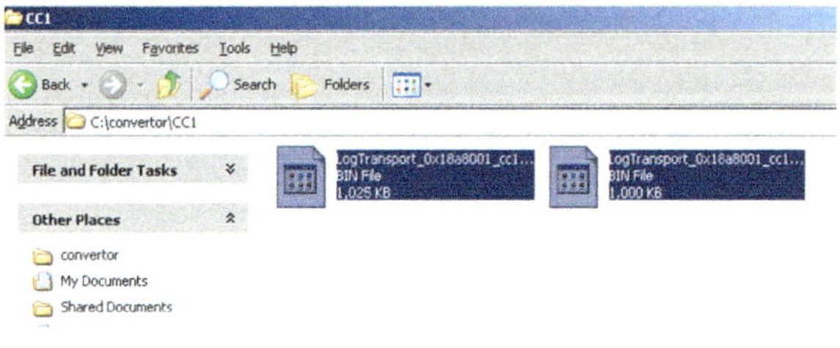


(i) 日志下载截图 9

图 9-15 日志下载

⑦ 下载其他 RBC 中 CC 的日志，按以上方法操作。

(2)转换日志格式

① 打开“convector”中的“TlogConvector”程序，弹出选择需要转换文件的窗口，单击“Browse”，如图 9-16(a)、(b)所示。

② 打开“Browse”后出现选择文件的窗口，选择“cc1”文件夹后，弹出转换窗口，数字“2”代表需要转换文件的数量，单击“opzioni”进入时间转换选择窗口，其中的数字“8”代表时差加 8 h，无需更改，再单击“OK”即可进行格式转化。转换完成后，关闭此窗口，如图 9-16(c)～(f)所示。

③ 打开“convertor”文件夹中的“decodifica”转换程序，如图 9-16(g)所示。

④ 在弹出的窗口中单击“Importa log transport”选项，随即弹出选择需要转换格式的日志列表，选择其中的一个，单击“open”，即可完成转换，如图 9-16(h)所示，其他的日志按此方法转换。

⑤ 转换完成后，打开“cc1”文件夹，用写字板的方式打开该文件即可查看，如图 9-16(i)所示。

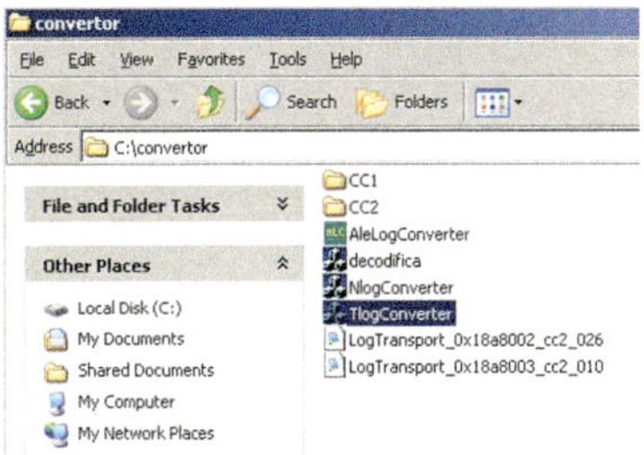


(a)　转化日志格式截图 1

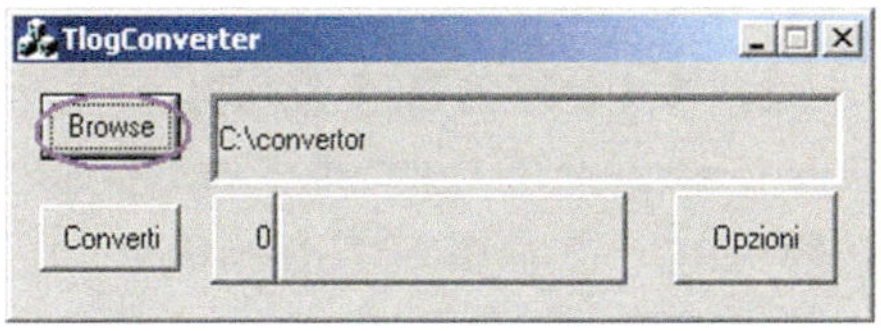


(b)　转化日志格式截图 2

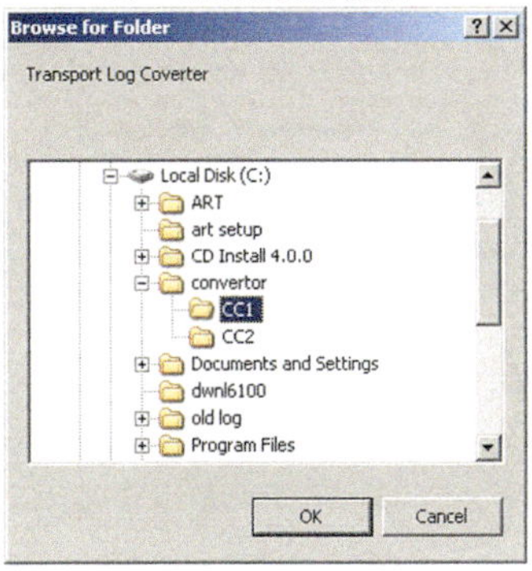


(c)　转化日志格式截图 3

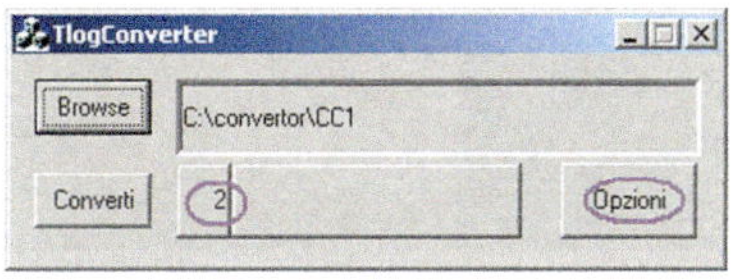


(d)　转化日志格式截图 4

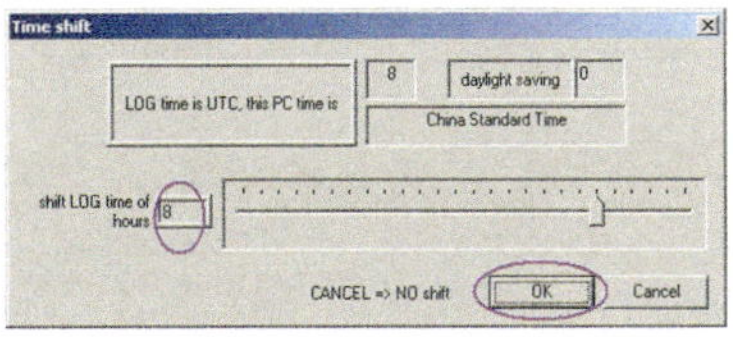


(e)　转化日志格式截图 5

(f)　转化日志格式截图 6

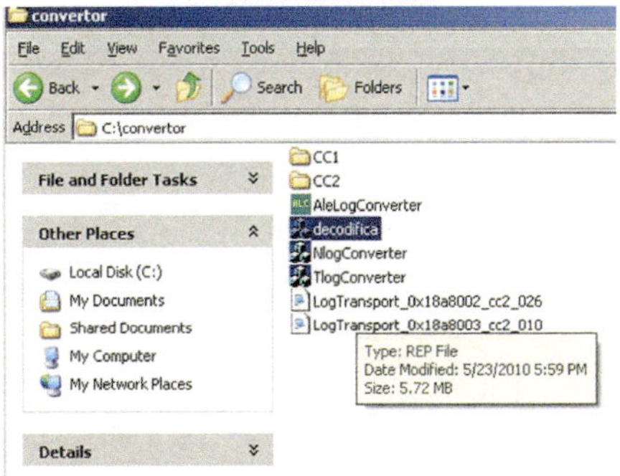


(g)　转化日志格式截图 7

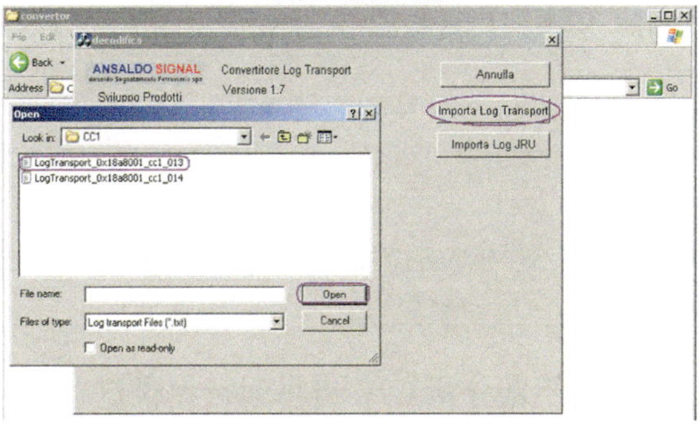


(h)　转化日志格式截图 8

图 9-16　转换日志

⑥ 其他 cc 日志均用以上方法转换。

2. RCE 日志下载

(1)单击桌面右上角的“RCE”图标，以“REC RBC1”为例，如图 9-17(a)所示。

(2)弹出 RBC1 的下载选项框，选择“Dati”栏里的“RCE”选项，然后单击该框内的“seleziona”选项条，如图 9-17(b)所示。

(3)在弹出的窗口中选择“tutti”选项，点“OK”确定，如图 9-17(c)所示。

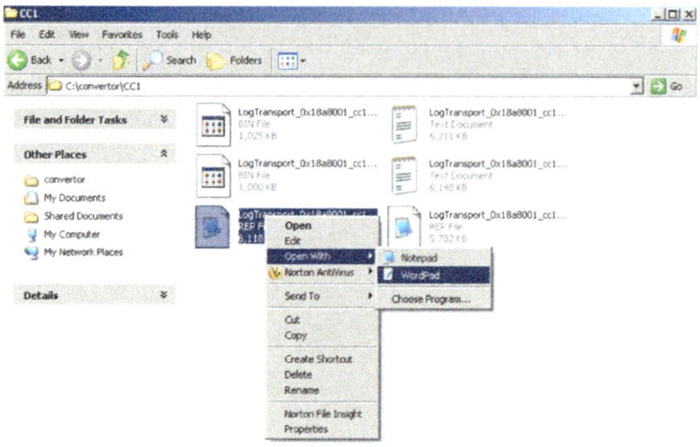


(i) 转化日志格式截图 9

图 9-16 转换日志

(4)返回第 1 步中的窗口，此时“periodo di registrazione”栏中的“seleziona”选项条变为黑色，选中后弹出如图所示窗口，双击“NAME”栏里第一行的“ART1_1”，如图 9-17(d)所示。

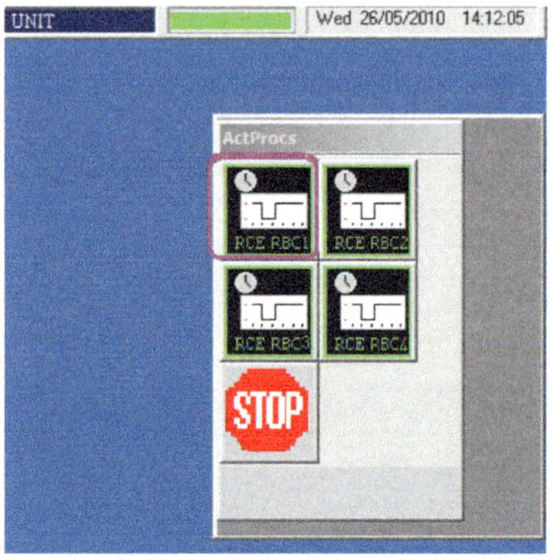


(a) RCE 日志下载截图 1

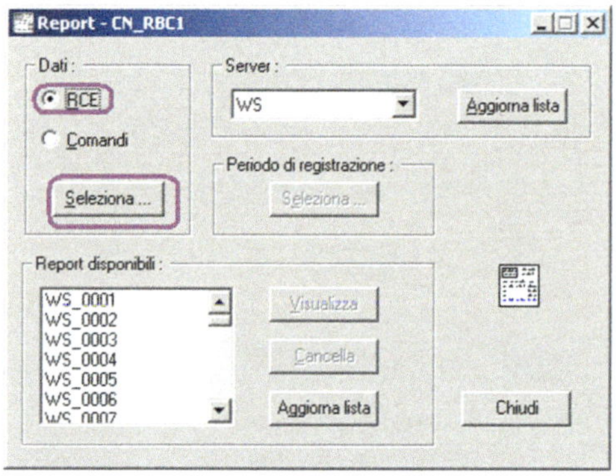


(b) RCE 日志下载截图 2

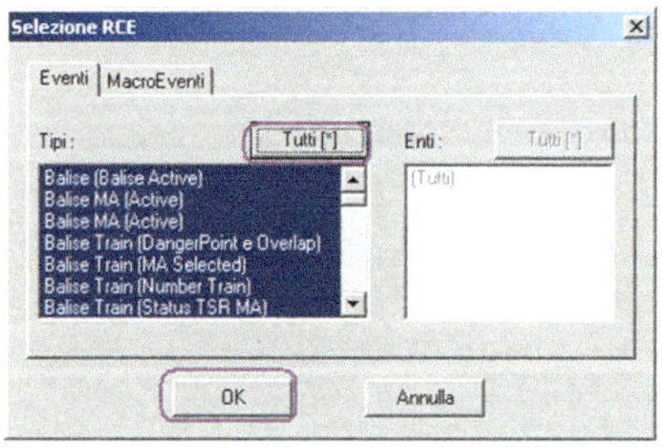


(c) RCE 日志下载截图 3

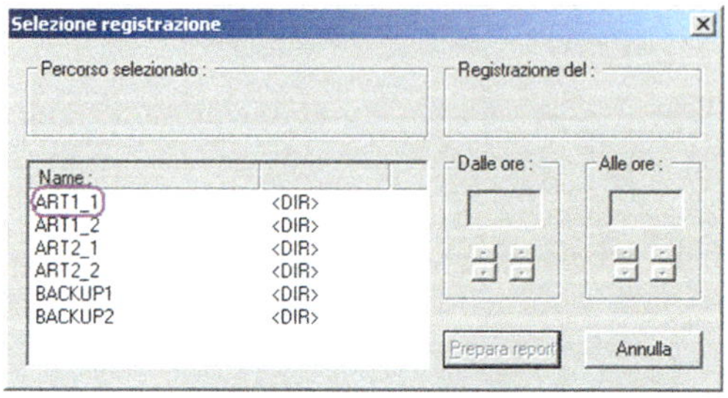


(d) RCE 日志下载截图 4

(5)在弹出窗口内双击该文件即可完成下载，如图 9-17(e)所示。

(6)下载“comandi”文件，选中“Dati”栏里的“comandi”，之后按以上方法进行下载。

## 四、下载分析 CTC 各种运行记录日志

CTC 各种运行记录日志的下载分析由厂家进行。

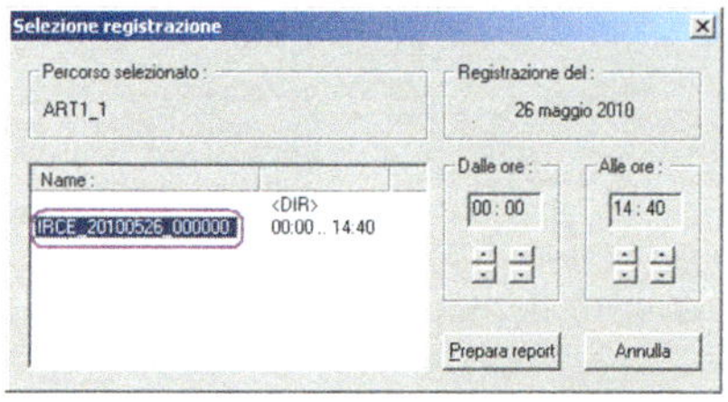


(e) RCE 日志下载截图 5

图 9-17 RCE 日志下载

## 复 习 题

1. 简述LKR-T型RBC获取RBC-Event log信息的操作方法。
2. 简述LKR-T型RBC日志文件的解析。
3. 简述LKR-T型RBC日志文件的标记。
4. 简述LKDR-S型RBC下载和转换CC通信日志的详细步骤。
5. 简述LKDR-S型RBC的RCE日志下载步骤。

# 附录　高速铁路控制中心信号设备维修岗位技能实训设备配置标准建议表

| 序号 | 实训项目 | 设备及材料名称 | 基本配置标准 | | 备　注 |
| --- | --- | --- | --- | --- | --- |
| | | | 单位(规格) | 数　量 | |
| 1 | 无线闭塞中心设备 | 无线闭塞中心机柜 | 套 | 1 | |
| | | 网络测试仪器 | 台 | 1 | |
| | | 4 mm、5 mm、6 mm套筒 | 把 | 3 | |
| 2 | 调度集中设备 | 调度集中设备 | 套 | 1 | |
| | | 网络测试仪器 | 台 | 1 | |
| | | 4 mm、5 mm、6 mm套筒 | 把 | 3 | |
| 3 | 临时限速服务器设备 | 列控中心机柜 | 套 | 1 | |
| | | 临时限速服务器机柜 | 套 | 1 | |
| | | 无源应答器 | 个 | 1 | |
| | | 有源应答器(含尾缆) | 根 | 1 | |
| | | 尾缆 6 m | 根 | 1 | |
| | | 尾缆 9 m | 根 | 1 | |
| | | LEU | 个 | 1 | |

# 参考文献

[1]中华人民共和国铁道部．高速铁路岗位培训规范:高速铁路控制中心信号设备维修岗位．北京:中国铁道出版社,2012.
[2]中华人民共和国铁道部．科技运[2010]138 号．列控中心技术规范,2010.
[3]中华人民共和国铁道部．铁运[2010]149 号．铁路信号联锁试验暂行办法．北京:中国铁道出版社,2010.
[4]中华人民共和国铁道部．科技运[2008]34 号．客运专线 CTCS-3 级列控系统总体技术方案,2008.
[5]中华人民共和国铁道部．科技运[2008]127 号．CTCS-3 级列控系统功能需求规范(FRS):1 版,2008.
[6]中华人民共和国铁道部．科技运[2008]113 号．CTCS-3 级列控系统需求规范(FRS):1 版,2008.
[7]中华人民共和国铁道部．科技运[2008]127 号．中国列车运行控制系统(CTCS)名词术语：1 版,2008.
[8]中华人民共和国铁道部．铁运[2007]124 号．客运专线 CTCS-2 级列控系统配置及运用技术原则(暂行),2007.
[9]北京全路通信信号研究设计院．LKR-T 无线闭塞中心设备维护使用说明书,2011.
[10]北京全路通信信号研究设计院．LKX-T 临时限速服务器设备维护使用说明书,2011.
[11]中华人民共和国铁道部．运基信号[2007]696 号．调度集中系统(CTC)数据通信规程:1 版,2007.